普通高等教育『十四五』规划教材

应用型本科院校财会专业教改系列

会计信息系统

（第二版）

主　编　卢　燕

副主编　赵平峰　盛巧玲　李　超　廖楚婷

立信会计出版社

图书在版编目(CIP)数据

会计信息系统 / 卢燕主编. —2 版. —上海：立
信会计出版社，2022.2
ISBN 978 - 7 - 5429 - 7060 - 2

Ⅰ. ①会… Ⅱ. ①卢… Ⅲ. ①会计信息—财务管理系
统—高等学校—教材 Ⅳ. ①F232

中国版本图书馆 CIP 数据核字(2022)第 027962 号

策划编辑　　蔡伟莉
责任编辑　　王斯龙

会计信息系统(第二版)

KUAIJI XINXI XITONG

出版发行	立信会计出版社		
地　　址	上海市中山西路 2230 号	邮政编码	200235
电　　话	(021)64411389	传　　真	(021)64411325
网　　址	www. lixinaph. com	电子邮箱	lixinaph2019@126. com
网上书店	http://lixin. jd. com	http://lxkjcbs. tmall. com	
经　　销	各地新华书店		

印　　刷	常熟市华顺印刷有限公司	
开　　本	787 毫米×1092 毫米	1/16
印　　张	19.25	
字　　数	493 千字	
版　　次	2022 年 2 月第 2 版	
印　　次	2022 年 2 月第 1 次	
印　　数	1—3 100	
书　　号	ISBN 978 - 7 - 5429 - 7060 - 2/F	
定　　价	48.00 元	

如有印订差错，请与本社联系调换

总　序

自 20 世纪末期开始,我国高等教育步入大众化教育发展阶段。当前,我国已建成了世界上最大规模的高等教育体系。随着经济发展进入新常态,经济结构深刻调整、产业升级步伐加快、社会文化建设不断进步,党中央、国务院适时作出了引导本科院校向应用型高校转变,推动高等院校转型发展的重大战略部署,以便为工作一线培养出大量的、急需的高层次应用型人才。

广东金融学院创建于 1950 年,是一所省属公办普通本科院校。近年来,学校以"建成国内知名的应用型金融品牌大学"为发展目标,坚持"面向金融、面向地方、面向需求"的办学思路,秉承"金融为根、育人为本、应用为先、创新为范"的办学理念,不断提高办学质量,在人才培养、科学研究、社会服务等方面履行大学职能和社会责任,赢得了良好的社会声誉。

广东金融学院会计学院创立于 1993 年。伴随我国会计市场化、国际化改革进程,以及我国会计准则体系的不断完善,会计学院获得了跨越式、可持续的高速发展。几十年来,会计学院始终立足于"培养高层次应用型会计人才",在会计学科建设、专业建设、人才培养模式、师资队伍建设、课程建设等方面进行了积极探索,取得了可喜的成就。

教材是体现教学内容和教学方法的知识载体,是组织教学的基本工具,也是深入教学改革,提高教学质量的重要保证。教材建设是专业建设、课程建设的基本要素,也是教师教学、科研水平及其成果的重要反映。我们推出的"应用型本科院校财会专业教改系列"教材,便是会计学院近年来教材建设成果及应用型人才培养教改成果的集中体现。

"应用型本科院校财会专业教改系列"教材建设的指导思想及目标定位如下:

(1) 坚持和服务于应用型本科会计人才的培养定位。应用型本科会计人才,是能够将会计学专业知识和技能应用于会计工作实践的高级专门人才。应用型本科院校教材建设,始终要坚持以社会人才需求为导向,坚持以本科层次的学科教育为依托,以应用型专业教育为基础,服务于高层次应用型会计人才的培养目标。

(2) 坚持"突出基础、突出应用、突出技能、突出特色"来构造教材体系和教材内容。在理论知识上,以保证系统性为前提,突出基础知识,以"应知应会"为度;在体例结构上,强化业务举例、知识链接、习题练习、实训案例等应用技能要素。以期打造"在基础理论上弱于研究型本科、在知识体系上强于高职高专",符合应用型本科层次会计人才培养定位的专业教材。

(3) 坚持"系统性",兼顾"可行性"和"开放性"。坚持"系统性",我们全面推出了财会专业的系列核心课教材、选修课教材及部分实验课教材；坚持"可行性"，现在组织编写的教材均具备一定的历史积累，主编均具有本门教材的编写经历或具有本门课程长期的执教经历；坚持"开放性"，对暂时不成熟的课程，将进行持续积累建设，待成熟后再编写教材。

（4）坚持、发挥金融行业特色和优势。我校有几十年金融行业办学的历史积累和优势，在金融企业会计教学和课程建设中，已形成自己的特色和优势。在本系列教材中，组织推出了《银行会计》《非银行金融企业会计》《银行财务管理》等三部金融行业特色专业教材。

本系列教材的推出，得益于我们拥有一支"双师型、双强型"专业师资团队。会计学院现有 23 名教授、24 名副教授、28 名博士，教授和博士的全面参与，构成了系列教材建设的中坚力量。本系列教材的推出，也得益于会计学院在"十二五""十三五"期间积累和取得的一系列教学成果。过去一段时间，会计学院会计学专业、财务管理专业取得省级质量工程立项建设，会计学基础、会计信息系统、银行会计获得省精品课程立项建设；会计学院在国家级教学实验中心建设、国家级教学实习基地建设，在人才培养模式创新，在校企协同培养班等方面取得的教学成果，均为推出本系列教材提供了基本的支撑和保证。

本系列教材的推出，凝结着全体参编人员的辛勤付出和智慧，也得到立信会计出版社同仁的大力协作和支持。同时我们深知，随着财会体制变革的不断深化，加之编写人员的水平所限，教材可能存在不足和错误之处，恳请读者不吝赐教，多提宝贵意见，以便我们继续修订完善，不断提升本系列教材建设的质量和水平。

岳 龙

第二版前言

随着当今世界信息技术的发展和广泛应用,人类社会已进入信息社会和大数据时代,信息化成为世界经济和社会发展的必然趋势。同时,经济全球化的加速和市场环境的瞬息万变,使得企业面临的市场竞争将越来越激烈,企业面对的客户需求也越来越多样,这一切都迫切需要企业加强管理,提高自身的信息化水平。作为企业经营管理重要组成部分的会计也面临同样挑战。21世纪飞速发展的信息技术给传统的会计工作带来了机遇和挑战。会计信息系统就是一门讲授现代信息技术在会计中运用的课程。到如今,会计信息系统已是会计学知识结构的一个重要组成部分,也是会计专业必须开设的一门专业课。如何建立和运用基于现代信息技术的会计信息系统,也已成为每个会计专业学生必须掌握的基本技能。为了适应信息化环境下会计行业的发展和会计信息化人才培养的迫切需要,满足高校开设"会计信息系统"课程以及相关会计人员学习会计信息系统原理与应用知识的需要,我们结合多年的课程讲授经验,编写了此书。

本书在专业知识内容设计上具有系统性,即本书系统地介绍了会计信息系统的基本概念、理论框架、各子系统的结构、使用方法,以及会计信息系统的建设和管理等问题,使学生对会计信息系统涉及的问题有一个全面、完整的了解。同时,本书的内容注重理论与实务相结合,即本书摒弃了同类教材单纯注重编程或者着重介绍某一财会软件具体使用方法的传统编写方法,从会计人员的需要出发,既介绍会计信息系统的内部结构,也介绍目前多数企业使用的主流软件的一般使用方法,以期在提供给学生完整的理论体系的同时,使学生掌握这一类软件的使用方法。

本书力求能够反映会计信息化领域建设的最新成果,在内容安排上结合了大量的应用案例。

与目前市场上众多会计信息系统教材相比较,本书的特色体现在以下四个方面:

第一,案例丰富。本书体现了该门课程案例教学的丰富成果,收集了众多案例,通过这些精选的案例,对课程相关基本理论和基本方法的应用进行了深入的展示和说明。

第二,职业性。本书结合了会计信息化领域的最新制度和政策,以及会计职业证书考试的最新内容和要求。在内容安排上既注重学科教育的体系性和完整性的要求,又体现了从事会计信息化工作的职业要求。

第三,实务性。本书从会计人员的需要出发,既介绍了会计信息系统的内部结构和基本功能,也结合了主流软件的一般使用方法。本书另有配套的实验用书《会计信息系统实验》,如结合使用,教学效果将更好。

第四,配有大量的习题。本书含有练习题、实训题和案例题,提供参考答案及解析,并附有两套综合模拟试卷,以便学习者及时了解自己的学习掌握程度。

本书可供高等院校会计学、财务管理、工商管理等有关专业教学使用,也可以作为所有企事业单位从事会计信息化工作人员的业务学习资料。

　　参加本书编写的都是从事课程教学工作多年、具有丰富教学经验的教师。本书由卢燕任主编，赵平峰、盛巧玲、李超、廖楚婷任副主编，第一、第二、第七章由卢燕和赵平峰编写，第三、第四章由盛巧玲编写，第五、第六章由李超编写，廖楚婷统审。

　　由于会计信息化是一个发展极为迅速的新兴领域，其理论框架和方法体系还处于正在建立和完善的阶段，因此我们在本书的编写过程中虽然做了努力，但必然存在着局限性，恳请读者对教材中的不当和疏漏错误之处给予批评指正。

编　者

目 录

第一章
会计信息系统概论

第一节 信息时代下的会计信息化

回顾人类社会发展的漫长历史,18世纪蒸汽技术的发明实现了社会的工业革命,从而使人类社会由农业经济时代进入工业经济时代。而进入20世纪中后期,信息技术特别是互联网(Internet)技术的飞速发展及其广泛应用,使人类正在从工业经济时代跨入一个崭新的时代——信息经济时代。信息技术正在改变一切。信息技术的发展不仅动摇了整个社会的基础,而且将使社会赖以存在的经济环境发生深刻的变化,并彻底改变社会发展的运行方式,使人类进入数字化时代。

一、信息时代

20世纪是人类科技发展最为辉煌的世纪,其中始于40年代的信息技术革命,对人类社会进步和经济发展的影响,无论在深度还是在广度上都远远超越了以往任何一次技术革命,尤其是进入90年代以来,互联网的爆炸式发展以及它向人类社会的全方位渗透,终于催生了一种新的社会经济时代——信息时代。

信息时代又称知识经济时代,与原始社会、农业社会、工业社会一样,都是人类文明模式的一种。尽管学者至今无法准确地对这种经济形态作出全面阐述,但毫无疑问,它已呈现出与工业社会明显不同的诸多基本特征。这一时代的主要表现为:第一,人与知识成为社会最重要的资源;第二,人类处于网络化和数字化的活动环境中,人类活动空间为全球范围;第三,以信息技术以及遗传等其他技术为主要技术手段;第四,社会和企业管理方式日趋网络化、多样化。信息时代的企业具有与以往企业不同的特征,由过去的大批量定制、处于稳定的制造环境、面向共同需求转向小批量生产、市场变化频繁以及面对客户多样化的个性需求。

信息技术是信息社会的核心支撑和本质内涵,它将对社会经济生活产生深远影响。未来学家阿尔温·托夫勒曾敏锐地指出:"世界已经离开了依靠暴力与金钱控制的时代,而未来世界政治的魔力将在拥有信息强权的人手中,他们会使用手中掌握的网络控制权、信息发布权,达到暴力和金钱无法达到的目的。"

二、信息技术的变迁

(一) 计算机硬件技术发展

1946年世界上第一台电子数字式计算机 Eniac 诞生,开创了计算机技术的新时代。历经70多年的发展,计算机随着微电子学的发展,其性能价格比发生了巨大变化。以计算机硬件采用的电子技术为标准,计算机硬件的发展可以分为4代,目前正向第5代计算机发展。

第1代计算机的元器件采用电子管。它的特点是体积庞大,价格昂贵,运算速度慢,能耗大,系统的可靠性、稳定性差。第1代计算机主要用于军事工业和国防科研,与之配套的软件技术是以计算机指令体系为基础的手编语言。

第2代计算机的元器件采用晶体管。它的体积比第1代有所缩小,运算速度加快,系统的可靠性、稳定性和性能价格比等有所优化。计算机的应用领域迅速向科学计算和数据处理领域扩展,与之相对应的软件技术主要有汇编语言和某些高级算法语言。

第3代计算机称为集成电路计算机。随着微电子技术的发展,集成电路代替了分离式元件,半导体存储器代替了磁芯体存储器,并采用微程序控制技术。这一切使计算机的性能价格比大大优化。软件技术也有了很大发展,数据文件系统的问世和高级语言的日趋成熟使计算机不再只是专业人员才能拥有的贵族化设备,计算机应用领域得到了蓬勃发展。

第4代为大规模和超大规模集成电路计算机。由于微电子计算中集成电路突飞猛进的发展,大规模和超大规模集成电路电子计算机的性价比有了本质上的突破,特别是微机和便携式电脑的产生以及相应的软件和网络通信技术的发展,使得计算机应用真正走向社会的各个角落,包括家庭和个人,最终使人类社会进入信息时代。

近年来,世界各国正在加紧研究第5代计算机,即以知识库为基础,采用智能接口,进行逻辑推理,完成判断和决策任务的第5代计算机。

(二) 计算机软件技术发展

随着计算机硬件和网络技术的发展,相应的软件技术也得到了长远发展。计算机软件的发展可以分为4个阶段:

(1) 计算机语言阶段。机器语言是最底层的计算机语言,它的语言成分是基于计算机的指令体系。机器语言的运算对象和运算符均由二进制代码表示,因此每条程序语句均是二进制的符号,计算机硬件可以直接识别。程序员编写程序时不仅要记忆和理解每条指令的含义,按照应用系统的处理逻辑来编写二进制代码的程序。更令人头疼的是,所有运算对象存储地址的分配和访问均需由程序员在每个应用程序中写明,所以编程工作十分艰辛且难以掌握。另外,不同的机器具有不同的指令体系,也就有产生了不同的机器语言。语言的不通用性令人望而生畏。

(2) 汇编语言阶段。汇编语言用各种数理符号来表示运算对象、运算符和存储地址,这些指令体系的助记符要比二进制代码便于理解和记忆,但仍需由程序员来分配操作对象的存储单元,对于机器指令依赖性较强。同时,不同机型的汇编语言差距较大,通用性差。

(3) 高级语言阶段。高级语言的发展是计算机语言史上的一大革命,它的主要特点是所有操作对象可以用常量、变量来表示,且存储单元由计算机自动分配,编程人员在编程时只需将注意力集中在处理逻辑和表达上,无须顾及运算对象的存取地址。程序设计跨越了机器的具体指令体系,使编程工作大大自动化。

（4）Case 阶段。随着软件技术的高速发展,各种具有图形化、非过程化、面向对象、事件驱动等特点的开发工具纷纷出台,特别是微软公司推出的 Windows 系统,为具有上述特点的开发工具提供了良好的操作环境,这些开发工具和各种数据库管理系统通过各种接口协议,共同构成了开发管理信息系统的计算机辅助软件开发环境。

（三）网络技术发展

21 世纪,计算机网络成为全球信息产业的基石,高度发展的计算机网络互联为大范围的信息交流和资源共享带来了前所未有的良好环境。计算机网络的广泛使用改变了传统意义上的时空概念,对社会各个领域和人们的日常生活产生了变革性的影响。计算机网络的发展经历了 3 个阶段:

（1）具有通信功能的单机系统。具有通信功能的单机系统是将一台计算机通过通信线路与若干台终端直接相连,该系统可以将远距离的信息通过通信线路传递到计算机中进行处理,实现了计算机技术与通信技术的结合。此类网络主要用于军事部门、工业部门和商业部门。

（2）具有通信功能的多机系统。为了减轻单机网络系统中计算机的负担,在计算机和通信线路之间设置通信控制处理机(CCP),专门负责通信控制,此时承担信息处理的计算机为主机。此外,在终端聚集处设置集中器,并用低速线路将各终端集中到集中器上,再通过高速通信线路与计算机相连。由于通信控制处理机和集中器一般由计算机来承担,故该结构称为具有通信功能的多机系统。

（3）计算机网络。计算机网络是由若干台计算机相连的系统,实现了计算机与计算机之间的通信和共享资源的目标。主机间通过通信线路直接互联,此时主机将承担对共享资源的管理和处理,为网络资源的拥有者,而通信控制处理器负责网络主机间的通信控制,它们共同组成资源共享的计算机网络互联系统。把众多的计算机网络通过某种通信介质,特别是信息高速公路连接在一起的计算机网络系统统称为互联网络系统,它使计算机网络的范围、覆盖面积和功能不断扩大,目前已经形成了环球的网络,并朝全球智能化网络方向发展。

（四）数据管理技术发展

在计算机数据处理的应用领域存在大量的数据需要存储、处理和调用,因此,在计算机应用科学中产生了数据管理的研究。计算机数据管理经历了 2 个阶段:

（1）面向文件的处理方式。面向文件的处理方式的数据组织称为文件系统,它的主要特点是一个应用程序对应一个物理数据文件,而不能共享相同的数据,因此数据冗余度大,浪费存储空间,并且数据格式也不尽相同。由于在不同数据文件中,相同的数据存储实行各自管理,给数据的修改和维护带来了困难,极易造成数据的不一致。

（2）面向数据的处理方式。面向数据的处理方式称为数据库系统,它的主要特点是一个数据结构可供多个应用程序共享。自 1979 年甲骨文公司推出第一个商品化的 SQL 关系型数据库(RDBMS)后,数据库技术日益完善。

（五）Internet/Intranet 发展

从信息资源角度看,Internet 是一个把各个领域、各种信息连接为一体的数据资源网。

从网络通信技术角度看，Internet 是一个以通信协议（TCP/IP）连接分布在不同地理位置的计算机网络的数据通信网。Internet 具有先天的开放性，TCP/IP 协议和 Internet 的技术规范对于任何人都是公开的。Internet 提供的基本服务包括信息发布和浏览、电子邮件（E-mail）、文件传输（FTP）、远程登录（Telnet）、电子公告板（BBS）等。

Intranet 是在传统的企业网基础上，采用 Internet 的协议标准和万维网（WWW）技术与设施构建的可以提供信息服务应用、连接数据库等其他服务应用的企业内部网络。Intranet 针对的是企业内部信息系统，其服务的对象原则上是企业内部员工，且以联络公司内部工作群体为主，以促进公司内部沟通、提高效率、强化企业竞争力为前提。Intranet 可以连接 Internet，成为其一部分，也可以采用防火墙等安全措施与 Internet 隔开。

（六）电子商务

电子商务（electronic business）是指通过计算机网络来进行商业贸易活动，最初的形式是电话、电报、电子邮件和电子数据交换（EDI）。今天，电子商务已经作为信息时代社会生产和社会消费之间的一次革命，发展成为通过 Internet 实现商品的交易和结算，使计算机网络真正成为电子商务的重要工具，从而形成完整的电子商务概念。今天的电子商务已经不仅仅是简单的买卖关系，而是在计算机网络支持下将企业与消费者、供应商、合作伙伴紧密结合在一起，实现从原材料的查询、采购、产品的展示、订购到储运以及电子支付等一系列贸易活动在内的完整概念。

电子商务实现了网络化的应用平台环境，是在计算机网络支持下的商务活动。它实现了无纸化的数据环境，使反映企业价值链活动的有关合同、单据、发票等书面记录被计算机数据代替，企业运作得以实现交易的无纸化和直接化。

【知识链接】

美国 Gartner 公司公布了 2014 年十大信息安全技术，这些技术包括：云端访问安全代理服务；适应性访问管控；全面沙盒分析（内容引爆）与入侵指标（IOC）确认；新一代安全平台核心：大数据信息安全分析等。企业正投入越来越多的资源以应对信息安全与风险。尽管如此，攻击的频率与精密度却越来越高。移动化、云端等信息技术在创造商机的同时也带来了更多令人头疼的破坏性问题。伴随着商机而来的是风险。

（资料来源：http://finance.ifeng.com/a/20140716/12727862_0.shtml,2014 年 7 月 16 日）

三、企业信息化

信息时代的变迁不仅对人类的生活、学习、工作产生了深刻的影响，而且为企业的经营管理创新提供了机遇。

（一）企业的变革

信息技术的飞速发展引发了企业管理的变革，同时，它又对企业管理变革提供了强大的技术支持。莫顿（Morton）将信息化给企业带来的革命性变革归纳为 6 个方面：一是信息社会给企业生产、管理活动的方式带来了根本性的变革；二是信息技术将企业组织内外的各种经营管理职能、机制有机地结合起来；三是信息社会的到来会改变许多产业的竞争格局和态势；四是信息社会给企业带来了新的战略性的机遇，促使企业对其使命和活动进行反思；五是为了成功地运用信息技术,必须进行组织结构和管理的变革;六是对企业管理提出了重要挑战,即如何改造企业,使其有效地运用信息技术,适应信息社会,在全球竞争中立于不败之地。

当前企业的经营环境已经发生了巨大的改变,不仅是顾客需求的个性化、多样化以及厂商竞争的日趋激烈化,而且变化节奏加快,产品更新换代和新技术的应用都越来越快。为了敏捷反映市场和顾客需求的变化,企业制造模式从单件制造、批量制造模式进入了敏捷制造模式阶段。敏捷的含义是有活力、对多变的市场需求响应灵敏度高、实现顾客需求的反应时间短、能有效满足顾客需求。敏捷制造(AM)是一种基于信息技术的集中协作的制造模式。

(二) 企业信息化及其内涵

企业信息化是指以开发和利用企业内外部信息资源为出发点,以增强企业竞争力为目的,利用现代信息技术以提高效率和效益,实现企业现代化管理的过程。企业的主要任务是产品的设计、生产、营销、售后服务以及伴随发生的管理活动,因此企业信息化必须覆盖业务信息化和管理信息化两个方面,具体包括以下几方面的内容。

1. 产品设计信息化

通过采用计算机辅助设计(CAD)或仿真模拟技术加速产品的研发,实现设计自动化,缩短产品设计周期,降低产品设计成本。

2. 生产过程信息化

通过电子信息和自动控制技术对生产过程的制造、测量和控制实现自动化,企业采用计算机辅助制造(CAM)以及其他自动控制技术控制生产过程,以减轻员工的劳动强度并提高产品的质量。

3. 管理信息化

实现计划、财务、人事、物料、办公等方面的管理自动化。为此,企业要建立管理信息系统(MIS)、决策支持系统(DSS)、专家系统(ES)、办公自动化系统(OA)等。

4. 商务营运信息化

即基于互联网实现全过程的电子商务,包括广告浏览、市场调查、谈判、网上订货、电子支付、货物配送、售后服务等全程信息化。

(三) 企业信息化的意义

我国30多年来的企业信息化给企业带来的巨大变化是有目共睹的,综合来说,企业信息化的重要意义体现在以下几个方面。

1. 有效地抵御竞争风险,提高企业市场竞争能力

变化无常的经营环境,要求企业能够迅速作出反应,而网络技术所提供的实时化、电子化的经济信息,只有通过企业管理信息系统才能及时收集和处理,并能在瞬间输出企业所需要的各种信息。显然只有借助于企业信息化水平的不断提高,才能增强其市场竞争力。

2. 扩大企业市场占有率

在当今竞争激烈的大环境下,市场占有率是衡量企业经营是否成功的重要标志,这就意味着企业必须根据随时捕捉到的有用信息去抢占市场,企业信息化程度的提高,无疑将使企业能够在全球范围内抓住市场机遇,积极参与市场竞争,进而增加其市场份额。

3. 推动服务创新,提高客户满意度

事实证明,只有重视客户的核心地位,才能使企业立于不败之地。近年来,美国企业正在转变以科技为主导的思想,一切以市场、顾客为核心,进而实施一系列面向顾客的业务流程再造计划,而实施这一计划离不开信息技术的运用。只有借助于企业信息化,通过组织流程、业务流程的再造,才能真正推动服务创新,提高客户满意度。

4. 提高企业经济效益

真正的企业信息化,必然要在企业各个活动环节中充分利用信息技术、信息资源和环境,建立信息系统,促使企业物流、资金流和信息流的集成,实现企业资源的优化配置,不断提高企业经营管理的效率和水平,进而提高企业经济效益。

四、会计信息化

会计作为企业经营管理的重要组成部分,信息技术引起的变革浪潮对其产生了强烈的冲击。信息时代的来临使会计面临的环境发生了巨大变化,会计必须不断适应网络信息时代的要求,不断利用新的工具和方法进行创新,才能真正满足社会的需要。会计信息化是企业信息化的一个重要组成部分,其目标是通过建立会计信息系统,实现会计与财务管理工作的现代化,为信息使用者提供决策有用的经济信息。会计信息化是一个大概念,它主要是从会计的技术特征与会计的发展来研究、认识会计的。它指的是通过以计算机和网络为代表的信息技术在会计上的深入应用,获得增值的会计信息,以满足企业内外部信息使用者的需求。

会计学是一门以研究方法论为主的经济应用科学,而研究方法论离不开其技术手段。当前提出会计信息化,其目的主要在于引起人们对计算机网络等信息技术在会计中应用的重视。与 20 世纪最后 20 年我国的会计电算化不同的是,网络在会计中的应用已经成为必然,会计信息化所具有的会计信息产品的商品化、数据收集的数据库化和代码化、数据处理的电子化和计算机化、会计信息传递的标准化和实时化、会计信息存储的数字化、会计输出的无纸化等特点,都进一步表明会计信息化这一新理念将给会计的创新注入新的活力。

从技术层面上说,会计电算化与会计信息化的提法具有异曲同工之效,今天我们在研究会计信息化的内涵与外延之际,我们不能将其与有着 30 多年历史的会计电算化割裂开来,不能抹杀"会计电算化"这一会计专有名词的地位与作用。从 1981 年"会计电算化"这个名词在我国被提出以来,"会计电算化"就给了广大会计工作者莫大的激励与鞭策。它旨在突出电子信息技术对会计的作用,旨在强调计算机替代手工会计核算的技术与方法,旨在辨析电算会计与手工会计两者的区别。我们应当看到,没有 30 多年所积累的会计电算化的丰硕成果,今天的会计信息化也就只能是空中楼阁。会计信息化与会计电算化没有明显的边界,两者都以信息技术为特征,不同的是,由于在不同时代所依托的信息技术迥异而使其各自的应用效果有较大的区别。可扩展商业报告语言(XBRL)、网络会计模式、网络审计、电子商务会计等的相继问世,既说明网络技术给会计技术与方法的飞跃带来可能,也说明会计信息化势在必行与会计信息化研究的迫在眉睫。从本质上说,会计电算化首先强调的是会计数据处理的规范化,它要求会计信息系统的运行按照我国统一会计制度的要求规范操作,立足于财务报告的规范生成;而会计信息化则更多强调会计输出结果——会计信息的增值性,在财务信息规范化的同时,侧重于满足企业内外部信息使用者的需求。

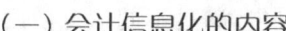

（一）会计信息化的内容

1. 会计信息化的基本内容

（1）优化财务会计软件功能，保证其信息输出的可靠性与安全性。以货币计量的会计信息，在企业经营决策支持中占有举足轻重的地位。作为会计信息化前身的会计电算化，从企业层面上看，它已经基本完成会计核算的计算机替代手工的工作。但随着网络技术的深入应用，随着电子商务、电子政务的快速发展，会计信息化有其更深的内涵和更广阔的外延。

在会计实际应用方面，会计有财务会计与管理会计之分，会计信息化也就包括了财务会计信息化与管理会计信息化。因此，深入细致地研究网络条件下财务会计与管理会计之间的数据联系，逐步建立一个融财务会计与管理会计为一体的、能为企业带来增值信息的会计信息系统，是会计信息化亟待解决的问题。

从技术层面上看，网络技术、事件驱动技术、数据仓库（DW）、数据挖掘（DM）、云技术等先进的信息技术，将可能改变会计格局，促使会计信息增值。同时，积极采用最新安全技术以保证会计信息的可靠与完整，将是今后会计信息化的重要内容。

（2）建立面向决策的网络化、无纸化、实时性的会计信息系统。开发支持企业经营决策的智能化管理（会计）软件，是未来信息技术应用研究的重点。

（3）强化会计控制系统和审计系统的功能。信息技术应用于会计领域之后，其系统控制的功能只能加强而不能削弱，这是因为，信息化会计系统是一个人机系统，其控制要涉及人、计算机硬件和计算机软件等诸多方面，特别是网络技术的应用，给会计信息的安全可靠性带来很多隐患。因此，下大力气研究会计控制系统也就显得至关重要，同时针对日益完善的计算机会计信息系统研制审计系统，是当前我国会计信息化的重要内容。

2. 我国会计信息化的目标和任务

2009年4月，财政部颁布《关于全面推进我国会计信息化工作的指导意见》指出，全面推进我国会计信息化工作的目标是：力争通过5～10年的努力，建立健全会计信息化法规体系和会计信息化标准体系（包括可扩展商业报告语言XBRL的分类标准）；全力打造会计信息化人才队伍；基本实现大型企事业单位会计信息化与经营管理信息化融合；进一步提升企事业单位的管理水平和风险防范能力；做到数出一门、资源共享，便于不同信息使用者获取、分析和利用，进行投资和相关决策；基本实现大型会计师事务所采用信息化手段对客户的财务报告和内部控制进行审计；进一步提升社会审计质量和效率；基本实现政府会计管理和会计监督的信息化，进一步提升会计管理水平和监管效能。通过全面推进会计信息化工作，使我国的会计信息化达到或接近世界先进水平。

根据以上目标，全面推进我国会计信息化工作的主要任务包括：

（1）推进企事业单位会计信息化建设。一是会计基础工作信息化，会计基础工作涉及企事业单位管理全过程，只有基础工作信息化，才能为企事业单位全面信息化奠定扎实的基础；二是会计准则制度有效实施信息化，通过将相关会计准则制度与信息系统实现有机结合，自动生成财务报告，进一步贯彻执行相关会计准则制度，确保会计信息等相关资料更加真实、完整；三是内部控制流程信息化，根据企事业单位内部控制规范制度要求，将内部控制流程、关键控制点等固化在信息系统中，促进各单位内部控制规范制度的设计与运行更加有效，形成自我评价报告；四是财务报告与内部控制评价报告标准化，各企事业单位在贯彻实施会计准则制度、内部控制规范制度并与全面信息化相结合的过程中，应当考虑XBRL分类

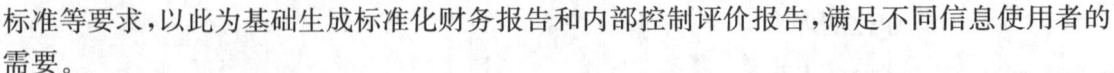

标准等要求,以此为基础生成标准化财务报告和内部控制评价报告,满足不同信息使用者的需要。

(2) 推进会计师事务所审计信息化建设。实现财务报告审计和内部控制审计信息化,加强计算机审计系统的研发与完善,实现审计程序和方法等与信息系统的结合,全面提升注册会计师执业质量和审计水平。

(3) 推进会计管理和会计监督信息化建设。建立会计人员管理系统,创新会计人员后续教育网络平台,实现对全社会会计人员的动态管理;在全国范围内逐步推广无纸化考试,提高会计从业资格管理工作效率和水平;推进信息系统在会计专业技术资格考试工作中的应用,完善会计人员专业技术资格考试制度;完善注册会计师行业管理系统,建立行业数据库;推动会计监管手段、技术和方法的创新,充分利用信息技术提高工作效率,不断提升会计管理和会计监督水平。

(4) 推进会计教育与会计理论研究信息化建设。建立会计专业教育系统,实时反映和评价会计专业学历教育情况,掌握会计专业学生的培养状况以及社会对会计专业学生的需求;建立会计理论研究信息平台,及时发布和宣传会计研究最新动态,促进科研成果转化为生产力,以指导和规范会计理论研究,为会计改革与实践服务。

(5) 推进会计信息化人才建设。完善会计、审计和相关人员能力框架,在知识结构、能力培养中重视信息技术方面的内容与技能,提高利用信息技术从事会计、审计和有关监管工作的能力;加强会计、审计信息化人才的培养,着力打造熟悉会计、审计准则制度、内部控制规范制度和会计信息化三位一体的复合型人才队伍。

(6) 推进统一的会计相关信息平台建设。为了实现数出一门、资源共享的目标,应当构建以企事业单位标准化会计相关信息为基础,便于投资者、社会公众、监管部门及中介机构等有关方面高效分析利用的统一会计相关信息平台,为会计监管等有关方面预留接口,提供数据支持。

(二) 会计信息化的意义

信息化是当今世界发展的必然趋势,是推动我国现代化建设与经济社会变革的技术手段和基础性工程,根据国家制定的《2006—2020 年国家信息化发展战略》的要求,会计信息化是国家信息化的重要组成部分,会计信息化是会计史上的一场革命,对会计学科本身以及国民经济建设都具有重要的意义。

(1) 可以减轻财务人员的工作强度,节省人员开支,提高工作效率。

(2) 促进会计职能转变。

(3) 全面、及时、准确地提供会计信息。

(4) 提高会计人员素质,促进会计工作规范化。

(5) 促进会计理论和技术的发展,推进会计管理制度的改革。

(三) 会计信息化的管理

由于会计信息化关系到各方面的经济利益,世界各国特别是工业发达国家对会计信息化管理都比较重视。例如,美国注册会计师协会(AICPA)1976 年就发布了管理咨询服务公告第 4 号《计算机应用系统开发和实施指南》;国际会计师联合会(IFAC)也分别于 1984 年2 月、10 月和 1985 年 6 月公布了 3 个有关会计电算化的国际审计准则,分别是:准则 15《在电子数据处理环境下的审计》、准则 16《计算机辅助审计技术》和准则 20《电子计算机数据处理环境对会计制度和有关的内部控制研究与评价的影响》。我国会计信息化关系到国家财政、财务、会计制度的贯彻执行,所以更应该重视会计信息化的管理工作。

为了会计电算化的规范化和科学化,从 1979 年我国开始发展会计电算化事业以来,其主管机构财政部发布的与会计电算化有关的文件就有 12 个之多,主要有《会计电算化管理办法》(1994)、《商品化会计核算软件评审规则》(1994)、《会计核算软件基本功能规范》(1994)、《会计电算化知识培训管理办法(试行)》(1995)、《会计电算化工作规范》(1996)、《关于对外国会计核算软件应用情况加强监督管理的通知》(1997)。这些电算化会计制度的出台,对我国会计核算软件规范化的开发与应用,对企业单位会计电算化的健康发展都有着极大的推进作用。从 1990 年至今.我国商品化会计核算软件通过财政部门组织评审的将近 300 个(其中,通过财政部评审的软件有 38 个),这些规范化和标准化程度很高的会计核算软件的广泛应用,极大地提高了我国各企业、事业单位的会计核算工作水平和会计信息质量。

会计核算软件是一个数据处理系统,它的整个运行过程可分为输入、处理和输出 3 个阶段,而且系统与数据的安全是会计电算化的基本前提,因此,《会计核算软件基本功能规范》从以下 4 个方面对会计软件提出了基本要求:

(1) 会计数据的输入。要求软件具有足够的检验和防错功能,最大限度地发现错误并提供必要的修改手段。例如,软件应当对记账凭证编号的连续性进行控制;应提供对已经输入但未登账的机内记账凭证进行修改的功能;应当提供对已经输入但未登账的记账凭证的审核功能,审核通过后即不能再提供对机内凭证的修改;应当利用借贷平衡原理防止记账凭证金额的输入错误;应当拒绝收款凭证中借方科目不为现金或银行存款科目,等等。

(2) 会计数据的处理。对于内部数据处理的总要求是符合会计制度的规定。例如,通用会计核算软件应当提供国家统一会计制度允许使用的多种会计核算方法供用户选择;应当提供符合国家统一会计制度规定的自动编制会计报表的功能;应当提供会计报表的自定义功能;应当提供机内会计数据按照规定的会计期间进行结账的功能,结账前应当自动检查本期输入的会计凭证是否全部登记入账,全部登记入账后才能结账,等等。

(3) 会计数据的输出。查询和打印是两种主要的输出功能,其中查询功能应当提供查询机内总账科目和明细科目的名称、编号、期初余额、累计发生额、本期发生额和余额等项目。打印输出功能应当提供按国家统一会计制度规定的格式和内容,打印原始凭证和记账凭证,打印会计账簿和会计报表等功能。对根据机内会计凭证和据以登记的相应账簿生成的各种机内会计报表数据,会计核算软件不能提供直接修改功能。此外,会计年度结账时,会计核算软件应当提供强制备份功能。

(4) 会计数据的安全。对于安全的要求主要包括:对使用人员的权限控制,提供防止非指定人员擅自使用和对指定操作人员实行使用权限控制的功能;对存储在磁性介质或者其他介质上的程序文件和相应的数据文件,应当有必要的加密或者其他保护措施,以防止被非法篡改;一旦发现程序文件和相应的数据文件被非法篡改,应当能够利用标准程序和备份数据,恢复软件的运行;会计核算软件应当具有在计算机发生故障或者其他原因引起会计数据被破坏的情况下,利用现有数据恢复到最近状态的功能。

2005 年 1 月 1 日,国家质量监督检验检疫总局和国家标准委批准发布的《信息技术会计核算软件数据接口》正式实施,它包括会计核算数据元素、数据接口输出文件的内容和格式等方面的规定,对现有的和待开发的会计核算软件的数据接口提出了标准化的要求,这无疑对我国今后的审计工作、宏观信息管理、企业与银行数据审核、企业间的数据联系都具有极大的意义。

2009 年 4 月,财政部颁布了《关于全面推进我国会计信息化工作的指导意见》,2013 年 12 月发布了《企业会计信息化工作规范》。这两个文件的颁布对于推动我国企业会计信息化,提高会计软件和相关服务质量,规范信息化环境下的会计工作起着重要的作用。

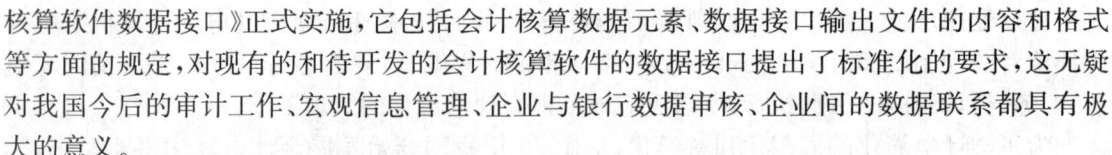

【知识链接】

2013 年 12 月 6 日,财政部印发《企业会计信息化工作规范》。该规范分总则、会计软件和服务、企业会计信息化、监督、附则共 5 章 49 条,自 2014 年 1 月 6 日起施行。1994 年 6 月 30 日财政部发布的《商品化会计核算软件评审规则》《会计电算化管理办法》予以废止。同时,《会计核算软件基本功能规范》《会计电算化工作规范》不适用于企业及其会计软件。

五、现代技术可能实现的会计工作场景

(一) 移动互联网使会计信息系统终端移动化

移动互联网使得会计信息系统云端化,5A 式财务云服务将实现按需使用。移动互联网使得企业业务流程的 5A 模式成为可能,即任何人(anyone)可在任何时间(anytime)、任何地点(anywhere),通过任何设备(any device)接入互联网,即可处理与业务相关的任何事情(anything)。借助移动互联网,企业会计人员可以突破办公场所、上网条件等限制,通过智能终端就可对诸多会计业务进行移动处理,会计工作随时随地触手可及。

(二) 云计算提高会计处理效率

大型企业自建云平台,整个会计信息系统将集成在财务云中。任何会计业务操作都可以通过任何一个终端在云平台上完成。中小企业则可以采用公共云服务,无需自建会计信息系统,直接利用第三方企业提供的云会计系统平台,会计服务将实现按需使用,企业可以根据自身特点及业务需求,选择自己所需要的会计功能,进行弹性配置,即选即用,满足企业会计工作的个性化需求,极大提高了会计工作处理效率。

(三) 物联网促进会计数字化和智能化

物联网技术的出现,能够帮助会计人员收集和汇总更多非财务的数据,有利于会计数字化的深度运用。会计管理人员能够通过数字间的联系和集合的关系,更稳健地控制会计风险,提前预知人为失误的操作,推动会计向智能化发展。

(四) 区块链技术降低会计数据风险

区块链在资产管理领域的应用具有广泛前景,能够实现有形和无形资产的确权授权和实时监控。对于无形资产来说,基于时间戳技术和不可篡改等特点,可以将区块链技术应用于知识产权保护、域名管理、积分管理等领域。而对有形资产来说,通过结合物联网技术,为资产设计唯一标识并部署到区块链上,能够形成"数字智能资产",实现基于区块链的分布式资产授权和控制。通过结合物联网的资产标记和识别技术,还可以利用区块链实现灵活的

供应链管理和产品溯源等功能。由此可见,区块链技术可以回溯会计信息的篡改和来源,从而降低会计数据风险。

六、会计智能化

(一)会计智能化的概念

智能化,是指事物在大数据、人工智能、移动互联网、云计算、物联网和区块链等技术的支持下所具有的能动地满足人的各种需求的属性。

会计智能化是基于新时代的会计实践模式。通过采用智联网、大数据、云计算、人工智能和人机自然交互、区块链等新技术,实现结构化和半结构化会计工作的自主数据采集、计算、处理、报告和自主修正,提供非结构化会计工作的智能决策支持,管控财务机器人的算法和思维逻辑,监控数字资产的安全,实时为企业的预测、管理、决策和规划提供数字展示,为内外部利益相关者提供信息服务的共享系统。[①]

(二)会计智能化带来会计信息化工作的变化

1. 会计工作拥有海量数据支持

新时代下,智联网收集企业所处行业甚至是整个市场的数据并进行整合处理,智能化会计基于智联网技术对企业价值链上的内部和外部数据进行实时采集、分析、处理和传递,为财务的管理和决策提供海量数据支持。海量数据的出现,促使数据存储从"集中式"向"分布式"转变,数据的分析向"深度学习"发展,赋予数据预测未来的能力。

2. 会计工作高速精准

在会计智能化时代,智联网的智能终端根据管理需求实时采集和处理所需数据,云平台提供数据的存储和高速计算功能,人工智能基于算法和大数据精准提供管理决策所需的方案,运用这些技术,财务人员能快速汇总、处理和分析财务数据,非财务人员能迅速针对财务部门提供的管理决策报告作出反馈。

3. 财务机器人拥有人类思维

在未来,会计智能化将充分发挥财务机器人的作用。财务机器人基于算法和大数据,以智联网采集的数据为基础进行深度学习,了解人类采集处理、分析、预测和决策的逻辑思维,根据企业提出的具体需求,自我修改原有的分析模型,模仿财务人员进行财务预测、管理和决策,为企业提供更好的财务服务和决策支持。

4. 会计信息化工作实现人机交互

人机交互可以让财务人员以全新的方式对机器发出指令,肢体动作、表情甚至是脑电波都能作为有效信息被机器监测到,并形成有效的指令,会计人员与财务机器人采用表情、自然语言和肢体动作等随时随地沟通交流和协同工作,让会计语言和机器人的交流更为便捷、准确和有效。财务机器人将信息呈现在三维立体界面中,使企业的对外报表和对内报表更加逼真、多维和形象,极大降低了对财务报表使用者的财务知识的要求,使其决策速度及准确性得到有效提升。

---

① 李闻一等,智能财务共享的选择、实现要素和路径,《会计之友》,2019(8):115—121。

5. 会计工作场景化

采用虚拟现实和增强现实技术以及人机自然交互技术,为财务人员和管理人员提供预测、管理和决策的各类虚拟场景。人机交互技术的使用,使得会计人员能够进入虚拟场景中使用财务数据,财务数据将以极其丰富的形式呈现,包括视频、虚拟成像、虚拟场景等。财务人员与业务人员也能通过虚拟场景实现沟通交流,通过可视化、触觉、听觉、味觉等虚拟和体验各种可能的结果。

第二节 对信息的认识

数据、信息、知识等词汇由来已久,在很长一段时间里,人们并不明确区分数据、信息、知识的概念。随着信息时代的到来,人们开始重新认识数据、信息、知识的本质。

一、数据

数据(data)是反映客观事物的性质、形态、结构和特征的符号,并能对客观事物的属性进行描述。如 100 平方米、红色等都是数据,数据可以是具体的数字、字符、文字或图形等形式。会计数据则是描述经济业务属性的数据。在会计工作中,从不同来源、渠道获得的各种原始凭证、记账凭证等会计数据的载体上就有大量描述经营业务属性的数据,这些数据都称为会计数据。

二、信息

(一) 信息的定义

当人类从工业社会进入信息社会,"信息"(information)这个词出现的频率非常高。但是,由于研究目的和角度不同,人们对信息的理解和解释则各不相同。《辞海》对信息的解释是,信息是指对消息接受者来说预先不知道的报道。控制论的创始人维纳认为,信息是人们在适应外部世界并且将这种适应反作用于世界的过程中,同外部世界进行交换的内容的名称。接收信息和使用信息的过程,就是我们适应外部偶然性的过程。信息论的创始人香农认为,信息是用以消除不确定性的东西。决策学的代表人物西蒙则提出,信息是影响人改变对于决策方案的期待或评价的外界刺激。

在信息技术应用领域,一般认为,信息是经过加工的、具有一定含义的、对决策有价值的数据。由此可以看出,信息是数据加工的结果,它可以用文字、数字、图形等形式,对客观事物的性质、形式、结构和特征等方面进行反映,帮助人们了解客观事物的本质。例如,1.8 米是一项数据,但这一数据除了数字上的意义,并不表示任何内容;而王明同学的身高是1.8 米对接收者是有意义的。接收者知道"1.8 米"是表示客观实体王明的身高这一属性值。因此,"王明同学的身高是 1.8 米"不仅有数据,更重要的是给数据以解释,从而使接收者得到了王明同学身高的信息。

由此可见,数据和信息是密不可分的。如果将数据比作原材料,信息就是通过信息系统将数据进行加工后得到的产品,而在信息系统的帮助下,还可以利用信息技术对信息作进一步的加工处理,从而得到不同抽象层次的信息,来辅助完成不同层次的决策,如图1-1所示。

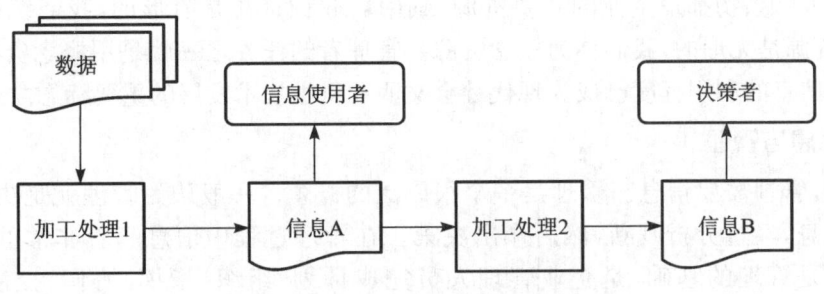

图1-1 数据加工成信息的过程图

信息必然是数据,但数据未必是信息。信息只是数据的一个子集。

尽管数据和信息存在差别,但实际工作中,两者经常不加区别地加以使用。这是因为数据和信息经常处于不断的转化过程中,并无严格的界限,作为上一个加工处理过程结果的信息,对于下一个加工处理过程而言,可能就变成了数据。所以我们往往将数据处理称为信息处理,会计数据称为会计信息等。

(二)信息的特征

在信息社会,信息是组织的重要资源,它具有如下特征:

(1)共享性。一方面,同一内容的信息可以在同一时间被多人使用;另一方面,同一内容的信息可以多次使用,信息不会因为被使用而贬值或废弃,反而通过传递和扩散方式达到共享而实现增值。

(2)可传递性。信息是物质存在方式的直接或间接显示,它依附于一定的媒体如声音、语言、表情、文字等进行呈现、传递和扩散。信息是内容,信息的媒体是形式。而信息技术极大地扩展了信息的扩散范围,提高了信息的传递速度,使信息可以很容易地跨越地理界限,摆脱厂房、机器等有形要素,在全球网络上以数字化的形式迅速传播。

(3)可编码性。信息可以用有标准意义的符号(如数字、字母等)表示。信息社会中会有更多的信息以数字形式表示,信息的生成、处理、存储、传递都是数字化的,因此信息易于识别、接收、转换、传递、存储,从而易于处理。

(4)效益性。信息是具有价值和成本的组织资源。信息的价值表现在:一方面,信息的利用会给组织带来价值;另一方面,信息的使用会增加组织其他资源的价值。在信息社会,信息的这种增值能力将表现得更为突出。

(5)可增值性。信息不但对组织其他资源有增值作用,而且信息本身也可增值。当大量零散、片面、互不关联的信息经过信息系统过滤处理成为相关信息的有序集合时,信息本身就会增值。这也是信息咨询业得以蓬勃发展的原因之一。

(6)可集成性。不同的信息之间可以进行广泛的联系和系统的综合,并由此得出全新的信息关系和内容。

（7）层次性。该特性是与组织决策的层次联系在一起的。对于信息社会的组织来说，利用信息的决策一般可以分为3个层次：战略层决策、战术层决策和事务决策。不同层次的决策对信息的来源、抽象程度、数量等的要求不同。层次越高的信息，抽象性越强，对决策的作用也越大。

信息与人、财、物都是企业的主要资源，其中后3种资源是有形的，我们统称为物质资源；而信息资源是无形的，我们称为概念资源。管理者的任务之一就是用概念资源来管理物质资源。对信息的利用程度已成为现代社会文明和科学技术发展的重要标志之一。

（三）信息与管理

一方面，管理需要信息。管理是一个很广泛的概念。一般认为管理就是决策，即针对问题收集信息，经过分析判断，然后作出决策。在管理过程中信息起着非常重要的作用，可以说信息是管理的基础，是企业管理人员完成计划、组织、指挥、协调、控制等职能的依据。

现代企业的整个生产经营活动存在3种"流"，即：物流、资金流和信息流。其中，物流是指从原材料等资源投入到转换为产品输出的过程中，物质形态性质变化的运动过程。物流包括采购、运输、库存、加工、外协、装配、存储、销售和发运的全过程。资金流指企业资金的运动过程，包括资金的筹集、运用和分配。信息流是为了实现管理职能，伴随物流、资金流所产生的信息传递过程。信息流一方面伴随物流和资金流而产生；另一方面管理者又可依据客观信息作出决策，再以决策信息控制物流和资金流的运动。因此，信息在生产力体系中占有越来越重要的地位，管理的艺术就在于善于驾驭信息。

此外，信息需要管理。采集和加工数据、获取信息、以最有效的方式使用信息、在适当的时候摒弃信息，统称为信息管理。只有对信息进行科学管理，才能及时采集到必要的原始数据，并从大量的、杂乱无章的、难以理解的数据中抽取并推导出对人们是有用的信息。应用电子技术进行信息处理的目的，就是使得信息准确灵通，传递速度快，从而提高工作或生产效率。企业对信息的占有量和处理信息的能力已成为衡量企业管理水平的标志。

（四）信息处理

信息处理又称数据处理，是指对信息的采集、存储、处理、传输和输出等活动的总和。其基本目的是从大量数据中抽取并推导出对人们有价值、有意义的信息，借以作为决策的依据。哪里有信息哪里就需要信息处理。随着社会的发展，信息量急剧增加，形式多样，结构复杂，以及时效性要求的提高，信息处理也就成为一个极其重要的课题。

广义地说信息处理由来已久，并且随着信息处理技术的发展，信息处理先后出现过如下3种方式。

1. 手工信息处理

一般用人工方式来收集信息，用书写记录来存储信息，用经验和简单手工运算来处理信息，用携带存储体来传递信息。信息处理的工具主要是纸、笔以及算盘之类的初级计算工具。

2．机械信息处理

19世纪末，人类发明了第一台用于编制人口普查表的卡片制表机，开始了信息处理的新阶段。这类机器和古典的计算工具已有本质上的不同，它包括穿孔机、验孔机、分类机、卡片整理机、制表机等，能半自动地进行工作。通常把这种用机械设备来进行的数据处理称为机械信息处理。由于存储介质、计算速度、处理能力以及自动化程度的限制，机械信息处理的效率仍然不高。

3．电子信息处理

随着20世纪40年代电子计算机的发明，特别是以后直接存取存储设备的出现，使信息处理发生了革命性的变化。使用电子计算机的信息处理称为电子信息处理，本书所关注的正是这种电子信息处理。

随着信息重要性与信息处理复杂性的提高，信息处理逐步形成一个特定的行业。现代信息已具有商品的一切特征，因为提供一个精确的信息，必须投入大量人力物力，从商品角度看，即注入了大量活劳动和物化劳动，使最终信息产品具有新的经济价值和使用价值。

（五）一类特殊的信息——会计信息

会计信息是反映组织财务状况和经营成果的信息。它是对反映组织运作的数据，按照一定的要求或需要，进行加工、计算、分类、汇总而形成的有用的信息产品，如原始凭证经过数据处理系统加工处理后变成总账、明细账等。由于在信息加工处理的过程当中，数据和信息常常相互转换，并无严格的界限，在会计处理过程中，经过加工处理后的会计信息往往又成为后续处理的会计数据。例如，会计人员对原始凭证进行分析加工，用会计语言表述为具有会计信息特征的记账凭证。而记账凭证是登记账簿的依据（数据原料），经过登记账簿加工后，又生成总账和明细账等会计核算信息。同理，总账和明细账所反映的会计信息又被进一步加工生成会计报表等综合信息，会计报表所反映的综合信息又被进一步加工生成财务分析、投资决策等管理信息等。

三、知识

知识（knowledge）是以各种方式将一个或多个信息关联在一起的信息结构，是对客观世界规律性的总结。从信息技术应用的角度来看，知识是与某个主题相关的同类信息的积累，是为有助于实现某个特定的目的而抽象化和一般化的信息。因此，信息是知识的原料，而知识是对信息的更高一级的抽象，这种抽象可以在信息系统环境中通过寻找各信息之间的联系来完成。由此也可以看出，知识的产生需要自由地获取信息。

四、数据、信息、知识之间的关系

数据、信息和知识相互联系、相互作用：数据是信息的原料，信息又是知识的原料。信息是数据加工而成的产品，知识又是信息更高一级的抽象。在信息社会，越来越多的组织在经营和决策过程中利用信息系统，将数据加工成信息，将信息转换成知识，并用知识指导行动，努力实现其经营目标。它们之间的关系如图1-2所示。

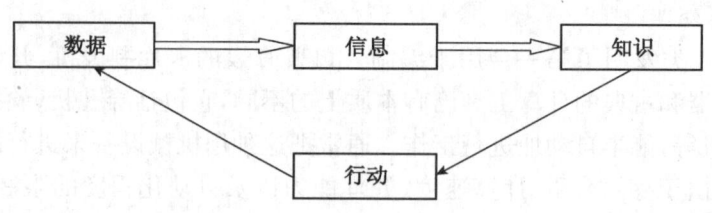

图1-2　数据、信息、知识之间的关系

【应用实例】

大数据时代

2012年以后,"大数据"(big data)一词越来越多地被提及,人们用它来描述和定义信息爆炸时代产生的海量数据,并命名与之相关的技术发展与创新。最早提出"大数据"时代到来的是全球知名咨询公司麦肯锡,麦肯锡称:"数据,已经渗透到当今每一个行业和业务职能领域,成为重要的生产因素。人们对于海量数据的挖掘和运用,预示着新一波生产率增长和消费者盈余浪潮的到来。"

大数据是云计算、物联网之后IT行业又一大颠覆性的技术革命。云计算主要为数据资产提供了保管、访问的场所和渠道,而数据才是真正有价值的资产。企业内部的经营交易信息、互联网世界中的商品物流信息、互联网世界中的人与人交互信息、位置信息等,其数量将远远超越现有企业IT架构和基础设施的承载能力,实时性要求也将大大超越现有的计算能力。如何盘活这些数据资产,使其为国家治理、企业决策乃至个人生活服务,是大数据的核心议题,也是云计算内在的灵魂和必然的升级方向。

数据正在迅速膨胀并变大,它决定着企业的未来发展,虽然很多企业可能并没有意识到数据爆炸性增长带来的隐患,但是随着时间的推移,人们将越来越多地意识到数据对企业的重要性。

正如《纽约时报》2012年2月的一篇专栏中所称,"大数据"时代已经降临,在商业、经济及其他领域中,决策将日益基于数据和分析而作出,而并非基于经验和直觉。

哈佛大学社会学教授加里·金说:"这是一场革命,庞大的数据资源使得各个领域开始了量化进程,无论学术界、商界还是政府,所有领域都将开始这种进程。"

大数据到底有多大?一组名为"互联网上一天"的数据告诉我们,一天之中,互联网产生的全部内容可以刻满1.68亿张DVD;发出的邮件有2 940亿封之多(相当于美国两年的纸质信件数量);发出的社区帖子达200万个(相当于《时代》杂志770年的文字量);卖出的手机为37.8万台,高于全球每天出生的婴儿数量37.1万。

2012年,数据量已经从TB(1 024 GB＝1 TB)级别跃升到PB(1 024 TB＝1 PB)、EB(1 024 PB＝1 EB)乃至ZB(1 024 EB＝1 ZB)级别。国际数据公司(IDC)的研究结果表明,2008年全球产生的数据量为0.49 ZB,2009年的数据量为0.8 ZB,2010年增长为1.2 ZB,2011年的数量更是高达1.82 ZB,相当于全球每人产生200 GB以上的数据。而到2012年为止,人类生产的所有印刷材料的数据量是200 PB,全人类历史上说过的所有话的数据量大约是5 EB。IBM的研究称,整个人类文明所获得的全部数据中,有90%是过去两年内产生的。而到了2020年,全世界所产生的数据规模将达到今天的44倍。每一天,全世界会上传超过 5 亿张图片,每分钟就有 20 小时时长的视频被分享。然而,即使是人们每天创造的全部信息——包括语音通话、电子邮件和信息在内的各种通信,以及上传的全部图片、视频与音乐,其信息量也无法匹及每一天所创造出的关于人们自身的数字信息量。

这些庞大数字,意味着什么?

它意味着,一种全新的致富手段也许就摆在面前,它的价值堪比石油和黄金。

事实上,当你仍然在把微博等社交平台当作抒情或者发议论的工具时,华尔街的敛财高手们却正在挖掘这些互联网的"数据财富",先人一步用其预判市场走势,而且取得了不俗的收益。

个案一:你开心他就买,你焦虑他就抛。

华尔街"德温特资本市场"公司首席执行官保罗·霍廷每天的工作之一,就是利用电脑程序分析全球 3.4 亿微博账户的留言,进而判断民众情绪,再以"1"到"50"进行打分。根据打分结果,霍廷再决定如何处理手中数以百万美元计的股票。

霍廷的判断原则很简单:如果所有人似乎都高兴,那就买入;如果大家的焦虑情绪上升,那就抛售。这一招收效显著——当年第一季度,霍廷的公司获得了 7% 的收益率。

个案二:国际商用机器公司(IBM)估测,这些"数据"值钱的地方主要在于时效。对于片刻便能定输赢的华尔街,这一时效至关重要。曾经,华尔街 2% 的企业搜集微博等平台的"非正式"数据;如今,接近半数企业采用了这种手段。

个案三:"社会流动"创业公司在"大数据"行业生机勃勃,并和微博推特是合作伙伴。它分析数据,告诉广告商什么是正确的时间,谁是正确的用户,什么是应该发表的正确内容,备受广告商热爱。

个案四:通过乔希·詹姆斯的 Omniture(著名的网页流量分析工具)公司,你可以知道有多少人访问你的网站,以及他们待了多长时间——这些数据对于任何企业来说都至关重要。詹姆斯把公司卖掉后,进账 18 亿美元。

个案五:微软专家吉拉德喜欢把这些"大数据"结果可视化:他把客户请到办公室,将包含这些公司的数据图谱展现出来——有些是普通的时间轴,有些像蒲公英,有些则是铺满整个画面的泡泡,泡泡中显示这些客户的粉丝正在谈论什么话题。

个案六:"脸谱"数据分析师杰弗逊的工作就是搭建数据分析模型,弄清楚用户点击广告的动机和方式。

"数据是新的石油"亚马逊前任首席科学家 Andreas Weigend 说。Instagram 以 10 亿美元出售之时,成立于 1881 年的世界最大影像产品及服务商柯达正申请破产。

大数据是如此重要,以至于其获取、储存、搜索、共享、分析乃至可视化地呈现,都成为当前重要的研究课题。当时时变幻的、海量的数据出现在眼前,是怎样一幅壮观的景象? 在后台注视着这一切,会不会有接近上帝俯视人间星火的感觉?

倒是有公司已经在大数据中有接近上帝俯视的感觉,美国洛杉矶就有企业宣称,他们将全球夜景的历史数据建立模型,在过滤掉波动之后,作出了投资房地产和消费的研究报告。

越来越多的政府、企业等机构开始意识到数据正在成为组织最重要的资产,数据分析能力正在成为组织的核心竞争力。具体有以下 3 大案例:

(1) 2013 年 3 月 22 日,奥巴马政府宣布投资 2 亿美元拉动大数据相关产业发展,将"大数据战略"上升为国家意志。奥巴马政府将数据定义为"未来的新石油",并表示一个国家拥

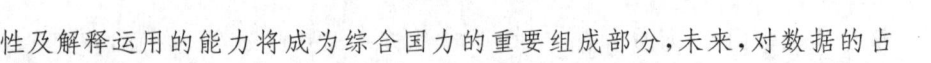

有数据的规模、活性及解释运用的能力将成为综合国力的重要组成部分,未来,对数据的占有和控制甚至将成为陆权、海权、空权之外的另一种国家核心资产。

(2)联合国也在2012年发布了大数据政务白皮书,指出大数据对于联合国和各国政府来说是一个历史性的机遇,人们如今可以使用极为丰富的数据资源,来对社会经济进行前所未有的实时分析,帮助政府更好地响应社会和经济运行。

(3)而最为积极的还是众多的IT企业。麦肯锡在一份名为《大数据,是下一轮创新、竞争和生产力的前沿》的专题研究报告中提出,"对于企业来说,海量数据的运用将成为未来竞争和增长的基础",该报告在业界引起广泛反响。

IBM则提出,上一个10年,他们抛弃了PC,成功转向了软件和服务,而这次将远离服务与咨询,更多地专注于因大数据分析软件而带来的全新业务增长点。IBM执行总裁罗睿兰认为:"数据将成为一切行业当中决定胜负的根本因素,最终数据将成为人类至关重要的自然资源。"

在国内,百度已经致力于开发自己的大数据处理和存储系统;腾讯也提出2013年已经到了数据化运营的黄金时期,如何整合这些数据成为未来的关键任务。

事实上,自2009年以来,有关"大数据"主题的并购案层出不穷,且并购数量和规模呈逐步上升的态势。其中,Oracle对Sun、惠普对Autonomy两大并购案总金额高达176亿美元,大数据的产业价值由此可见一斑。

大数据虽然孕育于信息通信技术的日渐普遍和成熟,但它对社会经济生活产生的影响绝不限于技术层面,本质上,它是为我们看待世界提供了一种全新的方法,即决策行为将日益基于数据分析而作出,而不是像过去更多的是凭借经验和直觉。

事实上,大数据的影响并不仅仅限于信息通信产业,而是正在"吞噬"和重构很多传统行业,广泛运用数据分析手段管理和优化运营的公司其实质都是一个数据公司。麦当劳、肯德基以及苹果公司等旗舰专卖店的位置都是建立在数据分析基础之上的精准选址。而在零售业中,数据分析的技术与手段更是得到广泛的应用,传统企业如沃尔玛通过数据挖掘重塑并优化供应链,新崛起的电商如卓越亚马逊、淘宝等则通过对海量数据的掌握和分析,为用户提供更加专业化和个性化的服务。

不仅在商业方面,大数据在社会建设方面的作为同样令人惊叹,智能电网、智慧交通、智慧医疗、智慧环保、智慧城市等的蓬勃兴起,都与大数据技术与应用的发展息息相关。

"大数据"可能带来的巨大价值正渐渐被人们认可,它通过技术的创新与发展,以及数据的全面感知、收集、分析、共享,为人们提供了一种全新的看待世界的方法。更多地基于事实与数据作出决策,这样的思维方式,可以预见,将推动一些习惯于靠"差不多"运行的社会发生巨大变革。

一个好的企业应该未雨绸缪,从现在开始就应该着手准备,为企业后期的数据收集和分析做好准备,这样当面临铺天盖地的大数据时,以确保企业能够快速发展,大中华区首席执行官辛儿伦对新浪科技表示,随着大数据时代的到来,企业应该在内部培养3种能力。第一,整合企业数据的能力;第二,探索数据背后价值和制定精确行动纲领的能力;第三,进行精确快速实时行动的能力。做到上面的几点,当大数据时代来临的时候,面临大量数据将不是束手无策,而是成竹在胸,而从数据中得到的好处也将促进企业快速发展。

第三节 信 息 系 统

一、系统的概念与分类

随着科学技术的进步和社会活动的日益复杂,人类所要处理和解决的问题越来越复杂,这些问题又都表现出整体性和系统性的特征。因此,人们在一切领域中普遍用"系统"的思想来处理问题,"系统"成为常用的术语。

系统(system)是由一些相互联系、相互作用的若干要素,为实现某一目标而组成的具有一定功能的有机整体。一般来说,系统具有整体性、目的性、关联性、层次性等特征。

一个系统必然被包含在一个更大的系统内,这个更大的系统常被称为"环境"。一个系统内部的要素本身也可能是一些小的系统,这些小的系统常被称为这个系统的子系统,子系统下面可能包含子子系统,由此形成了系统的层次性。当我们独立地研究某一个子系统或者子子系统时,我们可以简单地将它称为"系统"。

系统根据其自动化的程度,可以分为人工系统、自动系统和基于计算机的系统。

二、信息系统的定义与功能

(一)信息系统的定义

信息系统(information system)是以信息基础设施为基本运行环境,由人、信息技术设备、运行规程组成的,以信息为处理对象,进行信息的收集、传递、存储、加工,辅助组织进行各项决策的人机结合的系统。信息系统可以是人工的,也可以是基于计算机的,我们要研究的当然是后者。上述定义中要说明两点:信息技术设备按照一定的结构集成为计算机系统后,提供了信息系统运行的物理环境。运行规程主要规定了信息系统本身的运作规则,并明确了人与信息技术设备之间的关系。例如对系统的控制和使用规则、安全性措施、对系统的访问权限等,特别是信息系统的使用者应共同遵守的规则。

(二)信息系统的基本功能

信息系统的功能可以归纳为以下5个方面:

(1)数据的收集和输入。数据的收集和输入功能是指将待处理的原始数据集中起来,转化为信息系统所需要的形式,输入系统中。在衡量一个信息系统的性能时主要看:收集数据的手段是否完善,准确性及及时性如何,具有哪些校验功能,输入手段是否方便易用,数据收集和输入的组织是否严密等。

(2)数据的存储。数据进入信息系统后。经过加工或整理,得到对管理者有用的信息。信息系统负责把信息按照一定的方法存储、保管起来。

(3)数据的加工。信息系统对进入系统的数据进行加工处理,包括查询、计算、排序、归并等。

(4)信息的传输。为了让信息的使用者方便地使用信息,信息系统应能够迅速、准确地

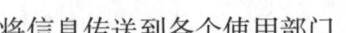

将信息传送到各个使用部门。

（5）信息的输出（检索和分析）。信息的输出功能是指按照使用者的需求查询信息，利用一些模型和方法，如预测模型、决策模型、模拟模型、知识推理模型等，生成针对性较强的满足用户需求的决策信息。

（三）信息系统的分类

随着计算机技术和网络技术等信息技术的发展，信息系统不断发展，出现了各种分支，目前主要有以下几种类型。

1．电子数据处理系统

传统的电子数据处理系统（electronic data processing system，EDPS）是信息系统各分支中唯一较少涉及经济管理问题，而是以计算机应用技术、通信技术和数据处理技术为主的系统，一般不作任何预测、规划、调节和控制，如会计数据处理系统、火车票订票系统等都是传统的电子数据处理系统。电子数据处理系统是其他类型信息系统的基础，它能够向其他类型的信息系统提供数据，是更高级信息系统的数据来源。

2．管理信息系统

管理信息系统（management information system，MIS）是在电子数据处理系统的基础上逐步发展起来的信息系统。它利用电子数据处理系统的数据和大量定量化的科学管理方法，实现对生产、经营和财务过程的预测、管理、调节、规划和控制，为管理人员提供辅助决策方案，为决策科学化提供应用技术和基本工具。

事务处理系统和 MIS 的目标是不同的，前者是处理和获取数据，后者是为管理者提供信息。但是，这两种信息系统又有着密切的关系，事务处理系统往往是 MIS 的基础，如果没有事务处理系统，MIS 就没有主要的信息源。此外，事务处理系统只是涉及一个部门的业务活动，而 MIS 则是一个企业的管理工具。

管理信息系统一般具有以下主要功能：

（1）数据管理和处理功能。如同事务处理系统一样，需要管理数据库中的数据，并对数据进行分类、整理和保存，以及时提供具有统一格式的信息。

（2）预测功能。运用现代数学方法、统计方法或模拟方法，根据历史的数据，预测未来的情况。

（3）计划功能。合理地制订和安排每个职能部门的计划，按照不同的管理层次，提供不同要求的报告。

（4）决策功能。利用各种数学模型，及时导出各种最优解、次优解或满意解，供各级管理层辅助决策，以合理利用人、财、物和信息资源，为企业创造最大的利益。管理信息系统主要支持解决例行的高度结构化（可程序化）的管理问题。

（5）控制功能。对每个工作岗位和整体计划的执行情况进行监测和检查，比较计划与执行情况的差异，分析偏差原因，采用各种方法加以纠正，以期达到预期的目标。

很多组织将管理信息系统的概念应用于组织中的具体职能领域，形成各种职能性子系统，包括：人力资源信息系统（HR）、供应链管理信息系统（SCM）、制造管理信息系统（MM）、客户关系管理信息系统（CRM）、会计信息系统（AIS）、经理信息系统（EIS），等等。会计信息系统是组织管理信息系统中最重要的子系统之一，随着技术的进步和会计理论的不断完善，人们将信息技术与会计理论有机地结合，便构建了会计信息系统。该信息系统能够从各个职能子系统中获取信息,动态反映组织的财务状况和经营成果,控制经营活动,并为管理和决策提供信息。

上述各种职能性信息子系统今天在很多组织中都能够找到,组织中任何一个特定应用领域需要进行信息化管理,组织就会建立相应的信息系统。随着组织管理的不断变革,管理信息系统的不断完善和扩充,其目的是将物流、资金流、信息流有机融合,合理配置组织资源,提高组织的竞争能力和市场应变能力。值得注意的是,一个组织中的各种职能性信息子系统并不是独立存在的,而是共享组织中的通用信息系统资源,并通过信息传递与会计信息系统保持密切的联系。

3. 决策支持系统

决策支持系统(decision support system,DSS)是在管理信息系统基础上发展起来的信息系统。它改善和加强了管理信息系统的决策支持能力,更加强调管理决策中的人工作用,支持面向决策者,处理半结构化(不可完全程序化)的管理决策问题。决策支持系统的研究方向是以不确定性的、多方案综合比较的、职能性的并充分考虑人(决策者)的因素以支持其决策的方法为主,如投资决策信息系统、生产决策信息系统等。

4. 专家系统

专家系统(expert system,ES)是将某一领域的专家在长期实践中积累起来的经验和知识,特别是他们在处理该领域问题时将所用的事实和决策准则编成计算机程序,供决策人员使用,从而改进决策质量的系统。它属于人工智能的范畴,是一个很有发展潜力的新领域,如中医专家系统、围棋专家系统等。

其他还有经理信息系统、办公自动化系统、国际电子商贸系统等,这里就不一一详述。上述信息系统的划分只是一个粗略分类,实际上各系统既相互独立又相互渗透;同时,各系统本身也随着科学的进步发展,功能不断完善和丰富,以满足社会的需要。

第四节　会计信息系统

美国会计学会前主席 Elliot 曾说过这样的话:"信息技术引起的变革浪潮在 20 世纪 70 年代彻底冲击了工业界,80 年代又洗涤了服务业,而到了 90 年代,会计界接受了它的洗礼。"我国会计宗师阎达伍教授也提出:"计算机信息处理技术在会计中的广泛应用,既对传统会计的观念、理论和实务产生了巨大冲击,也为会计的发展提供了机遇。"信息时代的来临使会计面临的环境发生了巨大变化,会计必须适应网络信息时代的要求,不断利用新的工具和方法进行创新,才能真正适应社会的需要。

对会计信息系统的研究,要从会计的本质开始。

一、会计是一个信息系统

(一) 会计市质上是一个信息系统

会计的本质是一个将会计数据转换为会计信息的信息系统。

最早提出会计信息系统概念的组织是美国会计学会(AAA)。1966 年,美国会计学会出版的《论会计基本理论》明确提出会计是一个信息系统,并指出"会计是为便于信息使用者有根据地判断和决策而鉴别、计量和传输信息的过程"。所谓信息系统,就是指从数据的收集、存储、处理到传输使用的整体。会计信息系统是指对会计数据的收集、存储、处理与报告使用会计信息的信息系统。

会计是经济管理活动的一个重要组成部分,它通过观察、计算、记录、分类、分析、预测、决策、总结等方法,对经济活动全过程进行完整、连续、系统、综合的核算和控制,提供经济管理上所需要的各种经济信息,以考核过去、控制目前以及预测未来的经济活动。会计是一个通过人或计算机对物流、资金流、信息流实施管理的信息系统。它所从事的就是数据的采集、存储、加工、传递和提供信息,为管理者进行预测、计划、控制和决策等管理活动服务,它具有信息系统的全部特征。

（二）会计信息系统的基本功能

会计既然是信息系统,就必然具有信息系统的共性,即必须具有会计数据采集、存储、处理、传输和输出等 5 个方面的基本功能:

（1）会计数据采集。包括填制或取得原始凭证以及从企业内外取得其他数据。会计数据的采集可通过网络实时收集,也可以对原始凭证进行整理审核之后成批录入。

（2）会计数据存储。数据存储要考虑数据格式、存储方式、检索方式、安全保密等问题,尤其管理信息系统或决策支持系统的数据结构比较复杂。

（3）会计数据处理。对收集到的会计数据进行分类、汇总、记账、制表等处理,以便得到更加反映本质的信息。数据处理的内容、形式和过程与数据存储结构等因素有关。

（4）会计信息传输。会计信息需要在系统之间、部门之间进行传输。

（5）会计信息输出。会计信息系统提供信息的方式很多,其中常见的是查询和打印输出报表,有时也需要输出分析信息,以便提供给其他系统或上级主管部门使用。

【应用实例】①

DOLLAR GENERAL 公司的会计信息系统

你可能没有听说过 DOLLAR GENERAL 公司,可是在美国某些地区,它是沃尔玛公司强有力的竞争对手。Dollar General 公司在 29 个州拥有 6 000 多个商店,年销售收入 69 亿美元。这个连锁公司平均每天成功开设两个商店,毛利水平保持在 4％以上。田纳西州的中心计算机每天晚上通过卫星与每个商店的收银机接口交互数据。不同的是,DG 公司没有使用计算机网络、E-mail,或者当地记录库存的服务器。DG 公司通过减少系统成本保持高水平的毛利。

问题讨论:

1. DOLLAR GENERAL 公司的会计信息系统具备信息系统的基本功能吗?

2. 使用计算机而增加的会计信息系统运行成本有哪些方面? 什么情况下使用计算机可以降低成本?

二、会计信息系统的产生和发展

管理水平的提高与科学技术的进步对会计理论、会计方法和会计数据处理技术提出了

---

① 罗伯特·L·赫特,甄卓铭等译,《会计信息系统》,东北财经大学出版社 2009 年版。

更高的要求,使会计信息系统由简单到复杂、由落后到先进、由手工到机械、由机械到计算机。从数据处理技术角度来看,会计信息系统的发展可分为 3 个阶段。

（一）手工会计信息系统阶段

手工会计信息系统阶段是指财会人员以纸、笔、算盘等为工具,实现对会计数据的记录、计算、分类、汇总,并编制会计报表。这一阶段历史漫长,直至今天,仍有很多组织停留在手工阶段。

（二）机械会计信息系统阶段

19 世纪末 20 世纪初,随着科学管理理论与实务的发展和应用,会计更加受到重视,出现了相应的改进,对会计数据处理提出了更高的要求,因而不得不用机械化核算代替手工操作。财会人员借助穿孔机、卡片分类机、机械式计算机、机械制表机等机械设备,实现会计信息的记录、计算、分类、汇总和编制报表。国外只有少数大型组织在会计中运用过机械装置,而我国几乎没有经历这一阶段。

（三）基于计算机的会计信息系统阶段

第二次世界大战后,资本主义社会竞争日益激烈。单靠垄断已难以维持资本家的高额利润,不得不转向通过加强企业内部管理来增加产量,提高质量,降低成本,提高竞争能力。此时会计成为加强内部管理的重要手段,出现了重大变革,对会计数据处理提出了更高的要求。这时,计算机的产生为会计数据处理带来了根本性的变革。采用计算机进行会计信息处理后,会计数据的主要处理过程全部由计算机系统自动完成,如数据检验、分类、记账、算账、编制会计报表等,并能准确、高效地完成任务。

计算机技术不是一成不变的,它随着时代的变迁而飞速发展,新的技术、新的观念、新的思想层出不穷。只要以计算机为代表的信息技术有了新的发展,这种新技术马上就被应用于会计信息系统,同时又推动会计信息系统的发展和革命,推动会计人员观念的更新。因此,人们把计算机会计信息系统的产生认为是继原始社会的结绳记事、封建社会早期的簿记,以及欧洲意大利文艺复兴时期的复式记账法之后的会计史上的"第四次革命"。

计算机会计信息系统也称电脑会计系统。我们关心的是基于计算机的会计信息系统,以后若无特别申明,会计信息系统一词指的就是计算机会计信息系统。

基于计算机的会计信息系统的发展可以细分为以下几个阶段:

会计数据处理系统阶段。也称为事务处理系统阶段,是会计信息系统的初级阶段。这个阶段的主要任务是用计算机替代手工记账,实现会计核算工作的自动化或半自动化,以提高会计工作效率为主。会计软件以模拟手工核算为主,主要用于工资计算、账务处理、订单处理、固定资产核算等,且各项业务的数据处理大多独立进行,没有形成整体的会计信息系统。

会计管理信息系统阶段。计算机技术有了突飞猛进的发展,特别是数据库技术、网络技术在会计信息系统中得到了广泛的应用。会计信息系统的主要目标是综合处理发生在组织各业务环境中的各种会计信息,并为组织管理部门提供有关管理和决策辅助信息。这一阶段的会计信息系统称为会计管理信息系统,其主要特点包括:

（1）会计信息系统中各子系统有机地集成在一起,实现了信息快速传递和共享,开始形成整体性的会计信息系统。

（2）会计信息系统功能不断丰富和完善,包括了总账、应收应付、成本核算、存货管理、销售管理、管理会计等诸多子系统。

（3）会计信息系统在实现信息共享的基础上重视会计数据的综合加工、分析和深层次的应用，实现为组织各级管理者提供管理和决策的辅助信息，使会计信息系统的应用价值大大提高。

（四）网络会计信息系统阶段

20世纪末，互联网在全球IT领域掀起了第二次产业浪潮，其发展一日千里。Intranet作为组织内部网络，将网络技术应用于组织内部；Extranet作为组织间网络，将网络及组织网络技术应用于组织间；Internet作为国际互联网，将散布在全球各地的计算机和网络相互连接，形成全球最大的网络系统。同时，基于网络资源共享的电子商务正在全球各地刮起一阵旋风，它不仅打破了国界、距离与时间的限制，而且改变了组织经营模式和生存方式，使经营、管理和服务变得及时迅速而且全球化。为了使我国财会工作能够适应新的网络环境的需求，国内会计学术界、实务界以及会计软件公司都作出积极反应，特别是会计软件公司纷纷行动起来，相继研制和推出基于互联网或电子商务时代的会计信息系统，简称网络会计信息系统或网络会计。网络会计最闪光之处是通过Internet实现多种远程处理和支持电子商务，实现事中动态会计核算与网络财务管理。网络会计信息系统的主要特征是：

（1）开放性。会计信息不仅向企业内部各部门开放，也有控制地向企业外部开放，使会计系统不再是一个信息孤岛。为此，它的基础必须是基于Internet/Intranet的开放式网络，而且网络财务必须支持网上支付以及实现一系列的远程处理。

（2）集成性。网络财务不是一个单纯的财务系统，而是以财务管理为核心、业务管理与财务管理协同的综合性的企业管理系统，因此网络财务是企业级而不是部门级的财务应用，最终必将实现物流、资金流和票据流的"三流"有机结合。

（3）管理性。网络财务不仅将核算与管理功能有机地融为一体，有一个系统的分析体系，设置较强的业务、财务和物流管理功能；而且企业财务管理不再局限于企业内部，必将扩展到企业的外部，企业的业务管理和财务管理也必将实现一体化。

（4）实时性。会计信息系统的信息采集全部实现实时化，即会计信息不再由会计人员制成记账凭证后批处理录入会计信息系统中，而是包含在各种业务信息系统中，从网络传递到会计信息系统。随着电子商务的兴起，电子凭证从Internet接收之后即可自动确认和转换为记账凭证，使得许多经济业务在其发生的同时其信息就能实时地进入企业会计系统。传统的事后核算被实时核算所取代，从而使财务管理从静态管理走向动态管理。

今天，一方面会计信息系统的功能越来越强大；另一方面会计信息系统与组织管理信息系统的融合越来越紧密。特别是企业资源计划（ERP）管理思想和系统的提出，要求财务业务一体化管理，即当经济业务发生时，由业务单据驱动，根据会计分录模板，由系统自动生成会计凭证并审核后记账。这样就实现了财务账和实物账的同步生成，使财会人员从繁杂的劳动中解放出来，不断完善会计信息系统的控制功能，在会计信息系统的支持下，将控制职能延伸到业务前端，从核算角色转变为管理决策角色，并在会计决策系统的支持下辅助决策。

三、会计信息系统的定义和层次

（一）会计信息系统的定义

会计信息系统是在技术进步、管理变革和会计理论不断发展和完善的基础上逐步发展的,因此在不同时期,对会计信息系统的理解和定义也就不尽相同。

美国学者鲍德纳在2002年撰写的《会计信息系统》一书中给出了会计信息系统较权威的定义:会计信息系统是基于计算机的,将会计数据转换为信息的系统。但是我们更广泛地使用会计信息系统这一概念,使其包括业务处理循环、信息技术的使用以及信息系统的开发。

我们对会计信息系统的理解是:会计信息系统是利用信息技术对会计信息进行采集、存储和处理,完成会计核算任务,并能提供为进行会计管理、分析、决策用的辅助信息的系统。在信息社会,组织会计工作中常规的、可以程序化的任务将由会计信息系统处理,同时会计信息系统还将辅助会计人员完成其他管理和决策任务。

(二) 会计信息系统的层次

信息系统按不同的管理层次可以分为事务处理系统、管理信息系统和决策支持系统。会计既然是一个信息系统,根据功能和管理层次的高低,也可以包括会计事务处理系统,会计管理信息系统和会计决策支持系统。

会计事务处理系统是指以电子计算机为工具的会计核算系统,如独立的工资核算系统、销售系统等。这些都是纯数据处理系统,仅为一个部门处理和获取有关数据服务。相应的会计软件称为核算型会计软件。会计管理信息系统是一个综合的系统,它包括会计核算、管理会计和财务管理几方面的若干个子系统,共同完成会计数据处理,并向管理人员提供管理决策信息。相应的会计软件称为管理型会计软件。会计决策支持系统是直接面向企业经营管理和财务决策人员的信息系统。其目的在于促进企业财务管理从传统的会计记账、算账和报账业务,上升到干预经营管理,参与决策活动。会计决策支持系统通过提供背景材料、协助明确问题、列举可能方案、修改完善模型、分析比较等方式,为决策者作出正确决策提供帮助。相应的会计软件称为决策型会计软件。

四、会计信息系统的基本构成

基于计算机的会计信息系统是一个人机结合的系统,其基本构成包括硬件资源、软件资源、信息资源和会计人员等基本要素。

1. 硬件资源

硬件资源是指会计信息系统进行会计数据输入、处理、存储、输出和传输的各种电子设备。主要包括:

(1) 输入设备,如键盘、光电扫描仪、条形码扫描仪等。

(2) 数据处理设备,如计算机主机等。

(3) 存储设备,如磁盘机、光盘视等。

(4) 输出设备,如打印机、显示器等。

(5) 各种网络设备,如网卡、集线器、中继器、网桥、网关、路由器、服务器等。

要使会计信息系统能够有效运作,必须根据会计信息系统的目标配置硬件资源,并建立相应的硬件平台。

2. 软件资源

软件资源是保证会计信息系统能够正常运行的核心和灵魂。软件资源又分为系统软件和会计软件。

系统软件主要包括：

（1）操作系统，即对计算机资源进行管理的系统软件，如 Windows。

（2）数据库管理系统，即对数据进行管理的系统，如甲骨文数据库管理系统等。

会计软件是专门用于会计核算和会计管理的软件，是会计信息系统的一个重要组成部分。没有会计软件的信息系统不能称为会计信息系统，拥有会计软件是会计信息系统区别于其他信息系统的主要因素。目前会计软件非常多，国内会计软件有上百种，如用友公司、金蝶公司、新中大公司等都推出了不同版本的会计软件，国外会计软件在中国销售的也非常多，如甲骨文公司、JDE 公司、D&B 公司、SAP 公司等也推出了不同版本的会计软件。

3. 信息资源

数据文件就是一种非常重要的信息资源，是用来存储会计信息系统中的数据和信息的磁性文件。数据文件主要包括 3 类：

（1）基础数据文件，如组织的会计科目、人员档案、客户档案、组织结构档案等。

（2）经过会计信息系统加工后生成的文件，如总账文件、应收账款文件等。

（3）临时文件，在信息系统运行过程中存放临时信息的文件。

会计规范也是一种非常重要的信息资源，它是指保证会计信息系统正常运行的各种制度和控制程序，如硬件管理制度、数据管理制度、会计人员岗位责任制度、内部控制制度、会计制度等。会计规范可以保存在数据文件中，也可以保存在纸质文件中。

4. 会计人员

会计人员与会计信息系统之间有着密切的联系。会计人员既是会计信息系统的组成要素，又是会计信息系统的管理者，由其确定会计信息系统采用什么样的会计模式，并与信息系统管理者一起制定会计信息系统的运行规程，特别是会计信息系统的内部控制问题。而会计信息系统应该是服务于会计人员的，帮助会计人员更有效地处理有关信息，并向用户提供满足需要的高质量的会计信息。此外，会计人员的工作重点还包括对企业各项业务活动及资源利用的绩效评价，对信息系统新技术应用的风险管理，与企业经营、发展战略密切相关的会计决策活动。由此，一方面要求未来的会计人员必须是多面手，如对会计信息系统的管理，实际上要求会计人员应具备系统分析员的部分素质；另一方面会计人员用到的很多管理方法、手段和模型，其他企业管理人员也可以做，只是加工的信息对象有差别。而在信息社会，这些对象对于所有的信息用户可能是平等的，未来的职业可能出现融合的趋势，此时，重要的是企业员工具备的知识素养。所以，要使会计这一古老的行业在未来信息社会有立足之地，就必须大力提高会计人员的素质。

五、会计软件的种类

会计软件在很大程度上决定了会计信息化的发展水平，其实它也是企业管理软件的一种。会计软件可以从不同的角度进行分类，例如，按系统软硬件结构可以分为单用户、多用户、网络版会计软件；按与企业管理软件的关系可分为独立型和非独立型会计软件；按管理层次可以分为核算型、管理型和决策型会计软件，等等。其中，人们一般将完成会计核算业务的会计软件称为核算型会计软件，而将既有会计核算功能，又具有预测、计划、控制和决策等会计和财务管理功能的会计软件称为管理型会计软件。决策型会计软件由于决策人工智能发展水平的制约，目前尚未成熟，但它将是会计软件的未来发展方向。

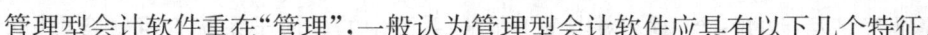

管理型会计软件重在"管理",一般认为管理型会计软件应具有以下几个特征。

1. 管理型会计软件必须有一个完整的核算体系

管理型会计软件将核算与管理功能有机地融为一体,它既具有核算功能又具有管理功能。应该说会计核算仍然是管理型会计软件的首要任务,这既是会计核算的需要,也是实现财务管理的需要。因此,在管理型会计软件中对核算有更高更全面的要求,它必须能够灵活、规范地完成账务处理和报表生成,以及更有效地核算工资、固定资产、应收应付款、存货等;而且随着网络的普及,管理型会计软件还应该逐步实现远程处理和集中核算、支持电子商务,并与业务协同实现物流、资金流和信息流的三流统一处理。

2. 管理型会计软件应该具有较系统的分析体系

管理型会计软件必须有一个系统而透彻的分析体系,这既是财务管理的基础,也是面向企业全面管理的需要。管理型会计软件的分析体系在内容上必须包括财务分析和业务分析,如财务分析应该有指标分析、报表分析、计划分析、现金收支分析、因素分析等功能;在方法上除了比较、比率、结构、趋势等常见财务分析方法之外,还应该提供量本利法、贡献毛益法以及其他可以实现的科学分析方法,以最大限度地为管理决策提供有用信息。

3. 管理型会计软件应该具有较强的管理功能

管理型会计软件是为企业管理和决策服务的,必须实现事前预测、事中控制和事后分析的有机联系,竭尽所能向用户提供计划、控制、决策所需的信息,实现管理会计的信息化。当前不少会计软件已经具有较强的管理会计功能,例如,具有预测管理、项目管理、资金管理、成本管理(包括成本核算、成本预测、成本分析),甚至具有决策支持功能。

管理型会计软件无论作为一个独立的信息系统,还是作为企业管理信息系统的一个子系统,目的都是在全面核算的基础上为企业实施计划、组织、控制和决策提供充分的信息支持。此外,管理型会计软件在技术上必须是一个开放的系统,不仅能适应不同的网络和数据库平台,而且能实现内部各部门之间、企业与外界银行、税务、审计等部门之间的信息开放。

第五节　会计信息系统的功能结构

一、会计信息系统的功能结构

会计信息系统的功能结构主要描述会计信息系统的核心——会计软件由哪几个子系统组成,以及每个子系统的基本功能。

会计信息系统是随着信息技术革命和会计学科的发展逐步发展和完善的。早期的会计信息系统包含的子系统非常少,主要是工资核算、总账、报表等子系统。每个子系统的功能相对比较简单,主要是帮助财会人员完成记账、算账、报账等基本核算业务。随着信息技术革命的发展,越来越多新的信息技术(如网络技术)应用于会计信息系统;同时,随着会计学发展的不断深入,越来越多先进的会计管理理论和管理方法也不断加入会计信息系统,使得会计信息系统功能不断丰富和完善。

到目前为止,会计信息系统已经从核算型发展为管理型,涵盖了供产销、人财物以及决策分析等企业经济活动的各个领域,并与管理信息系统中的其他子系统有机融合,共同为提高组织运作效率和效益服务。在企业实务中,会计信息系统的内容已经超越了传统的核算范畴,更加体现管理会计和财务管理的特征,并在企业管理过程中发挥越来越重要的作用。

二、会计信息系统的基本功能结构

由于企业性质、行业特点及其会计核算和管理需求的不同,会计信息系统所包含的内容不尽相同,其子系统的划分也不尽相同。下面以管理型会计信息系统为代表,从总体角度出发,阐述较完整的会计信息系统应该具备的基本功能。

一般将会计信息系统分为财务会计和管理会计两大职能系统,并且由于我国长期独立开发会计软件,所以许多会计软件都具有一定的购销存业务处理与管理功能。因此,管理型会计信息系统由三大系统组成,即财务系统、购销存系统、管理与决策系统。每个系统又进一步分解为若干子系统,如图1-3所示。由于系统与子系统是一个相对的概念,所以为了叙述的方便也常常把子系统简称为系统。

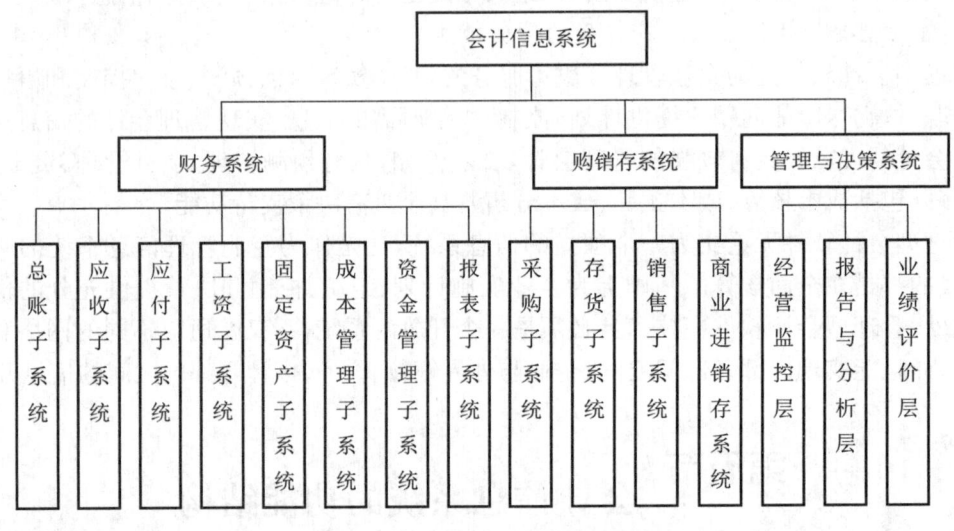

图1-3 会计信息系统的功能结构

(一)财务系统

财务系统主要包括总账子系统、应收子系统、应付子系统、工资子系统、固定资产子系统、成本管理子系统、资金管理子系统、报表子系统等。

(1)总账子系统。总账子系统是以凭证为原始数据,通过凭证输入和处理,完成记账和结账、银行对账、账簿查询及打印输出,以及系统服务和数据管理等工作。

近年来,随着用户对会计信息系统的需求不断提高和软件开发公司对总账子系统的不断完善,许多商品化总账子系统还增加了个人往来款核算和管理、部门核算和管理、项目核算和管理等辅助核算及出纳管理等功能。

(2)应收子系统。应收子系统完成对各种应收账款的登记、核销工作;动态反映各客户信息及应收账款信息;进行账龄分析和坏账估计;提供详细的客户和产品的统计分析,帮助财会人员有效地管理应收账款。

（3）应付子系统。应付子系统完成对各种应付账款的登记、核销以及应付账款的分析、预测工作；及时分析各种流动负债的数额及偿还流动负债所需的资金；提供详细的客户和产品的统计分析，帮助财会人员有效地管理应付款项。

（4）工资子系统。工资子系统是以职工个人的原始工资数据为基础，实现职工工资的计算，工资费用的汇总和分配，计算个人所得税，查询、统计和打印各种工资表等功能。工资子系统实现对企业人力资源的部分管理。

（5）固定资产子系统。固定资产子系统主要是对设备进行管理，即存储和管理固定资产卡片，灵活地进行增加、删除、修改、查询、打印、统计与汇总，进行固定资产的变动核算，输入固定资产增减变动或项目内容变化的原始凭证后，自动登记固定资产明细账，更新固定资产卡片，完成计提折旧和分配，产生"折旧计提及分配明细表""固定资产综合指标统计表"等，费用分配转账凭证可自动转入账务处理子系统，可灵活地查询、统计和打印各种固定资产相关账表。

（6）成本管理子系统。成本管理子系统是根据成本核算的要求，通过用户对成本核算对象的定义，对成本核算方法的选择，以及对各种费用分配方法的选择，自动对从其他系统传递的数据或用户手工录入的数据进行汇总计算，输出用户需要的成本核算结果或其他统计资料。

随着企业成本管理意识的增强，很多商品化成本子系统还增加了成本分析和成本预测功能，以满足会计核算事前预测、事中控制和事后分析的需要。成本分析功能包括：对分批核算的产品进行追踪分析，计算部门的内部利润，与历史数据对比分析，分析计划成本与实际成本的差异。成本预测功能包括：运用移动平均、年度平均增长率对部门总成本和任意产量的产品成本进行预测，满足企业经营决策的需要。

（7）资金管理子系统。随着市场经济的不断发展，资金管理越来越受企业管理者的重视，为了满足资金管理的需求，目前有些商品化软件提供了资金管理子系统。资金管理子系统实现工业企业或商业企业、事业单位等对资金管理的需求；以银行提供的单据、企业内部单据、凭证等为依据，记录资金业务以及其他涉及资金管理方面的业务；处理对内、对外的收款、付款、转账等业务；提供逐笔计息管理功能，实现每笔资金的管理；提供积数计息管理功能，实现往来存贷资金的管理；提供各单据的动态查询以及各类统计分析报表。

（8）报表子系统。报表处理子系统主要根据会计核算数据（如账务处理子系统产生的总账及明细账等数据）完成各种会计报表的编制与汇总工作；生成各种内部报表、外部报表及汇总报表；根据报表数据生成各种分析表和分析图等。随着网络技术的发展，报表子系统能够利用现代网络通信技术，为行业型、集团型用户实现远程报表的汇总、数据传输、检索查询和分析处理等功能，既可用于主管单位又可用于基层单位，支持多级单位逐级上报、汇总的应用。

（二）购销存系统

对工业企业而言，购销存系统包括采购子系统、存货子系统、销售子系统；对商业企业而言，还应包括符合商业特点的商业进销存系统。

（1）采购子系统。采购子系统是根据企业采购业务管理和采购成本核算的实际需要，制定采购计划，对采购订单、采购到货以及入库状况进行全程管理，为采购部门和财务部门提供准确、及时的信息，辅助管理决策。很多商品化会计软件将采购子系统和应付子系统合并为一个子系统——采购与应付子系统，以更好地实现采购与应付业务的无缝连接。

（2）存货子系统。存货核算子系统主要针对企业存货的收发存业务进行核算，掌握存货的耗用情况，及时、准确地把各类存货成本归集到各成本项目和成本对象上，为企业的成本核算提供基础数据;动态反映存货资金的增减变动,提供存货资金周转和占用的分析,为降低库存、减少资金积压、加速资金周转提供决策依据。

(3) 销售子系统。销售子系统是以销售业务为主线,实现销售业务管理与核算一体化。销售子系统一般与存货中的产成品核算相联系,实现对销售收入、销售成本、销售费用、销售税金、销售利润的核算;生成产成品收发结存汇总表等表格;生成产品销售明细账等账簿;自动编制机制凭证供总账子系统使用。

(4) 商业进销存系统。商业进销存系统是以商品销售业务为主线,将商品采购业务、存货核算业务、销售业务有机地结合在一起,实现进销存核算和管理一体化的子系统。

(三) 管理与决策系统

随着会计管理理论的不断发展及其在企业会计实务中的不断应用,人们越来越意识到会计管理的重要性,对会计信息系统提出了更高的要求,要求它不仅能够满足会计核算的需要,还应该满足会计管理的需要,即在经济活动的全过程进行事前预测、事中控制、事后分析,为企业管理和决策提供支持。因此,应将信息技术与管理会计方法有机融合,增加管理决策与报告子系统,不断丰富和完善会计信息系统。

管理决策与报告子系统可以归纳为 3 个层级的功能:经营监控层、报告与分析层、业绩评价层,包括 4 个子系统。

(1) 经营监控层。为了更好地发挥财会人员的控制职能,要应用各种先进的管理工具,如全面预算管理和责任中心管理等,因此,在会计信息系统中增加了预算管理和责任中心管理子系统。

(2) 报告与分析层。各级管理者为了动态了解业务进展情况,分析业务发展趋势,每天都要查看各类管理信息,因此,在会计信息系统中增加了管理报告子系统。

(3) 业绩评价层。业绩评价的目标是实施企业战略,业绩评价的核心是将企业经营的实际结果与其计划目标相比较,因此,会计信息系统增加杜邦分析、经济增加值分析、平衡计分卡等功能模块,为企业提供综合、全面的业绩评价信息。此外,会计决策支持子系统也将纳入会计信息系统。决策支持子系统是利用现代计算机技术、通信技术和决策分析方法,通过建立数据库和决策模型,向企业的决策者提供及时、可靠的财务、业务等信息,帮助决策者对未来经营方向和目标进行量化分析和论证,从而对企业生产经营活动作出科学的决策。

值得一提的是,不同的单位由于其所处的行业不同、会计核算和管理需求不同,其会计信息系统的功能结构和应用方案也不尽相同。因此,随着会计信息系统应用的不断深入,具有行业特征的会计信息系统(工业、商业、建筑业、金融业等)越来越受到关注,下面结合工业企业的流程和管理需求,就工业企业的会计信息系统功能结构和应用方案进行讨论。

【应用实例】[①]

工业企业会计信息系统的功能结构和应用方案

1. 工业企业流程和管理需求分析

工业企业是从事生产经营的社会经济组织,其经营主要由供应、生产、销售 3 个阶段构成,即采购材料,对材料进行加工,使之成为产成品,然后进行销售。

---

① 张瑞君、蒋砚章:《会计信息系统》,中国人民大学出版社 2012 年 1 版。

当人类进入信息社会,信息技术的滚滚浪潮打破了国界、距离与时间的限制,改变了企业的经营模式和生存方式,使经营、管理和服务变得及时而迅速。然而,仍有很多企业沿用工业时代的流程,其财务与业务、管理相分离,财务只是事后核算,无法正确、实时、动态地反映企业经营活动的信息,无法为管理提供实时、动态的信息。其结果是企业处于信息孤岛状态,各个流程也处于不协调和无效的状态,就像一辆出了毛病的汽车,马达轰鸣着缓慢、费力地前行。因此,在研究工业企业会计信息系统的功能结构时,应该应用流程再造的思想,认真分析和研究满足企业管理所需的流程,并利用信息技术构造会计信息系统,保证物流、资金流、信息流的有效集成,提高企业的运作效率。

对于工业企业来讲,要特别强调流程管理、业务流程的供应链管理、会计流程的价值管理,同时管理流程的决策与评价直接影响到企业对市场的敏感性和快速反应能力、成本和质量控制能力以及企业的核心竞争力。一般而言,工业企业的基本运作流程包括3大流程,如图1-4所示。

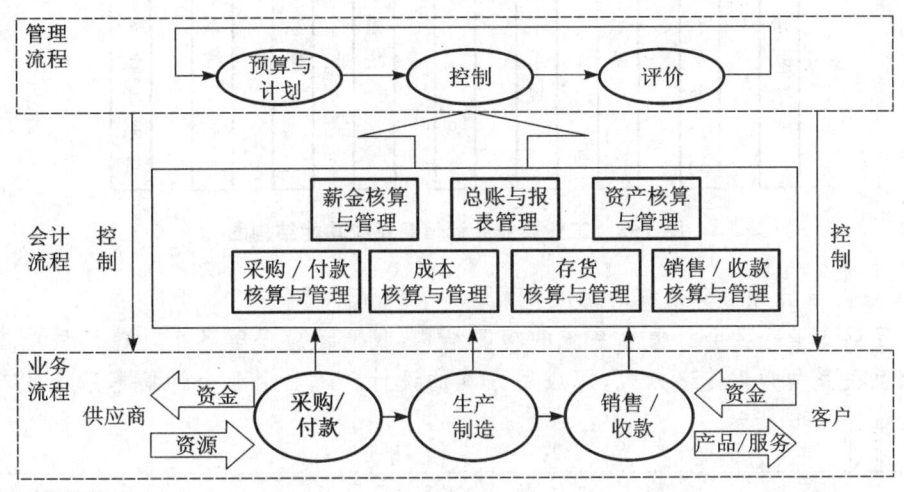

图1-4　工业企业基本运作流程

（1）业务流程。企业通过开发和提供满足客户需要的产品与服务来创造价值,而产品和服务是通过一系列的业务流程,即采购/付款、生产制造、销售/收款来提供的。

（2）会计流程。企业业务流程的信息需要在会计流程中进行反映（核算）,因此,会计流程必须包括采购/付款核算与管理、存货核算与管理、成本核算与管理、销售/收款核算与管理、薪资核算与管理、资产核算与管理、总账与报表管理等流程。与此同时,会计流程还需要透过报表流程向管理流程提供信息,起到桥梁的作用。

（3）管理流程。管理流程是以会计流程产生的信息为依据,对业务流程进行计划、控制、评价等一系列活动,从而使企业在经营计划的指导下有效运作,并正确评价企业创造的价值。

可以看出,这3个流程相互联系、相互作用,特别是会计流程在整个流程中起到了重要的作用。如果会计信息系统的设计能够支持会计流程的有效运作,即实时采集生产经营活动的信息,正确反映和核算信息,并为管理流程提供实时、动态、有效的管理信息,就能保证物流、资金流、信息流的有效集成,提高企业的运作效率和经营效益,提升企业的竞争能力和市场应变能力。

2. 工业企业会计信息系统的功能结构

通过上述分析可以看出,工业企业会计信息系统可以按照业务流程的循环过程来设计: 总账与报表子系统、销售/收款子系统、存货管理子系统、采购/付款子系统、工资子系统、固定资产子系统、成本管理子系统、资金管理子系统、管理决策与报告子系统等。其功能结构图如图1-5所示。

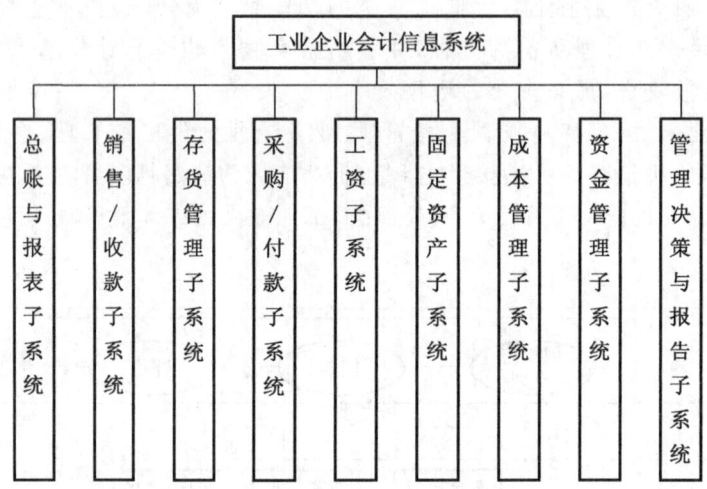

图1-5　工业企业会计信息系统功能结构图

3. 工业企业会计信息系统的应用方案

除了了解工业企业会计信息系统的功能结构,我们还应了解各个功能模块或者子系统之间的相互关系和数据传递方式,即应用方案的设计。工业企业会计信息系统的典型应用方案设计如图1-6所示。

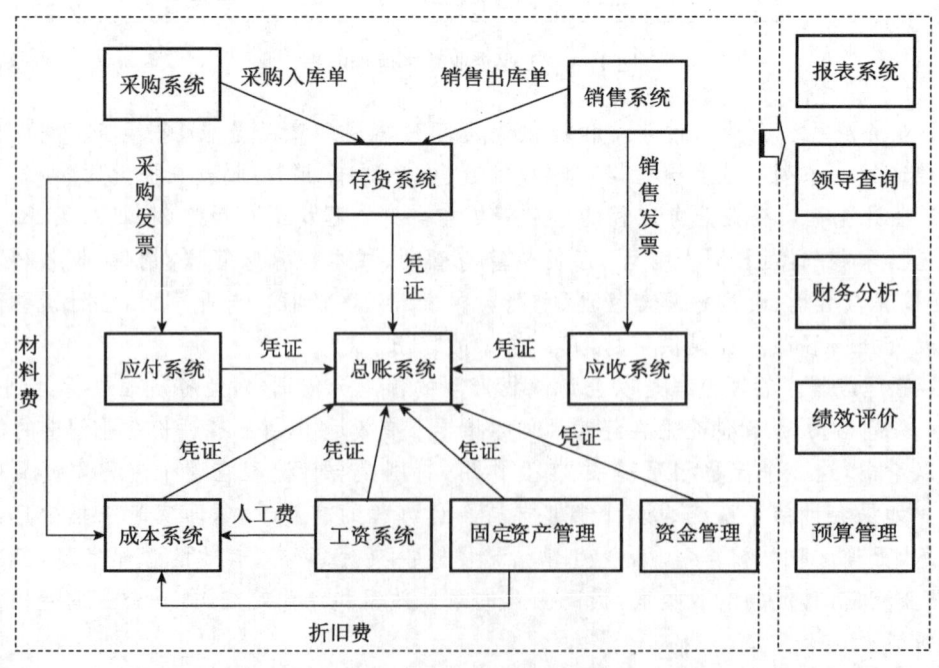

图1-6　工业企业会计信息系统的应用方案

从图1-6中可以看出各子系统之间的相互关系,下面作详细说明:

(1) 财务处理过程:

① 在总账子系统中完成录入凭证、审核凭证等凭证处理工作。

② 在总账子系统中完成记账、结账等工作。

③ 在总账子系统中进行总账、明细账、日记账等账簿查询和打印工作。

④ 在总账子系统中进行银行对账等工作。

⑤ 在报表子系统中根据各系统的数据,编制和自动生成各种内部和外部报表。

(2) 销售与收款处理过程:

① 在销售子系统录入销售订单,对订单执行情况进行查询。

② 在销售子系统开出发货单。

③ 在销售子系统根据发货单生成销售出库单。

④ 在存货子系统查询该销售出库单。

⑤ 在销售子系统开出发票,进行发货单的结算。

⑥ 在应收子系统收回销售款项,生成销售业务及收款业务的凭证。

⑦ 在应收子系统进行应收账款的核销和账龄分析。

⑧ 在销售与收款子系统中自动生成凭证,传递到总账子系统。

(3) 采购与付款处理过程:

① 在采购子系统中录入采购计划或生产计划,查询采购计划的执行情况。

② 在采购子系统录入或生成采购订单,查询采购订单的执行情况。

③ 在采购子系统录入采购入库单,进行相应的处理。

④ 在存货子系统直接查询该采购入库单。

⑤ 在采购子系统录入采购发票,进行入库单的结算。

⑥ 在应付子系统支付采购款项,生成采购业务及付款业务的凭证。

⑦ 在应付子系统中分析偿还流动负债所需的资金,对供应商进行管理。

⑧ 在采购与应付子系统中自动生成凭证,传递到总账子系统。

(4) 存货处理过程:

① 在存货子系统录入各种出、入库单,进行相应的处理。

② 在存货子系统进行存货的成本计算和管理。

③ 在存货子系统中自动生成各种存货入库、出库和费用分配的凭证,传递到总账子系统和成本子系统。

(5) 成本处理过程:

① 在成本子系统中接收各系统传来的成本信息。

② 在成本子系统中自动计算产品成本。

③ 在成本子系统中自动生成凭证,传递到总账子系统。

(6) 资金管理、工资核算、固定资产核算过程:

① 在资金管理子系统中进行企业内部和外部存款、贷款的管理,自动生成计算利息的凭证,传递到总账子系统。

② 在工资子系统中进行日常的工资核算,生成工资费用分配凭证,传递到总账和成本子系统。

③ 在固定资产子系统中进行固定资产的日常管理,生成计提折旧等凭证,传递到总账和成本子系统。

(7) 管理决策与报告子系统。通过采集其他子系统产生的信息,从管理者的视角提供各种分析信息,通过预算管理和绩效评价使财务管理成为支持企业战略的有利工具。

综上所述,工业企业会计信息系统包含若干子系统,这些子系统相互联系、相互作用,支持企业实现物流、资金流和信息流的集成,并且支持财务与业务的协同。随着会计信息系统功能的不断完善和创新,会计信息系统不仅能够支持企业内部间的协同,而且能够支持核心企业与供应商、客户之间的协同(如网上询价、网上采购、网上销售、网上催款、网上服务等),乃至与社会相关部门的协同(如网上银行、网上保险、网上报税、网上报关、网上投资等)。

第六节 会计信息系统与 ERP 的关系

一、企业资源计划

人们对"企业资源计划"(enterprise resource planning,ERP)这个名词早已不再陌生。企业资源计划(ERP)起源于 20 世纪 90 年代的美国,是由美国著名的计算机技术咨询和评估集团加特纳提出的一整套企业管理系统体系标准,如今它已成为一种有代表性的企业管理信息化的方法和工具。一般来说,对 ERP 的理解可以分别从管理思想、软件产品、管理系统 3 个层次给出定义。

(一) ERP 是管理思想

ERP 的实质是在 MRP II 基础上进一步发展而成的面向企业资源管理(包括人、财、物),面向供应链的管理思想。

(二) ERP 是软件产品

ERP 是综合应用了客户/服务器体系、关系数据库结构、面向对象技术、图形用户界面、第四代语言、网络通信等信息产业成果,以 ERP 管理思想为灵魂的软件产品。可以说,ERP 是当今企业管理软件的代表。

(三) ERP 是管理系统

ERP 是整合了企业管理理念、业务流程、基础数据、人力物力、计算机硬件和软件于一体的企业管理信息系统。

全球最大的企业管理软件公司 SAP 在为企业服务 20 多年的基础上,对 ERP 的定义提出了革命性的概念:"管理+IT"。ERP 不只是一个软件系统,而且是一个集组织模型、企业规范和信息技术、实施方法为一体的综合管理应用体系。ERP 系统集中信息技术与先进的管理思想于一身,已成为现代企业的一种运行模式,反映时代对企业合理调配资源,最大化地创造社会财富的要求,已成为企业在信息时代生存和发展的基石。

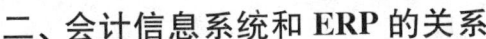

二、会计信息系统和 ERP 的关系

无论是传统的 MRP Ⅱ 还是在 ERP 中,财务管理始终占据核心的地位。会计和财务管理的对象是企业资金流,是企业运营效果的衡量和表现,因而会计信息系统一直是企业实施 ERP 时关注的重点。几乎所有的 ERP 软件都提供了功能强大、集成性好的会计信息系统(或财务子系统),并在 ERP 系统中发挥了显著的作用。

(一)会计信息系统的功能集成到 ERP 系统

从传统会计观看会计信息系统,会计信息系统是处理会计业务的系统,因此,该系统仅仅关注企业交易活动中的会计数据。例如,当销售发生时,会计信息系统所生成的会计分录仅显示销售日期,借方科目和贷方科目及其金额,其他有关销售的潜在和有用的非财务信息,例如销售活动发生的时间、发货地点、客户相关信息等一般在会计信息系统外部进行收集和处理。因此,许多组织需要额外开发其他信息系统来收集、处理、存储和报告会计信息系统以外的信息。然而,多个孤立的信息系统不仅带来了很多麻烦,而且效率低下,重复的数据经常会收集和存储到两个或两个以上的信息系统中,不仅造成系统数据冗余,而且会由于没有同步修改系统数据而造成数据不一致。

从 ERP 系统观看会计信息系统,ERP 强调企业资源管理,因此,会计信息系统必须与企业其他系统有机集成,即将会计信息系统功能集成到 ERP 系统中,会计信息系统成为企业资源管理系统的子系统。一个强大的 ERP 系统一般包括采购管理、坐产制造管理、销售管理、财务管理(账务处理、应收应付、存货管理、资产管理、成本管理、预算管理、资金管理、绩效评价等)、人力资源管理等子系统。ERP 系统能够把财务的管理控制真正与业务紧密联系在一起,从而使计划、预算、监控、分析的触角延伸到企业各个职能部门的最末端,为企业的运作提供决策支持。今天任何一个 ERP 软件都包括会计子系统。

(二)会计信息系统的信息融入 ERP 集成环境

从传统会计观看会计信息系统,会计信息系统是处理会计业务的系统,因此,该系统仅仅关注保存会计数据和信息,会计信息系统的数据和信息自成体系,并形成信息孤岛。

从 ERP 系统观看会计信息系统,ERP 强调企业资源管理,强调会计信息与业务信息的集成,实现物流、资金流和信息流的集成,因此,ERP 系统构建整个企业的中央数据库,企业经济活动的数据和信息均存放在中央数据库中。企业各个部门能够共享信息,并协调业务活动。例如,当企业存货不足时,引发采购订单的生成,采购部门、检验部门、仓储部门、运输部门、财务付款部门能够共享采购订单等信息,在各个环节处理相应的业务并将信息存储在中央数据库中,各个部门在信息共享的环境中,协同运作,完成从采购到付款的业务循环。

(三)ERP 系统中财务分析和决策功能得到加强

从传统会计观看,会计信息系统关注和保存的是会计数据和信息,因此,财务分析局限于会计数据,分析的深度和广度都受到限制。

从 ERP 系统观看会计信息系统,中央数据库存放企业经济活动的数据和信息,财务分析与决策人员不仅能够获取会计信息,而且能获取业务信息,如供应商、采购人员、废品率、采购数量等,这样财务分析报告内容丰富了,并可以从业务和管理视角提供分析报告,支持决策。

【应用实例】①

联想实施 ERP 带来的改变

1984年3月,联想宣告成立。在短短20多年的时间内,联想从一家仅有11人,20万元资本金的小公司迅速崛起,成为世界上第三大 PC 制造商,是中国国内发展最为迅速的公司之一。联想是国内第一批成功上线 ERP 的企业之一,这也是联想能够做大做强的重要原因。1998年11月9日,联想集团正式启动实施 ERP 项目,2000年年底第二期 ERP 项目成功上线。可以说,联想集团 ERP 项目是国内难度较大、实施得也较为成功的项目之一。

联想 ERP 系统中的会计信息子系统实现了如下功能:

第一,资金管理的革命性变化。当时联想总裁杨元庆这样描述:ERP 系统上线之后,联想集团的总部财务不但能够准确、实时地知道每一个客户当前的账目情况、历史信誉记录,而且系统自动执行能否发货的资金审核,减少了人力控制的难度和随意性。另外,联想的客户也可以通过电子商务系统了解自己的账务情况,选择合适的还款方式。这是一个双赢的结果,既增加联想自身的价值也提高了客户的满意度,维护了客户的利益。

联想从1995年开始就有一项财务管理制度,即"计提两金"的政策,做法是对各个事业部的库存按存货时间的长短和应收账款的账龄分别计提准备金,并计入相应事业部的当期成本,冲减利润。3个月以内的存货视为正常,库存期3～4个月计提10%,4～5个月计提50%,5～6个月计提100%。这样做的目的就是使事业部加强对存货和应收账款的管理,避免存货和应收账款占用太多的货币资金,提高企业资金的流动性。这一制度的出发点肯定是好的,但在 ERP 系统上线之前,由于联想集团有几万种物料,每天发生几千笔应收款,如果用手工来计算或者用以前各自独立的业务系统来计算,计算的准确性和及时性根本无法保障,所以这项制度一直不能很好地落实到位。ERP 系统上线后,这一难题就迎刃而解。有这样一组对比数据或许可以说明 ERP 上线前后的变化:在2000年实施 ERP 系统之前,联想的积压损失一般要在总收入的2%以上,但在2000年之后,这个数字只有0.19%,按照联想集团2000年200亿元的总收入来计算,仅这一项就降低了3亿多元的成本,效益相当明显。

第二,精确预算成为现实。联想很早就有预算这个制度要求,但 ERP 系统上线之前预算并不能对业务起到很好的指导和制约作用,主要是因为技术上不能实时地去对照、检查,执行的成本很高,所以当时做了就做了,没做到,也没怎么去追究。在 ERP 系统实现后,联想集团已经完全能够做到让每一科目的费用都能够实时报告到对它承担责任的部门负责人,并且能够与预算进行一一比较,及时提出预警信息,甚至可以强行禁止超支部门再继续支出超支费用。这样,精确预算得到彻底执行,并且这种执行是一种实时的比较和监控。如果没有信息化的财务支持,没有全集团范围的子系统的高度集成,这种高质量的精确预算不可能实现,只能是空中楼阁。

第三,集团对分支机构的财务控制大大加强。现在,联想所有的业务或开支,包括各个子公司,各核算单位的业务或开支都必须进入系统方可实现,而一旦进入系统就可以被集团总部财务跟踪。另外,各个子公司或核算单位可以在自己的权限范围内即时生成本单位的

---

① 刘明中:《企业信息化:联想独秀 IT 行业的利器》,《中国管理信息化》2003年第10期。

会计报表,同样的会计报表也可以由集团财务总部同时生成,这样子公司或核算单位除了在原始凭证上有可能做手脚外,在其他环节弄虚作假的概率几乎为零。如果用户是通过电子商务系统直接申请购买联想的产品,用户的购买销售单一生成,集团总部财务就可以监控,用户的付款大多通过银行直接汇款或者通过网络银行转账来生成,这样销售人员根本接触不到票据和资金,从而大大减少了作假和腐败的可能性,降低了企业的经营风险。

再来看一看联想实施 ERP 后的明显变化。ERP 系统实施之前,联想集团每到月末,财务部门至少有 70 人加班加点做财务核算,即使这样也要 30 天后才能得到一份并不十分准确的财务报表。ERP 实施后,联想集团共有 44 个独立核算法人单位或独立分支机构,1 400 多个外成本中心,但是每个独立核算法人单位(或独立分支机构)的月报表在月末结账后 0.5 个工作日就可以报出,集团的合并报表在月末结算日后的第五天就可完成。

通过 ERP 的实施,联想重新整合和优化了 77 个业务流程,平均交货期从之前的 11 天缩短为 5.7 天,存货周转天数由 35 天下降为 19.2 天,应收账款周转天数由 23 天缩短为 15 天。

时任联想集团总裁杨元庆指出,联想集团这几年能够独步于国内 IT 行业,得益于企业一直坚持信息化建设,尤其是在运行 ERP 系统以后,其中,财务信息化功不可没。

【关键术语】

信息　信息系统　会计信息系统　会计信息化　会计信息系统层次　会计信息系统功能结构　会计软件种类　管理型会计软件　ERP

【问题思考】

1. 会计信息系统在未来几年的发展趋势如何?

2. 会计信息系统与企业 ERP(或 MIS)有什么关系?

3. 在 ERP 系统中的会计信息系统有哪些新特点?

4. 行政事业单位包括政府部门、学校等。它们主要靠国家财政拨款来开展工作,本身不创造价值或不以创造价值为主要目的,不需要进行成本、材料核算和管理,但需要按照部门或科研项目管理各种费用,控制支出。请你调查一个行政事业单位,分析其业务流程。

要求:

(1) 构建行政事业单位会计信息系统,并画出结构图。

(2) 描述结构图中每个子系统的功能。

(3) 描述应用方案。

(4) 你构造的行政事业单位会计信息系统中为什么要包括这些子系统?

【实训案例】

南方造船集团公司现有职工 12 000 余人,其中财务人员约 300 人,公司下设造船部、物资部、钢机部、生产部等在内的十几个事业部财务处,整个财务核算实行事业部模拟法人核算体系。公司会计信息系统建设总体目标为:在整个集团内部实现财务网络化管理,提高整个财务管理系统的效率和管理水平,为集团决策提供支持。具体目标包括:(1)满足核算需要,加强对各部门单位的财务监控和预算管理,实时监控各部门费用使用情况。(2)实现公司分散、复杂信息的整合,实现灵活、自动的工作流管理,强化内部流程运作。(3)业务灵活拓展,实现整个物流成本的管理和控制。基于以上目标,会计软件的基本功能有:(1)核算层,包括账务处理系统、报表系统、固定资产系统、库存系统、报表汇总系统。(2)管理层,包括计划预算系统、预算控制系统、财务分析系统、数据挖掘系统、远程传输系统、远程查询系统和决策支持系统等。软件处理特点是:整个集团公司基于广域网,数据集中处理;各事业部建立局域网,处理本部门业务。各事业部通过 INTERNET 远程登录到集团公司财务部服务器上,集中输入记账凭证并生成报表。这样既满足了核算和管理的集中性,又满足了业务处理的分散性。

要求:

(1) 请分析集团公司会计软件在管理功能上属于哪种类型?

(2) 这种类型的会计软件有什么特点?

习题·实训·案例

一、练习题

（一）单选题

1. 1996年财政部为了规范企业会计电算化专门制定了（　　　）。
   A.《会计电算化管理办法》　　　　　B.《会计电算化工作规范》
   C.《商品化会计核算软件评审规则》　D.《会计核算软件基本功能规范》

2. 2013年12月，财政部印发（　　　），这个文件的颁布对于推动我国企业会计信息化，提高会计软件和相关服务质量，规范信息化环境下的会计工作起着重要的作用。
   A.《会计电算化管理办法》　　　　　B.《会计电算化工作规范》
   C.《企业会计信息化工作规范》　　　D.《会计核算软件基本功能规范》

3. 数据是对客观事物的（　　　）进行描述的符号。
   A. 性质　　　　B. 特征　　　　　　C. 结构　　　　　D. 属性

4. 如果将数据比作原材料，（　　　）就是通过信息系统将数据进行加工后得到的产品。
   A. 信息　　　　B. 知识　　　　　　C. 文件　　　　　D. 数据库

5. （　　　）是反映组织财务状况和经营成果的信息。它是对反映组织运作的数据，按照一定的要求或需要，进行加工、计算、分类、汇总而形成的有用的信息产品。
   A. 会计报表　　B. 会计凭证　　　　C. 会计信息　　　D. 会计数据

6. 从信息技术应用的角度来看，知识是与某个主题相关的同类（　　　）的积累，是为有助于实现某个特定的目的而抽象化和一般化的信息。
   A. 关系　　　　B. 事务　　　　　　C. 信息　　　　　D. 数据

7. 信息系统是以信息基础设施为基本运行环境，由人、信息技术设备、运行规程组成的，以信息为处理对象，进行信息的收集、传递、存储、加工，辅助组织进行各项决策的（　　　）。
   A. 人工系统　　　　　　　　　　　　B. 自动化系统
   C. 智能系统　　　　　　　　　　　　D. 人机结合的系统

8. 国外把利用电子数据系统的会计，称为电子数据处理会计，简称（　　　）会计。
   A. DSS　　　　B. EDP　　　　　　C. ERP　　　　　D. MIS

9. 计算机会计信息系统是一个人机结合的系统，其基本要素包括人员、计算机硬件、（　　　）和会计规范。
   A. 会计软件　　　　　　　　　　　　B. 计算机软件——系统软件和应用软件
   C. 程序　　　　　　　　　　　　　　D. 系统软件

10. 会计信息系统的核心子系统是（　　　）。
    A. 总账　　　　B. 应收账款　　　　C. 报表处理　　　D. 工资管理

11. 总账子系统是以（　　　）为原始数据，通过凭证输入和处理，完成记账和结账、银行对账、账簿查询及打印输出,以及系统服务和数据管理等工作。

    A. 经济业务   B. 信息   C. 记账凭证   D. 凭证

12. 信息处理的基本工作环节是( )。

    A. 数据的存储、输出   B. 数据的加工、传送和输出

    C. 数据的输入、存储、加工、传送和输出 D. 数据的输入、加工、输出

13. ERP是整合了企业管理理念、业务流程、基础数据、人力物力、计算机硬件和软件于一体的企业管理信息系统。ERP是( )的英文缩写。

    A. 企业关系过程   B. 企业重构过程

    C. 企业资源计划   D. 企业资源绩效评价

14. 与其他行业会计信息系统相比,工业企业计算机会计信息系统一般包括( )子系统。

    A. 账务处理   B. 进销存   C. 存货   D. 工资

15. 会计电算化是以( )为主的当代电子信息处理技术应用到会计工作中的简称。

    A. 计算机   B. 网络   C. 管理   D. 多媒体

16. 会计信息系统中各子系统间的关系是( )。

    A. 相对独立   B. 既相互独立,又相互联系

    C. 互不相关   D. 完全相关,缺一不可

17. 会计软件系统一般以账务处理为中心并按( )来划分子系统。

    A. 部门   B. 机构   C. 职能   D. 规模

18. 下列各子系统中,不需要为账务处理系统生成凭证的是( )。

    A. 工资核算系统   B. 存货管理系统

    C. 报表处理系统   D. 成本核算系统

    E. 应收款核算系统   F. 固定资产核算系统

19. 下列子系统不属于会计核算软件的是( )。

    A. 工资核算系统   B. 存货核算系统

    C. 应收款核算系统   D. 应付款核算系统

    E. 生产计划管理系统   F. 固定资产核算系统

20. ERP是在MRPⅡ的基础上发展起来的一个管理信息系统。ERP集成了企业物流、( )、信息流三大资源。

    A. 数据流   B. 程序流   C. 商流   D. 资金流

21. 会计信息化的作用可以使( )。

    A. 会计工作的内容减少   B. 会计法规更易遵守

    C. 事后管理向事中控制转变   D. 会计理论彻底改变

22. 我国会计信息化的管理体制是( )。

    A. 由中国注册会计师协会管理   B. 直接由国务院管理

    C. 由国资委管理   D. 财政部管理全国的会计信息化工作

23. 会计核算软件是指专门用于( )的计算机应用软件。

    A. 会计职称考试   B. 录入记账凭证

    C. 审核记账凭证   D. 会计核算

24. 会计核算软件是一种( )。

A. 计算机应用软件   B. 记账规则

C. 计算机语言   D. 计算机系统软件

25. 会计信息化可以提高(   )。

A. 会计人员工作的乐趣   B. 会计核算和会计管理的质量

C. 会计人员的劳动强度   D. 会计理论的可理解性

26. 会计信息化的作用主要是(   )。

A. 发展计算机技术   B. 提高经营管理水平

C. 增加会计人员的就业机会   D. 可以提高会计人员的工资

(二) 多选题

1. 在信息社会,信息是组织的重要资源,它具有的特征包括(   )。

A. 共享性   B. 可编码性   C. 可增值性   D. 层次性

E. 可传递性

2. 随着信息处理技术的发展,信息处理先后出现过 3 种方式是(   )。

A. 手工信息处理   B. 机械信息处理

C. 网络信息处理   D. 电子信息处理

3. 信息系统的基本功能包括(   )。

A. 数据的存储   B. 信息的传输

C. 数据的加工   D. 信息的输出

E. 数据的收集

4. 网络会计信息系统的主要特征包括(   )。

A. 集成性   B. 开放性   C. 管理性   D. 层次性

E. 实时性

5. 会计信息系统按不同的管理层次可以分为(   )。

A. 会计事务处理系统   B. 会计专家系统

C. 会计管理信息系统   D. 会计决策支持系统

E. 会计查询系统

6. 基于计算机的会计信息系统是一个人机结合的系统,其基本构成包括(   )。

A. 硬件资源   B. 软件资源、   C. 信息资源   D. 软件程序

E. 会计人员

7. 管理型会计软件应具有的特征有(   )。

A. 管理型会计软件必须有一个完整的核算体系

B. 管理型会计软件应该具有较系统的分析体系

C. 管理型会计软件应该具有较强的管理功能

D. 管理型会计软件在技术上必须是一个开放的系统

E. 管理型会计软件必须具有集成性

8. 数据的收集和输入功能是指将待处理的原始数据集中起来,转化为信息系统所需要的形式,输入系统中。在衡量一个信息系统的数据收集和输入性能时,以下内容是十分重要的:收集数据的手段是否完善,(   ),输入手段是否方便易用,数据收集和输入的组

织是否严密等。

    A. 是否能够收集管理数据　　　　　　B. 是否收集业务数据

    C. 准确性和及时性如何　　　　　　　D. 具有哪些校验功能

9. 会计信息系统功能结构主要包括(　　　)。

    A. 财务部分　　　　　　　　　　　　B. 生产管理部分

    C. 购销存部分　　　　　　　　　　　D. 管理决策部分

    E. 账务部分

10. 下列有关会计信息化的重要作用的说法中,正确的是(　　　)。

    A. 促进了会计职能的转化

    B. 提高会计核算的水平和质量,减轻会计人员的劳动强度

    C. 提高经营管理水平,为管理信息化打下基础

    D. 推动了会计技术、方法、理论的创新和观念的更新

    E. 降低成本,减少库存

11. 会计信息化的目标是实现会计工作的现代化,包括(　　　)的计算机应用。

    A. 财务会计　　　　B. 管理会计　　　　C. 财务管理　　　　D. 物料管理

12. 下列有关会计核算软件的叙述中,正确的是(　　　)。

    A. 会计软件以会计理论和会计方法为核心,以会计制度为依据

    B. 会计软件以管理和控制计算机系统资源的运行为任务

    C. 会计软件以计算机技术为基础,为会计数据为处理对象

    D. 会计软件以提供会计信息为目标

13. 下列 ERP 属于国产的有(　　　)。

    A. K/3 系统　　　　B. Oracle 系统　　　　C. R/3 系统　　　　D. U8 系统

(三) 判断题

1. 信息必然是数据,但数据未必是信息。 (　　　)

2. 信息和数据是同一概念。 (　　　)

3. 利用会计信息化系统只能进行会计核算,不能进行会计管理。 (　　　)

4. 会计信息化系统中的各子系统是完全独立的。 (　　　)

5. 目前,会计信息化系统已从核算型发展到管理型。 (　　　)

6. 计算机会计信息系统是由硬件系统、软件系统组成的。因此,只要购买了计算机、系统软件和会计软件,就表明企业可以利用计算机会计信息系统完成各种会计工作。 (　　　)

7. 计算机会计信息系统与手工会计信息系统是完全不同的。 (　　　)

8. 计算机会计信息系统与手工会计信息系统相比,会计档案存储方式发生了巨大的变化,但就会计档案的安全性来讲,磁性会计档案与纸质会计档案一样安全。 (　　　)

9. 知识是以各种方式将一个或多个信息关联在一起的信息结构,是对客观世界规律性的总结。 (　　　)

10. 基于计算机的会计信息系统是一个人机结合的系统,其基本构成包括硬件资源、软件资源、信息资源和会计人员等基本要素。 (　　　)

11. 会计信息系统的应用体系结构主要有文件/服务器(F/S)、客户机/服务器(C/S)、浏览

器/服务器(B/S)结构。目前,客户机/服务器(C/S)和浏览器/服务器(B/S)结构在企业应用,已经成为主流趋势。 （　）

12. 会计信息系统的功能结构主要描述会计信息系统的核心——会计软件由哪几个子系统组成,以及每个子系统的基本功能。 （　）

13. 对ERP的理解可以分别从管理思想、软件产品、管理系统3个层次来理解。 （　）

(四) 简答题

1. 什么是会计信息化? 会计信息化与会计电算化有什么联系和区别?

2. 什么是数据? 什么是信息? 什么是知识? 它们有什么区别与联系?

3. 信息系统具有哪些基本功能?

4. 什么是会计信息系统? 会计信息系统如何分类?

5. 什么是会计信息系统功能结构? 简述会计信息系统的基本功能结构及各子系统的主要功能。

6. 计算机会计信息系统与手工会计信息系统有何相同点和不同点?

7. 什么是ERP? 简述会计信息系统与ERP的关系。

二、案例题

(一) 案例一

1. 资料

行政事业单位包括政府部门、学校等,它们主要以国家财政拨款来开展工作,本身不以创造经济价值为目的,不需要进行成本、材料核算和管理,没有生产过程,但需要按照部门或科研项目管理各种费用,控制支出。

要求:请你构建行政事业单位会计信息系统,画出结构图。并描述结构图中每个子系统的功能。

2. 解读提示

不同的单位由于其所处的行业不同、会计核算和管理需求不同,其会计信息系统的功能结构和应用方案也不尽相同。因此,随着会计信息系统应用的不断深入,具有行业特征的会计信息系统越来越受到关注。构建行政事业单位会计信息系统要结合行政事业单位的业务流程和管理需求,设计其会计信息系统功能结构和应用方案。

(二) 案例二

1. 资料

天河集团公司组织结构图如图1-7所示。

(1) 集团财务。

① 集团财务主要负责集团总部的日常报销。

② 负责整个集团的全面预算管理,集团统一制定预算体系,并对下属公司进行预算控制。

③ 按行业定期进行财务状况和经营成果的分析。

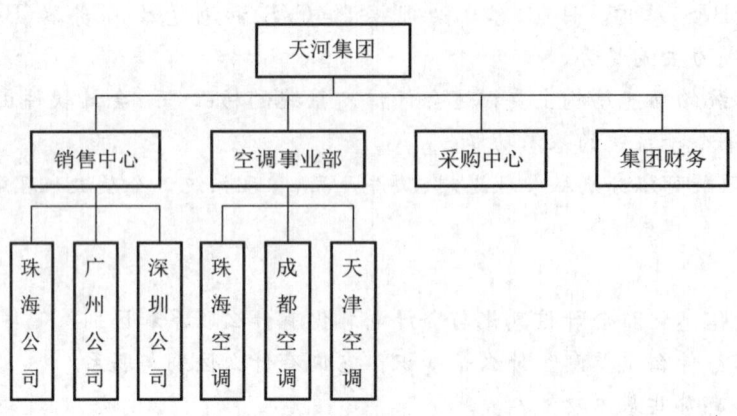

图 1-7　天河集团组织结构图

（2）采购中心。

集中采购，即各产品公司将采购信息发给采购中心，由采购中心统一进行采购，采购的物料直接运到当地公司的仓库。

（3）销售中心与其下属成员。

① 销售中心是管理中心，对其在全国各地的销售公司（法人实体）进行管理。要求实时掌控各地销售公司的财务状况和经营成果，并进行横向对比分析。

② 各地的销售公司主要销售集团的各种产品（如电风扇、空调等），当地有仓库，进行统一存货核算。

（4）空调事业部与其下属成员。

① 空调事业部是管理中心，对其在全国各地生产空调的公司（法人实体）进行管理。要求实时掌控各地生产型公司的财务状况和经营成果，并进行横向对比分析。

② 各地的生产型公司主要从事空调生产，其采购申请提交给集团采购中心，有材料仓库并进行存货核算；其生产的产品销售给销售中心，每月入产成品仓库。

要求：

（1）集团财务会计信息系统应该具备哪些功能？

（2）销售中心和销售公司的会计信息系统应该具备哪些功能？

（3）空调事业部与其下属成员的会计信息系统应该具备哪些功能？

2. 解读提示

按照企业集团组建的原动力、组建直接目的、集团总部管理的职能定位、母子公司的关系、子公司经营范围与总部的相关性、财务管理和控制等特征不同，企业集团大致可以划分为 3 种类型，即控股型企业集团、产业型企业集团、管理型企业集团。不同类型的企业集团由于其财务管理和控制的要求不同，导致集团总部与下属成员会计信息系统的功能结构设计不同。但是，为了考虑整个集团财务管理的特点，在设计整个集团会计信息系统时，应该统一规范集团与成员单位管理交集的子系统或功能模块。

第二章
账务处理与总账系统

第一节／账务处理概述

一、账务处理的基本概念

账务处理是指从价值管理的视角出发,主要运用货币形式的信息计量,借助专门的会计核算方法,对各单位(会计主体)的经济业务进行核算、控制,产生一系列财务信息和其他经济信息,从而为企业内部和外部的信息使用者提供服务以创造价值的活动。

从信息系统的视角看,账务处理工作是由会计信息系统的子系统——账务处理子系统完成的。账务处理子系统也称总账子系统。总账子系统的基本功能是通过采集数据、加工和存储数据、报告财务信息,实现对企业经营活动的核算和控制,保证会计信息的真实、准确和有效,如图 2-1 所示。

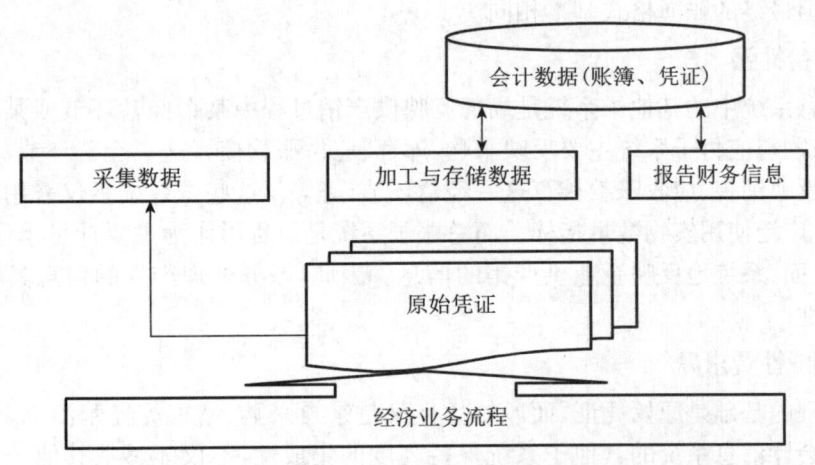

图 2-1　账务处理过程图

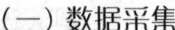

（一）数据采集

数据采集主要是从经济业务流程中采集数据，为数据加工服务。这些数据包括：

（1）获取/支付流程的数据，如采购数量、单价、金额、税金，现有存货的数量、单价、金额，向供应商实际支付的款项或应支付的款项。

（2）转换流程的数据，如企业将材料转换为产品生产过程的材料费用、制造费用、为生产服务的期间费用等。

（3）销售/收款流程的数据，如销售数量、单价、金额等，销售费用、销售成本、销售现金流入或应收款项等。

总账子系统从业务流程采集数据，其数据的载体主要为原始凭证（销售发票、收款凭证、出入库单等），这些原始凭证作为账务处理的输入数据。

（二）数据加工与存储

加工与存储是将反映经济活动的原始凭证按照会计科目和"有借必有贷，借贷必相等"的原则编制记账凭证，审核记账凭证，然后对其进行分类、计算、求和，并将结果保存在各类账簿中。

（三）报告（传输和输出）信息

报告信息是以账簿、记账凭证为依据，编制内部报表和外部报表，并提交给企业内部各部门和管理者、投资者、债权人、政府部门等。

二、账务处理的基本特征

与企业其他经济业务相比，账务处理具有以下基本特征。

（一）规范性强

账务处理采用世界通用的会计记账方法——复式记账法，并满足"有借必有贷，借贷必相等""资产＝负债＋所有者权益""总账余额/发生额＝其下属明细账余额/发生额之和"等基本处理原则。尽管不同的单位由于业务量不同而选择不同的会计核算组织程序（登记总账的方法），但最终的账簿格式基本相同。

（二）综合性强

会计信息系统中的其他子系统是局部反映供产销过程中某个经营环节或某类经济业务的。例如，采购与应付子系统主要反映采购、库存、应付账款核算这一经营环节；销售与应收子系统主要反映销售、应收账款核算这一经营环节，等等。这些子系统不仅采用货币作为计量单位，而且广泛使用实物数量指标。而总账子系统是以货币作为主要计量单位，从价值的视角综合、全面、系统地反映企业供产销的信息。因此，账务处理产生的信息具有很强的综合性和概括性。

（三）集成性要求高

账务处理的基础是原始凭证，而原始凭证又是来自采购、销售等经营活动，这就要求总账子系统与会计信息系统的其他子系统保持高度的集成性，不仅能够从其他子系统中获取信息，而且能够向其他子系统传递信息，起到数据交互的桥梁作用。总账子系统只有与其他子系统有机地集成在一起，才能形成完整的会计信息系统。从这个角度来说，总账子系统是整个会计信息系统的核心。

（四）正确性要求高

由于总账子系统所产生的账表要提供给投资者、债权人、管理者、政府相关部门等，因此，必须保证账务处理数据的正确性，保证结果的真实性。正确的报表来自正确的账簿，正确的账簿来自正确的记账凭证，只有从记账凭证开始，对账务处理的各个环节加以控制，才能防止有意无意的差错发生。

第二节 账务处理的流程分析

一、手工环境下账务处理的流程分析

在手工会计账务处理中，会计核算具有整套科学的方法体系。包括：填制和审核原始凭证、设置会计科目及账户、复式记账、设置与登记账簿、成本核算、财产清查、编制会计报表。这些会计方法是相互联系、紧密结合的。手工环境下，为了减轻财会人员记账的工作量，不同规模、不同业务量和业务属性的企业有可能采用不同的账务处理流程（也叫会计核算组织程序）。概括起来主要有5种账务处理形式：记账凭证核算形式、科目汇总表核算形式、汇总记账凭证核算形式、日记总账核算形式、多栏式日记账核算形式。

不同的账务处理形式有不同的流程，其差别主要体现在登记总账的方法和依据不同。其中科目汇总表核算形式最为常见，其业务处理流程图如图2-2所示。

科目汇总表核算形式主要包括6个处理步骤：

（1）根据原始凭证编制记账凭证。财会人员将原始凭证收集、整理、汇总，并根据原始凭证编制记账凭证（包括收款凭证、付款凭证、转账凭证）。

（2）登记日记账。出纳根据收款凭证和付款凭证，登记现金日记账和银行存款日记账。

（3）登记各种明细账。一般单位根据业务量的大小设置各个会计岗位，即分别由多个财会人员登记多本明细账。例如，一个会计专门登记应收、应付账款明细账，一个会计专门登记主要材料明细账，一个会计专门登记辅助材料明细账和低值易耗品明细账，一个会计专门登记费用明细账等。

（4）编制科目汇总表并登记总账。总账会计根据记账凭证定期汇总编制科目汇总表，根据科目汇总表登记总分类账。

（5）月末处理。由于总账、日记账、明细账分别由多个财会人员登记，不可避免地存在这样或那样的错误，因此，每月月末财会人员要进行结账，并将日记账与总账核对，明细账与总账核对，做到账账相符。

（6）编制报表。月末财会人员根据日记账、明细账、总账中的数据编制会计报表，根据报表中数据间的勾稽关系计算小计、合计、总计等。

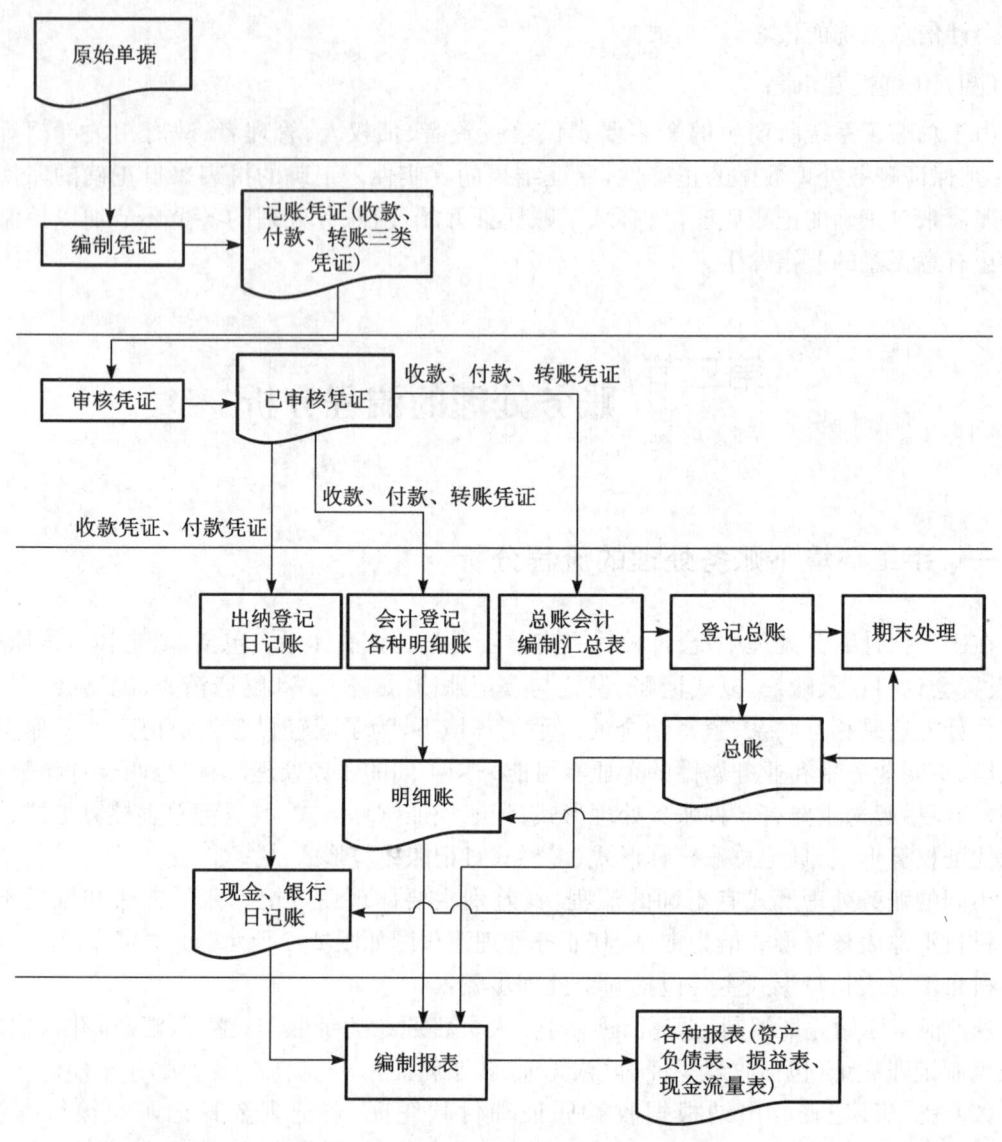

图 2-2　手工科目汇总表账务处理流程图

二、手工环境下账务处理流程的缺陷

通过分析可以看出,手工环境下的账务处理形式都是围绕如何减少工作量和保证正确性而产生的,因此也就决定了这些处理形式先天带有手工处理的局限性。主要缺陷有以下4点:

(1) 数据大量重复。记账凭证是总账子系统的数据源,从一定意义上讲,它所包含的信息量等于各种日记账、明细账、总账以及会计报表所包含的信息量之和。从信息量的角度来看,明细账、总账、报表没有比凭证增加什么,但考虑到不同的对象需要不同的信息,因此,手工处理设置了登记日记账、明细账、总账等环节,使得记账凭证上的数据被多次转抄。例如,一笔反映现金支出业务的记账凭证编制完毕之后,需要由不同的财会人员在现金日记账、相关的明细分类账、总账上同时转抄凭证上的日期、凭证号、摘要、金额等数据。同一数据的大量重复不仅造成存储浪费，还极易造成数据的不一致。手工会计下时有账账不符、账表不符的现象产生，这与手工环境下数据的大量重复登记有直接关系。

（2）信息提供不及时。会计报表是总账子系统的"最终产品"，是企业内部管理部门、银行及财政部门等了解企业经营状况和经营成果的重要资料，也是这些部门进行相关决策的依据。但由于账务处理的工作量很大，再加上手工处理速度缓慢，往往要延迟相当长的时间才能编制出各种会计报表，使得会计信息的及时性差，严重削弱了会计报表所起的作用。

（3）准确性差。在长期的账务处理实践中，人们总结出了一套特有的方法来避免和发现错误，如记账凭证过账之后，一般在它上面加注"√"以防止重复登账；明细账和总账采用平行登记的方法，相互核对以便发现明细账或总账中的过账错误和计算错误。但无论财会人员的素质如何，在从记账凭证的编制到报表输出的每一个环节中，由于手工记账的先天局限，转抄错误和计算错误都在所难免。而会计账目不允许有一分钱的差错，为此常常因为几分钱的差错，多次进行手工汇总和核对，既费时又费力。特别是在月末，为了尽快报出各种会计报表而又保证账表相符，有时不得不根据报表来修改总账。类似做法会影响到会计数据的准确性。

（4）工作强度大。为了达到既要算得快又要算得准的目标，在其他条件不变的情况下，只能加大财会人员的劳动强度，这是手工账务处理的必然结果。

三、信息技术环境下账务处理流程分析

手工环境下账务处理流程中存在诸多缺陷，信息技术的广泛应用为消除手工处理方式所造成的缺陷提供了条件。与手工处理相比，计算机处理不仅在处理速度上有成百上千倍的提高，数据的存储能力也是手工无法比的，而且不会因工作时间过长或疲劳引起计算错误和抄写错误。计算机在会计中的应用是会计发展史上的一次革命，会计数据处理流程、处理方式、内部控制方式以及组织机构等方面与手工处理有很多不同。因此，手工环境下的某些做法和环节在计算机处理方式下可能成为多余，而手工环境下不需要的环节和做法在计算机处理方式下又可能必不可少。总账子系统就是在信息技术环境下进行账务处理和报告的子系统，因此，信息技术环境下账务处理流程不能照搬手工环境下的账务处理流程，只有充分发挥计算机的优势，突破长期的手工处理所形成的定式，设计出更适合计算机、效率更高、处理流程更加合理的总账系统，才能使账务处理更加科学和高效。

目前商品化的总账系统非常多，各公司在设计账务系统数据处理流程时可能不尽相同，但总的设计思路大同小异。下面给出典型的账务处理流程，如图2-3所示。

（一）账务处理流程中的主要角色

（1）业务人员，经济业务执行的主体（如采购人员、销售人员、后勤人员等）。

（2）凭证编制人员，将经济业务信息转换成会计信息——记账凭证的人员。

（3）凭证审核人员，对凭证的正确性、合法性、合规性进行审核的财会人员，与凭证编制人员不能是同一个人。

（4）记账与结账人员，即负责将凭证信息转换成账簿信息以及月末进行结账的财会人员。

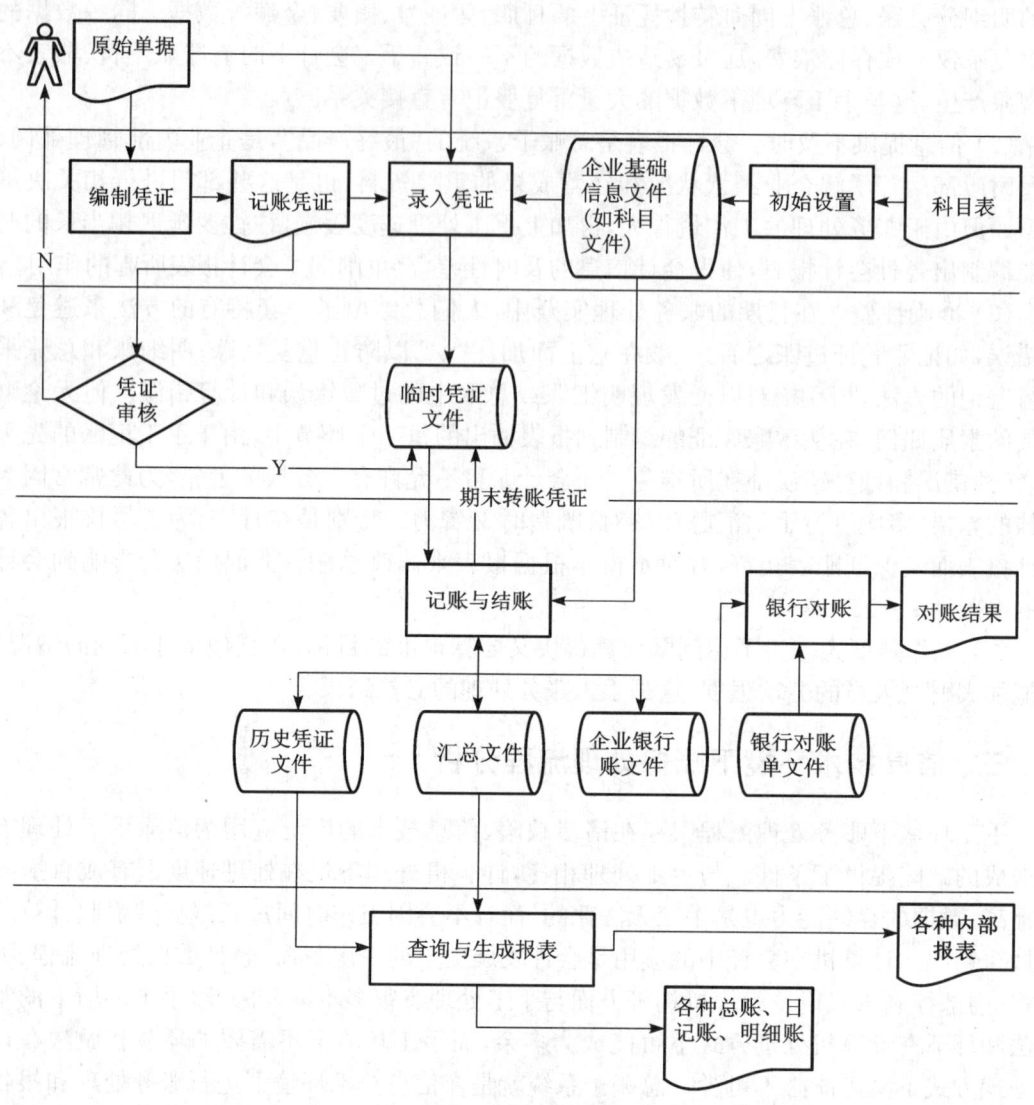

图 2-3　信息技术环境下账务处理流程图

（5）查询与分析人员，对于企业的财务信息、财务状况和经营成果有权查询的人员（包括财会人员、财务经理、总经理等）。

（二）账务处理流程

（1）在系统启用时由凭证编制人员将本单位的基础会计信息（如企业基本信息档案、科目编码和名称、期初余额等），通过初始设置模块输入计算机，并保存在企业基础信息文件中。

（2）日常经济业务发生时，业务人员将原始单据提交给财会部门。第一种方法是批处理，即由凭证处理人员编制纸质记账凭证，然后在企业基础会计信息的支持下，通过键盘输入记账凭证，保存在临时凭证文件中；第二种方法是实时处理，即直接根据原始单据编制记账凭证，并保存在临时凭证文件中。

（3）从临时凭证文件中获取凭证，并进行审核。如果审核通过，则对记账凭证做审核标记，否则，将审核未通过信息提交制单人员。

（4）记账，即记账人员发出指令，计算机自动将临时凭证文件中已审核凭证进行记账，分别更新汇总文件、历史凭证文件、企业银行账文件等，并将临时凭证文件中已记账的凭证删除。结账，即会计期末计算机自动根据期末转账凭证模板生成机制凭证，保存在临时凭证文件中，供记账使用；当所有凭证都记账后，结账人员发出结账指令，计算机自动计算出所有会计科目本月合计、本年累计数据。

（5）根据企业银行账文件和银行对账单文件中的银行业务记录进行自动对账，并自动生成对账结果。

（6）查询与生成报表，即计算机根据各种数据文件自动、实时生成日记账、明细账（包括科目明细账和部门、往来、项目等辅助核算明细账）和总账，以及各级管理者所需的内部会计报表。

上述流程总括反映了账务处理的流程，但是有些处理内容不够清晰，还可以进一步细化（如记账、银行对账、结账等），直到所有的流程都能够清晰反映为止。

四、信息技术环境下和手工环境下账务处理流程的比较

信息技术环境下和手工环境下账务处理流程的最终结果都是账簿和报表，处理过程都实现了从凭证到账簿、从账簿到报表的全过程。但是，信息技术环境下的账务处理流程不应该也不可能完全模拟手工会计的账务处理，两者在很多关键环节有很大的不同，主要表现在以下几点。

（一）数据处理的起点与终点不同

在手工环境下，账务处理的起点是原始凭证；而信息技术环境下，账务处理起点可以是记账凭证、原始凭证或机制凭证。在手工环境下，以财会人员编制并上报会计报表（包括对外会计报告和对内会计报表）为工作终点；而在信息技术环境下则以计算机自动输出账簿和输出固定报表为终点，并将各种格式的内部及外部会计报表的编制与输出工作，交给单独的报表子系统来完成。

（二）数据处理方式不同

在手工环境下，记账凭证由不同的财会人员按照选定的会计核算组织程序，分别登记到不同的账簿中，完成数据处理。在信息技术环境下，会计核算组织程序失去了意义，企业无须选择会计核算组织程序，不需要会计人员一遍遍地登记账簿，数据间的运算与归集由计算机自动完成，记账变成了计算机自动处理数据的过程，这样大大减少了财会人员的记账工作量。在手工环境下，300张凭证一个人记账大约要花费一天的时间，其正确性还不能完全保证；然而，在信息技术环境下，计算机记账一般只需几秒钟或几分钟，而且能够保证会计信息的正确性。这种量变导致了质变，财会人员从过去繁杂的重复劳动中解脱出来，有时间和精力将职能转向管理与控制。

（三）数据存储方式不同

在手工环境下，会计数据存储在凭证、账簿、报表等纸张中；而在信息技术环境下，会计数据存储在凭证文件、汇总文件等数据文件中，需要时通过查询或打印机输出。这种数据存储方式的改变也导致了数据安全性、可靠性上的不同。

（四）账簿存储体系不同

在手工环境下，账务处理严格设置日记账、明细账、总账相互制约的 3 大账簿体系，但在 IT 环境下，一般不存在与之对应的账簿体系，甚至机内根本就不设置永久性的日记账和明细账，输出的日记账和明细账可以从凭证文件中按要求临时分类生成。

（五）对账的方式不同

在手工环境下，按照复式记账的原则，总分类账、明细分类账必须采用平行登记的方法，根据每张记账凭证登记明细账，根据汇总数据登记总分类账，然后财会人员定期将总分类账、日记账与明细账中的数据进行核对。当明细账和总账的数据不相符时，说明必然有一方或双方有记账错误。从一定意义上可以说，这是手工环境下一种行之有效的查错方法。在信息技术环境下，由于总账子系统采用预先编制好的记账程序自动、准确、高速地完成记账过程，明细与汇总数据同时产生。只要预先编制好的程序正确，计算错误完全可以避免，而且由于输出的账簿数据都来自记账凭证，只要软件系统可靠，总账和明细账、日记账的数据就不会出现不一致，这样就没有必要进行总分类账、日记账、明细分类账的核对。

（六）正确性控制的重点不同

在手工环境下，账务处理的整个过程都有可能产生人为的错误，即在制单、登记各种账簿、编制报表的过程中都可能由于人为的疏忽而产生数据错误，造成账账、账表不一致。在信息技术环境下，由于计算机处理过程的自动化和程序化，只要输入的凭证准确无误，由此产生的总账、明细账和日记账中的数据就不会出现错误。因此，如何保证输入凭证的正确性成了会计信息可靠性的关键。

（七）会计资料的查询统计方式不同

在手工环境下，财会人员为编制一张会计报表，或查找急需的会计数据，要付出很多劳动；而在信息技术环境下，由于计算机具有高速数据处理能力，财会人员只需通过选择各种查询功能，就可以最快的速度完成数据的查询统计。而且由于大容量磁盘的使用，机内可以存储连续多个会计年度的数据，使得查阅往年账就如同查本年度数据一样方便和迅速，这是手工会计系统所无法达到的。

总而言之，在信息技术环境下，账务处理从高效性、正确性、准确性等方面已经和手工处理产生了根本性的不同，对会计理论和会计实务产生了巨大的影响。此外，计算机处理替代了手工账务处理过程，把广大的财会人员从繁杂的劳动中解脱出来，使他们有充足的时间和精力利用会计信息，进行事前预测、事中控制、事后分析等会计管理活动。

第三节 总账系统的总体设计

一、总账系统的目标

账务处理系统又称总账系统，在会计信息系统中处于核心地位，它与其他子系统之间存在频繁的数据联系,其他业务系统往往需要读取它的数据进行核算,并将处理结果以记账凭证的形式送到账务处理系统储存起来。在实务中,会计核算工作主要是围绕账务处理系统而展开的,它涉及整个会计核算中的记账、算账、报账过程。

一般来说,总账系统的目标应该包括:

(1)及时、准确地采集和输入各种凭证,保证进入计算机的会计数据及时、准确和全面。

(2)高效、正确地完成记账等数据处理过程。

(3)随时输出某个时期内任意会计科目发生的所有业务,随时输出各个会计期间的各种账表,为企业管理提供信息。

(4)建立总账系统与其他子系统的数据接口,实现会计数据的及时传递和数据共享。

此外,为了充分发挥计算机数据处理的优势,增强总账系统的核算和辅助管理功能,有些总账系统的设计目标还增加了部门核算和管理、项目核算和管理、往来核算和管理等辅助功能,以及出纳管理、自动转账等功能。这些功能都是对账务处理功能的进一步补充,但没有它们,一样可以称为总账系统。

要说明的一点是,总账系统包含企业所有经济业务的会计核算,如采购业务核算、销售业务核算、存货业务核算等。如果核算单位的某些经济业务比较复杂,如存货核算、采购核算都比较复杂,那么有关存货、采购业务的详细核算和管理可以放在相应的子系统中进行,但其总括核算内容仍然放在总账系统中进行。

二、总账系统的基本功能

通过前面对账务处理的分析,可以知道账务处理主要包括凭证管理(凭证编制、凭证审核、记账等)、期末处理、账簿输出等。为了满足不同企业的账务处理要求,通用总账系统必须增加初始设置、系统服务等功能。初始设置功能主要支持不同企业将其个性化特征(如公司基本信息、会计科目体系等)配置到总账系统中。近年来,随着会计管理理论的发展和实务的需求,总账系统在基本功能的基础上,又进一步拓展了辅助核算和管理功能,如往来核算和管理、部门核算和管理、项目核算和管理以及出纳管理等功能。

要说明的是,由于总账系统数据流程设计、设计人员思路等差异,必然导致总账系统的功能结构有所差别,因此,目前国内外各专业会计软件公司所设计的总账系统其功能结构不尽相同。下面给出的是总账系统基本功能结构图,如图2-4所示。

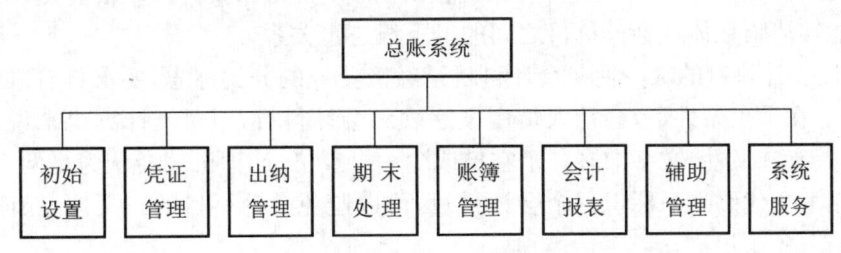

图2-4　总账系统功能结构图

(1)初始设置。初始设置模块主要包括设置账套、人员权限设置、会计科目设置、凭证类型设置、初始余额录入、其他设置等功能模块。

(2)凭证管理。凭证管理模块主要包括填制凭证、审核凭证、查询凭证、打印凭证、汇总凭证、记账等功能模块。

（3）出纳管理。出纳管理模块主要包括现金日记账、银行日记账、资金日报、支票登记、银行对账等功能模块。

（4）期末处理。期末处理模块主要包括自动转账、结账等。

（5）账簿管理。账簿管理模块主要包括总账、科目余额表、明细账、日报表等的查询和打印等功能模块。

（6）会计报表。会计报表模块主要包括查询和输出各种会计报表。

（7）辅助管理。辅助管理模块主要是从会计管理的角度出发，按照个人往来和单位往来、项目和部门等关键要素进行细化核算和管理。

（8）系统服务。系统服务模块主要包括会计数据备份、会计数据恢复、系统维护、修改口令等功能模块。

三、会计科目编码及其体系设计

（一）会计科目编码设计的优点

会计科目是对会计业务具体核算内容进行分类的名称。会计科目编码设计是指根据会计制度的规定和企业会计科目的设置，按照一个系统的方案确定各级科目唯一数字编码的方法。在利用计算机进行会计数据处理时，采用会计科目编码具有必要性，这是因为：

（1）便于反映会计科目间的逻辑关系。科目编码的不同位数可以反映出会计科目之间的逻辑关系，如表 2-1 所示。

表 2-1　科目编码表

科目编码	科目名称	科目编码	科目名称
1403	原材料	14030102	B 棉布
140301	棉布	140302	毛呢
14030101	A 棉布		

采用 4—2—2 结构的八位编码，若科目编码前四位相同，则表明这些科目具有相同的一级科目；若前六位相同，则表明这些科目具有相同的一级和二级科目。很显然，对会计科目进行编码，能够清晰地体现会计科目之间的上下级逻辑关系。

（2）保证会计科目的唯一性。会计科目是经济业务的分类标志，要求具有准确性、确定性和唯一性。在手工条件下，会计人员用文字表示会计科目，但对于计算机来说，文字形式的会计科目具有二义性，文字中多一个空格或少一个空格，计算机就会认为是两个不同的科目。因此，用一个代码唯一标识一个会计科目，可以避免会计科目的二义性，保证了会计科目的唯一性。

（3）便于计算机处理和分类。将文字的会计科目转变为统一的编码，为计算机分类、检索、汇总及处理提供了便利。

（4）节省存储空间。使用文字形式的会计科目，将占用大量存储空间，浪费计算机内存。例如，"应付账款——天河公司"用编码可表示为"220201"，是 6 位代码，占 6 个字节的空间。而用汉字表示至少需占 17 个字节。

（5）提高处理速度。由于处理经济业务时需要涉及大量的会计科目，输入文字形式的科目将大大降低会计科目的输入速度以及准确性，从而影响计算机的处理速度。因此，在 IT 环境下，对会计科目进行编码是一项必不可少的工作，是提高输入和处理速度的重要途径。

由此可见，在总账子系统中，设计一套科学的会计科目体系和会计科目编码方案，对于提高总账子系统的输入效率，保证账务处理的正确性，以及输出详细、完整的会计信息都有着极为重要的意义。

（二）科目编码的方法

编码是指按照一个系统的方案指定数字、字母或其他符号，借以区别各项目的类别和项别。会计科目编码可以采用字母、数字或字母、数字混合编码等不同的方法。一般来讲，可采用以下几种编码方法进行编码设计：

（1）顺序码。顺序编码是按编码对象顺序排列进行编号的一种方法。在很多情况下会采用自然数序列进行编号。在编制顺序码时，每一个编码对象的编码均须比前一个编码对象的编码大。这种方法的优点是简单，且可知道已编码科目的个数；缺点是不能从编码上清楚知道该科目所反映的经济内容，使人感到杂乱无章、难以记忆，而且中间难以插入新的科目。

（2）分组码。分组编码是按数字顺序进行分组，由某一特定号码至另一特定号码代表某一类项目一定类别的一种编码方法。例如，某企业库存商品有洗衣机、电冰箱、空调等，这些库存商品又有许多型号规格。假定采用 7 位分组码，对 3 种库存商品规定一定的编码范围，则编码可设计为如表 2-2 所示。

表 2-2　分组码

科目编码	科目名称	科目编码	科目名称
1405001—1405099	库存商品——洗衣机	1405201—1405299	库存商品——空调
1405101—1405199	库存商品——电冰箱		

（3）位数码（也叫群码）。位数编码是将编码的每一位或几位赋予一定的含义进行编号的一种方法。在编码时，首先确定会计科目编码结构，即会计科目编码由几位组成，从最高位开始，每一位或几位分别代表不同的分类。例如，某企业采用位数码方法，规定会计科目编码由 8 位组成，一级科目 4 位，二级科目 2 位，三级科目 2 位。那么，在设计具体会计科目编码时，要严格按照会计科目编码的规定进行编码。

上述 3 种方法是编码的最基本方法。在进行科目编码体系的设计时，可结合各单位的具体情况，综合运用不同的编码方法来进行设计。

（三）科目编码设计的基本原则

（1）唯一性。一个科目代码唯一地标识一个会计科目，保证会计科目的唯一性。

（2）规范性。设计会计科目代码的原则和方法都必须规范。凡是国家或行业对编码有统一规定的，应该采用规定的编码。通常，一级会计科目及部分明细科目代码应根据财政部和主管部门统一的会计制度要求设计；其他科目代码可以根据企业会计核算和经营管理的具体要求来设计。

（3）层次性。会计科目具有层次性，有上级科目与下级科目，直接上级科目与直接下级科目之分。因此，其编码也应具有层次性，以便通过相关科目编码找出它的上级科目编码、直接上级科目编码、下级科目编码及直接下级科目编码。为了使科目编码具有层次性，要以某科目的直接上级科目编码作为该科目编码的前部。

（4）一致性原则。会计科目的设置有一定的规律性。如"管理费用"科目，一般按部门设置二级明细科目，按费用项目设置三级明细科目，也就是说，"管理费用"科目中不同部门有相同的费用项目。如果要统计"管理费用"中的"差旅费"有多少，可对"管理费用"科目中所有部门的"差旅费"进行汇总。为了在科目编码中体现出这种规律性，相同的费用项目需要以相同的编码来反映，如"管理费用——办公室——差旅费"的科目编码为"66020103"，那么，"管理费用——财务部——差旅费"的科目编码则为"66020203"。

（5）简短性原则。科目编码应选择最小值的编码。在满足会计核算需要的前提下，科目编码位数越少越好。科目编码位数过多，既增加了输入的工作量和出错的可能性，也占用了存储空间。

（6）扩展性。随着企业的发展和管理要求的加强，会计科目必然会增加，因此在设计会计科目编码时必须预先考虑到这一点，科目编码时要留有一定余地，以便能在一定的范围内满足会计科目扩展的需要，在不改变原有方案的条件下可以顺利地增加新科目。简短性与扩展性有时是矛盾的，要保证科目编码的扩展性，则需以简短性为代价。因此，在编码设计时，在考虑一定扩展性的前提下，要保证其编码的简短性。

【知识链接】

目前，财政部规定一级科目编码一般为四位。2006年财政部公布的企业一级科目编码表，其编码设计遵循了规范性原则：编码中"1"开头的为资产类科目；"2"开头的为负债类科目；"3"开头的为共同类科目；"4"开头的为所有者权益类科目；"5"开头的为成本类科目；"6"开头的为损益类科目。

（四）会计科目编码体系的设计

会计科目编码体系的设计首先要遵循会计制度的规定，确定会计科目的结构，即分几级科目、每级科目的编码长度等。

目前，一级科目编码由财政部统一规定，实际上企业主要是设计明细科目编码的结构问题。会计科目编码体系的设计方法可以分为3种：

（1）定长定位。对于明细科目编码的结构设计，大多数会计软件采用定长定位方法，即科目编码体系中科目的最长位数是固定的，各级科目编码的位数也是固定的。例如，将会计科目的结构确定为4—2—2，如图2-5所示，即一级科目的长度为4位，二级科

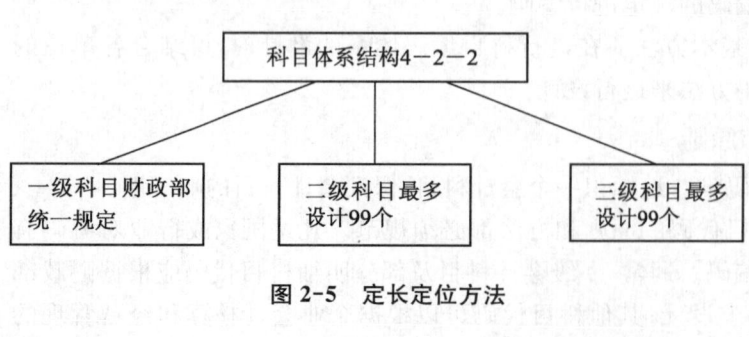

图2-5　定长定位方法

目为 2 位,三级科目为 2 位。按这种方式设计出的科目编码的最长位数和各级长度固定,而且方法简单,程序上容易实现。但是,如果设计时考虑不全面,也会给会计工作带来不便。

因为每级明细科目最多只能设计 99 个,当细化核算时,某些科目就会出现明细科目不够用的情况。例如,"应收账款"科目一般按客户设置二级明细,对于一个销售客户较多的企业来说,二级科目很容易超过 99 个,这种方式显然无法满足用户的需求。为了满足用户的需要,可以将科目体系设计为 4—3—3 结构,这种方式从一定程度上可满足大多数用户的需求,但会出现科目编码过长,造成存储空间的浪费。例如,"库存现金"科目一般是按币种设置二级明细,其数量不会超过 99 个,按 4—3—3 结构则会出现科目编码过长,而且这种情况不仅限于一两个科目。由以上分析可以看出,按定长定位方法设计会计科目编码体系存在一定问题。

(2)不定长方式。不定长方式是指科目编码体系在不超过总长度的前提下,除一级科目编码长度固定,其他各级科目编码的长度是不固定的,可由用户自行随意设计。这种方式克服了定长定位方法的缺点,较好地解决了科目编码设计中简短性原则和扩展性原则之间的矛盾。但是,按不定长方式设计科目编码,无法判断出科目编码的唯一直接上级科目编码,如从科目编码"112201013"中,既不能判断出它是几级科目,也不能判断出它的直接上级科目和上级科目编码。由于在通用会计软件中,录入记账凭证时录入的是最末级明细科目的发生额,直接上一级科目的发生额根据其明细科目的数据自动产生,在不定长方式下设计的科目编码,不能像在定长定位方式下对任意科目编码固定地截取编码来确定其直接上级科目编码,因而很难实现直接上级科目的发生额根据其明细科目的数据自动产生。因此,要实现按不定长方式设计科目编码,必须在相应的科目文件中增加几个字段:科目级别、上级科目编码、末级标志等,以区分不同的属性。

(3)立体科目。立体科目方法是指将科目中大量重复的科目从科目体系中分离出来,按照项目进行存储,并在项目和科目之间建立动态链接,在满足优化会计科目体系的同时,达到精细核算的目的。

【应用实例】

假设广州天河公司会计科目编码方法采用群码,其科目编码结构是 4—2—2—2 四级,科目编码设计如表 2-3 所示。

表 2-3 天河公司会计科目编码表

科目编码	科目名称	科目编码	科目名称
6602	管理费用	660202	事业部 2
660201	事业部 1	66020201	办公费
66020101	办公费	6602020101	一组
6602010101	一组	6602020102	二组
6602010102	二组	……	……
……	……	66020202	差旅费
66020102	差旅费	6602020201	一组
6602010201	一组	6602020202	二组
6602010202	二组	……	……
……	……		

如果该单位有 10 个部门,每个部门又分 10 个组,管理费用有 5 种,那么 6602 管理费用下面就有 500 个会计科目,科目数量太过庞大。

计算机快速处理数据的特性为会计核算实现交叉立体科目核算提供了可能,将需要按事业部分类进行辅助核算的科目设置为"部门核算",然后将事业部和组代码从科目编码体系中剥离出来,在部门档案设置模块中建立各个事业部的资料,在科目设置时只对费用种类进行编码,如图 2-6 所示。

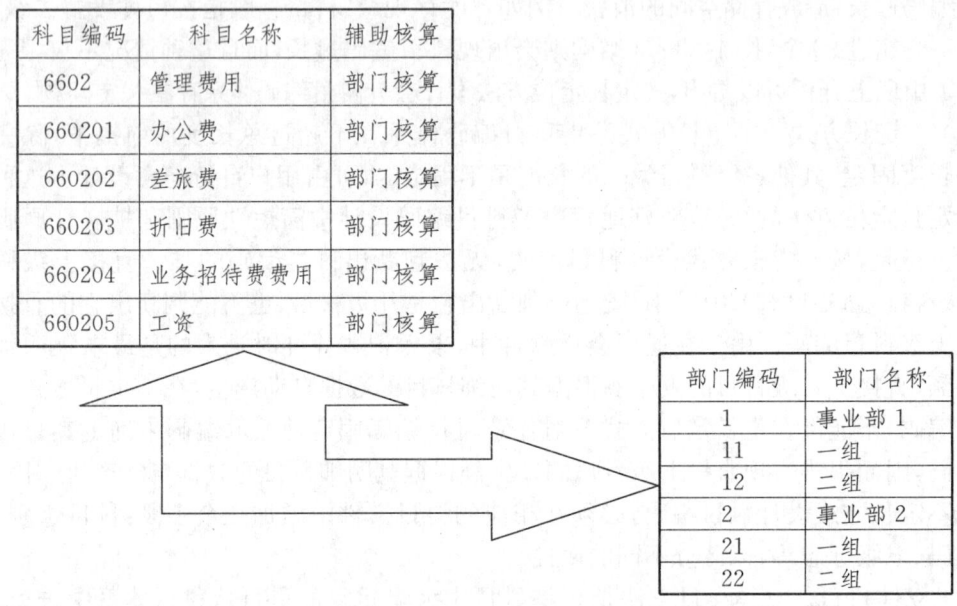

科目编码	科目名称	辅助核算
6602	管理费用	部门核算
660201	办公费	部门核算
660202	差旅费	部门核算
660203	折旧费	部门核算
660204	业务招待费费用	部门核算
660205	工资	部门核算

部门编码	部门名称
1	事业部 1
11	一组
12	二组
2	事业部 2
21	一组
22	二组

图 2-6 立体科目方法设计会计科目编码体系

这样科目数量大大减少,科目级次也相应缩短,同时在凭证录入等数据处理过程中,计算机根据辅助核算的内容(如部门核算)链接相应的部门档案,并要求会计人员确认费用是由哪个部门哪个组发生的,这样便可以完成对相应部门和有关费用的处理。

通过上述案例分析可见,采用立体科目方法设计科目编码体系,可以细化部门核算和管理。不仅对部门可以如此,当企业需要按个人往来、单位往来、项目等细化核算和管理时,可以借鉴立体科目方法设置科目编码体系,将大量重复的部分从科目体系中分离出来,将科目的属性——辅助核算设置成个人往来核算、单位往来核算、项目核算等,这样就可以充分发挥计算机快速处理数据的优势,为企业细化核算与管理提供支持。另外,立体科目方法的优点还体现在可以大大减少会计科目的数量,简化会计科目的级数,优化会计科目体系结构。

实际上,在总账子系统中,除了会计科目需要考虑编码设计问题,还有大量的编码如客户编码、存货编码、部门编码等需要设计。设计这些编码都可以借鉴会计科目编码的设计方法。

四、总账系统主要数据文件设计

计算机会计信息系统中,所有的账、证、表都必须存放在计算机存储器中,在存储器上各种数据均以文件的形式存放。那么在信息技术环境下,总账系统应设计哪些数据文件,这些文件以何种结构存储账、证、表数据呢？这是两个很重要的问题。

实际上，总账系统数据文件的设计与账务处理流程、设计人员的思路，还有数据管理系统等多种因素有关。这里着重介绍几个主要文件的设计，包括数据文件的作用、数据结构和存储策略。

（一）科目文件

1. 设计科目文件的作用

计算机可以自动从科目文件中获取科目信息，并自动判断科目是否存在，是否是最末级明细科目等。因此，在总账子系统中需要设计科目文件，用于反映企业的会计科目体系结构和所有科目及其属性，并为编制凭证、记账、账簿和报表查询提供支持。

2. 文件结构设计方案

如果企业采用立体科目方法设计会计科目编码体系，那么科目文件的结构至少包括8个字段，如表2-4所示。

表2-4　科目文件的数据结构

序号	字段名称	备注
1	科目编码	如1001
2	科目名称	如库存现金
3	科目类型	如资产类、负债类
4	科目级别	如一级、二级等
5	上级科目	上级科目编码
6	是否最末级科目	"T"为是，"F"为否
7	辅助核算	可以选择部门核算、往来核算等内容。辅助核算为立体科目编码体系的建立提供支持，还可以细化核算和管理，增加核算内容。例如企业在按本位币反映经济业务的同时，还希望同时按外币、数量等反映经济业务，此时可以将辅助核算设置为"外币"与"数量"
8	余额方向	借或贷

3. 文件的组织方式

科目文件中一个科目一条记录，不允许有重复的科目，而且科目应该按照由小到大的顺序。因此，需要根据科目编码建立索引文件，以"科目编码"为索引关键字。当增加或减少科目时，计算机自动按科目编码的大小重新排序。

（二）汇总文件

1. 设计汇总文件的作用

在信息技术环境下，总账系统把每个会计科目的代码、余额、发生额汇总数独立出来，存放在同一文件中，称为"汇总文件"。其作用是：记账时，系统自动按科目进行汇总，并将汇总结果存入该文件；输出账簿时，系统自动从该文件和历史凭证文件中提取数据，并进行加工，生成所需的账簿；进行编制报表、财务分析等工作时，仍然从该文件中提取数据，生成所需的结果。

2. 文件结构设计方案

如表2-5所示。

表 2-5　汇总文件的数据结构

序号	字段名称	备　注
1	科目编码	如 1001
2	余额方向	借或贷。余额方向用于说明该科目期末余额的计算规则,例如借方余额的期末余额计算方法是:期末余额＝期初余额＋本期借方发生额－本期贷方发生额。贷方余额的期末余额计算方法是:期末余额＝期初余额－本期借方发生额＋本期贷方发生额
3	年初余额	
4	1 月借方合计	
5	1 月贷方合计	
6	2 月借方合计	
7	2 月贷方合计	
8	……	
9	12 月借方合计	
10	12 月贷方合计	

　　汇总文件存储包括明细科目在内的每一个科目的各期借贷发生额。由于计算机处理的高速度,每次记账时都可以及时更新其中的月份发生额,及时反映当前时点的汇总信息。这样既可以减轻月末、年末结账的工作量,及时编制和打印月份和年度报表,又能通过该文件迅速查询到任意明细科目的总账信息,甚至可以查询到任意月份以及查询时刻的总账信息,此外大多数会计报表都可以直接根据汇总文件生成。但是,由于汇总文件存储的是各月汇总数据,所以从中无法查询到任意一天的科目发生额和余额数据,也无法查询出到指定日期的累计发生额。

　　3. 文件的组织方式

　　一般以年为单位存储文件,即每年一个汇总文件。同时,以"科目编码"为索引关键字,建立索引文件。全年只设一个汇总文件,不仅节省空间,涉及跨月检索十分方便。

　　(三) 凭证文件

　　凭证文件不仅数据量大、字段多,而且数据之间的关系较复杂,文件组织形式的好坏将直接影响到系统的效率。一般会计软件都设两个凭证文件,其中一个为临时凭证文件,另一个为永久(历史)凭证文件。临时凭证文件用于存放已经输入但尚未记账的所有凭证,其中的凭证因为还不是正式的会计档案,所以不管是否经过审核都是可以直接修改甚至删除的,但是一经记账,凭证就被转储到永久凭证文件中并从临时凭证文件中删除。永久性凭证文件存放的是正式的会计档案,不能直接修改或删除,有错误只能用红字冲销凭证或差额凭证去更正。永久性凭证文件不仅是日记账和明细账的数据源,而且也是汇总文件的数据源。将凭证先后存到两个文件的优点是严格区分正式和非正式会计档案,便于对数据的操作和流程控制。当然临时凭证文件和永久凭证文件的结构是完全相同的。下面就以临时凭证文件为例来说明凭证文件的结构。

　　1. 设计临时凭证文件的作用

　　顾名思义,临时凭证文件是临时存储未记账的所有记账凭证,记录在一定时间内所发生的各项经济业务的文件。临时凭证文件应该反映账务处理所需要的全部内容,不仅包括记账凭证本身要求的内容,如记账日期、凭证号、摘要、会计科目、金额等,还要包括计算机在进行数据处理时所需要的各种标识,以及反映各种数据记录内部控制方面的内容。一旦记账,凭证就从临时凭证文件转移到历史凭证文件,所以任何一张凭证都不可能永远在此文件中存储。

2. 文件结构设计方案

如表2-6所示。

表2-6　临时凭证文件数据结构

序号	字段名称	备注
1	凭证类型	如收款凭证、付款凭证、转账凭证
2	凭证号	要求连续编号
3	日期	
4	摘要	通常凭证每行都有一个摘要
5	科目编码	
6	借贷标志	"借"或"贷"
7	金额	
8	附件	所附原始凭证的张数,此项可以选用
9	录入	录入人员
10	审核	审核人员
11	记账	记账人员

上述文件结构列示的项目是基本字段,如果临时凭证文件需要保存更多的信息,如保存支票号/结算单据号、外币金额、汇率、数量、单价、部门、项目、往来单位等辅助核算信息,则需要增加字段,使凭证文件最大限度保存会计核算和管理所需的信息。

3. 文件的组织方式

一般来说,临时凭证文件既可一年一个文件,也可一个月一个文件。如果采用一年一个文件的存储策略,那么该年所有记账凭证均存于一个临时凭证文件中。如果采用一个月一个文件的存储策略,那么各月的未记账凭证分别存于该月的临时凭证文件中。这样临时凭证文件一年有12个。记账凭证是按照经济业务发生的时间顺序产生的,因此,临时凭证文件的组织方式为顺序文件。

第四节　总账系统的初始设置

总账系统是一个通用性较强的系统,为了使其能够在各行各业应用,设计时应重点考虑各单位会计核算和财务管理的一般特性。而具体到每个企业的会计核算和财务管理工作是有其个性特征和要求的。因此,企业在进行账务处理之前,首先要根据本单位的业务属性进行具体设置,即将企业个性化特征的信息保存在相应的数据文件中,从而将一个通用的总账系统转化为满足某个企业实际需求的专用系统,这项设置工作称为初始设置,也称为初始化。因此,总账系统中专门提供初始设置模块,财会人员通过使用该模块为总账系统的运行准备必要的环境。一般来讲,初始设置模块主要包括设置账套、人员及权限设置、会计科目设置、录入期初余额、结算方式设置等。

值得一提的是,很多集成会计信息系统为了保证各个系统之间数据的一致性,实现系统之间的数据共享,将各种公共信息(科目、部门、职员、地区、客户、供应商、汇率等)的定义和设置放在一个专门的系统,即基础设置系统中。在所有系统使用之前,先对会计信息系统中使用的各种公共信息进行完整、全面的定义和设置,这样在总账使用时可以减少初始化内容。

一、设置账套

设置账套模块的功能是建立核算单位,即在系统中为本企业建立一套核算账套。总账系统中的核算账套实际上是相互关联的账务数据构成的数据文件。一个核算主体一般只有一个账套。具体设置账套时,根据系统提示对账套进行参数的定义。

账套参数主要包括账套号、账套名称、企业类型、行业性质、启用日期、记账本位币、会计分期、账套主管姓名、会计科目编码方案(即各级科目的编码位长、位数)、数据精度等。

(一)账套和账套号

核算单位是会计核算的主体,具有独立完整的账簿体系。在进行初始化工作时,一般由用户自行定义核算单位名称,以便在显示和打印账簿、报表时使用。一般财务软件允许同时保存 999 个账套,即可以同时为 999 个核算单位提供账务服务,相互独立、互不干涉。为了区分不同的账套,每个账套一般用一个 3 位数字的代码表示,如 001,101 等,称为账套号,它是账套的标识。账套号不能重复,每一个账套号与核算单位名称是相互对应的。

(二)行业性质

每个企业都属于一个特定的行业。不同行业都有一些特定的核算方式和不同的会计科目,一般系统为不同的行业预设一套科目(包括一级科目和主要的明细科目)和报表,这就要求在建立账套时指定自己所属的行业。目前许多财务软件都提供有多种行业供用户进行选择,例如工业企业、商品流通企业、旅游饮食服务企业、交通运输企业、民用航空运输企业、铁路运输企业、房地产开发企业、股份制企业、对外投资企业,等等。

(三)编码方案

为了便于对经济业务数据进行分级核算、统计和管理,系统提供对存货、往来核算单位、会计科目、外币核算等定义编码方案的功能。如果企业的存货较多且类别繁多,则应对存货进行分类管理;如果企业的往来单位较多,则应对往来单位进行分类管理;如果往来单位较少,存货种类较少,可以不进行分类。一旦选择进行分类,则在进行基础信息设置时,必须先设置分类,然后才能设置相应的档案。

会计科目编码方案是指会计科目代码分多少级以及各级代码的长度。显然,不同账套的编码方案可以不同,这就需要根据实际情况进行设置。目前大多财务软件只对科目代码的级数和总长度进行限制,企业在这个范围内可按照自己的分类需要确定编码方案,例如设置为4—2—2—2—2—2结构,即设6级科目,其中一级科目代码长度为4,二级至六级科目代码长度为2。必须注意,科目编码方案一经设定,在科目启用之后即不允许修改。其他的编码方案也是如此。

(四) 启用日期

账套启用日期是指由原会计信息系统转换为新会计信息系统的交接日期。即新设置的账套被启用的时间。启用日期确定了IT环境下业务和账务处理的起点,保证了账务数据的连续性。启用日期设定之后,一旦建账完成,则不允许修改,因此,启用日期的设置应谨慎。

(五) 会计分期

按照会计准则的要求,会计核算必须分会计期间进行。我国会计制度规定是以公历年度作为企业的会计年度,自然月份作为会计分期的。但有些国家则不同,它们的起止时间可能是议会开会的时间或宗教节日等,有的还按4周为一个会计期间来划分,甚至要求自定义会计期间。因此,在建立账套时必须按照实际需要选择会计期间的界定方式。如果会计期间界定方式选择错误,将会使企业日常业务无法正确处理。在目前的会计核算软件中,可以按照自然年度的自然月份划分会计期间,也可以将自然年度划分为12个以上或以下的会计期间,还可以根据需要自定义任意的会计期间。

二、人员及权限设置

在计算机会计信息系统中,需要给每个财会人员设置一定的权限,根据其岗位明确每个财会人员的权限和职责,避免与业务无关的人员或防止无权限的人员对系统进行非法操作,从而使会计信息系统能够在有效的控制下正常运行,严格执行内部控制制度,保证系统的安全性和会计信息的保密性。

人员及其权限设置模块的功能是实现对财会人员及其财务分工的设置和管理,并将人员及权限设置结果保存在相关文件中。在会计信息系统中,只有系统管理员才能设置人员,系统管理员可以设置所有人员的权限,而账套主管只能设置所辖账套人员的权限。

人员及权限管理包括定义角色、设置用户和设置功能权限等。角色是指在企业管理中拥有某一类职能的组织,这个角色组织可以是实际的部门,也可以是拥有同一类职能的人构成的虚拟组织。用户是指有权限登录系统,对应用系统进行操作的人员,即通常意义上的"操作员"。

为了适应企业精细化管理的需要。有的系统提供的权限管理功能也更加细化。共分为3个层次:功能级权限管理、数据级权限管理和金额级权限管理。功能级权限主要是指对应用系统各功能模块相关业务的操作权限。例如,赋予用户王明对001账套总账子系统中凭证处理模块的权限;若要设定王明只能录入某一种类别的凭证,则要进行数据级权限的设置;若要再进行权限细分,设置其只能录入某一金额限额以下的凭证,还要进行金额级权限的设置。

三、会计科目设置

财会人员可以根据会计核算和管理的需要,设置适合自身业务特点的会计科目体系。

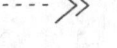

会计科目设置的功能是将企业会计核算中使用的科目逐一按要求描述给系统,并将科目设置的结果保存在科目文件中,实现对会计科目的管理。

会计科目设置应该包括以下功能模块:

(1)增加会计科目。该模块功能是增加一个新的会计科目,增加时要进行合法性和正确性检查,不允许有相同的科目编码出现,保证科目编码的唯一性。增加会计科目时必须从上级到下级科目逐级增加。

(2)删除会计科目。该模块的功能是删除不用的会计科目,删除时要进行合法性和正确性检查,即有发生额和余额的会计科目不能删除。另外,删除科目必须从下级到上级科目逐级删除。

(3)修改会计科目。该模块的功能是修改科目名称、辅助核算等内容。但科目编码一旦保存则不允许修改。

(4)指定会计科目。该模块的功能是指定出纳的专管科目。被指定为现金、银行总账科目的会计科目在出纳管理功能中才可以查询现金、银行日记账,进行银行对账,才能执行出纳签字,从而实现现金、银行存款管理的保密性。

四、录入期初余额

录入期初余额的功能是第一次使用总账系统时,将手工账簿各会计科目的余额输入计算机中,以保证手工账簿和计算机账簿内容的连续性和继承性,并将初始余额保存在汇总文件中。有两种装入初始余额的方法:一种方法是年初启用账套时,直接输入开始使用月份的月初余额;另一种方法是年中启用账套时,输入年初余额和1月至启用账套前各月的借方和贷方发生。期初余额的录入包括总账期初余额的录入和辅助账期初余额的录入,具有辅助核算属性的科目的期初余额必须在辅助账中按明细录入数据。同时,期初余额录完之后,用户还需要使用对账和试算平衡功能,对期初余额的正确性进行验证。平衡公式包括:

$$资产 = 负债 + 所有者权益$$
$$总账 = 下属明细科目之和$$
$$借方金额合计 = 贷方金额合计$$

期初余额试算不平衡则本期不能进行记账操作。

五、结算方式设置

结算方式是指在企业经营过程中使用的收款及付款结算。企业会计业务中与银行进行资金结算的业务需要经常进行对账。为了便于管理和提高银行自动对账的效率,系统为用户提供了设置与银行资金结算方式的功能。

结算方式设置的主要内容包括结算方式编码、结算方式名称(如支票、商业汇票、银行本票等)、票据管理标志等。票据管理标志是总账系统为辅助银行出纳对银行结算票据的管理而设置的功能,类似于手工系统中支票登记簿的管理方式。结算方式将在总账、应收、应付、采购和销售等系统中应用,启用总账、应收和应付等系统时必须进行设置。

**【应用实例】**

某企业背景资料如下:广州天河公司,一般纳税人,位于广州市天河区体育东路21号,总资产规模1亿多元,下设7个部门,员工1000余人,企业销售各种电子产品,年销售额超过2000万元,主要产品包括电路集成板、晶体板等数十种。因存货种类繁多,需要进行精细管理。企业客户、供应商较多,需要进行分类管理。客户按行业进行分类管理,供应商按供应的产品类别进行分类。同时有海外业务需要进行外币核算。根据企业经营特点,会计科目要达到4级才能满足企业会计核算需要。拟在2021年1月1日开始使用用友会计软件进行会计核算并启用总账子系统。

要求:根据企业提供的以上资料新建账套,设置账套参数并录入系统。

企业在用友软件上新建账套时可以进行如下设置:

账套号:001

账套名称(单位名称):广州天河公司

账套启用日期:2021年1月1日

会计期间:1月1日至12月31日

记账本位币:人民币

企业类型:商业

行业性质:2007年新会计制度科目

会计科目编码结构:4—2—2—2

客户分类编码级次:2—2—2

供应商分类编码级次:2—2—2

部门编码级次:1—2—2

结算方式编码级次:1—2

第五节 总账系统日常业务处理

总账系统的日常业务处理主要围绕着凭证管理来进行。凭证管理功能主要是完成对记账凭证的日常处理工作,可划分为凭证录入、凭证审核、凭证查询、凭证打印、凭证汇总、记账等功能模块。

一、凭证录入

凭证录入是总账系统中凭证处理下的一个重要模块,它的功能是向计算机系统输入凭证。会计凭证分为原始凭证和记账凭证两种,但多数会计软件一般不直接处理原始凭证。凭证录入功能为记账凭证录入提供一个仿真的操作环境,将记账凭证的格式显示在屏幕上,会计人员通过键盘输入一张记账凭证,凭证录入完成之后存盘时对凭证进行检查。如果检查凭证完整正确无误,则将凭证保存在临时凭证文件中;否则,拒绝保存,等待会计人员修改凭证。

在手工环境下,记账凭证有不同的分类,如收款凭证、付款凭证、转账凭证等,每类凭证具有不同的格式。在计算机环境下,不可能考虑所有凭证类型的凭证格式。目前总账子系统通常是允许财会人员根据需要设置凭证类型,但一般各种凭证均采用统一的凭证格式,图2-7是用友软件的记账凭证输入格式。

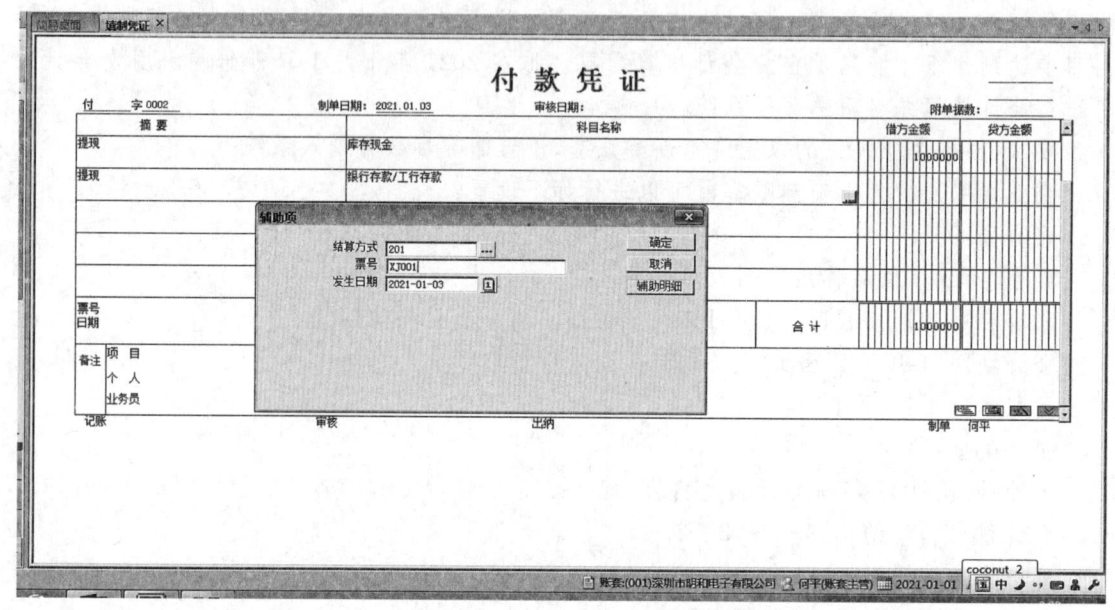

图 2-7　用友记账凭证输入界面

由于计算机数据处理的特点是"垃圾进,垃圾出",不正确和不完整的凭证输入计算机,必然会产生错误的和不完整的账簿和报表。《会计核算软件基本功能规范》对凭证输入有明确要求,其中主要在两个方面:一是要求输入的数据项目要完整;二要尽量使输入的数据准确无误。因此,凭证录入模块在录入过程中必须增加正确性检查措施,确保输入的凭证正确可靠,下面我们将讨论凭证录入时必要的控制机制设计。

(一)凭证字和凭证号

凭证字表示凭证类别,而凭证号是记账凭证的标识。若凭证类别为记账凭证,则不存在控制机制,若设为收款、付款和转账凭证,则要参照凭证类别限制条件进行控制。按会计制度的要求,不同类别的凭证每月分别从1开始连续编号,不能有重号、漏号。因此,当用户输入凭证字后,系统检查出该类最后一张凭证号,自动加1后生成当前凭证号。

(二)凭证日期

凭证日期用于标识经济业务发生的时间,凭证日期应该随凭证号递增而递增。其控制机制为:

(1)凭证日期必须为公历日期。

(2)凭证日期不能为已结账月份的日期。

(3)凭证日期不能超前于总账系统的启用日期。

（4）凭证日期不能在系统当前日期之后。

（三）会计科目

会计科目是经济业务分类的主要依据，凭证录入模块应提供对会计科目编码录入的一系列控制机制：

（1）存在性检查。即检查输入的会计科目编码是否在科目文件中存在，也就是输入的科目编码必须在初始设置时进行了定义，否则系统不予接受。

（2）符合性检查。即检查输入的会计科目与当前凭证类型是否相符。特定的凭证类型有时要求凭证中必须出现某些特定科目，如付款凭证中贷方科目必须出现"库存现金"或"银行存款"科目；收款凭证中，借方科目必须出现"库存现金"或"银行存款"科目。

（3）是否末级科目检查。即检查输入凭证中科目编码是否为最末级科目编码。在计算机条件下，科目是分级的。输入记账凭证时。只能输入最末级科目发生额，其上级科目的发生额由系统自动汇总得到。

（四）辅助核算设置

在会计科目设置时，为了满足辅助核算和管理的需要，必须给一些科目设置辅助核算属性，如"外币""数量""客户往来""供应商往来""个人往来""项目核算""部门核算"等。在凭证录入过程中，当输入了会计科目编码后，系统自动根据该科目辅助核算的属性动态链接相应的辅助核算的数据文件，提示并要求财会人员输入或者选择不同辅助核算和管理的数据。不同的辅助核算数据有不同的输入要求，有些辅助核算数据要求必须录入，否则系统不予接受，直至录入才允许保存，一般录入的内容大多为事先设置好的，会计人员只需要进行选择即可。当一张凭证录入完毕并保存时，该张凭证的基本信息和辅助核算信息都被保存在临时凭证文件中。

（五）金额

任何一张凭证都满足"有借必有贷，借贷必相等"的原则，因此，对每一张凭证存入临时凭证文件之前，系统都将自动进行借贷平衡检查，借贷金额不平的凭证系统将拒绝接受。另外还要求每一条分录中必须有借方金额或贷方金额，且金额不能为零。

二、凭证审核

尽管总账系统在凭证录入的过程中设计了大量的正确性检查机制，但一些人为的错误不可避免，如输入错误的科目代码、金额以及各种辅助信息等。这些计算机是检测不出来的，所以需要审核人员对所录入凭证的内容进行审核，其目的是保证凭证的真实性、合法性、正确性。凭证审核既可以逐张审核签字，也可以成批审核签字。但由于成批审核实质就是不审核，因此一般不建议成批审核。

（一）审核方法

具体的审核方法有两种：

（1）静态屏幕审核法。静态屏幕审核法是指审核员通过目测等方式对已输入的凭证在计算机屏幕上一一进行检查。若审核人员认为凭证错误或有异议，可单击"标错"按钮，显示"有错"标记，然后交给填制人员修改后，再复核；若审核人员认为没有错误，可选择"审核"命令,这样审核人员的姓名即被记在凭证上,表示已审核通过。这种方法受审核员熟练程度的影响较大,而且长时间目测会引起视力疲劳,效率比较低。

(2)二次输入校验法。二次输入校验法是将同一凭证输入两次,通过计算机比较两次输入的凭证是否相同,从而检查输入错误的一种审核方法。重复输入时输入人员最好由不同的操作员担任。采用这种方法查错效率较高,但输入花费时间较多。

(二)对审核的控制

(1)凭证一经审核,就不能直接修改、删除,只有取消审核后才可以。

(2)无论是审核签字还是取消审核,审核人和制单人不能是同一个人。

(3)取消审核只能由审核人自己完成。

(4)作废的凭证不能被审核。

三、凭证记账

(一)计算机记账的含义

在手工环境下,记账也称为登账,是指将审核无误的记账凭证登记到相关账簿中去的过程。在 IT 环境下,记账指的是将临时凭证文件中已审核的凭证,自动更新不同的账务数据文件,得到账簿和报表所需的汇总信息和明细信息的过程。

在手工条件下,记账工作需要若干财会人员花费很多时间才能完成。在信息技术环境下,财会人员只要使用记账模块,记账工作便由计算机自动、准确、快速完成。记账工作可以在编制一张凭证后进行,也可以编制多张凭证后记一次账,可以一天记数次账,也可以多天记一次账。

(二)记账流程

记账流程不是一成不变的,它因设计者设计思路的不同而不尽相同。典型的记账流程一般是:

第一步,选择本次要记账的记账凭证的范围,检验记账凭证是否有不平衡情况。虽然在填制和审核凭证时对凭证的合法性和平衡性都做过检查,但为了防止病毒感染和非法操作发生,系统记账前再统一做此项工作,以确保系统正常运转。如果系统发现有借贷不平的凭证,检验完毕后会显示该凭证的凭证类型、凭证号及不平的金额。

第二步,保存记账前状态。当所有选择范围内的凭证检验通过后,计算机保存记账前的所有数据到硬盘备份目录,以防止由于断电或其他原因造成记账过程中断,如果万一遇到以上情况,系统可以自动恢复到记账前状态,然后重新记账。

第三步,开始记账。显示记账开始,在不同工作区打开"科目文件""临时凭证文件""历史凭证文件""汇总文件""企业银行账"等文件,从"临时凭证文件"中取出一条已审核的凭证记录,以该条记录中的科目编码为关键字,更新"汇总文件"中的"科目发生额",并逐级更新该科目的父科目的"发生额";更新企业银行账文件。如果有辅助核算和管理,同时更新"部门""个人""项目"等辅助核算信息,并将该记录追加到"历史凭证文件",同时将临时凭证文件中的该记录做记账标志,最后从"临时凭证文件"中删除有记账标志的所有记录。

第四步,关闭所有文件,结束记账过程。

（三）记账过程的控制

（1）期初余额试算不平衡不能记账。

（2）未审核的凭证不能记账。

（3）上月未结账，本月不能记账。

（4）本月已经记过账，则不能再输入、修改期初余额，也不能结转上年余额。

四、凭证修改

会计制度对错误凭证的修改提出了严格的要求，总账子系统中对不同状况的错误凭证有不同的修改方式。一般来讲，对错误凭证的修改可以采用有痕迹修改和无痕迹修改两种方法。

（一）无痕迹修改

所谓无痕迹修改，是指不留下曾经修改的线索和痕迹。总账子系统中，有两种状况下的错误凭证可以实现无痕迹修改：一是凭证输入后，还未审核或审核未通过的凭证；二是尽管已通过审核但还未记账的凭证。未通过审核的错误凭证，可以通过凭证录入模块直接修改；已经通过审核的凭证，首先在凭证审核模块中取消审核后，再通过凭证录入模块进行修改。

（二）有痕迹修改

所谓有痕迹修改，是指留下曾经修改的线索和痕迹。总账子系统是通过保留错误凭证和更正凭证的方式留下修改痕迹的。已经记账的凭证若有错误，会计制度要求对此类凭证的修改留下审计线索，即对已经记过账的错误凭证只允许采用"红字冲销法"或"补充登记法"进行修改。所谓红字冲销法，是在凭证录入模块中增加一张与错误凭证相同的"红字"凭证将错误凭证冲销，然后再录入一张正确的凭证进行修正。错误凭证和更正凭证两张凭证均需要审核、记账。

另外，很多会计软件提供有反记账功能，尽管不太符合会计制度，但是可以使账务处理更加灵活，要注意的是必须在严格控制下由账套主管执行。

五、出纳签字

对于涉及现金和银行存款科目的凭证，一般要经过出纳签字，以加强对货币资金的管理。出纳签字检查的主要内容是库存现金或银行存款科目的金额是否正确。是否要进行出纳签字，可根据企业的情况而定。如果需要进行出纳签字，需先设置"出纳凭证必须经由出纳签字"。同时，为了实现出纳签字功能，以及出纳查看现金、银行存款日记账，必须进行出纳的专管会计科目的指定。指定会计科目即指定出纳专管的会计科目，只有指定会计科目后，才能查询现金和银行存款日记账，才能执行出纳签字。

【应用实例】

2021年1月2日，天河公司发生以下2笔经济业务，会计人员对经济业务进行处理。

销售一部罗颂购买了200元的办公用品，以现金支付。（附原始单据一张）

销售二部宋佳收到北京希望学校转来一张转账支票，转账支票号 ZZR002，金额99 600元，用于偿还前欠货款。（附原始单据2张）

操作指南：

凭证录入人员登录进入用友 U8 总账子系统，操作日期 2021-01-02，执行"凭证"-"填制凭证"命令，进入"填制凭证"窗口。单击"增加"按钮，增加一张空白凭证。在凭证录入界面输入以下信息：凭证类型"付款凭证"，制单日期"2021/01/02"，附单据数"1"，摘要"购办公用品"借方科目"销售费用（6601）"，贷方科目"库存现金（1001）"，金额"200"。录入后单击"保存"按钮。

再增加一张空白凭证，在凭证录入界面输入以下信息：凭证类型"收款凭证"，制单日期"2021/01/02"，附单据数"2"，摘要"收到货款"借方科目"银行存款/工行存款（100201）"，贷方科目"应收账款（1122）"，金额"99600"。如果在会计科目设置时，应收账款科目设置了"客户往来"的辅助核算属性，那么在填制凭证过程中，输完客户往来科目"1122"，系统会弹出"辅助项"对话框，选择输入客户"希望学校"，业务员"宋佳"，票号"ZZR002"，发生日期"2021/01/12"，录入后单击"保存"按钮。

更换操作员，以审核员的身份登录总账子系统，操作日期 2021-01-02。执行"凭证"-"审核凭证"命令，打开"凭证审核"查询条件对话框。输入查询条件，选择"全部"凭证，月份"2021-01"，进入"凭证审核"的凭证列表窗口，双击要审核的凭证或单击"确定"按钮，进入"凭证审核"的审核凭证窗口。检查要审核的凭证，无误后，单击"审核"按钮，凭证底部的"审核"处自动签上审核人姓名。单击"下张"按钮，对其他凭证审核签字，最后单击"退出"按钮。审核过程当中要注意所有填制的凭证必须经过审核。审核人必须具有审核权。

记账员登录后，执行"凭证"-"记账"命令，进入"记账"窗口。第一步单击"全选"按钮，选择所有要记账的凭证，第二步显示记账报告，如果需要打印记账报告，可单击"打印"按钮，如果不打印记账报告，单击"下一步"按钮。第三步记账，单击"记账"按钮，打开"试算平衡表"对话框，单击"确认"按钮，系统开始登录有关的总账和明细账、辅助账。登记完后，弹出"记账完毕"信息提示对话框。

第六节 / 出 纳 管 理

出纳管理是会计核算和财务管理中最重要、最基本的工作之一。在总账子系统中，为了辅助出纳的工作，设置了相应的出纳管理功能，主要内容包括支票管理、银行对账等。

一、支票管理

在手工方式下，出纳员通常建立支票领用登记簿来登记支票领用和报销情况。在 IT 方式下，总账子系统为出纳提供了支票管理功能，以供其详细登记支票领用人、领用日期、支票金额、用途、是否报销等情况。

当发生领用支票业务时，出纳使用支票登记簿功能输入银行科目编码，便可在计算机上登记支票领用时间、领用部门、领用人、支票号等项目。

支票支出后，经办人持原始单据（发票）到财务部门报销，会计人员据此填制记账凭证。

当在系统中录入该凭证时,系统要求录入该支票的结算方式和支票号。填制凭证完成后,系统自动在支票登记簿中记录该支票的报销日期,该支票即为已报销。已报销的支票不能进行修改,可以取消报销标志后修改。已报销支票可成批删除。

二、银行对账

　　企业的大量经济业务要通过银行结算,银行对这些结算业务要进行记录。银行对账是指将银行记载的银行存款收付记录(银行对账单)和单位自己登记的银行日记账相互核对。银行与企业间由于记账时间不同或其他原因会形成一方已记录而另一方未记录的款项,这种一方已入账而另一方尚未入账的款项称为未达账项。产生未达账项的原因主要有两个:一个是票据传递时间上的延误,如银行收到款项后未及时通知单位,形成银收我未收未达账项;另一个是记录上的错误,如单位错把现金收款业务记到了银行存款日记账上,形成我收银未收未达账项。记录上的错误有可能是无意的错误,也可能是有意的资金挪用或贪污。银行对账的目的就是将单位银行账与银行对账单进行核对,从而找出未达账项和造成未达账项的原因,防止有意无意的资金差错,对于长期未对上账的未达账项应引起警惕。

(一)银行对账流程

　　IT 环境下的银行对账流程如图 2-8 所示。

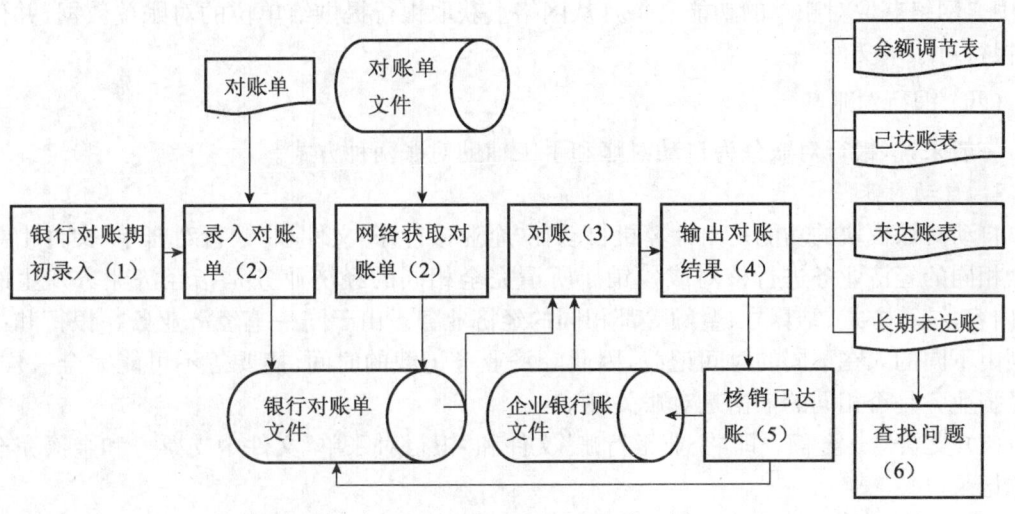

图 2-8　银行对账流程图

银行对账流程:

(1)进行银行对账期初录入。

(2)当企业接收到银行提供的对账单后,录入对账单,并保存在银行对账单文件中;当企业与银行联网时,企业通过网络获取银行对账单并直接保存在银行对账单文件中。

(3)计算机通过"对账"处理,自动将银行对账单文件和企业银行账文件中的记录进行核对。

(4)通过"输出对账结果",计算机自动输出"银行存款余额调节表""已达账表""未达账表"。

（5）当确认需要清除无用已达账项时，使用"核销已达账"处理。

（6）当发现异常的未达账项时，由相关问题处理人员和银行进行协商解决。

（二）银行对账期初录入

为了保证银行对账的正确性，在第一次使用银行对账功能进行对账时，必须先将单位银行账、银行对账单的未达账项录入系统中。有的单位在使用总账系统时，并不使用银行对账模块，也就是说在使用银行对账功能之前已经有账务数据产生，因此会计人员应录入启用银行对账之日企业方和银行方的银行存款调整前余额，以及启用日期之前的单位银行账和银行对账单的未达账项，等所有未达账项录入正确后，检查单位日记账和银行对账单的调整后余额是否相等。

（三）获取银行对账单

会计信息系统获取银行对账单的方法包括录入银行对账单、软盘获取对账单以及网络获取对账单。

录入银行对账单是指每月将银行给单位的对账单输入计算机，保存在"银行对账单文件"中。有些银行只能以书面的形式提供对账单，这时就需要单位录入银行对账单。随着银行电子化程度的提高，银行可以用软盘或通过计算机网络将对账单传给单位。软盘获取对账单是指每月从银行给单位的对账单软盘中获取数据并输入计算机，保存在"银行对账单文件"中。网络获取对账单的功能是每月从网络上获取银行提供给单位的对账单数据，并保存在"银行对账单文件"中。

（四）银行对账

一般来说，银行对账分为自动对账和手工辅助对账两种方式。

1. 自动对账

自动对账模块的功能是由计算机自动在"企业银行账"文件和"银行对账单"文件中寻找完全相同的经济业务进行核对或勾销。所谓完全相同的经济业务是指经济业务发生的时间、内容、结算方式、结算号、金额等都相同的经济业务。由于同一笔经济业务在银行和单位分别由不同的人在不同的时间记载，因此经济业务记载的时间、摘要等不可能完全一样，比较经济业务是否相同的依据是对账关键字：

（1）支票号＋金额。即"企业银行账"文件和"银行对账单"文件中支票号和金额完全相同的记录。

（2）结算方式＋结算号＋金额。即"企业银行账"文件和"银行对账单"文件中结算方式、结算号和金额都相同的记录。

要注意的是，为了保证自动对账的正确和彻底，单位和银行必须保证对账数据处理的规范化，"企业银行账"文件和"银行对账单"文件的结算方式、结算号记录要口径统一，否则系统将无法识别。

2. 手工辅助对账

手工辅助对账模块是对自动对账模块的补充，对于自动对账后不符合自动对账依据而没有勾销的已达账，由财会人员从"企业银行账"文件和"银行对账单"文件中挑选出来，根据自身判断在对账屏幕上进行手工勾销，即输入两清标记。手工辅助对账多适用于一对多、多对一、多对多以及一方或者双方记录有误、不规范的情况。为了保证对账的彻底、正确，可以用手工辅助对账模块来进行调整。

（五）输出对账结果与核销已达账

输出对账结果模块的功能是输出"企业未达账项""银行未达账项""已达账项""余额调节表"和"长期未达账"等。输出"余额调节表"是把"企业银行账"文件和"银行对账单"文件中没有核对上的经济业务整理出来，形成"银行存款余额调节表"。输出"长期未达账"是输出至截止日期时间超过一定天数的未达账项，以便企业分析长期未达原因，避免资金损失。核销已达账用于将核对正确并确认无误的已达账从"企业银行账"文件和"银行对账单"文件中删除，只保留未达账。如果银行对账不平衡时，则不要使用此功能，否则将造成以后对账错误。本功能不影响银行日记账的查询和打印。

【应用实例】

天河公司出纳在填制完有关银行存款的记账凭证之后，想要由系统在支票登记簿上自动进行登记，但是系统只是保存记账凭证，却没有自动弹出支票登记的界面，请分析这是什么原因造成的？如何解决？

需要注意的是，计算机方式下使用支票登记簿功能需要进行以下设置：一是在设置银行存款会计科目时设置银行账辅助核算；二是在总账系统的凭证选项中选中"支票登记"的功能；三是在相关的结算方式设置中选中"票据管理"标志。天河公司的出纳可以在以上三个方面查找原因，若没有进行相关设置的，需要补上，补上后系统则可以弹出支票登记的界面。

第七节　期末业务处理

期末业务处理即月末或者年末会计业务处理，是指会计人员在每个会计期末必须完成的一些特定会计处理工作。期末处理主要包括期末自动转账、对账与结账。

手工会计工作中，由于期末会计业务种类复杂，工作量大，会计人员的工作非常繁忙。随着信息技术的应用，转账和结账业务有了质的变化，从人工转账、结账转变为计算机自动转账和结账。这样不仅减轻了会计人员的工作量，而且可以加强会计核算的准确性和规范性。

一、期末自动转账

期末转账分为外部转账和内部转账。外部转账是指将其他业务核算子系统生成的记账凭证转入总账子系统中；内部转账是指在总账子系统内部，把某个或某几个会计科目的余额或者本期发生额结转到另一个或多个会计科目中去。我们这里主要讨论的是内部转账。期末转账业务几乎是所有企业在月底结账之前都要进行的固定业务，并且每月都要重复进行，具有较强的规律性，容易形成有规律的处理方法。因此在 IT 环境下，可以将这些固定的业务预先定义好模板，让计算机依据模板中定义的账户结转关系进行自动处理，生成记账凭证。

（一）期末转账的特点及种类

一般来说，期末转账业务主要有如下一些特点：

（1）大多在各会计期末进行。

（2）期末转账业务大多只有会计人员自己编制的会计凭证，不同于一般业务，没有具体反映该业务的原始凭证。

（3）期末转账业务中转账模板各科目的数据大多是从账簿文件中提取而产生的，为了保证转账数据的完整和正确，在调用转账凭证模板生成转账凭证之前必须先将本月的所有凭证登记并记账。

（4）由于有些期末转账业务必须依据另一些期末转账业务产生的数据，因此期末转账业务的次序有先后之分。

企业期末转账业务的种类主要有：

（1）"费用分配"的结转，如工资分配等。

（2）"费用分摊"的结转，如制造费用的分摊等。

（3）"税金计算"的结转，如计提所得税等。

（4）"提取各项费用"的结转，如提取福利费等。

（5）"年终收入、费用"的结转，如收入转利润等。

由于期末转账业务要求财会人员编制大量凭证，而且有些凭证非常复杂，常常出现一借多贷或者一贷多借的凭证。例如管理费用结转利润的凭证就可能出现借一笔贷多笔的复杂凭证，不仅增加了会计人员的工作量，而且影响凭证的正确性和期末转账的效率。因此，通过自动转账可以有效解决以上问题。

（二）期末自动转账的基本过程

1. 自动转账定义

期末转账业务每月固定地有规律地重复出现，因此编制的转账凭证中摘要、借方和贷方科目相同，只有凭证中的金额每月有可能不等，但是金额的来源或计算方法是基本不变的。我们可以将这些固定不变的内容在自动转账模板中进行定义，并将定义好的转账分录保存在自动转账模板文件中。

2. 自动转账生成

自动转账生成是指计算机根据自动转账模板文件中的自动转账分录模板，按照定义的公式从汇总文件和其他相关文件中提取数据并计算出数值，自动生成一张记账凭证（机制凭证），并保存在临时凭证文件中的过程。

需要注意的是，期末的摊、提、结转业务具有严格的先后处理顺序，必须按顺序依次进行转账生成、审核、记账。结转顺序如果发生错误，即使所有的转账凭证模板设置都正确，转账凭证中的数据也有可能是错误的，所以在定义转账模板时必须按顺序进行，生成时也自然地依定义好的顺序生成，这样可以避免发生错误。例如期间损益结转和计提所得税两笔业务，所得税是本年利润的期末值乘以税率得出的，所以必须先计算出本年利润的值，才能得出所得税的值，也就是说，必须先自动生成损益结转凭证，审核、记账后才可生成计提本月所得税的凭证。

编制期末转账业务凭证的工作由计算机自动完成后，大大提高了期末转账工作的效率，保证了凭证的正确性和规范性。

二、对账

对账是对各个账户的数据进行检验,以检查对应账户是否正确。

实现会计信息化后,所有日记账、明细账、总账数据都来自同一数据源,记账工作也由计算机自动处理完成,一般来说,总账和明细账、日记账不会出现差错和不一致的情况。主要是总账和辅助账,如果录入期初余额时或者填制凭证时辅助账操作错误,可能会造成总账与辅助账不平的情况。同时,为了避免病毒破坏数据文件,保证账账相符,许多软件的总账系统都提供了对账功能,用户应经常使用本功能进行对账,至少一个月一次,一般可在月末结账前进行。对账的内容主要是各类账簿与凭证记录的核对,总账与明细账、总账与辅助账的核对。

三、结账

结账是指本期账务工作的结束。在信息技术环境下,结账工作由计算机自动完成,结账变为自动结账。自动结账流程一般为:

(1)保存结账前状态。在结账前一般由系统自动对数据文件进行备份。一旦结账过程因断电或者其他原因中断,系统可以自动恢复到结账前状态。

(2)对结账条件进行必要的检查。检查本月凭证是否全部记账;月末各科目的摊、提、结转工作是否完成;检查上月是否已结账;若与其他子系统联合使用,检查其他子系统是否已结账。

(3)开始结账。检查正确则计算机开始结账,计算本月各账户发生额合计,计算本月各账户期末余额并结转为下月月初余额。如果是结12月份的账(称为年结),则必须产生下年度的空白账簿文件,并结转年度余额。

(4)结账结束,做结账标志。结账每月只能使用一次。本月结账后不允许再输入本月的记账凭证。

为了使账务处理更加灵活方便,许多软件提供了反结账的功能,如果结账以后发现结账前的错误,可以进行反结账。但反结账必须在严格控制下使用。

在手工条件下,必须结完上月的账才能记下月的账。但在计算机条件下,可以在上月未结账的情况下,输入下一个月的凭证,甚至在去年12月的账未结的情况下输入今年的记账凭证,这就是采用计算机后特有的"跨月记账"。

【应用实例】

天河公司会计人员2021年1月末进行期末处理,采用月结的方式需要将本月的本年利润结转至未分配利润,请利用用友软件ERP-U8的期末自动转账功能进行相关业务处理。

业务处理过程:

天河公司相关会计人员登录总账系统。

执行"期末"-"转账定义"-"对应结转",进行对应结转模板的设置。模板编号为"1",摘要为"结转未分配利润",转出科目为"本年利润"(4103),转入科目为"利润分配——未分配利润"(410406),由于是全额结转,所以结转系数为"1"即100%,设置完毕后保存转账定义模板,如图 2-9 所示。

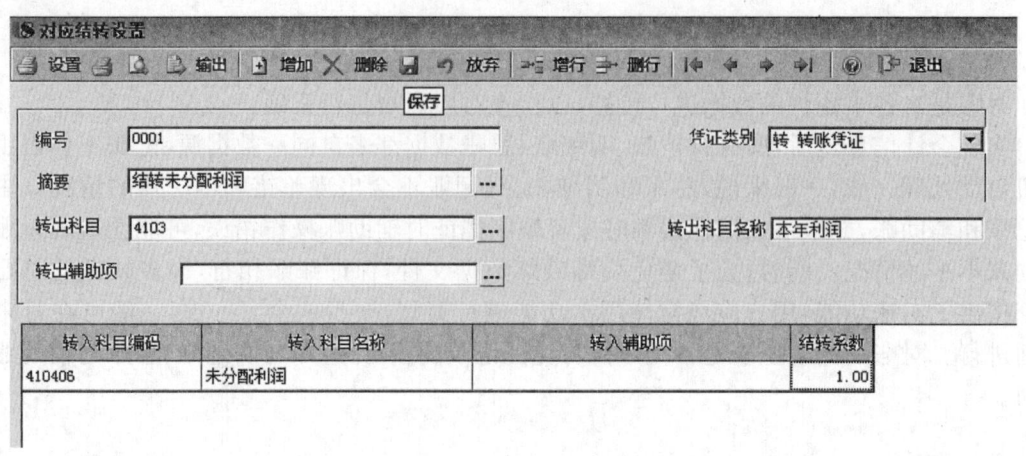

图 2-9　对应结转设置

将 1 月份所有的记账凭证进行记账,记账处理后才能进行转账生成的操作。执行"期末"-"转账生成"-"对应结转",选中编号为"1"的模板,系统将自动生成相关的转账凭证,如图 2-10 所示。检查是否正确后进行保存,并更换操作员将该凭证进行审核。

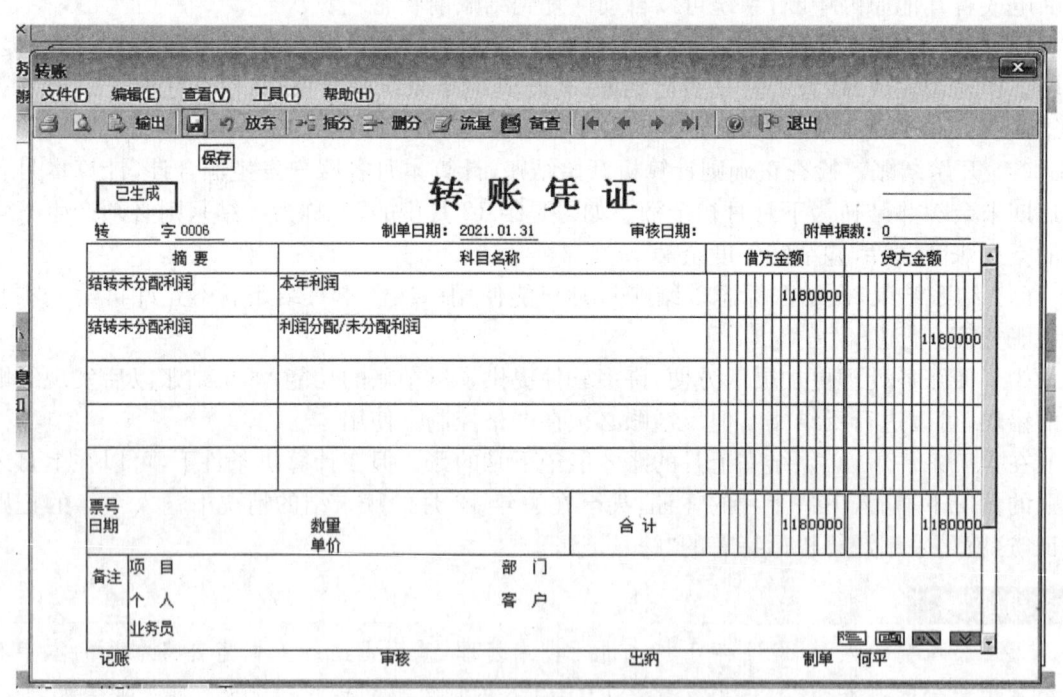

图 2-10　对应结转自动生成凭证

四、账表输出

在 IT 环境下,会计信息系统将手工加工账簿和编制报表的流程删除,取而代之的是计算机自动输出账簿和内部会计报表。

输出方式主要包括打印输出、磁介质输出、查询输出、网络输出等。网络输出可以根据会计信息使用者的要求将账簿和会计报告通过网络,实时传递到计算机终端上。任何有查询权限的投资者、债权人、管理者,都可以在其权限范围内实时获取账簿和报表信息。

账表输出模块可以提供总账、科目余额表、明细账、日记账以及辅助账等多种账表查询和打印功能。查询账簿是会计日常工作中一个重要内容。

(一)普通会计核算账簿输出

普通会计核算账簿输出包括总账、余额表、明细账、日记账的查询及打印。

总账的查询。总账查询可以查询各总账科目的期初余额,各月发生额合计和月末余额。在查询过程中,可灵活运用查询界面提供的工具进行明细账、凭证、总账联查,快速切换各窗口。

余额表的查询。余额表用于查询统计各级科目的本期发生额、累计发生额和余额等。传统的总账,是以总账科目分页设账,而余额表则可以输出某月或某几个月的所有总账科目或明细科目的期初余额、本期发生额、累计发生额和期末余额。实行计算机记账后,可以用余额表代替总账。

明细账的查询。明细账查询用于查询各账户的明细发生情况,以及按任意条件组合查询明细账。

日记账的查询。日记账查询用于查询库存现金和银行存款日记账。

(二)各种辅助核算账簿输出

辅助核算账簿包括客户往来、供应商往来、个人往来、部门核算和项目核算账簿的余额、明细账查询,以及账龄分析和项目统计表的查询输出。

第八节 / 辅助核算与管理

总账子系统除了提供会计核算所需的基本功能模块,还在不断完善和发展。目前许多总账子系统提供了辅助核算与管理功能。其目的是强化会计的管理职能,为管理提供更多的信息。辅助核算可以对科目结构起到较好的优化作用,并大量减少科目数量,同时能对各种应收账款、应付账款、收入和费用起到细化管理的作用。下面我们对往来辅助核算和项目辅助核算进行讨论。

一、往来辅助核算与管理

(一)往来核算与管理的意义

往来核算与管理包括个人往来核算和单位(包括客户和供应商)往来核算与管理。个人往来是指企业与单位内部职工发生的往来业务,单位往来是指企业与外单位发生的各种债权债务业务。

在实际业务中对于这些往来单位的管理,手工条件下采用的方法一般是在科目设置中

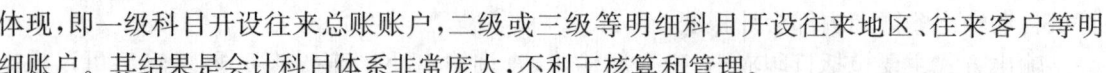

体现,即一级科目开设往来总账账户,二级或三级等明细科目开设往来地区、往来客户等明细账户。其结果是会计科目体系非常庞大,不利于核算和管理。

在计算机会计信息系统中,往来业务量较少或无须进行进一步核算与管理的往来科目可采用这种方式。对于往来业务客户比较多,往来核算与管理要求高的单位来说,采用手工的方法,将往来核算与管理在会计科目中体现,并不能发挥计算机的优势,也无法达到所需的管理效果。

(二)往来核算与管理的主要功能

往来核算与管理的主要功能包括建立往来单位档案,设置期初未达往来账、往来查询、往来核销、账龄分析、打印催款通知单等。

建立往来单位档案。即输入往来客户的档案,包括往来单位编号、名称、所属地区、电话、地址、邮政编码、开户银行和账号、税号、信用状况、联系人等,并保存在往来单位档案文件中。定义了这些信息就可以为以后的详细核算和管理所用。

设置往来单位期初未达账。即将往来单位档案中的单位期初未达往来账项逐一输入系统,确保手工与计算机系统往来账的连续性。

往来查询。往来查询是指从屏幕或打印机中输出各种往来核算与管理的账表,主要包括往来余额表、往来明细账等。

往来核销。往来核销是指自动或手工勾销"两清"往来账。并且清理往来账。核销方法主要有逐笔核销、全额核销和手工核销。逐笔核销是计算机自动找出客户编码完全相同、发生额相等、借贷方向相反的业务(即一对一业务),自动勾销两条记录,并做"勾销"标志。全额核销是计算机自动找出客户编码完全相同、借贷发生额合计相等的若干条记录(即一对多或多对一的业务),并做"勾销"标志。手工核销是根据财会人员输入的客户编码。计算机自动找出该客户的全部往来业务,财会人员根据自己的判断逐笔进行核销,并做"勾销"标志。对于往来金额相同但缺少往来单位代码或由于其他原因计算机不能自动核销的业务,可以使用手工核销完成部分核销工作,实现对自动勾销功能的补充和修改。

账龄分析。账龄分析是根据财会人员输入的往来科目、时间期限,计算机自动输出某一往来科目下所有客户各个账龄期间内往来款项的分布情况表,即账龄分析表。通过账龄分析表,财会人员可以分析往来款的资金占用情况,及时催收或支付款项。此外,该模块还提供打印催款通知单的功能,辅助财会人员对未达往来款项的催款管理。

(三)实现往来核算与管理的基市步骤

在会计科目设置时,将具体往来单位从科目体系中剥离出来,将剩下的科目辅助核算设置为"往来"。

将具体往来单位从科目体系中剥离出来后,通过"基础档案设置"模块,录入往来单位档案,保存在往来单位档案文件中进行统一管理。

在录入期初余额时,将往来单位档案中的单位期初未达往来账项逐一输入系统。

在录入记账凭证时,遇到辅助核算为"往来核算"的科目时,系统将自动从往来单位档案文件中提取往来单位供财会人员选择,并将录入的往来业务数据保存在临时凭证文件中。

定期进行往来核销。

当需要查询、输出各种往来核算和管理信息时,可以通过往来查询、账龄分析来完成。

二、项目核算与管理

（一）项目核算与管理的意义

在实际业务中,单位经常需要核算某些项目(这里的"项目"是一个抽象和宽泛的概念,可以将课题、工程项目、产品、合同订单等看成是项目)的成本、费用、往来情况以及收入等。传统的方法是按具体的项目开设明细账进行核算,其结果是增加了明细科目的级次,造成科目数量多,科目体系庞大,同时给会计核算与管理信息的提供带来极大困难。另外,会计年度是从 1 月 1 日至 12 月 31 日,按照会计科目对项目进行核算只能按会计年度进行,但很多工程项目、投资项目的项目期间是跨年度的,企业对项目的核算和管理希望反映项目在整个工期的财务状况,而传统会计核算无法满足其需求。在总账子系统中,借助计算机快速处理数据的特点,通过项目核算与管理功能不仅可以方便地对成本费用和收入按项目核算,而且为这些成本费用及收入情况的管理提供了快速、方便的辅助手段。

（二）项目核算与管理的主要功能

1. 项目定义

（1）定义项目大类。定义项目大类的功能是将单位项目划分为若干类,并将项目类号、项目大类名称输入计算机中。例如,某单位有两类项目:一类为科研项目,另一类为建筑工程项目,其项目大类定义可以如表 2-7 所示。

表 2-7　定义项目大类

项目类号	项目大类名称
KYXM	科研项目
JZGC	建筑工程

如果有需要,在定义完项目大类后,还可以定义项目分类,对某一个项目大类进行更加明细的分类。

（2）定义具体项目。定义具体项目是在定义了项目大类(或项目分类)后,定义每一项目大类(或项目分类)下有哪些具体项目,即建立各个具体项目的档案,包括项目代码、项目名称、开始日期、完工日期、项目性质、项目负责人等,并将结果保存在项目文件中。

（3）选定项目辅助核算科目。在该项目大类下选定相关的辅助核算科目。

2. 录入项目期初数与计划数

录入项目期初数与计划数是将每一项目的期初余额和计划数输入计算机。由于项目期初余额与计划数是与科目和项目相关的,所以录入时应逐个进行,即先录入一个科目下所有项目的期初余额和计划数,再录入下一个科目所有项目的期初余额和计划数。

3. 项目账表输出

输出的主要内容包括:

（1）项目总账。项目总账是反映项目对应各个科目的各期发生额和余额的账簿。

（2）某科目的项目明细账。反映某科目下各项目的明细数据。

（3）某项目的明细账。某具体项目对应各个科目下的明细数据。

（4）项目统计表。项目统计表是反映各个项目在各个对应科目下的期初余额、借贷方发生额及期末余额的汇总报表。通过此汇总报表可为管理者提供各项目的进展情况及各项目的开支情况,以便于对项目的管理和控制。

(5)项目执行计划报告。项目执行计划报告是各项目的实际执行情况与计划数的对比报表,它可以为管理者提供各项目计划的执行情况。

(三)实现项目核算与管理的基本步骤

在会计科目设置时将需要进行项目核算与管理的科目(如费用、成本、收入等)的辅助核算定义为"项目"。

将具体项目从科目体系中剥离出来,在项目定义中定义项目。

在期初余额录入中,录入项目期初数。

在凭证录入时,当科目辅助核算为"项目"时,系统将要求财会人员录入或选择项目代码。

记账后,查询各种项目核算与管理所需的账表。

【应用实例】

广州天河公司是一家电子产品生产和销售企业,生产的产品包括十几个类别,产品行销全国各地,全部往来客户多达几千户。采用传统的会计科目体系设置往来账科目,如"应收账款""应付账款""预收账款""预付账款"等,按不同的往来单位或个人设置明细科目:

1122	应收账款
112201	应收销售款
11220101	应收电路集成板款
1122010101	海珠区光明电器公司
1122010102	天津富裕电子设备厂
1122010103	天河联发计算机公司
…	
11220102	应收晶体板款
1122010201	……
1122010202	……

采用传统的科目设置方式不仅使得科目级次增加,科目数量多,体系庞大,而且要随着往来单位的变化经常对科目进行调整。另外,账簿中反映的已结清的往来账款和未结清的往来账款混杂在一起,不便于对往来账进行分析和查询。

为了更方便地管理往来账,该企业利用用友财务软件中的往来核算和管理模块很好地解决了以上问题。天河公司改进后的往来科目体系如表2-8所示。

表2-8 天河公司往来科目编码体系

科目编码	科目名称	辅助核算
1122	应收账款	往来核算
112201	应收销售款	往来核算
11220101	应收电路集成板款	往来核算
11220102	应收晶体板款	往来核算
…	…	往来核算

使用往来核算和管理的结果是：科目级次缩短；科目数量大大减少；同时避免了由于往来单位的变化而造成的对科目的频繁修改；往来单位的应收应付账款清晰明了；可以方便地对往来账进行各种统计分析；可以自动打印账龄分析和催款单等。

【关键术语】

账务处理　IT环境下账务处理流程　总账系统基本功能　初始设置　凭证管理　出纳管理　期末处理　会计科目编码设计　立体科目　数据文件　科目文件　汇总文件　凭证文件　账套　账套参数　辅助核算与管理　计算机记账　期末自动转账

【问题思考】

1. 请简述凭证保存后、审核后、记账后以及结账后的修改方法。
2. 如何保证输入的记账凭证的正确性？

【实训案例一】

天河公司下属某研究所是一家科研单位，拥有20多个处、所、公司，研究的课题数量多。在传统核算方式下，科目设置方法如下：一级科目为"在研课题费用"；二级科目分为"横向"和"纵向"；三级科目为各处、所名称；四级科目为课题号；五级科目则是劳务费、原材料费、差旅费、设备购置费、专用业务费、院所管理费等12个栏目。第五级科目的重复率最高。如果将这种科目设置方式照搬到计算机上，则课题越多，科目越庞大，该单位仅"在研课题费用"科目下属的明细科目已达1 000多个。这样在计算机上填制有关课题业务的凭证速度非常慢，同时也不利于各明细费用的统计。

为更好地核算每个课题项目，研究所采用了用友软件的项目管理模块，使用项目核算和管理来核算课题的成本费用和收入情况，它以项目为中心进行核算管理，不但便于操作，而且速度快，账表可任意选择格式，并可以得到各种项目统计分析表，使得课题的收入与支出一目了然。

要求：

(1) 列出传统会计科目体系，然后将项目从科目体系中剥离出来，重新建立新的会计科目体系。

(2) 根据所学知识，结合具体软件的学习体会，设计出项目核算和管理的具体步骤。

(3) 给出项目总账、明细账示例。

【实训案例二】

在手工环境下，天河公司的成本核算科目体系为：

　生产成本

　　基本生产成本

　　车间

　　　产品

直接材料

直接人工

......

辅助生产成本

车间

产品

直接材料

直接人工

......

请运用立体化科目设计方法,结合会计软件提供的辅助核算功能进行科目的设置,使科目体系更简洁。

习题·实训·案例

姓名 _____
学号 _____
分数 _____

扫二维码获得更多
本章习题及案例

一、练习题

(一) 单选题

1. 从信息系统的视角看,账务处理工作是由会计信息系统的子系统( )子系统完成的。
   A. 报表处理　　B. 账务处理　　C. 财务处理　　D. 财务核算

2. 账务处理子系统也称( )子系统。
   A. 总账　　B. 记账　　C. 财务处理　　D. 财务核算

3. 在会计信息系统中处于核心地位的是( )子系统。
   A. 报表处理　　B. 账务处理　　C. 财务处理　　D. 成本核算

4. ( )是将编码的每一位或几位赋予一定的含义进行编号的一种方法。
   A. 分组码　　B. 位数编码　　C. 顺序码　　D. 混合编码

5. 在IT环境下,总账子系统把每个会计科目的代码、余额、发生额汇总数独立出来,存放在同一文件中,称为( )。
   A. 科目文件　　B. 凭证文件　　C. 汇总文件　　D. 总账文件

6. 记账模块的功能是根据临时凭证文件中( ),自动更新账务数据文件,得到账簿和报表所需的汇总信息和明细信息。
   A. 已审核的凭证　　　　　　　B. 未审核的凭证
   C. 有未记账标志的凭证　　　　D. 无未记账标志的凭证

7. 凭证一经审核,就不能修改、删除,只有( )后才可以修改或删除。
   A. 审核人员再审核　　　　　　B. 审核人员取消审核
   C. 财务主管签字　　　　　　　D. 凭证录入人员签字

8. 明细记账科目检查是指检查记账凭证中科目代码是否为底级科目代码或最末级明细科目。在计算机条件下,科目是分级的。输入记账凭证时,只能输入( )。
   A. 一级科目　　　　　　　　　B. 二级科目
   C. 总账科目　　　　　　　　　D. 最末级明细科目

9. 在设计账务处理系统的科目设置时,应该考虑有发生额或余额的科目是( )。
   A. 能修改科目代码和金额　　　B. 不能修改,能删除
   C. 不能修改和删除　　　　　　D. 能删除

10. 在设计凭证录入模块时,要使凭证的编号遵守( )的规则。
    A. 从小到大,可重号　　　　　B. 从小到大,可跳号
    C. 从小到大连续编号　　　　　D. 随机给定

11. 设计账务处理系统中的记账程序时,应该将( )的凭证记账。
    A. 已审核　　B. 未审核　　C. 存入硬盘　　D. 无错误

12. 某工业企业的会计科目编码规则是4222,则代码为50010302的会计科目为(　　)。

    A. 成本类,三级　　　　　　　　　　　B. 损益类,四级

    C. 损益类,三级　　　　　　　　　　　D. 成本类,四级

13. 凭证输入后保存在(　　)。

    A. 临时凭证文件　　　　　　　　　　B. 历史凭证文件

    C. 科目文件　　　　　　　　　　　　D. 汇总文件

14. 期初余额试算不平衡,将(　　)。

    A. 不能填制凭证　　　　　　　　　　B. 不能记账

    C. 不能审核凭证　　　　　　　　　　D. 不能修改期初余额

15. 在会计软件系统中,设置会计科目是在(　　)功能中实现的。

    A. 软件的安装　　　　　　　　　　　B. 初始化

    C. 填制凭证　　　　　　　　　　　　D. 日常处理

16. 某单位部门编码规则为112,其设置的一个部门编码为20101,这是正确的吗?(　　)。

    A. 正确　　　　　　B. 不正确　　　　　　C. 都可以

17. 关于账套设置的叙述中,正确的是(　　)。

    A. 不同账套的参数设置是相同的

    B. 一个会计软件只管理一套账

    C. 一个会计软件可管理多套账,一般一个会计核算单位只有一套账

    D. 对账套的设置没有限制

18. (　　)能执行取消记账功能。

    A. 记账员　　　　B. 系统管理员　　　　C. 账套主管　　　　　D. 任何用户

19. 汇总文件主要用来存放(　　)的年初数、累计借方发生额、累计贷方发生额以及每个月的借贷方发生额等数据的文件。

    A. 所有科目　　　　B. 总账科目　　　　C. 明细科目　　　　D. 特殊科目

20. 在往来核算和管理中,全额核销模块的功能是指计算机自动找出(　　)并且借贷发生额合计相等的(一对多或多对一业务)若干条记录,并做"勾销"标志。

    A. 日期完全相同　　　　　　　　　　B. 客户名称完全相同

    C. 客户编码完全相同　　　　　　　　D. 客户经济业务完全相同

21. 具有财务分工权限的是(　　)。

    A. 电算维护员　　　　　　　　　　　B. 账套主管

    C. 软件操作员　　　　　　　　　　　D. 审核记账员

22. 具有账套备份权限的是(　　)。

    A. 系统维护员　　　　　　　　　　　B. 系统管理员

    C. 系统操作员　　　　　　　　　　　D. 账套主管

(二) 多选题

1. 总账系统的基本功能是通过(　　),实现对企业经营活动的核算和控制,保证会计信息的真实、准确和有效。

    A. 采集数据　　　　　　　　　　　　B. 加工数据

C. 存储数据   D. 报告财务信息

E. 记账

2. IT环境下的账务处理流程不应该也不可能完全模拟手工会计的账务处理,两者在很多关键环节有很大的不同,包括(　　　)。

A. 对账方式不同   B. 数据处理的起点与终点不同

C. 数据处理方式不同   D. 数据存储方式不同

E. 账簿存储体系不同   F. 会计资料的查询统计方式不同

3. 在利用计算机进行会计数据处理时,采用会计科目编码具有必要性,这是因为会计科目编码(　　　)。

A. 有利于发挥计算机处理的优势   B. 便于反映会计科目间的逻辑关系

C. 保证会计科目的唯一性   D. 便于计算机处理和分类

E. 节省存储空间   F. 提高处理速度

4. 会计科目编码设计的基本原则有(　　　)。

A. 规范性   B. 唯一性   C. 简短性   D. 扩展性

E. 一致性

5. 总账子系统初始设置内容包括(　　　)。

A. 设置账套   B. 会计科目设置

C. 财务分工   D. 凭证类型设置

E. 录入期初余额   F. 录入记账凭证

6. 账套参数主要包括(　　　)。

A. 账套号和账套名称   B. 设置会计科目

C. 行业性质   D. 会计分期

E. 账套主管

7. 初始余额装入的功能是第一次使用总账系统时,将手工账簿各会计科目的余额输入到计算机中,以保证手工账簿和计算机账簿内容的连续性和继承性,并将初始余额保存在汇总文件中。一般装入初始余额的方法有(　　　)。

A. 输入若干年的年初余额

B. 直接输入开始使用月份的月初余额

C. 输入本年初余额和1月至启用账套前各月的借方和贷方发生额

D. 输入若干年的发生额

E. 输入总账的初始余额

8. 在所有余额装完之后,应该由计算机自动进行(　　　)试算平衡,只有平衡后,才能表示所装余额基本正确无误。

A. 借方发生额之和=贷方发生额之和

B. 资产=负债+所有者权益

C. 总账科目=下属明细科目之和

D. 期初借方余额之和=期初贷方余额之和

E. 每一笔借贷平衡

9. 凭证类型设置的功能是实现对凭证类型的管理,财会人员可以根据需要设置适合自身业务特点的凭证类型,可设置的凭证类型有(　　)。

A. 收款、付款、转账三类凭证

B. 现收、现付、银收、银付、转账五类凭证

C. 一种凭证类型

D. 不设置凭证类型

E. 顺序凭证类型

10. 获取银行对账单模块应该包括的功能有(　　)。

A. 录入银行对账单　　　　　　　B. 从软盘获取对账单

C. 从硬盘数据库获取对账单　　　D. 从网络获取对账单

E. 向出纳要对账单

11. 在手工条件下记账工作需要若干个财会人员花费很多时间才能完成。在计算机条件下,财会人员只要使用记账模块,记账工作便可以自动、准确、高速地完成。记账工作可以在(　　),也可以(　　),既可以(　　),也可以(　　)。

A. 编制一张凭证后记账　　　　　B. 编制一天的凭证后记一次账

C. 一天记数次账　　　　　　　　D. 多天记一次账

E. 将所有凭证记账

12. 科目文件一般包括会计科目代码、(　　)等字段或属性。

A. 科目名称　　B. 科目类型　　　C. 科目性质　　　D. 科目长度

E. 上级科目

13. 一般来说,账务处理子系统至少应划分出以下几个功能模块:(　　)和系统服务模块等。

A. 初始化模块　　　　　　　　　B. 凭证处理模块

C. 记账结账模块　　　　　　　　D. 账表输出模块

E. 往来账模块

14. 凭证审核模块应该提供(　　)方法。

A. 静态屏幕审核　　　　　　　　B. 二次输入校验

C. 人工审核　　　　　　　　　　D. 机器审核

E. 快速审核

15. 自动对账模块的功能是由计算机自动在"企业银行账"文件和"银行对账单"文件中寻找完全相同的经济业务进行核对或勾销。比较经济业务是否相同的依据是(　　)。

A. 支票号+摘要。即"企业银行账"文件和"银行对账单"文件中支票号和摘要完全相同的记录

B. 支票号+金额。即"企业银行账"文件和"银行对账单"文件中支票号和金额完全相同的记录

C. 结算方式+结算号+金额。即"企业银行账"文件和"银行对账单"文件中结算方式、结算号和金额都相同的记录

D. 金额完全相同的记录。即"企业银行账"文件和"银行对账单"文件中金额完全相同的记录

E. 时间+结算号+金额。即"企业银行账"文件和"银行对账单"文件中时间、结算号和

金额都相同的记录

16. 下列科目中,适合设置为往来辅助核算的科目有(　　　)。

    A. 应付账款　　　B. 应收账款　　　C. 其他应收款　　　D. 预收账款

    E. 应收票据

(三) 判断题

1. 任何财会人员都可以使用人员权限设置模块为每个人员设置操作权限。　　　(　　)

2. 会计数据备份模块的功能是将存储在计算机硬盘上的数据复制到光盘等其他磁性存储介质上,以保证在硬盘上的数据发生故障时,能够及时从软盘上恢复正确的数据。　(　　)

3. 会计数据引入模块的功能是将光盘等磁性存储介质上的会计数据恢复到硬盘上,它与数据备份是一个相反的过程。　　　(　　)

4. 会计科目一经使用,就不能再增设下级科目,只能增加同级科目。　　　(　　)

5. 在账务处理系统中,审核人和制单人可以是同一个人。　　　(　　)

6. 取消审核只能由审核人自己完成。　　　(　　)

7. 一张凭证中可填写的行数是没有限制的,可以是简单分录,也可以是复合分录,但每一张凭证应该只记录一笔经济业务。　　　(　　)

8. 银行对账是会计主管的基本工作。　　　(　　)

9. 机制凭证不用审核和记账。　　　(　　)

10. 第一次使用银行对账功能时,系统要求录入企业日记账和银行对账单期初未达账项。

    (　　)

11. 作废凭证就是删除凭证。　　　(　　)

12. 人员权限设置模块对大企业有用,对小企业没有用。　　　(　　)

13. 无论是工业企业还是商业企业,科目代码都可以根据企业的需要自行设置。　(　　)

14. 当会计科目的余额或发生额不为零时,不能对此会计科目的属性进行修改。　(　　)

15. 凭证类型一旦定义并使用,除在每年年初可以调整外,在年中也可以变动。　(　　)

16. 计算机账务处理系统中,每个会计科目均需用不同的科目代码表示。　　(　　)

17. 在计算机账务系统中,由于计算机记账,总账余额、发生额与下属的明细账余额、发生额不会像手工因计算错误发生不一致的现象。　　　(　　)

(四) 简答题

1. 计算机账务处理系统与手工账务系统有何不同之处?

2. 总账系统的基本功能是什么?

3. 科目编码方法有哪些?请简述会计科目编码设计的意义。

4. 什么是账套?账套参数包括哪些内容?

5. 在总账系统中,为什么要进行初始化设置?初始化设置的含义是什么?请说明初始化设置的基本内容有哪些?

6. 在凭证录入模块中为什么要有正确性检查措施?凭证录入模块应该包含哪些正确性检查措施?

7. 什么是计算机记账?请简述计算机记账的流程。

8. 什么是期末自动转账？期末自动转账有什么特点？

9. 论述辅助核算的意义。

二、业务实训

(一) 业务实训一　系统管理和基础设置

1. 实训目的

使学生能够掌握财务软件中系统管理和基础设置的基本内容,理解系统管理在整个会计信息系统中的作用以及基础设置的重要性。

2. 实训资料

建立新账套

(1) 账套信息。账套号:按学生学号的后三位作账套号;账套名称:河南明华机械有限公司;采用默认账套路径;启用会计期:2021年12月01日。

(2) 单位信息。单位名称:河南明华机械有限公司;单位简称:明华公司;单位地址:郑州市新城区中山大街888号;法人代表:林达;邮政编码:012345;联系电话及传真:66668888;税号:150108880888088。

(3) 核算类型。该企业的记账本位币为人民币(RMB);企业类型为工业;行业性质为新会计制度科目;账套主管为王杰;选中"按行业性质预设科目"复选框。

(4) 基础信息。需要对存货、客户、供应商进行分类,且企业有外币核算业务。

(5) 分类编码方案。本企业的分类方案是:

科目编码级次:4222

客户分类编码级次:223

供应商分类编码级次:223

部门编码级次:122

地区分类编码级次:12

结算方式编码级次:12

(6) 数据精度。本企业对存货数量、单价小数位定位为2。

(7) 系统启用。总账、工资管理、固定资产管理。启用日期为2021年12月01日。

财务分工

(1) 01 王杰——账套主管。职责:主要负责建立财务软件运行的环境,以及各项初始设置工作;负责财务软件的日常运行管理工作,监督并保证系统的有效、安全、正常运行;负责总账系统的凭证审核、记账、账簿查询、月末结账工作;负责报表管理及财务分析工作。

权限:具有系统所有模块的全部权限。

(2) 02 张丽——软件操作员。职责:负责现金、银行账管理工作。权限:具有总账系统的查询凭证、查询总账、出纳签字权、现金、银行存款日记账和资金日报表的查询及打印权、支票登记权以及银行对账操作权限。

(3) 03 李红——软件操作员。职责:负责总账系统的凭证管理工作以及客户往来和供应商往来管理工作。权限:具有总账系统的填制凭证、凭证管理、查询凭证、自动转账定义、执行自动转账等操作权限;具有工资、固定资产的全部操作权限。

设置基础档案

(1) 部门档案的设置,如表2-9所示。

表2-9 部门档案表

部门编码	部门名称	部门属性	部门编码	部门名称	部门属性
1	综合部	管理部门	202	二车间	基本生产
101	办公室	管理	203	三车间	辅助生产
102	财务科	财务	204	四车间	辅助生产
103	运输队	后勤	3	医务室	福利
104	库房	库房	4	销售部	销售
105	供应科	供应	401	销售一科	销售
2	生产部	生产	402	销售二科	销售
201	一车间	基本生产			

(2) 人员类别的设置如下所示:

101:管理人员

102:生产人员

103:福利人员

104:销售人员

(3) 设置职员档案,如表2-10所示。

表2-10 职员档案表

职员编号	职员名称	人员类别	所属部门	职员属性
1101	黎 明	管理人员	办公室	总经理
1102	王 杰	管理人员	财务科	会计主管
1103	张 丽	管理人员	财务科	出纳
1104	李 红	管理人员	财务科	会计
1105	刘 梦	管理人员	供应科	部门经理
2201	张 仪	生产人员	一车间	生产人员
2202	王国庆	生产人员	二车间	生产人员
2203	刘 海	生产人员	三车间	生产人员
2204	邢 军	生产人员	四车间	生产人员
3301	沈 宏	福利人员	医务室	福利人员
4401	赵 飞	销售人员	销售一科	部门经理
4402	李婧婧	销售人员	销售二科	经营人员

（4）设置地区分类，如表 2-11 所示。

表 2-11　地区分类表

地区分类	分类名称
1	区内
2	区外

（5）设置客户分类，如表 2-12 所示。

表 2-12　客户分类表

分类编码	分类名称
01	工业企业
0101	重工业企业
0102	轻工业企业
02	商业企业
0201	零售商业企业
0202	整批商业企业
03	其他客户

（6）设置客户档案，如表 2-13 所示。

表 2-13　客户档案表

客户编号	客户名称	客户简称	分类	税号	开户行	账号	地区分类
001	包头轴承厂	包轴	0101	700812943100782	工行青山支行	360001234	1
002	武汉钢窗厂	武钢	0102	710233511415054	工行江汉支行	30312345	2
003	蒙西水泥	蒙西	0102	510233511415054	工行乌海支行	8030124	1
004	深圳电器公司	深电	0202	378560076162781	中行深圳支行	367-8100	2
005	北京宏福	宏福	03	110233511410054	工行朝阳支行	23012345	2
006	天津宝津公司	宝津	03	210233225689123	工行塘沽支行	02012345	2

（7）设置客户分类，如表 2-14 所示。

表 2-14　供应商分类表

分类编码	分类名称
01	工业企业
0101	重工业企业
0102	轻工业企业
02	商业企业
0201	零售商业企业
0202	整批商业企业
03	其他客户

（8）设置供应商档案，如表 2-15 所示。

表 2-15 供应商档案表

编号	名称	简称	分类	税号	开户行	账号	地区分类
001	沈阳铝金厂	沈铝	0101	11022553341504	工行京昌支行	86730123	2
002	包头百货商场	包百	0201	33625785532100	工行青山支行	77999000	1
003	洛阳轴承厂	洛轴	0102	70081294310078	工行洛阳支行	360001234	2
004	沈阳胜利厂	沈阳胜利	0102	01023351141505	中行四会支行	030112345	2
005	北京强劲木器厂	北京强劲	0102	10000022222333	工行劲松分理处	66778888	2
006	准格尔煤炭公司	准煤	0202	33465588866670	工行准格尔支行	336644575	1
007	北京市华丰电子器件厂	北京华丰	03	23569633235236	建行丰台支行	12336936	2
008	北京市劳动服务公司	北京劳服	03	33663362323222	工行西城支行	32356321	2
009	北京海淀文化批发市场	海淀批发	0202	11000223334455	工行海淀支行	77999000	2
010	北京工具厂	北京工具	03	11000223335544	工行朝阳支行	333888	2

（9）设置结算方式，如表 2-16 所示。

表 2-16 结算方式表

编码	结算方式	票据管理标志
1	现金	
2	支票	✓
201	现金支票	✓
202	转账支票	✓

（10）设置付款条件，如表 2-17 所示。

表 2-17 付款条件表

编码	信用天数	优惠天数 1	优惠率 1	优惠天数 2	优惠率 2	优惠天数 3	优惠率 3
01	30	5	2				
02	60	5	4	15	2	30	1
03	90	5	4	20	2	45	1

（11）设置开户银行，如表 2-18 所示。

表 2-18 开户银行表

编号	户名	账号
01	工商银行郑州支行新城区分理处	83254879581

3. 实训要求

（1）增加操作员。

（2）建立账套。

（3）进行财务分工。

（4）基础设置。

（5）备份账套数据。

4. 课后思考题

（1）如何删除账套？

（2）如何修改账套？

（3）如何修改编码方案？

（二）业务实训二　总账系统初始化设置

1. 实训目的

掌握财务软件中总账系统初始化设置的相关内容，理解总账系统初始化设置的意义，掌握总账系统初始化设置的具体内容和操作方法。

2. 实训准备

引入业务实训一账套数据。

3. 实训资料

总账控制参数

总账控制参数的设置，如表 2-19 所示。

表 2-19　总账控制参数设置

选项卡	参　数　设　置
凭证	选择"支票控制""可以使用应收受控科目""可以使用应付受控科目"以及"权限"复选框，其他采用系统默认设置
其他	数量小数位和单位小数位设为 2 位
	部门、个人、项目按编码方式排序

基础数据

（1）凭证类别：记账凭证。

（2）外币设置：币符：USD；币名：美元；固定汇率：1∶6.375。

（3）2021 年 12 月份会计科目及期初余额，如表 2-20 所示。

表 2-20　会计科目及期初余额表

科目名称	辅助核算	方向	币种计量	累计借方发生额	累计贷方发生额	期初余额
现金(1001)	日记	借		12 000	18 860	3 400
银行存款(1002)		借		450 000	370 000	200 000
工行存款(100201)	银行日记	借		450 000	370 000	200 000
中行存款(100202)	银行日记	借	美元			(参见表附 A.14)
应收账款(1131)	客户往来	借		60 000	20 000	1 200 000
其他应收款(1133)	个人往来	借		4 000	5 000	5 000

科目名称	辅助核算	方向	币种计量	累计借方发生额	累计贷方发生额	期初余额
坏账准备(1141)		贷		300	600	800
预付账款(1151)	供应商往来					
物资采购(1201)		借			290 000	210 000
生产用物资采购(120101)	数量核算	借	吨		100 000	190 000
其他物资采购(120102)	数量核算	借	吨		190 000	20 000
原材料(1211)		借		290 000	514 700	150 000
生产用原材料(121101)	数量核算	借	吨	100 000	314 700	150 000
其他原材料(121102)	数量核算	借	吨	190 000	200 000	
包装物(1221)		借				1 000
材料成本差异(1232)		借		24 000		5 000
库存商品(1243)		借		140 000	160 000	10 000
待摊费用(1301)		借				600
报刊费(130101)		借				600
固定资产(1501)		借				1 300 000
累计折旧(1502)		贷		25 000	39 000	117 000
无形资产(1801)		借			58 500	58 500
短期借款(2101)		贷			200 000	200 000
应付账款(2121)	供应商往来	贷		150 000	60 000	183 700
预收账款(2131)	客户往来					
应付工资(2151)		贷		563 400		
应付福利费(2253)		贷			3 400	8 200
应交税费(2171)		贷		36 000	15 000	−16 800
应交增值税(217101)		贷		36 000	15 000	−16 800
进项税额(21710101)		贷				−33 800
销项税额(21710105)		贷		36 000	15 000	17 000
其他应付款(2181)		贷			2 100	2 100
长期应付款(2321)		贷				200 000
实收资本(3101)		贷				1 239 000
盈余公积(3121)		贷				17 400
法定盈余公积(312101)		贷				17 400
利润分配(3141)		贷		13 000	9 330	120 000
未分配利润(314115)		贷		13 000	9 330	120 000
生产成本(4101)		借		8 790	10 000	7 900

科目名称	辅助核算	方向	币种计量	累计借方发生额	累计贷方发生额	期初余额
直接材料(410101)	项目核算	借		4 500	5 900	3 000
直接人工(410102)	项目核算	借		890	900	400
制造费用(410103)	项目核算	借		3 000	3 000	1 500
折旧费(410104)	项目核算	借		400	200	3 000
制造费用(4105)		借				
工资及福利(410501)		借				
折旧费(410502)		借				
主营业务收入(5101)		贷		350 000	350 000	
其他业务收入(5102)		贷		250 000	250 000	
主营业务成本(5401)		借		300 000	300 000	
主营业务税金及附加(5402)		借		8 561	8 561	
其他业务支出(5405)		借		180 000	180 000	
营业费用(5501)		借		5 000	5 000	
管理费用(5502)		借				
工资(550201)	部门核算	借		8 540	8 540	
招待费 550202)	部门核算	借				
办公费(550203)	部门核算	借				
差旅费(550204)	部门核算	借				
福利费(550205)	部门核算	借				
折旧费(550206)	部门核算	借				
其他(550207)	部门核算	借				
财务费用(5503)		借				
利息支出(550301)		借				

注:数据参见表(13)。

(4) 辅助账期初余额,如表2-21所示。

表2-21 辅助账期初余额

会计科目:1131　　　　应收账款　　　　余额:借　　　　120 000元

日期	凭证号	客户	摘要	方向	金额	业务员	票号	票据日期
2021.11.20	记-102	武钢	销售产品	借	50 000	赵飞	P029	2021.11.20
2021.11.26	记-104	深电	销售产品	借	70 000	赵飞	J030	2021.11.26

会计科目:1133　　　　其他应收款　　　余额:借　　　5 000 元

日期	凭证号	部门	个人	摘要	方向	期初余额
2021.11.30	记-1	财务科	王杰	出差借款	借	5 000

会计科目:2121　　　　应付账款　　　余额:贷　　　183 700 元

日期	凭证号	客户	摘要	方向	金额	业务员	票号	票据日期
2021.11.19	记-8	包百	购买商品	贷	97 200	刘梦	P025	2021.11.19
2021.11.25	记-5	沈阳胜利	购买商品	贷	86 500	刘梦	J037	2021.11.25

会计科目:4101　　　　生产成本　　　余额:借　　　7 900 元

科目名称	XJ55 产品	XJ56 产品	合计
直接材料(410101)	2 000	1 000	300
直接人工(410102)	3 000	100	400
制造费用(410103)	1 000	500	1 500
折旧费(410104)	1 000	2 000	3 000
合计	4 300	3 600	7 900

项目目录

成本核算项目,如表 2-22 所示。

表 2-22　辅助账期初余额

项目设置步骤	设置内容
项目大类	成本核算
核算科目	直接材料(410101) 直接人工(410102) 制造费用(410103) 折旧费(410104)
项目分类	自制 委托
项目目录	101XJ55 产品 102XJ56 产品

4. 实训要求

(1) 总账系统参数设置。

(2) 基础档案设置。

(3) 会计科目、凭证类别、外币设置、项目目录等。

(4) 期初余额录入。

5. 课后思考题

如何录入和删除有辅助核算的会计科目的期初余额?

（三）业务实训三　总账系统日常业务处理

1. 实训目的

掌握总账系统日常业务处理的相关内容；熟悉总账系统的日常业务处理的各种操作；掌握凭证管理、出纳管理和账表管理的具体内容和操作方法。

2. 实训准备

引入业务实训二账套数据。

3. 实训资料

凭证管理

12 月经济业务如下：

（1）2 日，销售一科赵飞购买了 300 元的办公日用品，以现金支付。（附单据一张）

借：营业费用（5501）　　　　　　　　　　　　　　　　　　　　　　　　　300

贷：现金（1001）　　　　　　　　　　　　　　　　　　　　　　　　　　　300

（2）3 日，本地销售一科销售 xj55 产品，收到工行转账支票一张，金额为 234 000 元。（票号 ZZ001）

借：银行存款/工行存款（100201）　　　　　　　　　　　　　　　　　　234 000

贷：应交税费——应交增值税——销项税额（21710105）　　　　　　　　　34 000

主营业务收入（5101）　　　　　　　　　　　　　　　　　　　　　　200 000

（3）8 日，收到美利集团投资资金 10 000 美元，汇率 1:8.375。（转账支票号 ZW001）

借：银行存款/中行存款（100202）　　　　　　　　　　　　　　　　　　83 750

贷：实收资本（3101）　　　　　　　　　　　　　　　　　　　　　　　83 750

（4）10 日，供应科刘梦采购 XJ5501 配件 10 吨，每吨 5 000 元，材料直接入库，贷款以银行存款支付。（转账支票号 ZZR001）

借：原材料/生产用原材料（121101）　　　　　　　　　　　　　　　　　50 000

贷：银行存款/工行存款（100201）　　　　　　　　　　　　　　　　　50 000

（5）15 日，销售二科李婧婧收到深圳电器总公司转来一张转账支票，金额 70 000 元，用于偿还前欠贷款。（转账支票号 ZZR003）。

借：银行存款/工行存款（100201）　　　　　　　　　　　　　　　　　70 000

贷：应收账款（1131）　　　　　　　　　　　　　　　　　　　　　　　70 000

（6）17 日，办公室支付业务招待费 1 500 元（转账支票号 ZZR004）。

借：管理费用——招待费（550202）　　　　　　　　　　　　　　　　　1 500

贷：银行存款/工行存款（100201）　　　　　　　　　　　　　　　　　1 500

（7）22 日，财务科王杰出差归来，报销差旅费 4 800 元，交回现金 200 元。

借：管理费用/办公费（550203）　　　　　　　　　　　　　　　　　　　4 800

现金（1001）　　　　　　　　　　　　　　　　　　　　　　　　　　200

贷：其他应收款（1133）　　　　　　　　　　　　　　　　　　　　　　5 000

（8）26 日，生产部一车间领用原材料 5 吨，单价 1 000 元，用于生产 XJ55 产品。

借：生产成本/直接材料(410101) 　　　　　　5 000
　　贷：原材料/生产用原材料(121101) 　　　　　　5 000

出纳管理（支票登记簿）

销售一科赵飞借转账支票一张。票号1125,预计金额6 000元。

4. 实训要求

(1) 以"李红"的身份进行填制凭证,凭证查询操作。

(2) 以"张丽"的身份进行出纳签字,现金、银行存款日记账和资金日报表的查询,支票登记操作。

(3) 以"王杰"的身份进行审核、记账、账簿查询操作。

5. 课后思考题

(1) 请简述凭证保存后、审核后、记账后以及结账后的修改方法。

(2) 出纳签字无法执行,造成的原因可能有哪些?

(3) 如何实现主管签字功能?

(4) 如何实现凭证审核控制到操作员?

(四) 业务实训四　总账系统期末处理

1. 实训目的

使学生熟悉总账系统月末处理业务的各种操作,熟练掌握自动转账设置与生成、银行对账和月末结账的操作方法。

2. 实训准备

引入业务实训三账套数据。

3. 实训资料

银行对账

(1) 银行对账期初。该公司银行账的启用日期为2021.12.01,工行企业日记账调整前余额为200 000元,银行对账单调整前余额为240 000元,未达账项一笔,是银行已收企业未收款40 000元。

(2) 银行对账单的设置,如表2-23所示。

表2-23　12月份银行对账单

日期	结算方式	票号	借方金额	贷方金额
2021.12.03	202	ZZ001	234 000	
2021.12.06	202	ZZR003	70 000	
2021.12.10	202	ZZR001		50 000
2021.12.14	202	ZZR002		50 000

自动转账定义

(1) 计提城建税和教育费附加。

(2) 结转期间损益。

(3) 计提所得税。

(4) 结转所得税。

（5）计提公积金和公益金。

（6）结转本年利润。

（7）结转利润分配各明细科目。

4. 实验要求

（1）以"张丽"的身份进行银行对账操作。

（2）以"李红"的身份进行自动转账操作。

（3）以"王杰"的身份进行审核、记账、对账、结账操作。

5. 课后思考题

（1）银行对账时,企业银行账无法显示,是什么原因?

（2）如何删除银行和单位日记账已达账项?

（3）请使用自定义转账和生成功能计提坏账准备。

（4）如何设置数据权限和金额权限?并说明他们的作用。

（5）自动转账生成时,显示生成凭证金额为0,是什么原因?如何解决?

（五）业务实训五 系统管理和基础设置

1. 实训目的

掌握财务软件中系统管理和基础设置的基本内容。

2. 实训资料

（1）操作员及其权限,如表2-24所示。

表2-24 操作员及其权限

编号	姓名	口令	所属部门	角色	权限
701	李健	001	财务部	账套主管	账套主管的全部权限
702	王军	002	财务部	总账会计	总账、报表、工资、固定资产的全部权限
703	李强	003	财务部	出纳	总账管理系统中出纳签字（GL0203）及出纳（GL04）的所有权限

（2）账套信息。

账套号:700

单位名称:宏道股份有限公司

单位简称:宏道公司

单位地址:广州市天河区天河大街1号

法人代表:陈光明

邮政编码:510000

税号:100011010255689

启用会计期:2022年1月

企业类型:工业

行业性质:2007年新会计准则科目

账套主管:李健

基础信息:对客户进行分类

分类编码方案：

科目编码级次：4222

客户分类编码级次：123

部门编码级次：122

（3）部门档案，如表2-25所示。

表2-25　部门档案

部门编码	部门名称
1	综合部
2	财务部
3	市场部
301	采购部
302	销售部
4	加工车间

（4）职员档案，如表2-26所示。

表2-26　职员档案

职员编码	职员姓名	所属部门
1	张　宏	综合部
2	江　涛	综合部
3	李　健	财务部
4	王　军	财务部
5	宋　风	采购部
6	张　伟	销售部

（5）客户分类，如表2-27所示。

表2-27　客户分类

类别编码	类别名称
1	本地
2	外地

（6）客户档案，如表2-28所示。

表2-28　客户档案

客户编码	客户简称	所属分类
01	强盛公司	本地
02	同达公司	本地
03	忆力公司	外地
04	银飞公司	外地

(7) 供应商档案,如表 2-29 所示。

表 2-29　供应商档案

供应商编码	供应商简称	所属分类
01	力兴公司	00
02	光明公司	00

3. 实训要求

(1) 设置操作员。

(2) 建立账套(不进行系统启用的设置)。

(3) 设置操作员权限。

(4) 由"701"号操作员在"企业门户"中分别启用"总账管理""工资管理""固定资产管理""应收账款管理"及"应付款管理"系统,启用日期为 2022 年 1 月 1 日。

(5) 设置部门档案、职员档案、客户分类、客户档案、供应商档案。

(六) 业务实训六　总账管理系统

1. 实训目的

掌握总账子系统的基本内容。

2. 实训准备

已完成业务实训五,将系统日期修改为"2022 年 1 月 31 日",由 701 号操作员注册进入 700 账套"总账"。

3. 实训资料

700 账套总账管理系统的参数。

不允许修改、作废他人填制的凭证;可以使用应收受控科目;可以使用应付受控科目。

会计科目

(1) 增加会计科目,如表 2-30 所示。

表 2-30　会计科目表

科目编码	科目名称	辅助账类型
100201	工行存款	日记账 银行账
122101	职工借款	个人往来
660201	办公费	部门核算
660202	差旅费	部门核算
660203	工资	部门核算
660204	折旧费	部门核算
660205	其他	

(2) 修改会计科目。

"1122 应收账款"科目辅助账类型为"客户往来"(受控系统为应收管理系统);"2202 应付账款"科目辅助账类型为"供应商往来"(受控系统为应付管理系统);"1121 应收票据"科

目辅助账类型为"客户往来"(受控系统为应收管理系统);"2201 应付票据"科目辅助账类型管理为"供应商往来"(受控系统为应付管理系统);"1123 预付账款"科目辅助账类型为"供应商往来"(受控系统为应付管理系统);"1605 工程物资"科目辅助账类型为"项目核算"。

(3) 指定"1001 库存现金"为现金总账科目、"1002 银行存款"为银行总账科目。

凭证类别如表 2-31 所示。

表 2-31 凭证类别

类别凭证	限制类型	限制科目
收款凭证	借方必有	1001,1002
付款凭证	贷方必有	1001,1002
转账凭证	凭证必有	1001,1002

期初余额：

库存现金:14 000(借)

工行存款:196 000(借)

职工借款——宋风:10 000(借)

库存现金:60 000(借)

短期借款:60 000(贷)

实收资本:220 000(贷)

结算方式：

结算方式包括现金结算、现金支票结算、转账支票结算及商业承兑汇票结算。

项目目录：

项目大类为"一号工程"，核算科目为"工程物资"及明细科目，项目内容为"办公楼"和"商务楼"，其中"办公楼"包括"1 号楼"和"2 号楼"两项工程。

常用摘要如表 2-32 所示。

表 2-32 常用摘要

摘要编码	摘要内容
1	报销差旅费
2	提现金
3	业务借款

2022 年 1 月发生如下经济业务：

(1) 1 月 8 日,以现金支付办公费 800 元。

借：管理费用——办公费用(财务部)　　　　　　　　　　　800

　贷：库存现金　　　　　　　　　　　　　　　　　　　　800

(2) 1 月 8 日,以建行存款 3 300 元支付销售部修理费。

借：销售费用　　　　　　　　　　　　　　　　　　　　3 300

　贷：银行存款——建行存款(转账支票4455)　　　　　　　3 300

（3）1月12日，销售给强胜公司库存商品一批，货税款 70 200 元（货款 60 000 元，税款 10 200 元）尚未收到。

借：应收账款（强胜公司）   70 200

    贷：主营业务收入   60 000

      应交税费——增值税——销项税额   10 200

（4）1月22日，收到宋风偿还借款 8 000 元。

借：库存现金   8 000

    贷：其他应收款——职工借款（宋风）   8 000

常用凭证设置如下：

摘要：从工行提现金，凭证类别：付款凭证，科目编码：1001 和 100201

银行对账期初数据：

单位日记账余额为 195 000 元，银行对账单期初余额为 200 000 元，有银行已收而企业未收的未达账（2021 年 12 月 20 日）5 000 元。具体如表 2-33 所示。

表 2-33　2022 年 1 月的银行对账单

日期	结算方式	票号	借方金额	贷方金额	余额
2022.01.08	转账支票	1122		3 000	197 000
2022.01.22	转账支票	1234	6 000		203 000

期末转账的内容：

"应交税费——应交增值税——销项税额"贷方发生额转入"应交税费——未交增值税"；期间损益转入"本年利润"。

4. 实训要求

第一，总账系统初始化

（1）设置账套参数。

（2）设置会计科目。

（3）设置凭证类别。

（4）输入期初余额。

（5）设置结算方式。

（6）设置项目目录。

第二，总账日常业务处理

由 701 号操作员设置常用摘要并审核凭证；由 702 号操作员对除"设置常用摘要"、审核凭证和出纳签字意外的业务进行操作；由 703 号操作员进行出纳签字。

（1）填制凭证。

（2）审核凭证。

（3）出纳签字。

（4）修改第 2 号付款凭证的金额为 3 000 元。

（5）删除第 1 号收款凭证并整理断号。

（6）设置常用凭证。

(7) 记账。

(8) 查询已记账的第 1 号转账凭证。

第三,总账期末处理

(1) 银行对账。

(2) 定义转账分录。

(3) 生成机制凭证。

(4) 对账。

(5) 冲销第 1 号付款凭证。

三、案例题

(一) 案例一

1. 资料

天河公司下属某研究所是一家科研单位,拥有 20 多个处、所、公司,研究的课题数量多。在传统核算方式下,科目设置方法如下:一级科目为"在研课题费用";二级科目分为"横向"和"纵向";三级科目为各处、所名称;四级科目为课题号;五级科目则是劳务费、原材料费、差旅费、设备购置费、专用业务费、院所管理费等 12 个栏目。第五级科目的重复率最高。如果将这种科目设置方式照搬到计算机上,则课题越多,科目越庞大,该单位仅"在研课题费用"科目下属的明细科目已达 1 000 多个。这样在计算机上填制有关课题业务的凭证速度非常慢,同时也不利于各明细费用的统计。

为更好地核算每个课题项目,研究所采用了用友软件的项目管理模块,使用项目核算和管理来核算课题的成本费用和收入情况,它以项目为中心进行核算管理,不但便于操作,而且速度快,账表可以任意选择格式,并能得到各种项目统计分析表,使得课题的收入与支出一目了然。

要求:

(1) 列出传统会计科目体系,然后将项目从科目体系中剥离出来,重新建立新的会计科目体系。

(2) 根据所学知识,结合具体软件的学习体会,设计出项目核算和管理的具体步骤。

(3) 给出项目总账、明细账示例。

2. 解读提示

依据立体科目设计的原则,结合项目辅助核算,建立立体科目下的新会计科目体系。

(二) 案例二

1. 资料

在手工环境下,天河公司的成本核算科目体系为:

生产成本

　　基本生产成本

　　　　车间

　　　　　　产品

　　　　　　　　直接材料

　　　　　直接人工
　　　　……
　　　辅助生产成本
　　　　车间
　　　　　产品
　　　　　　直接材料
　　　　　　直接人工
　　　　……

　　请运用立体化科目设计方法,结合会计软件提供的辅助核算功能进行科目的设置,使科目体系更简洁。
　　2. 解读提示
　　依据立体科目设计的原则,结合项目辅助核算,建立立体科目下的新会计科目体系。

第三章
薪资管理系统

第一节／薪资会计核算及管理

一、职工薪酬的概念和内容

新企业会计准则将工资的概念扩展为职工薪酬,明确定义职工薪酬为企业获得职工提供的服务而给予各种形式的报酬以及其他相关支出。本书采用工资管理系统来核算职工薪酬。及时准确核算与管理职工薪酬既关系到职工的切身利益,也影响到企业人力资源的配置决策以及成本费用的核算与控制,所以工资管理系统是会计信息系统中开发与应用最普遍的一个子系统。

职工薪酬主要包括以下内容。

（一）职工工资、奖金、津贴和补贴

指按照国家统计局的规定构成工资总额的计时工资、计件工资、支付给职工的超额劳动报酬和增收节支的劳动报酬、为了补偿职工特殊或额外的劳动消耗和因其他特殊原因支付给职工的津贴,以及物价补贴等。

（二）职工福利费

指企业内设医务室、职工浴室、理发室、托儿所等集体福利机构与人员的工资、医务经费,职工因工负伤赴外地就医路费、职工生活困难补助,以及按照国家规定开支的其他职工福利支出。

（三）其他保险费

指企业按照国家规定的基准和比例计算,向社会保险经办机构缴纳的医疗保险金、基本养老保险金、失业保险金、工伤保险费和生育保险费,以及根据《企业年金试行办法》《企业年金基金管理试行办法》等相关规定,向有关单位缴纳的补充养老保险费。此外,以商业保险形式提供给职工的各种保险待遇也属于企业提供的职工薪酬。

（四）住房公积金

指企业按照国务院《住房公积金管理条例》规定的基准和比例计算,向住房公积金管理

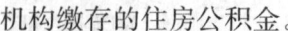

机构缴存的住房公积金。

（五）工会经费和职工教育经费

指企业为了改善职工文化生活，提高职工文化水平与业务素质，用于开展工会活动和职工教育及职业技能培训等相关支出。

（六）非货币性福利

指企业以自己生产的产品或外购商品发放给职工作为福利，企业提供自己拥有的资产给职工无偿使用。

（七）其他职工薪酬

如因解除与职工的劳动关系给予的补偿（辞退福利），是指企业在职工劳动合同尚未到期之前解除与职工的劳动关系，或者为鼓励职工自愿接受裁减而提出补偿建议的计划中给予职工的经济补偿，即国家财务报告准则中所指的辞退福利，其他与获得职工提供的服务相关的支出。如以现金结算的股份支付。

总之，从薪酬的涵盖时间和支付形式来看，职工薪酬包括企业在职工在职期间和离职后给予的所有货币性薪酬和非货币性福利；从薪酬的支付对象来看，职工薪酬包括提供给职工本人和其配偶、子女或其他被赡养人的福利，比如支付给因公伤亡职工的配偶、子女或其他被赡养人的抚恤金。

【知识链接】

职工薪酬准则所称的"职工"包括3层含义：一是与企业订立劳动合同的所有人员，含全职、兼职和临时职工；二是未与企业订立劳动合同、但由企业正式任命的人员，如董事会成员、监事会成员等；三是在企业的计划和控制下，虽未与企业订立劳动合同或未由其正式任命，但为其提供与职工类似服务的人员，也属于职工薪酬准则所称的职工。

二、薪资的核算与管理

（一）职工薪酬的原始记录

薪资核算的原始记录是进行薪酬核算和管理的重要依据，主要包括以下几个方面：

（1）提供标准薪酬的资料。企业通常使用薪酬单来记录职工的工资原始信息，以提供与工资相关的资料。薪酬由人事部门作相应记载。财会部门根据人事部门的薪酬记录发放工资。

（2）工作考勤记录。通常所见的考勤记录是考勤表，该表旨在反映职工出勤和缺勤的情况，一般根据每个职工的出勤情况登记，每月终了时将考勤表送交人事部门，据以计算出勤工资及病、伤、产假等工资，并最终确定职工的应发薪酬。

（3）产量工时记录。产量工时记录是登记工人或小组在出勤时间内完成多少件产品和每件产品耗用多少工时的原始记录。在成批生产类型的车间中，一般采用工作进程单和工作班产量记录结合使用的方法，全面提供核算工作所需要的资料。

（4）代扣款记录。企业在进行薪酬核算时，还需要处理有关养老保险金、医疗保险金、住房公积金等代扣业务，有关这些业务的记录也是薪酬业务处理的原始记录。这些记录一般由企业的各职能部门指定专人负责登记,由财务部门根据各项规章制度、奖惩条例来计算职工应得的各种薪酬。

(二)职工薪酬的核算方法

薪酬管理涉及薪酬的计算、汇总、发放和分摊。其中,各种工资数据从车间、人事、行政等部门收集,计算每人的应发工资、扣款合计和实发工资(实发工资＝应发工资－扣款合计),然后按部门汇总据以向银行提取现金发放工资,或直接通过银行发放工资。最后,企业还必须将发放的工资按照用途分配计入本月的生产成本,并以此为基数计提工会经费、职工教育经费、各类社会保险费和其他需要计提的费用,并编制相应的会计分录登记分类账。

(三)职工薪酬的会计核算

企业职工在各自不同的岗位上,从事着不同性质的工作,不同类型的职工薪酬支出体现为不同的成本、费用,需按受益的情况进行准确的分配。因此在处理薪酬时需要区分不同性质的职工,例如企业的行政管理人员、工厂专设销售机构的人员、生产车间的管理人员、生产车间的生产人员、固定资产工程建设人员等等,他们的工资分别需要分配到不同的成本费用项目上。此外,与职工薪酬密切相关的还有应付福利费、应付工会经费和职工教育经费,这些项目均需要按照职工薪酬总额的一定比例计提,分摊到相应的成本费用上,其中,应付福利费的比例为 14%,职工教育经费为 1.5%,工会经费为 2%。

薪酬的会计核算较为简单,主要涉及薪酬计提和分摊的核算,此外应付福利费、工会经费和职工教育经费也属于薪酬核算的内容。不同类型的企业薪酬业务不尽相同,对应的会计核算也有所区别。行政事业单位一般不需要分摊成本费用,工业企业的职工薪酬通过应付职工薪酬科目进行核算。根据需要可以设置工资、福利费、工会经费、职工教育经费、社会保险费、住房公积金、辞退补偿等二级科目。企业发放工资薪酬以及会计期末结算时应编制会计分录,其中主要有:

借:生产成本
　　制造费用
　　管理费用
　　销售费用
　　在建工程
　　贷:应付职工薪酬——工资

借:生产成本
　　制造费用
　　管理费用
　　销售费用
　　在建工程
　　贷:应付职工薪酬——福利费

借:制造费用
　　管理费用
　　销售费用

　　　贷：应付职工薪酬——工会经费
　　　　　应付职工薪酬——职工教育经费

　　借：制造费用
　　　管理费用
　　　销售费用
　　　贷：应付职工薪酬——社会保险费

　　借：制造费用
　　　管理费用
　　　销售费用
　　　贷：应付职工薪酬——住房公积金

　　借：应付职工薪酬——工资
　　　贷：银行存款
　　　　　应交税费——应交个人所得税
　　　　　其他应付款——个人养老保险、个人医疗保险等

　　借：应付职工薪酬——福利费（或工会经费、职工教育经费、社会保险费、住房公积金）
　　　贷：银行存款（或库存现金）

第二节 / 薪资管理系统概述

一、薪资管理系统概念

　　薪资管理系统是会计信息系统的一个组成部分，主要用于各类企业和行政事业单位进行薪资核算和管理的系统，能够帮助单位对工资的计算及汇总、个人所得税的计算、工资费用的分配等业务进行处理和记录，并且协助单位进行部分成本核算，该系统的主要功能为：工资类别管理，人员档案管理，代扣所得税处理，工资分摊、费用计提并生成相应凭证，工资数据管理，工资报表管理，期末处理及提供数据接口，与其他系统实现数据共享。

二、薪资管理系统特点

　　薪资数据的核算和管理是所有单位财会部门最基本的业务之一。由于它关系到职工的切身利益，因此薪资管理与核算及时性、准确性要求高。此外，工作除了重复性强，数据输出量较大。这决定了薪资管理系统具有如下特点。

（一）数据量大

　　在我国，大多数企业工资构成项目繁多，因此工资系统初始录入数据量大。其中职工姓名、编码、基本工资等每月固定不变的数据需要在系统中长期跨年保存。如果每月工资变动

的数据量比较大,在进行薪资业务处理时的数据修改、输入的工作量也大。但薪资处理具有很强的规律性和重复性,适合计算机处理。

(二)业务处理的时效性、准确性要求高

工资发放有确定的时间限制,工资问题与职工的利益紧密相关,一般企业发放工资都有规定日期,企业要在规定的期限内核发工资,因此,工资业务的处理时效性强,并且要保证数据处理准确。

(三)核算方法简单

工资业务的核算方法比较简单,初始工资信息输入后,每月进行工资业务处理时只要输入与职工有关的变动数据即可,工资管理系统有很强的规律性和重复性,便于计算机处理。

(四)薪酬结构变化大

薪酬中的工资结构各单位往往不同,而且同一个单位不同月份的工资结构也有变化,因此系统必须具有让用户定义工资结构的功能。

(五)工资核算方案多

有的单位需要分别对在职、退休、离休人员核算,有的单位需要分别对正式工、临时工核算工资,还有的单位需要每月多次发放薪酬等等,因此系统内应设置多种工资核算类别。

三、薪资管理系统与总账系统和其他子系统的关系

(一)薪资管理系统与总账系统

薪资管理系统与总账系统的数据关系是:在薪资管理系统中设置转账凭证模板,自动生成的机制凭证传送到总账系统中进行账务处理,薪资管理系统中工资费用分摊等数据自动生成转账凭证传递到总账系统。

(二)薪资管理系统与成市核算系统

薪资管理系统为成本核算系统提供核算所需工资分摊费用的数据。

(三)薪资管理系统与报表子系统

薪资管理系统与报表系统联用时,报表通过相应的取数函数从薪资管理系统中提取分析数据,编制用户需要的工资报表。

薪资管理系统与总账系统和其他子系统的关系如图3-1所示。

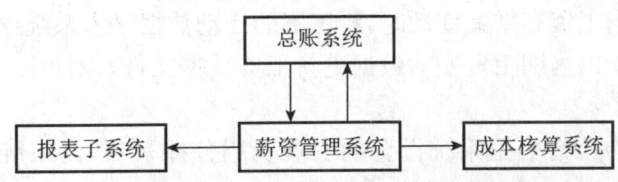

图 3-1 薪资管理系统与总账系统和其他子系统的关系

第三节／薪资管理系统业务处理流程

薪资管理系统的业务处理流程如图 3-2 所示。

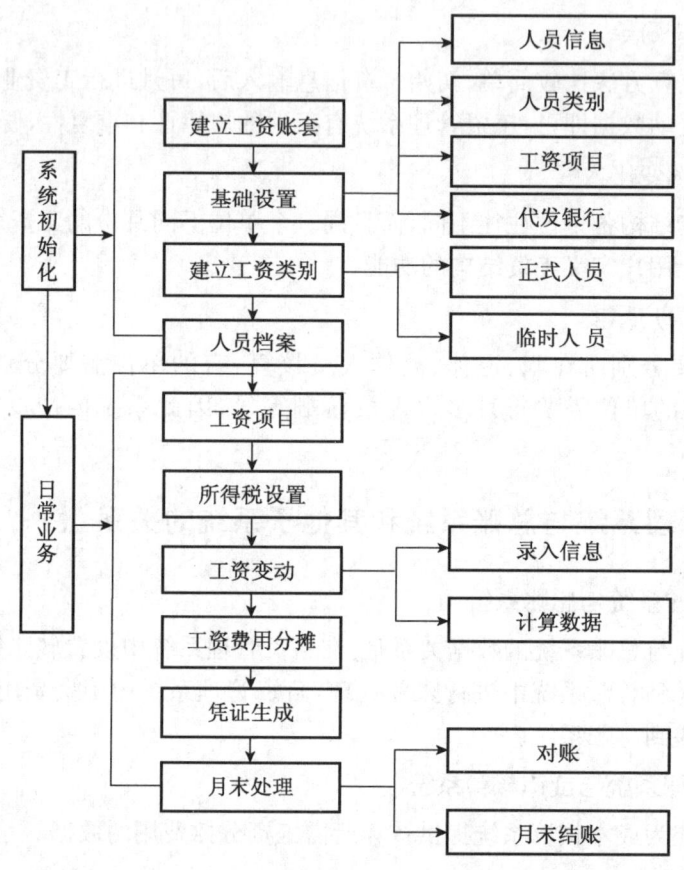

图 3-2 薪资管理系统的业务处理流程

薪资管理系统处理流程如下：

（1）初始化设置，将企业工资核算与管理的基本信息输入计算机系统。包括建立工资账套、人员类别设置、工资项目设置、人员档案录入等等。

（2）数据输入，当工资有增减变动时，将工资的变动数据录入系统。

（3）信息更新，指以当期工资变动数据更新工资数据文件，以使工资文件中的数据反映企业当前实际情况。

（4）工资费用分摊，指根据系统设置的工资费用分摊科目，由系统自动计算分摊工资费用。

（5）自动转账，指根据薪资系统各相关数据文件中的数据自动生成机制凭证，转入总账系统和成本子系统。

（6）信息输出，指显示或输出工资汇总表、个人所得税申报表等核算与管理信息。

第四节 薪资管理系统初始化

薪资管理系统初始化包括建立工资账套、基础信息设置和工资类别管理。

一、建立工资账套

单位可依据本企业工资核算特点，建立满足本单位核算所需要的薪资管理系统，包括参数设置、扣税设置、扣零设置、人员编码，如图3-3所示。

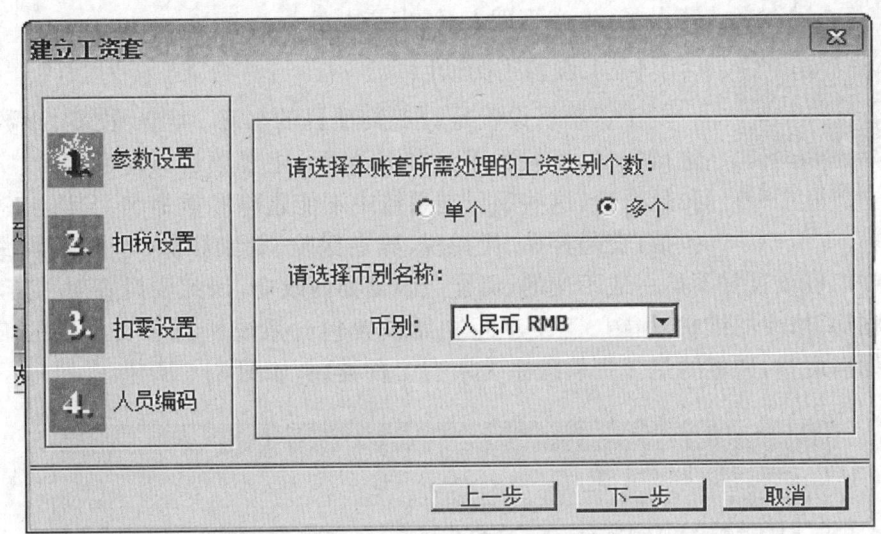

图 3-3 建立薪资管理系统工资账套

（一）参数设置

参数设置中选择工资类别个数，如有正式人员和临时人员两类人员工资，在工资类别中选择工资个数为多个，工资模块则形成两套不同数据，分别处理不同工资类别。

（二）扣税设置

是否从工资中代扣个人所得税设置。

（三）扣零设置

暂时将工资中指定面值以下的零钱扣除，在下次发放时凑整补齐，便于财务部门现金发放工资，如不设置，则根据代发工资实际金额发放。

（四）人员编码

系统要求对员工统一编号，设置人员编号长度。

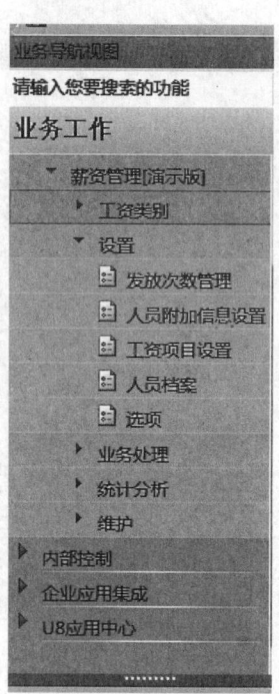

图 3-4　基础信息设置

二、基础信息设置

建立工资账套后,可进行基础数据设置,包括"人员附加信息""人员类别""工资项目""银行名称"4 项,如图 3-4 所示。

(一)人员附加信息设置

增加人员"性别""职务""年龄"作为人员附加信息,通过附加信息设置,可以更加有效管理人员。

(二)人员类别设置

由于不同类别的人员工资,进行工资费用分摊时的入账科目也不同,为了便于按人员类别进行工资汇总计算和工资费用分摊,系统需进行人员类别设置,一般将人员类别定义为企业管理人员、经营人员、生产管理人员、生产人员。

(三)设置工资项目

工资项目设置是对工资项目的名称、类型、长度、小数、增减项进行定义,可根据需要自由设置。主要项目有应发合计、实发合计、扣款合计,这些项目在系统中不能删除和重命名。其他工资项目还包括:交通补贴、代扣税、养老保险、缺勤扣款、事假天数、病假天数等等。这些工资项目并不是一成不变的,可能会因需要而改变,因此要设置对工资项目的增加、插入、删除、修改的维护功能。工资项目初始设置包含系统所有工资类别的工资项目。工资项目如需调整,调整的是工资管理系统所有工资类别,如图 3-5 所示。

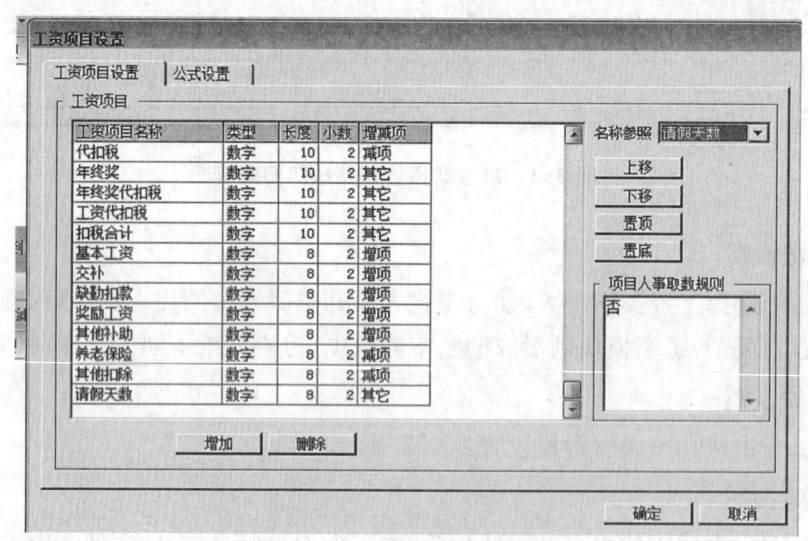

图 3-5　工资项目设置

(四)银行设置

对代发工资的银行进行设置,可以设置一个代发银行,也可设置多个代发银行。

三、工资类别管理

工资类别是指在一套工资账中，根据不同人员结构，设置的工资数据管理类别，在工资管理系统中，如果存在多种不同类别人员，每一人员的工资发放项目不同，计算公式也不同。但需要进行统一核算、管理的情况，则可以通过建立不同的工资类别，实现多个类别核算，如正式人员、临时人员等。工资类别的管理包括新建工资类别、打开工资类别、删除工资类别、关闭工资类别和汇总工资类别，如图3-6所示。

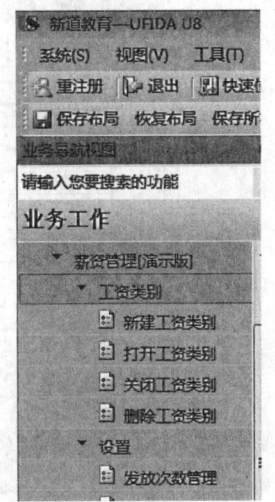

图3-6　工资类别的管理

（一）新建工资类别

激活系统"新建工资类别"，输入企业工资类别，选择不同工资类别对应的核算工资部门，完成工资类别启用，如图3-7所示。

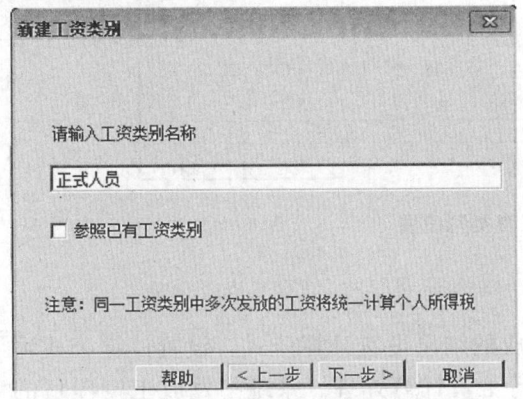

图3-7　新建工资类别

（二）设置工资账套人员档案

打开工资类别后，选择工资类别。在该工资类别下设置发放工资的人员档案，在人员档案中录入包括人员编号、姓名、人员类别、发放工资银行账号等信息，如图3-8所示。

（三）设置账套中各类别人员工资项目

在已打开的工资类别中，增减工资项目，将前述已设置的工资项目内容，选择加入打开的工资类别中。本设置无法直接修改工资项目有关内容，如修改工资项目，则需返回至基础信息设置时工资项目中进行修改，如图3-9所示。

人员档案

选择	薪资部门名称	工号	人员编号	人员姓名	人员类别	账号	中方人员	是否计税	工资停发	核算计件工资	现金发放
	总经理室		101	王明和	企业管理人员	20060010001	是	是	否	否	否
	财务部		102	何平	企业管理人员	20060010002	是	是	否	否	否
	财务部		103	龚冰冰	企业管理人员	20060010003	是	是	否	否	否
	财务部		104	陈静	企业管理人员	20060010004	是	是	否	否	否
	财务部		105	王丽	企业管理人员	20060010005	是	是	否	否	否
	销售一部		201	罗颖	销售人员	20060010006	是	是	否	否	否
	销售二部		202	宋佳	销售人员	20060010007	是	是	否	否	否
	销售三部		203	孙健	销售人员	20060010008	是	是	否	否	否
	销售四部		204	王华	销售人员	20060010009	是	是	否	否	否
	供应部		301	孙联湘	企业管理人员	20060010010	是	是	否	否	否
	产品研发		401	周月	生产管理人员	20060010011	是	是	否	否	否
	制造车间		402	李彤	生产管理人员	20060010012	是	是	否	否	否
	工程部		501	张进	企业管理人员	20060010013	是	是	否	否	否
	库管部		601	李一	生产管理人员	20060010014	是	是	否	否	否

图3-8　人员档案

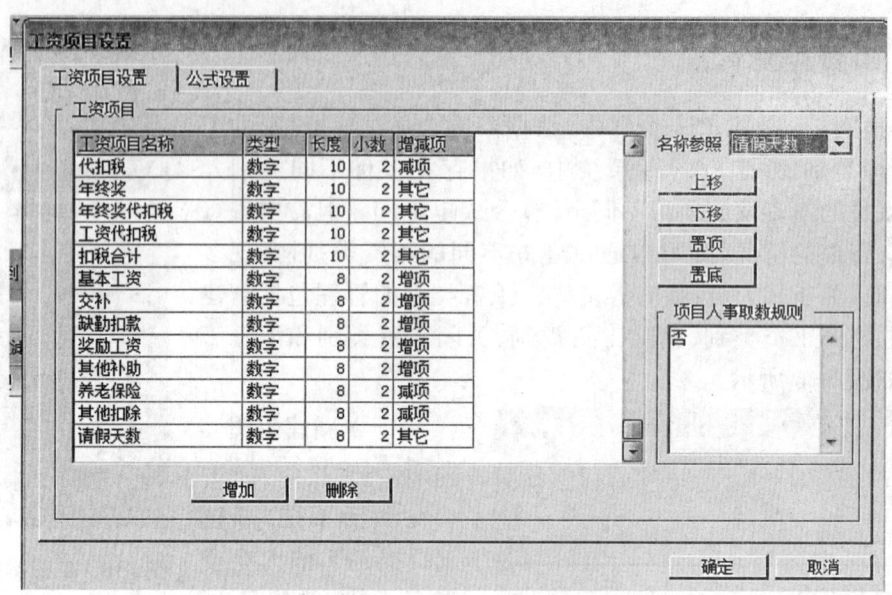

图 3-9　正式人员工资类别设置

（四）设置工资计算公式

定义工资项目的计算公式是指对工资核算生成的结果设置计算公式。设置计算公式可以直观表达工资项目的实际运算过程，灵活地进行工资计算处理。系统中发放工资项目的数据按照定义的计算公式自动生成。工资项目的计算公式可由其他工资项目、常数、运算符、关系符、函数等组成。有些工资项目是需要独立输入的，如基本工资、事假天数等，有些工资项目是可由其他工资项目计算得出的，如事假扣款＝基本工资/月工作日×事假天数；有些工资项目可以批量输入得到，如图 3-10 所示。

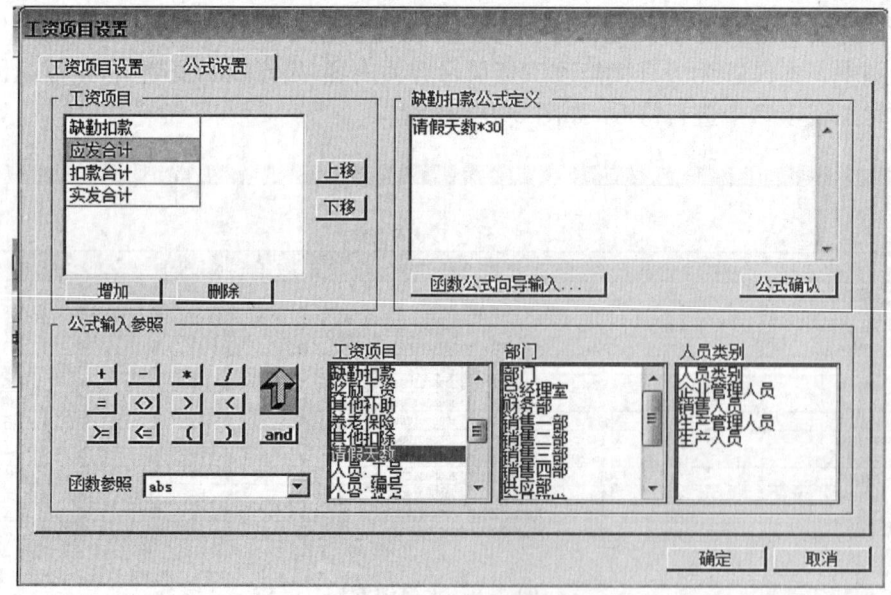

图 3-10　工资计算公式设置

【应用实例】

天河公司为满足工资核算业务的需要,于2021年1月份启用薪资管理系统。薪资系统初始化的资料如下。

1. 工资账套参数

(1)工资类别:多个。(2)核算币种:人民币 RMB。(3)核算计件工资。(4)要求代扣个人所得税。(5)不进行扣零处理。(6)人员编码长度:3 位。

2. 人员的性别、职务、年龄;人员类别

企业管理人员、经营人员、生产管理人员、生产人员。

3. 工资项目资料

表 3-1 工资项目表

项目名称	类型	长度	小数位	增/减
基本工资	数字	8	2	增项
奖励工资	数字	8	2	增项
交通补助	数字	8	2	增项
其他补助	数字	8	2	增项
应发合计	数字	10	2	增项
缺勤扣款	数字	8	2	减项
养老保险	数字	8	2	减项
扣款合计	数字	10	2	减项
实发合计	数字	10	2	增项
代扣税	数字	10	2	减项
请假天数	数字	8	2	其他
计件工资	数字	10	2	增项

4. 建立工资类别

工资类别分为正式人员和临时人员两类。

5. 正式人员工资项目的资料

表 3-2 正式人员工资项目表

项目名称	类型	长度	小数位	增/减
基本工资	数字	8	2	增项
奖励工资	数字	8	2	增项
交通补助	数字	8	2	增项
应发合计	数字	10	2	增项
缺勤扣款	数字	8	2	减项
养老保险	数字	8	2	减项
扣款合计	数字	10	2	减项
实发合计	数字	10	2	增项
代扣税	数字	10	2	减项
请假天数	数字	8	2	其他

6. 需设置公式由系统自动计算的工资项

缺勤 1 天扣款 50 元,个人缴纳养老保险的比例为基本工资与奖励工资合计数的 15%,交通补助发放标准为:企业管理人员和生产管理人员每月 200 元,其他人员每月 100 元。

☞ **应用指南**

薪资管理系统初始化业务处理

启动薪资管理系统。(1)"建立工资套"对话框,在"参数设置"项下,选择工资类别个数:"多个"。(2)选择币别名称:"人民币"。(3)勾选"核算计件工资"。(4)勾选"是否从工资中代扣个人所得税"。(5)放弃"扣零设置"。(6)设置人员编码长度为 3 位。

完成工资账套的基础设置。(1)设置人员附加信息。点击"系统菜单—设置—人员附加信息设置",在"栏目对照"栏,选择增加"性别""职务""年龄",作为人员附加信息。(2)设置人员类别。点击"系统菜单—设置—人员附加信息设置",在"类别设置"栏,依次增加"企业管理人员""经营人员""生产管理人员""生产人员",作为人员类别。

启动薪资管理系统,打开系统菜单"设置—工资项目设置",在工资项目设置中依次选择或增加"基本工资""交通补助"等项目,名称参照中没有的工资项目可以在工资项目中直接输入。

启动薪资管理系统,打开系统菜单"工资类别—新建工资类别",输入工资类别名称"正式人员",选择正式人员对应的归属部门,建立"正式人员"工资类别,关闭"正式人员"工资类别。同理,建立"临时人员"工资类别。

启动薪资管理系统,打开系统菜单"工资类别—打开工资类别—正式人员",在"正式人员"工资类别下,打开系统菜单"设置—工资项目设置",选择增加"基本工资""奖励工资"等全部工资项。

在"正式人员"工资项目设置的公式设置中,分别设置缺勤扣款、养老保险、交通补助的计算公式:

> 缺勤扣款＝请假天数×50
>
> 养老保险＝(基本工资＋奖励工资)×15％
>
> 交通补助＝iff[人员类别＝"企业管理人员",200,iff(人员类别＝"生产管理人员",200,100)]

第五节 | 薪资管理系统日常业务处理

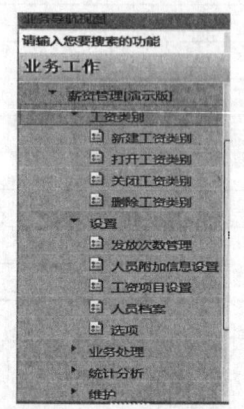

图 3-11 薪资管理系统的日常管理

薪资管理系统中的日常管理主要涉及设置个人所得税纳税基数、录入并生成当月工资数据、工资计算与汇总、代扣个人所得税、工资代发、工资分摊及凭证处理、工资数据查询、月末处理,如图 3-11 所示。

一、设置个人所得税纳税基数

系统初始设置为国家颁布的工资、薪金所得适用的超额累进税率,税率为 5％～45％,企业可依据所在地区个人所得税的纳税基数,调整纳税基数、附加费用等项目,设置个人所得税申报税率表,如图 3-12 所示。

图 3-12　设置个人所得税纳税基数

二、录入并生成当月工资数据

第一次使用工资系统必须将所有人员的基本工资数据录入计算机内,并对平时发生变动的工资进行调整。确定发放工资人员档案信息后,逐条录入人员的"基本工资""奖励工资",对于统一发放金额的工资,如"其他补助",利用系统批量处理功能一次性录入。部分工资项目可根据前述公式设置自动计算生成,如缺勤扣款、养老保险、交通补助等,如图 3-13 所示。

选择	工号	人员编号	姓名	部门	人员类别	扣税合计	基本工资	交补	奖励工资	其他补助	养老保险	其他扣除	请假天数
		101	王明和	总经理室	企业管理人员	1,150.00	8,500.00	200.00	5,000.00	500.00	675.00		
		102	何平	财务部	企业管理人员	675.00	7,000.00	200.00	4,000.00	500.00	550.00		
		103	龚冰冰	财务部			3,000.00	200.00	1,500.00	500.00	225.00		
			陈静	财务部	企业管理人员	42.00	3,500.00	200.00	2,500.00	500.00	300.00		3.00
		105	王丽	财务部	企业管理人员	42.00	3,500.00	200.00	2,500.00	500.00	300.00		
		201	罗颂	销售一部	销售人员	579.00	6,800.00	100.00	3,800.00	500.00	530.00		
		202	宋佳	销售一部	销售人员		2,000.00	100.00	1,500.00	500.00	175.00		1.00
		203	补健	销售三部	销售人员	465.00	6,500.00	100.00	3,500.00	500.00	500.00		
		204	王华	销售四部	销售人员		3,000.00	100.00	1,500.00	500.00	225.00		
		301	孙联湘	供应部	企业管理人员	485.00	6,500.00	200.00	3,500.00	500.00	500.00		
		401	周月	产品研发	生产管理人员	390.00	6,000.00	200.00	3,500.00	500.00	475.00		
		403	司徒健	产品研发	生产管理人员	13.50	3,500.00	200.00	1,500.00	500.00	250.00		
		402	李彤	制造车间	生产管理人员	447.00	6,300.00	200.00	3,500.00	500.00	490.00		
		501	张进	工程部	企业管理人员	390.00	6,000.00	200.00	3,500.00	500.00	475.00		
		601	李一	库管部	生产管理人员	13.50	3,000.00	200.00	2,000.00	500.00	250.00		
合计						4,692.00	75,100.00	2,600.00	43,300.00	7,500.00	5,920.00		4.00

图 3-13　录入并生成工资数据

三、工资计算与汇总

工资计算与汇总一般在一个功能模块内同时完成,即先计算每一个职工的工资,然后按预先设定的关键字进行汇总,产生工资汇总表。其中工资计算主要是按所设置的公式计算每个职工的数据。而工资汇总最常见的是按部门和按部门与职工类型汇总,前者生成工资汇总表,后者则生成费用汇总表。软件一般提供两种工资计算方式供选择:

(1) 动态计算:修改或录入一个工资数据后,系统立即计算并更新工资数据表。

(2) 重新计算:启动重算功能重新计算每个职工的工资数据并更新工资数据表。

四、代扣个人所得税

系统提供了个人所得税自动计算功能,通过系统定义所得税率,自动计算个人所得税。

(一) 应纳税额的计算

一般通过设置计算公式或设置累进税率表两种方式来计算个人应纳税额,但两者都是基于以下的计算公式:

$$应纳税额 = 应纳税所得额 \times 适用税率 - 速算扣除数$$
$$= (每月工薪收入额 - 扣减额) \times 适用税率 - 速算扣除数$$

(二) 个人所得税扣缴申报表

个人所得税扣缴申报表如图3-14所示,主要项目有纳税人姓名、所得期间、所得项目、收入额合计、减费用额、应纳税所得额、税率、速算扣除数、扣缴所得税额等,其中需要设置的是所得项目及其对应的工资项目。

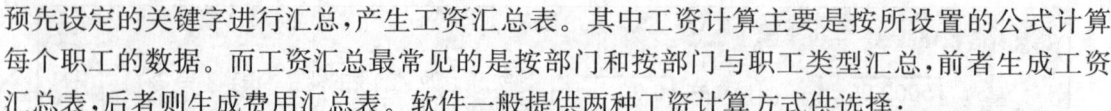

深圳扣缴个人所得税报表
2021年1月 - 2021年1月

纳税义务...	国籍	纳税人身...	所得项目	所得期间	收入额	减费用额	应纳税所...	税率	速算扣除数	应扣缴所...	已扣缴所...	应补缴所...	完税证字号	纳税日期
王明和			工资	1	14200.00		8525.00	20	555.00	1150.00		1150.00		
何平			工资	1	11700.00		6150.00	20	555.00	675.00		675.00		
龚冰冰			工资	1	5200.00		0.00	0	0.00	0.00		0.00		
陈静			工资	1	6700.00		1400.00	3	0.00	42.00		42.00		
王丽			工资	1	6700.00		1400.00	3	0.00	42.00		42.00		
罗颂			工资	1	11200.00		5670.00	20	555.00	579.00		579.00		
宋佳			工资	1	4100.00		0.00	0	0.00	0.00		0.00		
孙健			工资	1	10600.00		5100.00	20	555.00	465.00		465.00		
王华			工资	1	5100.00		0.00	0	0.00	0.00		0.00		
孙联湘			工资	1	10700.00		5200.00	20	555.00	485.00		485.00		
周月			工资	1	10200.00		4725.00	20	555.00	390.00		390.00		
李彤			工资	1	10500.00		5010.00	20	555.00	447.00		447.00		
司徒健			工资	1	5700.00		450.00	3	0.00	13.50		13.50		
张进			工资	1	10200.00		4725.00	20	555.00	390.00		390.00		
李一			工资	1	5700.00		450.00	3	0.00	13.50		13.50		
合计					128500.00		48805.00		4440.00	4692.00		4692.00		

图3-14 个人所得税扣缴申报表

五、工资代发

银行代发即由银行发放企业职工个人工资。目前许多单位发放工资时都采用工资卡方式。这种做法既减轻了财务部门发放工资的繁重工作,又能有效地避免财务部门到银行提取大笔款项所承担的风险,如图3-15所示。

银行代发一览表

名称：中国建设银行广东省分行

单位编号	人员编号	账号	金额	录入日期
1234934325	101	20060010001	12375.00	20211025
1234934325	102	20060010002	10475.00	20211025
1234934325	103	20060010003	4975.00	20211025
1234934325	104	20060010004	6358.00	20211025
1234934325	105	20060010005	6358.00	20211025
1234934325	201	20060010006	10091.00	20211025
1234934325	202	20060010007	3925.00	20211025
1234934325	203	20060010008	9635.00	20211025
1234934325	204	20060010009	4875.00	20211025
1234934325	301	20060010010	9715.00	20211025
1234934325	401	20060010011	9335.00	20211025
1234934325	402	20060010012	9563.00	20211025
1234934325	403	2006010015	5436.50	20211025
1234934325	501	20060010013	9335.00	20211025
1234934325	50?	20060010014	5436.50	20211025
合计			117,888.00	

图 3-15　银行代发一览表

六、工资分摊及凭证处理

工资分摊设置是进行工资类型、分摊计提比例和分类构成的设置。工资分摊必须把发放工资归入成本或费用，根据部门人员情况，可按部门和人员类别分摊，企业管理人员的工资归集于"管理费用——工资"，生产管理人员工资归集于"制造费用——工资"等。系统可进行应付工资分摊、应付福利费计提、工会经费计提等设置，分摊计提比例按国家相关规定设置。工

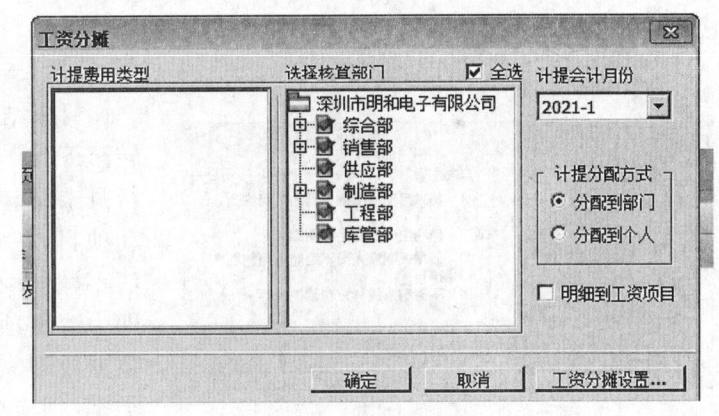

图 3-16　工资分摊

资管理系统将工资费用根据用途进行分配，并自动生成转账会计凭证，供总账系统记账处理之用，如图 3-16 所示。

七、工资数据查询

薪资系统提供了主要的工资报表的格式，包括工资表和工资分析表，如图 3-17 所示。工资表包括工资发放签名表、工资发放条、工资卡、部门工资汇总表、人员类别工资汇总表、条件明细表、工资变动明细表、工资变动汇总表等由系统提供的原始表。主要用于本月工资的发放和统计；工资分析表是以工资数据为基础，对部门、人员类别的工资数据进行分析和

比较而产生的各种分析表,供决策使用。主要包括各部门工资构成分析、分类统计(按部门、项目、月)、工资项目分析、工资增长分析、部门工资项目构成分析、员工工资汇总、员工工资项目统计等。

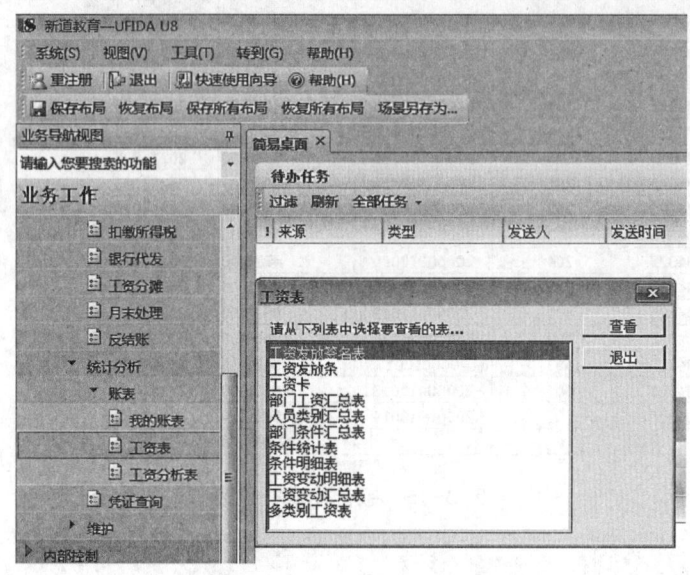

图 3-17　工资数据查询

八、月末处理

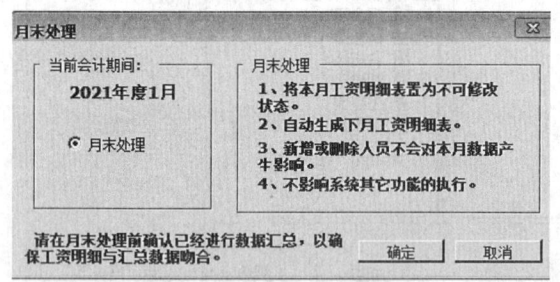

图 3-18　工资系统月末处理

月末结转是将当月数据经过处理后结转至下月。每月工资数据处理完毕后可进行月末结转。对于每月数据均不相同的变动项目,在每月工资处理时,均需将其数据清零,然后才可输入当月的数据。此类项目即为清零项目。月末处理只能在当月工资数据处理完后才可进行。若处理多个工资类别,则应分别打开工资类别,进行月末结转。月末未汇总的工资数据不能进行月末处理。进行月末处理后,当月数据将不允许变动,如图 3-18 所示。

【应用实例】

天河公司 2021 年 1 月份正式人员工资核算资料如下。

1. 2021 年 1 月份考勤及工时情况

(1)考勤情况:李勉请假 2 天。

(2)人员变动:研发部招聘新员工"李敏",职工编号"403",人员类别为生产管理,基本工资2 500元,银行工资账号:20150010018。

（3）每人发放春节过节费800元。

2．代扣个人所得税

计税基数:5 000元,附加费为0。

3．工资分摊

分配标准:

$$应付职工薪酬＝实发合计$$
$$应付福利费＝应付职工薪酬×14\%$$

表3-3　工资分摊表

		应付工资		应付福利费	
		借方科目	贷方科目	借方科目	贷方科目
总经理室、财务部	企业管理	660201	221101	660202	221102
研发部、制造部	生产管理	510101	221101	510101	221102
	生产人员	500102	221101	500102	221102
销售部	经营人员	6601	221101	6601	221102

☞ 应用指南

启动薪资管理系统,打开"正式人员"工资类别,录入并计算当月工资数据

（1）打开"系统菜单"中的"设置—人员档案",增加新增人员"李敏"相关资料。

（2）打开"系统菜单"中的"业务处理—工资变动",录入李勉的缺勤天数,重新计算工资。

（3）采用"替换"功能,选择:"其他补助"项,数值为"800",进行过节费批量处理。

打开"系统菜单"中的"业务处理—扣缴所得税",将税率表中的"基数"栏数字改为5 000,附加费用为0。

打开"系统菜单"中的"业务处理—工资分摊",进行工资分摊。应付工资分摊比例为100%,应付福利费分摊比例为14%。企业管理人员工资的分摊科目设置为"管理费用——工资",福利费的分摊科目设置为"管理费用——福利费";生产管理人员工资的分摊科目设置为"制造费用——工资",福利费的分摊科目设置为"制造费用——福利费";生产工人工资的分摊科目设置为"生产成本——工资",生产工人福利费的分摊科目设置为"生产成本——福利费";经营人员工资的分摊科目设置为"销售费用——工资",经营人员福利费的分摊科目设置为"销售费用——福利费"。选择应付工资和应付福利费对应的核算部门,生成工资分配记账凭证。

【关键术语】

薪资管理系统　薪资管理系统初始化　薪资管理系统日常业务处理　工资类别　工资变动处理　工资系统月末处理

【问题思考】

1. 薪资管理系统有哪些特点？

2. 薪资管理系统的初始设置包括哪些内容？

3. 薪资管理系统与其他子系统之间的关系怎样？

4. 为了满足薪资核算与管理的基本要求,薪资子系统须具备哪些基本功能？

5. 薪资管理子系统中,设置"扣零"功能是为了解决什么问题？

6. 宏发公司2021年1月启用薪资管理系统,工资中养老保险比例为基本工资与岗位工资之和的5%,车间人员的交通补贴为150元,小张应如何设置工资项目计算公式？

7. 小张打开正式人员工资类别,设置正式人员工资项目时,发现"代扣税"项目的内容发生错误,小张可以在正式人员工资类别中直接修改错误吗？

【实训案例】

天河公司2021年1月的职工工资情况如下:

薪资管理系统账套参数:工资类别有两个,工资核算本位币为人民币,不核算计件工资,自动代扣所得税。不进行扣零设置,人员编码长度同公共平台的人员编码保持一致。工资类别为"基本人员"和"编外人员",并且基本人员分布在各个部门,而编外人员只属于行政部。

人员附加信息:人员的附加信息为"学历"和"技术职称"。

人员类别:企业的人员类别包括"企业管理人员""经营人员""车间管理人员"和"生产人员"。

工资项目如表3-4所示。

表3-4　工资项目

项目名称	类型	长度	小数位	增/减
基本工资	数字	8	2	增项
奖励工资	数字	8	2	增项
交通补助	数字	8	2	增项
岗位工资	数字	8	2	增项
其他补助	数字	8	2	增项
应发合计	数字	10	2	增项
缺勤扣款	数字	8	2	减项
养老保险	数字	8	2	减项
医保	数字	8	2	减项
公积金	数字	8	2	减项
扣款合计	数字	10	2	减项
实发合计	数字	10	2	增项
代扣税	数字	10	2	减项
请假天数	数字	8	2	其他

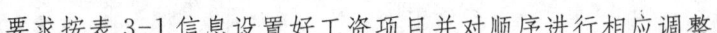
要求按表3-1信息设置好工资项目并对顺序进行相应调整。

其中：公积金和养老金均为基本工资的8%；医保为基本工资的2%。

纳税基数公式＝基本工资＋岗位工资＋工龄工资＋加班费－公积金－养老会－医保；缺勤扣款＝基本工资÷22×缺勤天数。

银行名称：建设银行。

工资类别：基本人员和编外人员。

基本人员档案如表3-5所示。

表3-5 基本人员档案

人员编号	人员姓名	所属部门	人员类别	银行账号
101	王明和	总经理室	企业管理	20030010001
102	何 平	财务部	企业管理	20030010002
103	龚冰冰	财务部	企业管理	20030010003
104	陈 静	财务部	企业管理	20030010004
105	王 丽	财务部	企业管理	20030010005
201	罗 颂	销售一部	经营人员	20030010006
202	宋 佳	销售二部	经营人员	20030010007
203	孙 健	销售三部	经营人员	20030010008
204	王 华	销售四部	经营人员	20030010009
301	孙联湘	供应部	企业管理	20030010010
401	周 月	产品研发	生产管理	20030010011
402	李 彤	制造车间	生产管理	20030010012
501	张 进	工程部	企业管理	20030010013
601	李 一	库管部	生产管理	20030010014

个人所得税：个人所得税起征点为5 000元。

2021年1月份有关的工资数据如表3-6所示。

表3-6 工资数据

职员编号	人员姓名	职员属性	基本工资	奖励工资	工龄工资
101	王明和	总经理	15 000	5 000	500
102	何 平	财务主管	10 000	4 000	400
103	龚冰冰	出纳	6 000	1 000	300
104	陈 静	财务会计	8 000	2 500	400
105	王 丽	财务会计	8 000	2 500	300
201	罗 颂	部门经理	7 000	3 800	500
202	宋 佳	经营人员	5 000	1 500	300
203	孙 健	部门经理	7 000	3 500	400
204	王 华	经营人员	5 000	1 500	300

（续表）

职员编号	人员姓名	职员属性	基本工资	奖励工资	工龄工资
301	孙联湘	部门经理	9 000	3 500	500
401	周 月	部门经理	9 000	3 500	300
402	李 彤	部门经理	9 000	3 500	400
501	张 进	部门经理	8 000	3 500	500
601	李 一	仓管	5 000	2 000	400

工资分摊：工资分摊类型为"应付工资""应付职工福利费""工会经费"，其分摊计提比例分别为 100%、14% 和 2%。

实训要求：根据以上资料，对该企业的工资账套进行初始化设置，并对本月的工资业务进行处理，制单并进行月末处理。

习题·实训·案例

一、练习题

(一) 单选题

1. ( )主要用于各类企业和行政事业单位进行工资核算和管理的系统。

   A. 固定资产管理系统　　　　　　B. 薪资管理系统
   C. 总账管理系统　　　　　　　　D. 成本管理系统

2. 薪资管理系统中工资费用分摊等数据自动生成转账凭证传递到( )中进行审核。

   A. 固定资产管理系统　　　　　　B. 工资管理系统
   C. 总账管理系统　　　　　　　　D. 成本管理系统

3. ( )是暂时将工资中指定面值以下的零钱扣除,在下次发放时凑整补齐。

   A. 扣零设置　　　B. 扣税设置　　　C. 扣款设置　　　D. 参数设置

4. 在用友ERP-U8中,工资模块和总账的联系是( )。

   A. 工资分摊数据　　　　　　　　B. 工资中相关的费用数据
   C. 工资变动后计算出的数据　　　D. 工资分摊后的凭证

5. 关于薪资系统月末处理,以下说法,错误的是( )。

   A. 月末处理只有主管人员才能执行
   B. 本月工资数据未汇总不允许进行月末处理
   C. 若存在多个工资类别,只需要对汇总工资类别进行月末处理
   D. 12月不需要进行月末处理

6. ( )设置是对工资项目的名称、类型、长度、小数、增减项进行定义。

   A. 人员类别　　　B. 工资项目　　　C. 附加信息　　　D. 银行项目

7. ( )是进行工资类型、分摊计提比例和分类构成的设置。

   A. 工资分摊设置　　　　　　　　B. 代扣个人所得税
   C. 工资计算与汇总　　　　　　　D. 工资代发

8. 增加人员"性别""职务""年龄",可以通过( )信息设置。

   A. 人员类别　　　B. 工资项目　　　C. 附加　　　D. 银行项目

9. 工资项目的计算公式是在( )中设置的。

   A. 工资分摊　　　B. 工资项目　　　C. 工资计算与汇总　　　D. 工资代发

10. 增加正式人员工资类别下的工资项目时,可以采用( )的方法。

    A. 只能从名称参照中选择工资项目,不能修改和删除
    B. 只能新增工资项目,不能从名称参照中选择工资项目
    C. 既可以从名称参照中选择工资项目,也可以自己新增工资项目

D. 只能新增工资项目,能修改和删除

11. 自动带入工资账套中已经建立的全部工资项目,正确的说法是(　　)。
    A. 不允许修改和删除　　　　　　　　B. 可以修改不能删除
    C. 不能修改只能删除　　　　　　　　D. 可以修改和删除

12. 增加工资项目时,如果在"增减项"一栏选择"其他",则该工资项目的数据(　　)。
    A. 自动计入应发合计
    B. 自动计入扣款合计
    C. 既不计入应发合计也不计入扣款合计
    D. 既计入应发合计也计入扣款合计

13. 薪资系统中,不能删除和重命名有(　　)。
    A. 应发合计　　B. 实发合计　　　　C. 基本工资　　　　D. 扣款合计

14. 工资项目如需调整,调整的是薪资管理系统中(　　)。
    A. 所有工资类别　　　　　　　　　　B. 正式人员工资类别
    C. 临时人员工资类别　　　　　　　　D. 其他人员工资类别

15. 在(　　)中选择工资类别的数量。
    A. 建立工资账套　　　　　　　　　　B. 工资项目设置
    C. 人员类别设置　　　　　　　　　　D. 工资类别设置

16. (　　)设置是进行工资类型、分摊计提比例和分类构成的设置。
    A. 工资计算公式　　　　　　　　　　B. 工资项目
    C. 工资分摊　　　　　　　　　　　　D. 工资类别

17. (　　)可由其他工资项目计算得出的。
    A. 基本工资　　B. 事假天数　　　　C. 奖励工资　　　　D. 事假扣款

18. 以下为工资项目设置增减项时为减项的是(　　)。
    A. 基本工资　　B. 请假天数　　　　C. 奖励工资　　　　D. 事假扣款

19. 以下为工资项目设置增减项时为其他的是(　　)。
    A. 基本工资　　B. 请假天数　　　　C. 奖励工资　　　　D. 事假扣款

20. 工资分摊时生产管理人员工资归集于(　　)。
    A. 制造费用　　B. 管理费用　　　　C. 营业费用　　　　D. 财务费用

(二) 多选题

1. 建立工资账套包括(　　)。
   A. 参数设置　　B. 扣税设置　　　　C. 扣零设置　　　　D. 人员编码

2. 薪资管理系统中人员类别定义为(　　)。
   A. 管理人员　　B. 经营人员　　　　C. 销售人员　　　　D. 生产人员

3. 工资类别的管理包括(　　)。
   A. 建立工资账套　　　　　　　　　　B. 工资项目设置
   C. 删除工资类别　　　　　　　　　　D. 工资类别设置

4. 薪资管理系统中提供固定的工资项目有(　　)。
   A. 基本工资　　B. 应发合计　　　　C. 扣款合计　　　　D. 实发合计

5. 薪资管理系统传递到总账中的凭证,在总账中可以进行(   )。

    A. 修改   B. 删除   C. 查询   D. 审核

6. 薪资管理系统的主要功能为(   )。

    A. 工资类别管理   B. 代扣所得税处理

    C. 计提折旧   D. 工资分摊

7. 工资表包括(   )。

    A. 工资发放条   B. 工资变动明细表

    C. 工资变动汇总表   D. 工资项目分析表

8. 薪资系统中不能删除和重命名的有(   )。

    A. 应发合计   B. 实发合计   C. 奖励工资   D. 扣款合计

9. 工资项目有(   )的维护功能。

    A. 增加   B. 插入   C. 删除   D. 修改

10. 薪资系统初始化设置包括(   )。

    A. 建立工资账套   B. 人员类别设置

    C. 工资项目设置   D. 人员档案录入

(三) 判断题

1. 融资租入固定资产应视同自有固定资产管理。 (   )

2. 对代发工资的银行可以设置多个。 (   )

3. 正式人员工资类别可以直接修改工资项目设置的有关内容。 (   )

4. 薪资管理系统将工资费用根据用途进行分配,并自动生成转账会计凭证。 (   )

5. 某客户实行多工资类别核算,工资项目公式设置只能在打开某工资类别情况下进行
增加。 (   )

6. 进行月末处理后,当月数据允许变动。 (   )

7. 工资分摊的结果可以自动生成凭证传递到总账系统。 (   )

8. 薪资管理系统默认以应发合计作为个人所得税的扣税基数。 (   )

9. 在薪资管理系统中,工资项目不能自由设置。 (   )

10. 事假扣款是需要独立输入的工资项目。 (   )

11. 工资项目如需调整,调整的是薪资管理系统所有工资类别。 (   )

12. 工资类别的管理包括建立工资类别、打开工资类别。 (   )

13. 系统提供了个人所得税自动计算功能,自动计算个人所得税。 (   )

14. 系统可进行应付工资分摊、应付福利费计提、工会经费计提等设置。 (   )

15. 若处理多个工资类别,则应分别打开工资类别,进行月末结转。 (   )

(四) 简答题

1. 什么是薪资管理系统中的工资类别管理?

2. 薪资管理系统为什么要进行人员类别设置?

3. 简述工资计算与汇总的原理。

4. 简述薪资系统提供的主要工资报表格式。

5. 薪资管理系统的工资项目设置包括哪些内容?

6. 薪资管理系统如何建立工资账套?

二、业务实训

(一) 业务实训一 薪资管理

1. 实训目的

了解用友软件中有关薪资管理的相关内容,掌握薪资系统初始化设置、日常业务处理、工资分摊及月末处理等操作。

2. 实训准备

引入第二章习题业务实训三账套数据。

3. 实训资料

建立工资账套

工资类别个数:单个;核算币种:人民币;要求代扣个人所得税;不进行扣零处理;人员编码长度:3位。

基础信息设置

(1) 人员类别设置:管理人员、生产人员、福利人员、销售人员。

(2) 工资项目设置,如表3-7所示。

表3-7 工资项目设置表

项目名称	类型	长度	小数位数	增减项
基本工资	数字	10	2	增项
岗位工资	数字	10	2	增项
奖金	数字	10	2	增项
交补	数字	6	2	增项
应发合计	数字	10	2	增项
病假扣款	数字	8	2	减项
事假扣款	数字	8	2	减项
养老保险金	数字	6	2	减项

项目名称	类型	长度	小数位数	增减项
扣款合计	数字	8	2	减项
实发合计	数字	10	2	增项
代扣税	数字	10	2	减项
日工资	数字	8	2	其他
事假天数	数字	8	0	其他
病假天数	数字	8	0	其他

（3）银行名称：工商银行郑州市支行新城区分理处，账号定长为11。

（4）人员档案的设置如表3-8所示。

表3-8　人员档案设置

人员编号	人员姓名	部门名称	人员类别	账号	中方人员	是否计税
1101	黎明	办公室	管理人员	20120100001	是	是
1102	王杰	财务科	管理人员	20120100002	是	是
1103	张丽	财务科	管理人员	20120100003	是	是
1104	李红	财务科	管理人员	20120100004	是	是
1105	刘梦	供应科	管理人员	20120100005	是	是
2201	张仪	一车间	生产人员	20120100006	是	是
2202	王国庆	二车间	生产人员	20120100007	是	是
2203	刘海	三车间	生产人员	20120100008	是	是
2204	邢军	四车间	生产人员	20120100009	是	是
3301	沈宏	医务室	福利人员	20120100010	是	是
4401	赵飞	销售一科	销售人员	20120100011	是	是
4402	李婧婧	销售二科	销售人员	20120100012	是	是

扣款、养老保险金、日工资等部分项目的计算公式如表3-9所示。

表3-9　工资项目计算公式

工资项目	定义公式
奖金	iff(人员类别＝"管理人员"OR人员类别＝"福利人员",200,300)
交补	iff(人员类别＝"销售人员",200,150)
日工资	(基本工资＋岗位工资＋奖金)/21.17
病假扣款	日工资×病假天数×0.5
事假扣款	事假天数×日工资
养老保险金	(基本工资＋岗位工资＋奖金)×0.03

工资数据

（1）12月月初人员工资情况如表3-10所示。

表 3-10 12 月月初人员工资情况

姓名	基本工资	岗位工资
黎明	4 500	300
王杰	4 000	200
张丽	2 000	200
李红	2 500	200
刘梦	2 500	100
张仪	2 000	100
王国庆	2 500	100
刘海	3 000	100
邢军	2 500	200
沈宏	3 500	200
赵飞	3 000	300
李婧婧	3 000	300
李芳	2 500	200

(2) 12 月份工资变动情况。

① 考勤情况:刘海请事假 2 天;张仪请病假 1 天。

② 因需要,决定招聘李芳(编号 403)到销售一科,以补充销售力量,其基本工资 2 500 元,代发工资银行账号:20120090013。

③ 因去年销售部门推广产品业绩较好,基本工资每人增加 200 元。

代扣个人所得税:计税基数为 3 500。

工资分摊:应付福利费、工会经费、职工教育经费、养老保险金都以应发合计作为计提基数。

工资费用分配的转账分录如表 3-11 所示。

表 3-11 工资费用分配的转账分录表

工资分摊	部门	应付工资		应付福利费		养老保险金(15%)	
		借方	贷方	借方	贷方	借方	贷方
办公室	管理人员	550 201	2 151	550 205	2 153	550 207	2 181
财务科	管理人员	550 201	2 151	550 205	2 153	550 207	2 181
运输队	管理人员	550 201	2 151	550 205	2 153	550 207	2 181
库房	管理人员	550 201	2 151	550 205	2 153	550 207	2 181
供应科	管理人员	550 201	2 151	550 205	2 153	550 207	2 181
一车间	生产人员	4 105	2 151	410 501	2 153	550 207	2 181
二车间	生产人员	4 105	2 151	410 501	2 153	550 207	2 181
三车间	生产人员	4 105	2 151	410 501	2 153	550 207	2 181
四车间	生产人员	4 105	2 151	410 501	2 153	550 207	2 181
医务室	福利人员	550 205	2 151	550 205	2 153	550 207	2 181
销售一科	销售人员	5 501	2 151	5 101	2 153	550 207	2 181
销售二科	销售人员	5 501	2 151	5 101	2 153	550 207	2 181

4. 实训要求

（1）薪资系统初始设置。

（2）薪资系统日常业务处理。

（3）工资分摊及月末处理。

（4）薪资系统数据查询。

5. 课后思考题

（1）若工资分摊中的计提基数项目等于"基本工资＋岗位工资＋奖金"，如何实现？

（2）如何修改、删除薪资管理系统中生成的凭证？

（二）业务实训二　薪资管理系统

1. 实训目的

掌握薪资系统初始化设置、日常业务处理、月末处理的操作。

2. 实训准备

引入第二章习题业务实训六账套数据。

3. 实训资料

（1）100账套薪资管理系统的参数。工资类别有两个，工资核算本位币为人民币，不核算计件工资，自动代扣个人所得税，进行扣零设置且扣零到元，人员编码长度采用系统默认的前10位。工资类别为"基本人员"和"编外人员"，并且基本人员分布各个部门，而编外人员只属于综合部门。

（2）人员附加信息。人员的附加信息为"学历"和"技术职称"。

（3）人员类别。企业的人员类别包括"企业管理人员""采购人员""销售人员"和"其他人员"。

（4）基本人员的工资项目如表3-12所示。

表3-12　基本人员的工资项目

工资项目名称	类型	长度	小数	增减项
基本工资	数字	8	2	增项
职务补贴	数字	8	2	增项
福利补贴	数字	8	2	增项
交通补贴	数字	8	2	增项
奖金	数字	8	2	增项
缺勤扣款	数字	8	2	减项
住房公积金	数字	8	2	减项
缺勤天数	数字	8	2	其他

（5）银行名称。银行名称为"工商银行"。账号长度为1位，录入时自动带出的账号长度为8位。

（6）工资类别。基本人员和编外人员（注：如果在建立工资套后已经设置了"基本人员"的工资类别，此处只需设置"编外人员"的工资类别，否则两处工资类别均需在此设置）。

（7）基本人员档案如表3-13所示。

表 3-13　基本人员档案

职员编号	人员姓名	学历	职称	所属部门	人员类别	银行代发账号
0000000001	张　宏	大学	经济师	综合部(1)	企业管理人员	11022088001
0000000002	江　涛	大学	经济师	综合部(2)	企业管理人员	11022088002
0000000003	李　建	大学	会计师	综合部(3)	企业管理人员	11022088003
0000000004	王　军	大专	助理会计师	财务部(2)	企业管理人员	11022088004
0000000005	宋　凤	大专		采购部(301)	采购人员	11022088005
0000000006	张　伟	大专		销售部(302)	销售人员	11022088006

（8）计算公式。

$$缺勤扣款＝基本工资/22×缺勤天数$$

采购人员和销售人员的交通补贴为 300 元，其他人员的交通补贴为 100 元。

$$住房公积金＝(基本工资＋职务补贴＋福利补贴＋交通补贴＋奖金)×0.08$$

（9）个人所得税相关项目设置。个人收入所得税应按"实发工资"扣除"3 500"元后计税。

（10）2022 年 1 月有关的工资数据如表 3-14 所示。

表 3-14　2022 年 1 月工资数据

职员编号	人员姓名	所属部门	人员类别	基本工资	职务补贴	福利补贴	奖金	缺勤天数
0000000001	张　宏	综合部(1)	企业管理人员	4 500	2 000	200	1 800	
0000000002	江　涛	综合部(1)	企业管理人员	3 000	1 500	200	800	
0000000003	李　建	财务部(2)	企业管理人员	4 000	1 500	200	800	
0000000004	王　军	财务部(2)	企业管理人员	2 000	900	200	700	3
0000000005	宋　凤	采购部(301)	采购人员	2 000	900	200	1 200	
0000000006	张　伟	销售部(302)	销售人员	1 900	800	200	1 100	

（11）分摊构成设置如表 3-15 所示。

表 3-15　分摊构成设置

计提类型	部门名称	人员类型	项目	借方科目	贷方科目
应付工资	综合部	企业管理人员	应发合计	管理费用——工资(660203)	应付职工薪酬(2211)
	财务部	企业管理人员	应发合计	管理费用——工资(660203)	应付职工薪酬(2211)
	采购部	采购人员	应发合计	管理费用——工资(660203)	应付职工薪酬(2211)
	销售部	销售人员	应发合计	销售费用(6601)	应付职工薪酬(2211)

4. 实训要求

（1）薪资系统初始化设置。

（2）薪资系统日常业务处理。

（3）工资分摊及月末处理。

（4）薪资系统数据查询。

三、案例题

天河公司薪资管理系统工资类别设置为正式人员和临时人员两类,陈明在设置正式人员工资项目时,发现如下问题:请假天数的增减项设置成了减项,工资项目养老保险未设置,交通补助设置成了房屋补助,请问陈明应如何修改正式人员工资项目的设置?

第四章
固定资产管理系统

第一节 | 固定资产会计核算及管理

一、固定资产的概念和特征

《企业会计准则第 4 号——固定资产》规定,固定资产是指为生产产品、提供劳务、出租或经营管理而持有的,使用寿命超过一个会计年度的有形资产。从固定资产的定义看,固定资产具有以下 3 个特征。

（一）企业持有固定资产的目的是为了生产产品、提供劳务、出租或经营管理,而不是直接为了出售

其中,出租是指以经营租赁方式出租机器设备等业务。以经营租赁方式出租的建筑物属于企业的投资性房地产,不属于固定资产。

（二）固定资产的使用寿命超过一个会计年度

固定资产的使用寿命,是指企业使用固定资产的预计期间,或者该固定资产所能生产产品或提供劳务的数量。通常情况下,固定资产的使用寿命,是指使用固定资产的预计期间,如自用房屋建筑物的使用寿命,表现为企业对该建筑物的预计使用年限。对于某些机器设备或运输设备等固定资产,其使用寿命表现为以该固定资产所能生产产品或提供劳务的数量。如汽车或飞机等,按其预计行驶或飞行里程估计使用寿命。

（三）固定资产是有形资产

固定资产具有实物特征。这一特征将固定资产与无形资产区别开来。有些无形资产可能同时符合固定资产的其他特征,如无形资产为生产商品、提供劳务而持有,使用寿命超过一个会计年度,但是,由于其没有实物形态,所以不属于固定资产。

二、固定资产的分类

固定资产按管理和核算目前常见的分类有如下 3 种。

（一）按固定资产的经济用途分类

固定资产按其经济用途可分为生产经营用固定资产和非生产经营用固定资产两类。生产经营用固定资产是指直接服务于生产、经营过程的各项固定资产,如行政办公楼、车间厂房、仓库、机器设备等;非生产经营用固定资产是指不直接服务于生产、经营过程的各项固定资产,如职工食堂、职工宿舍、职工浴室、职工理发室、幼儿园等。

（二）按固定资产的使用情况分类

固定资产按其使用情况可分为使用中固定资产、未使用固定资产和不需用固定资产3类。使用中固定资产是指正在使用的固定资产,包括目前正在运转的固定资产、由于季节性生产暂时停用的固定资产、由于大修理暂时停用的固定资产、经营性出租的固定资产等;未使用固定资产是指已达到预定可使用状态但尚未交付使用的固定资产,包括新增尚未使用的固定资产和因改扩建等原因暂停使用的固定资产;不需用固定资产是指企业不再适用的或多余的、需要进行处理的固定资产。

（三）按固定资产的产权归属分类

固定资产按其产权归属不同可分为自有固定资产和租入固定资产。自有固定资产是指产权归属本企业的固定资产,如购入的固定资产、接受投资者投入的固定资产、自行建造的固定资产和接受捐赠的固定资产等;租入固定资产是企业通过租赁方式从其他单位或个人租入的固定资产,包括融资租入的固定资产和经营租入的固定资产。融资租入固定资产是指企业采用融资租赁方式租入的固定资产。按照实质重于形式原则,融资租入固定资产应视同自有固定资产管理。需要注意的是经营租入的固定资产不需要进行固定资产核算,对于经营租入固定资产的价值只需在备查账中进行登记。

三、固定资产的核算与管理

固定资产核算包括增减变动、折旧核算、修理改良及处置、减值准备4个方面。

（一）固定资产的增减变动

固定资产的增加可以来自外购、自行建造、投资转入、融资租入、改建扩建、有偿或无偿调入、捐赠、盘盈等途径。固定资产的减少包括出售、投资转出、捐赠转出、融资租出、报废、毁损、盘亏等。此外,资产在使用过程中有些项目可能需要调整,其中与计算、报表汇总有关的调整称为资产的变动,固定资产的增减变动都要作相应的会计处理。

为了系统全面地核算和监督固定资产的增减变动情况,要进行固定资产的总分类核算和明细分类核算。总分类核算通过设置"固定资产"账户来实现,明细分类核算通过设立"固定资产登记簿"和"固定资产卡片"来实现。

固定资产卡片反映每一项固定资产的详细情况,按固定资产的项目设立,每一项固定资产对应一张卡片。固定资产卡片一式两份,一份由固定资产管理部门登记、保管,一份由固定资产使用部门保管,两者定期核对。

（二）固定资产的折旧核算

折旧是固定资产在使用过程中,由于有形或无形的损耗而转移到产品成本或费用中的价值。会计制度对计提折旧的范围有明确的规定:企业在用的固定资产一般均应计提折旧;不计提折旧的固定资产包括未使用、不需使用、以经营租赁方式租入、在建工程项目交付使用前、提足折旧后继续使用、未提足折旧提前报废的固定资产,以及国家规定的不计提折旧的其他固定资产。固定资产的折旧方法主要有平均年限法、工作量法、双倍余额递减法和年数总和法。

【知识链接】

会计准则中固定资产折旧方法的规定:企业应当根据与固定资产有关的经济利益的预期实现方式,合理选择固定资产折旧方法。固定资产的折旧方法一经确定,不得随意变更。但是,企业至少应当于每年年度终了,对固定资产的折旧方法进行复核。与固定资产有关的经济利益预期实现方式有重大改变的,应当改变固定资产折旧方法。

(三)固定资产的修理改良及处置

固定资产的经常性修理作为收益性支出处理,在支出发生时作为当期费用入账。如果数额较大或者发生不够均衡,应采用预提或待摊的方法,以均衡各期的成本费用。如果摊销期在1年以上,则应通过"长期待摊费用"科目进行会计处理。然后分期摊销。固定资产的扩建、改建称为固定资产改良,改良支出属于资本性支出,应计入固定资产价值。固定资产的处置指固定资产的报废、出售,以及对损毁所进行的清理工作。

(四)固定资产的减值准备

由于市价持续下跌、技术陈旧、设备损坏、长期闲置等原因,导致固定资产的可收回金额低于其账面价值时,应将两者的差额作为固定资产的减值准备处理。企业一般在期末或年末对固定资产进行逐项检查,并按单项资产计提减值准备,同时在资产负债表上作为固定资产净值的减项列报。

(五)固定资产的账务处理

固定资产的上述业务都涉及账务处理,除了通过设置科目进行分类账管理之外,一般还通过编制固定资产目录,建立固定资产卡片和固定资产登记簿来管理。在分类账中涉及固定资产的会计科目较多,其中主要有固定资产、累计折旧、固定资产减值准备、固定资产清理、在建工程等。企业固定资产业务应编制的会计分录主要有:

购入不需要安装的固定资产,企业可以立即投入使用,会计处理比较简单,只需按确认的入账价值直接增加企业的固定资产。

借:固定资产

  应交税费——应交增值税(进项税额)

 贷:银行存款

固定资产应当按月计提折旧,计提的折旧应通过"累计折旧"科目核算,并根据用途计入相关资产的成本或者当期损益。

借:管理费用——折旧费

  制造费用——折旧费

  生产成本——折旧费

  销售费用

 贷:累计折旧

清理固定资产是指企业出售、报废和毁损等减少的固定资产。清理固定资产的会计核算一般按以下步骤进行：

（1）将固定资产转入清理。即按固定资产的账面价值，借记"固定资产清理"科目，按固定资产已提的折旧，借记"累计折旧"科目，按固定资产已提的减值准备，借记"固定资产减值准备"科目，按固定资产的原值，贷记"固定资产"科目，按转入清理的固定资产净值中包含的增值税，贷记"应交税费——应交增值税（进项税额转出）"科目。

借：固定资产清理
　　累计折旧
　　固定资产减值准备
　贷：固定资产

（2）支付清理费用。即按清理过程中发生的各项费用，借记"固定资产清理"科目，贷记"银行存款"等科目。

借：固定资产清理
　贷：银行存款

（3）计算缴纳各种应负担的税费。即按清理过程中应交的各种税费，借记"固定资产清理"科目，贷记"应交税费""其他应交款"等科目。

借：固定资产清理
　贷：应交税费

（4）收取出售收入或残料变价收入。即按出售固定资产的收入或报废和毁损固定资产的残料变价收入，借记"银行存款""原材料"等科目，贷记"固定资产清理"科目。

借：银行存款
　贷：固定资产清理

（5）赔款的核算。企业毁损的固定资产，可能从保险公司或个人获得赔款，赔款确认时，借记"其他应收款"等科目，贷记"固定资产清理"科目。

借：其他应收款
　贷：固定资产清理

（6）结转清理净损益的核算。经过上述 5 个步骤核算后，固定资产清理账户的余额即为固定资产清理的净损益，如果余额在借方，表示固定资产清理的净损失，应转入"营业外支出"科目，即借记"营业外支出"科目，贷记"固定资产清理"科目；如果余额在贷方，表示固定资产清理的净收益，应转入"营业外收入"科目，即借记"固定资产清理"科目，贷记"营业外收入"科目。

借：营业外支出——处理非流动资产收益
　贷：固定资产清理

借：固定资产清理
　贷：营业外收入——处理非流动资产收益

固定资产初始入账价值是历史成本，由于固定资产使用年限较长，市场条件和经营环境的变化、科学技术的进步及企业经营管理不善等原因，都可能导致固定资产创造未来经济利益的能力大大下降。因此，固定资产的真实价值有可能低于账面价值，在期末必须对固定资产减值损失进行确认。

固定资产在资产负债表日存在可能发生减值的迹象时,其可收回金额低于账面价值时,企业应当将固定资产的账面价值减记至可收回金额,减记的金额确认为资产减值损失,同时计提相应的资产减值准备。其会计分录为:借记"资产减值损失"科目,贷记"固定资产减值准备"科目。

> 借:资产减值损失
> 　贷:固定资产减值准备

【知识链接】

税法关于固定资产折旧费用抵扣的规定:税法规定按照直线法计算的折旧才准予扣除。但是,税法也规定"由于技术进步、产品更新换代较快的;常年处于强震动、高腐蚀状态"的确需加速折旧的,可以缩短折旧年限或者采取加速折旧的方法。企业确需对固定资产采取缩短折旧年限或者加速折旧方法的,应在取得该固定资产后1个月内,向其企业所得税主管税务机关报送资料备案。会计对于折旧方法的选择,给予了企业较宽的职业判断权,而税法限制允许加速折旧的范围。

第二节 固定资产管理系统概述

固定资产管理系统是会计信息系统的一个重要组成部分,主要用于各类企业和行政事业单位进行固定资产核算和管理的模块,该系统能够帮助单位进行固定资产的增加、减少、变动、计提折旧等业务进行处理和记录,固定资产管理系统的窗口如图 4-1 所示。

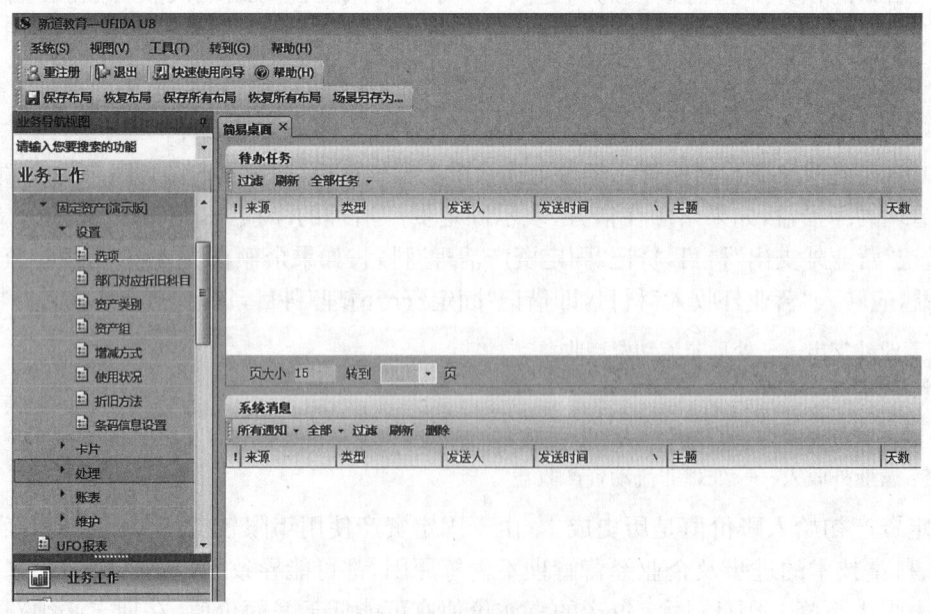

图 4-1　固定资产管理系统

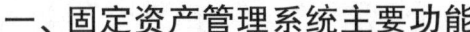

一、固定资产管理系统主要功能

（一）系统初始化

固定资产管理系统业务处理时，首先要在企业门户中启用固定资产管理子系统，启用后进行系统初始化设置。用户可以根据本单位实际情况，设置符合自身固定资产核算要求的基础信息，为系统日常业务处理进行数据准备。初始设置包括建立固定资产账套、设置控制参数、设置基础数据和录入固定资产卡片。

（二）日常业务处理

固定资产日常业务处理包括管理固定资产卡片，核算和监督固定资产的增加、减少、原值变化及使用部门转移等业务，生成有关的记账凭证，并输出相应的增减变动明细账；依照用户初始化设置的折旧方法自动计提折旧，生成分摊折旧费用凭证，同时输出相关的报表和账表；提供数据接口，与其他系统实现数据共享。

（三）期末处理

固定资产管理系统的期末处理包括对账和结账两部分。对账是指系统自动完成固定资产管理系统与账务处理系统的数据平衡核对，具体来说，核对固定资产原则与累计折旧在这两个系统中是否相符，实务中要求两者必须保持平衡；本期固定资产管理系统的所有工作完成后，可以进行月末结账。月末结账每月进行一次，结账后本期的数据无法修改。

二、固定资产管理系统特点

固定资产管理系统是企业管理信息系统的一个重要组成部分，用于固定资产的核算和管理工作。企业拥有的固定资产数量大、种类多、保管和使用分散，这决定了固定资产管理系统具有如下特点。

（一）数据量大

一般企业拥有的固定资产数量较多，为了便于企业各部门随时掌握固定资产的详细情况，系统内需要每一项固定资产的详细资料，即使是已淘汰的固定资产的资料也必须保留，而且相关资料需要跨年度保留。为了加强对固定资产的管理，需要保留每一固定资产的详细资料。为了加强企业对固定资产的管理，保留必要的审计线索，即使是已淘汰的固定资产资料也必须保留。因此系统需要保留的数据量较大、所有资料需要跨年度长期在系统中保留。

（二）系统日常数据输入量小

企业固定资产的数据项多，系统初始设置时需要输入大量的固定资产详细数据，系统初始化工作量很大，在日常业务处理中一般只需输入少量的固定资产变动数据，每月计提折旧以及必要时输出报表和统计分析数据。数据处理的复杂性小于购、销、存等其他会计信息系统的子系统，因此系统启用后日常业务处理的工作量不大。

（三）数据处理模式固定

固定资产系统的数据处理主要是折旧的计算和相关报表的输出。一旦在系统初始设置时选择某种折旧方法，计算机将根据有关命令进行折旧计提，数据处理比较简单。

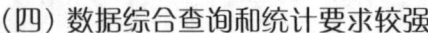

（四）数据综合查询和统计要求较强

为了满足企业对固定资产核算和管理的多方面需要,固定资产管理系统应该具有较强的查询和分类统计功能,数据输出主要以报表形式提供。

（五）需要灵活的自定义功能

由于在实际工作中企业固定资产的各种信息通常以各种报表的形式提供,为了方便用户的使用,系统应该具有允许用户根据企业的需要自定义报表格式的功能。另外,各企业对固定资产的管理要求不同,固定资产卡片的项目也不同,因此需要有灵活的用户自定义固定资产卡片项目的功能。

三、固定资产管理系统与其他子系统的关系

在整个用友 ERP 系统中,固定资产管理系统通过基础数据与系统管理等模块联系;通过系统中生成的记账凭证与总账管理系统联系,并与之形成平衡牵制;通过折旧数据与成本核算系统联系;通过报表函数与报表系统进行数据交换,如图 4-2 所示。

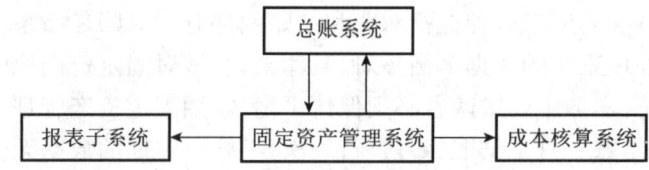

图 4-2　固定资产管理系统与其他业务系统关系

（一）固定资产管理系统与总账管理系统

固定资产管理系统与总账管理系统的数据关系是:在固定资产系统中设置转账凭证模板,固定资产的增减变动以及原值和累计折旧的调整、计提折旧等数据自动生成转账凭证传递到总账管理系统,同时通过对账保持固定资产原值和累计折旧与总账账套平衡。

（二）固定资产管理系统与成本管理系统

固定资产管理子系统为成本管理系统提供核算所需折旧费用的数据。这些数据是成本核算的基础数据之一。

（三）固定资产管理系统与报表子系统

固定资产管理系统与报表子系统联用时,报表通过相应的取数函数从固定资产管理系统中提取分析数据,编制用户需要的固定资产统计分析报表。

第三节 / 固定资产管理系统业务处理流程

固定资产的业务内容主要包括固定资产的增减变化、内部调动核算、计提折旧、凭证处理等工作,固定资产的业务处理流程通常可以分为初始化和日常业务处理两部分。初始化包括建立账套、设置控制参数、设置基础数据、录入原始卡片;日常业务处理包括固定资产增减

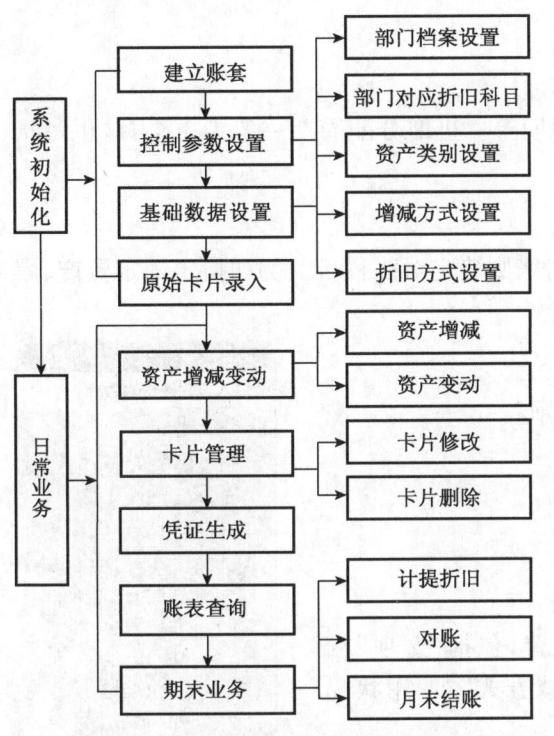

图 4-3　固定资产业务处理的基本流程

变化、卡片管理、凭证管理、对账、结账等工作。图 4-3 反映了固定资产业务处理的基本流程。

固定资产管理系统处理流程如下：

（1）初始化设置，将企业固定资产核算与管理的基本信息输入计算机系统。包括控制参数设置、基础数据设置、折旧方法设置、原始卡片录入等。

（2）数据输入，当固定资产有增减变动时，将固定资产的变动数据录入系统。

（3）信息更新，是指以当期固定资产变动数据更新固定资产卡片数据文件，以使固定资产卡片文件中的数据反映企业当前实际情况。

（4）折旧计算，是指根据系统初始设置的固定资产折旧方式，由系统自动计算计提固定资产折旧。

（5）自动转账，是指根据固定资产系统各相关数据文件中的数据自动生成机制凭证，转入总账子系统和成本系统。

（6）信息输出，是指显示或打印输出固定资产卡片、固定资产分类统计表等核算与管理信息。

第四节　固定资产管理系统初始化

固定资产管理系统初始化包括控制参数设置、基础数据设置和固定资产卡片录入。

一、控制参数设置

首次使用固定资产管理系统时，单独或通过企业门户启用固定资产管理系统后，通过"固定资产初始化向导"进行初始控制参数设置。包括启用月份、折旧规则、账务接口、编码方案以及其他参数等，如图 4-4 所示。

（一）启用月份

启用月份将决定从哪个月份开始计提折旧。

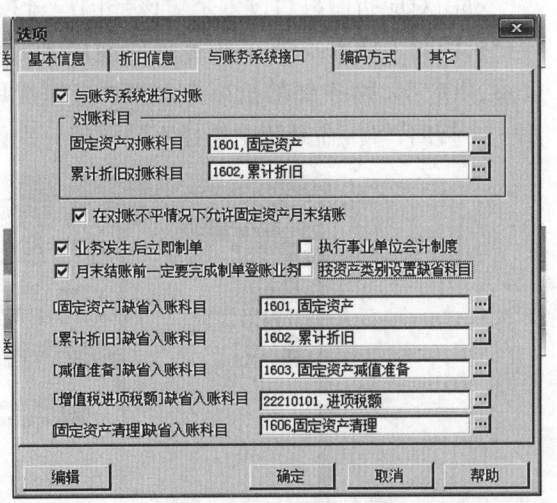

图 4-4　控制参数设置中的"选项"对话框

（二）折旧规则

确定账套是否计提折旧、最后 1 个月份
是否将剩余折旧全部提足以及折旧汇总分配周期等。折旧分配周期一般为 1 个月，也可指
定几个月分配一次。

（三）财务接口

确定是否需要与总账系统对账，如果选择对账则确定对账科目。例如指定固定资产、累
计折旧、减值准备科目。

（四）编码方案

包括确定资产、类别、部门等代码的编码规则。

（五）其他参数

例如指定被注销资产卡片的保存期限。

二、基础数据设置

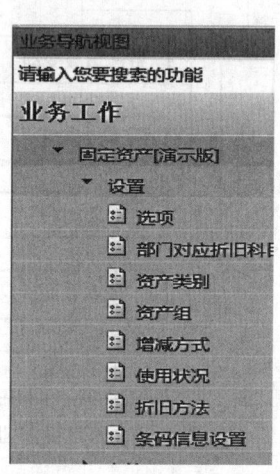

控制参数设置完成后，可进行基础数据设置，包括"选项""部
门档案""部门对应折旧科目""资产类别""增减方式""使用状况"
"折旧方法"7 项，如图 4-5 所示。

（一）选项

选项设置补充调整之前设置的控制参数。

图 4-5　基础数据设置

（二）部门档案

固定资产部门档案与基础档案中的部门档案信息共享。设置固定资产的使用部门，部
门档案主要包含部门编码、名称、负责人、部门属性等信息。

（三）部门对应折旧科目

部门对应折旧科目设置是对该部门应分摊的折旧费用科目进行设置，资产计提折旧后必
须把折旧归入成本或费用，根据不同使用者的具体情况，可按部门归集，也可按类别归集。办
公室、供应部、财务部的折旧归集于"管理费用——折旧"；生产部门的折旧归集于"制造费
用——折旧"等。在系统中选择不同部门分别设置对应的折旧科目，如图 4-6 所示。

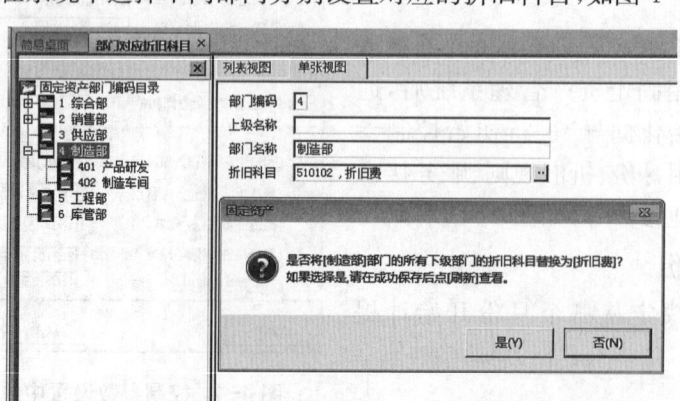

图 4-6　部门对应折旧科目设置

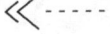

（四）资产类别

固定资产的种类繁多，且用途不同，要强化固定资产管理和核算，必须科学地设置固定资产的分类，单位应结合自身的特点及管理要求、按照固定资产的使用性质进行合理的分类。一般可将固定资产分为生产设备、交通工具、通信设备等。在系统的固定资产编码表中分别设置资产类别，如图4-7所示。

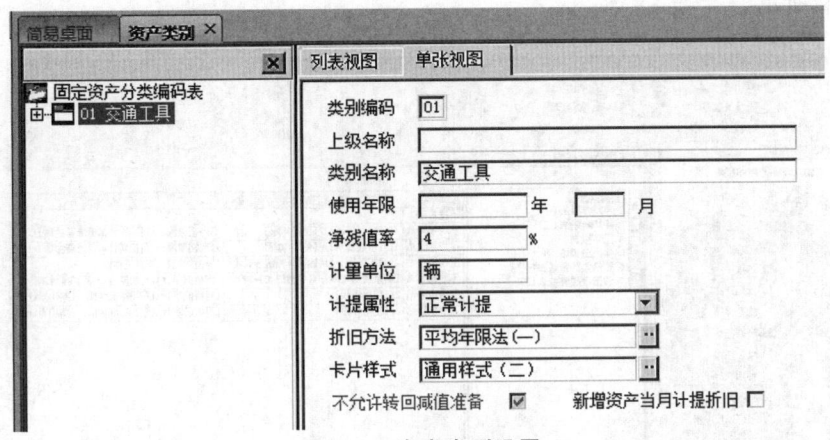

图4-7 资产类别设置

（五）增减方式

增减方式包括增加方式和减少方式两类。固定资产增加方式有直接购买、投资者投入、捐赠、盘盈、在建工程转入、融资租入；减少方式主要有出售、盘亏、投资转出、捐赠转出、报废、毁损、融资租出等。系统设置增减方式的同时，输入固定资产增减对应的入账科目，如：直接购入增加固定资产，在设置增加方式的同时，输入对应的入账科目"银行存款"。该项设置也是生成相关会计凭证的依据，如图4-8所示。

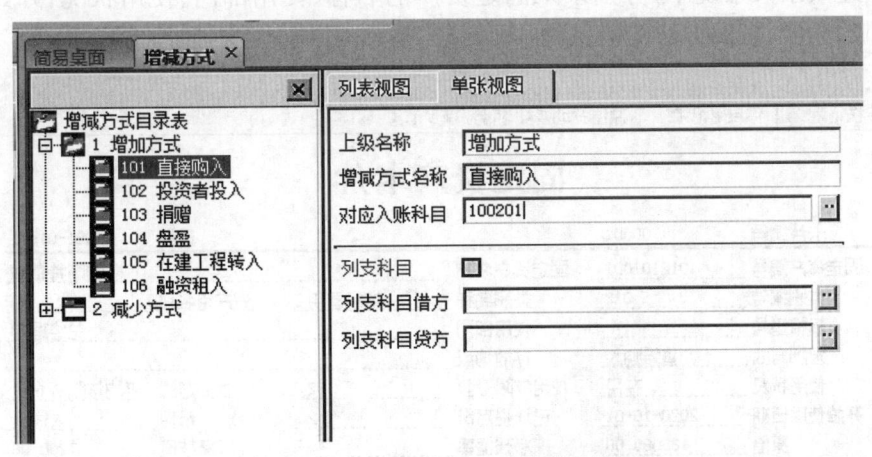

图4-8 增减方式及对应科目设置

（六）使用状况

系统中设置固定资产的使用状况，资产使用状况主要有在用、季节性停用、经营性出租、大修理停用、不需用、未使用等。企业据此进行统计可以了解资产的利用效率以及是否需要计提折旧,例如未使用、不需用的固定资产是不计提折旧的。

(七)折旧方法

折旧方法设置是系统自动计算折旧的基础。企业常用的折旧方法有:平均年限法、工作量法、年数总和法、双倍余额递减法等,系统可选择不同的折旧方法设置月折旧率公式、月折旧额公式,此外还提供折旧方法的自定义功能,即由企业定义折旧方法以及相应的计算公式,如图4-9所示。

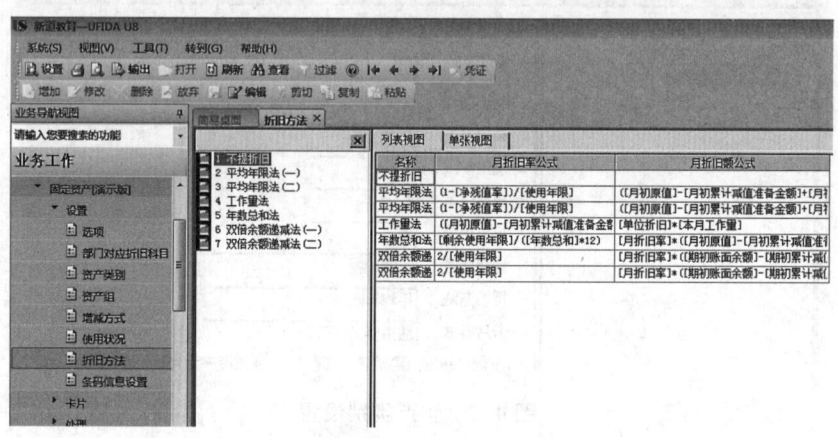

图4-9 折旧方法设置

三、原始卡片录入

固定资产卡片是固定资产管理和核算的基础依据,为保持历史资料的连续性和系统数据的完整性,第一次启用固定资产管理系统时,还应将企业建账日期以前的手工固定资产原始卡片数据逐项录入系统中,分别录入固定资产的名称、使用部门、使用状况、开始使用日期、使用年限、原值、折旧方法等信息,如图4-10所示。

| 资产转移记录 | 停启用记录 | 原值变动 | 拆分/减少信息 |

固定资产卡片

卡片编号	00001			日期	2021-01-01
固定资产编号	012101001	固定资产名称			帕萨特轿车
类别编号	012	类别名称	非经营用	资产组名称	
规格型号		使用部门			总经理室
增加方式	直接购入	存放地点			
使用状况	在用	使用年限(月)	72	折旧方法	平均年限法(一)
开始使用日期	2020-10-01	已计提月份	2	币种	人民币
原值	180000.00	净残值率	4%	净残值	7200.00
累计折旧	5000.00	月折旧率	0.0133	本月计提折旧额	2394.00
净值	175000.00	对应折旧科目	660206,折旧费	项目	

| 录入人 | 陈静 | | | 录入日期 | 2021-01-01 |

图4-10 原始卡片的录入

【应用实例】

天河公司为满足固定资产核算业务的需要,于 2021 年 1 月份启用固定资产管理系统。账套主管何平负责系统的初始设置。初始设置资料如下。

1. 控制参数

表 4-1　控制参数设置

控制参数	参数设置
折旧信息	折旧方法:平均年限法(一)
编码方式	资产类别编码方式:2112 固定资产编码方式:类别＋编码＋序号(自动编码) 卡片序号长度:3
账务接口	与账务系统进行对账 固定资产对账科目:1601 固定资产 累计折旧对账科目:1602 累计折旧
补充参数	业务发生后立即制单 月末结账前一定要完成制单登账业务 固定资产默认入账科目:1601;累计折旧默认入账科目:1602

2. 资产类型

表 4-2　资产类型设置

编码	类别名称	净残值率(%)	计量单位	计提属性
01	交通工具	4	辆	正常计提
011	经营用	4		正常计提
012	非经营用	4		正常计提
02	电子通信设备	4	台	正常计提
021	经营用	4		正常计提
022	非经营用	4		正常计提

3. 部门折旧分配

表 4-3　部门折旧分配设置

部门	折旧分配
综合部	管理费用
销售部	销售费用

4. 资产增减及对应科目

表4-4 资产增减及对应科目设置

增减方式	对应科目
增加:	
直接购入	100201,工商银行
减少:	
毁损	1606,固定资产清理

5. 固定资产原始卡片(使用状况均为在用)

表4-5 固定资产原始卡片设置

名称	类别编号	使用部门	增加方式	使用年限	开始使用日期	原值	累计折旧	对应科目
本田轿车	012	总经理室	购入	6	2020.10	180 000	5 000	管理费用
传真机	022	总经理室	购入	5	2020.10	15 000	500	管理费用
海尔空调	021	销售一部	购入	5	2020.10	7 200	240	销售费用

☞ 应用指南

启用固定资产管理系统,以何平的身份登录固定资产管理系统,进行账套初始化,进入"固定资产初始化向导"对话框,设置控制参数。

(1) 选择主要折旧方法"平均年限法(一)"。

(2) 确定资产类别编码长度"2112",编码方式选择"自动编码"且为"类别编码+部门编码+序号",序号长度为"3"。

(3) 打开"账务接口"对话框,选择"与账务系统进行对账",在"固定资产对账科目"栏输入科目代码"1601,固定资产",在累计折旧对账科目栏输入"1602,累计折旧"。

(4) 选项中设置补充参数:业务发生后立即制单,月末结账前一定要完成制单登账业务,固定资产默认入账科目:1601,累计折旧默认入账科目:1602。

对企业固定资产类别进行设置。设置"01"为交通工具,交通工具分为"011,经营用"和"012,非经营用";"02"为电子通信设备,电子通信设备分为"021,经营用"和"022,非经营用"。

设置部门对应折旧科目,选择综合部的对应折旧科目为"管理费用——折旧费",选择销售部的对应折旧科目为"销售费用——折旧费"。

设置固定资产的增减方式。增加方式为"直接购入",对应入账科目为"100201,工商银行";减少方式为"毁损",对应入账科目为"1606,固定资产清理"。

录入原始卡片。打开"卡片—录入原始卡片",选择录入卡片所属的资产类别"012,非经营用交通工具",输入固定资产名称"本田轿车",依次录入使用部门、增加方式、使用年限、开始使用日期、资产原值、累计折旧、对应折旧科目。其他空白信息将根据上述给定资料由系统自动计算填列。"传真机"和"海尔空调"固定资产卡片生成方式同上。

第五节／固定资产管理系统日常业务处理

固定资产管理系统中的日常管理主要涉及单位固定资产卡片管理、固定资产增减管理、固定资产变动管理、凭证处理、凭证查询、账簿查询、折旧计提及期末对账、结账等业务，如图 4-11 所示。

一、固定资产卡片管理

固定资产卡片管理是对系统内的固定资产卡片进行综合管理，凡是固定资产的增减变动业务，都要通过固定资产卡片进行管理，包括卡片的增加、修改、查询、打印等。

二、固定资产增加业务

企业固定资产增加时，根据固定资产增加单，操作人员在系统中进行资产增加，一方面登记固定资产卡片，在卡片中录入新增固定资产的信息，分别输入"固定资产名称""使用部门""增加方式""使用状况""原值""使用年限"及"开始使用日期"等内容，同时在系统中生成相应的会计凭证，如图 4-12 所示。

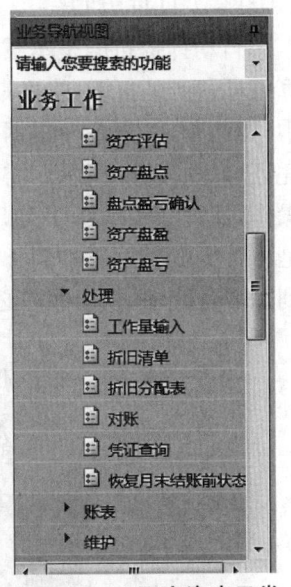

图 4-11　固定资产日常业务处理

固定资产卡片

资产转移记录	停启用记录	原值变动	拆分/减少信息	

卡片编号	00006		日期	2021-01
固定资产编号	022101003	固定资产名称		HP传真一体机
类别编号	022	类别名称	非经营用　资产组名称	
规格型号		使用部门		总经理室
增加方式	直接购入	存放地点		
使用状况	在用	使用年限(月)	60	折旧方法　平均年限法(一)
开始使用日期	2021-01-16	已计提月份		币种　人民币
原值	2400.00	净残值率	4%	净残值　96.00
累计折旧	0.00	月折旧率	0	本月计提折旧额　0.00
净值	2400.00	对应折旧科目	660205,折旧费	项目

图 4-12　固定资产卡片

三、折旧处理

固定资产折旧处理一般包括输入工作量、计算折旧、折旧分配、编制折旧转账凭证等功能，其中后 3 项功能一般是集成完成。

（一）输入工作量

如果账套内的资产由使用工作量法计提折旧，则计提折旧前必须录入这些资产当月的工作量。具体方法是：由系统自动列出来，用工作量法计提折旧的所有资产，提示用户输入当月工作量。

（二）计提折旧

自动计提折旧是本系统的主要功能之一。系统每月计提折旧一次，根据系统数据自动计算每项资产的折旧，将本期的折旧费用自动登账，同时将当期的折旧额自动累加到累计折旧中，如图4-13所示。根据折旧清单及部门对应折旧科目自动生成折旧分配表，然后生成记账凭证，如图4-14所示。需要注意的是，如果计提折旧后又对账套进行了影响折旧计算分配的操作，那么必须重新计提折旧，以保证折旧计算的正确性。一个期间可多次计提折旧，系统只是将计提的折旧累加到月初的累计折旧上，不会重复计提，若上次计提折旧已生成凭证并传递到总账系统中，未记账前必须删除该凭证才能重新计提折旧。

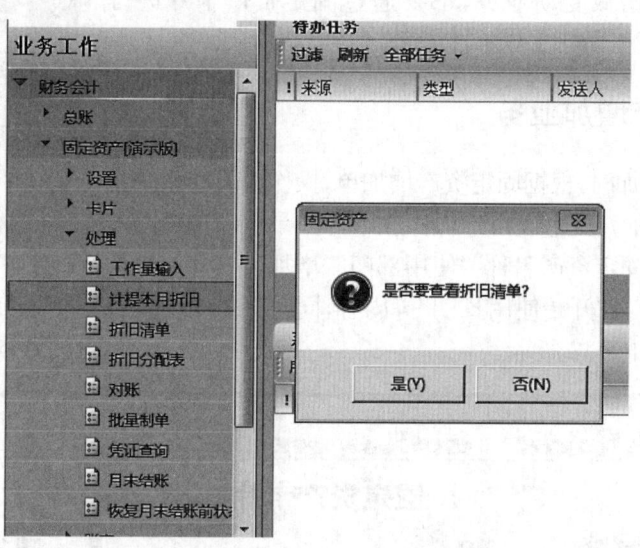

图 4-13　自动计提折旧

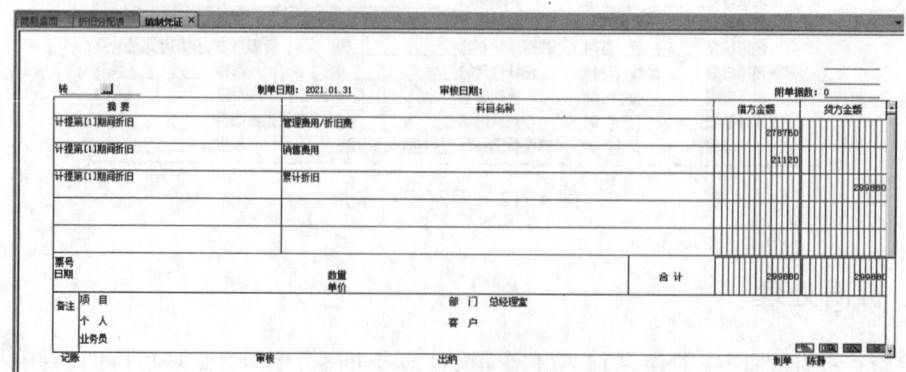

图 4-14　折旧计提记账凭证

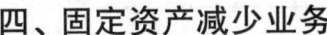

四、固定资产减少业务

固定资产减少方式包括报废、毁损、投资转出、捐赠转出等。固定资产减少时，输入资产卡片编号，当系统出现对应的减少资产卡片时，选择资产减少的方式，同时在系统中生成相应的会计凭证。固定资产减少业务必须在提取折旧操作完毕后进行。

【应用实例】

天河公司2021年1月份发生如下固定资产业务：

1月4日，总经理室购置复印机一台，价值15 000元，净残值率4％，款项以银行存款支付，预计使用5年。

1月31日，计提本月折旧。

1月31日，销售一部微机意外毁损。

☞ 应用指南

启用固定资产管理系统，打开系统菜单"卡片—资产增加"，在新增固定资产卡片中输入，固定资产名称：复印机，使用部门：总经理室，增加方式：直接购入，使用状况：在用，原值：15 000，使用年限：5年，开始使用日期：2021-01-04等内容，系统自动生成资产增加的相应凭证。

打开"系统菜单"中的"处理—计提本月折旧"，完成本月折旧费用的计提，并生成折旧费用分配账务处理凭证。

打开"系统菜单"中的"卡片—资产减少"，在资产减少窗口中输入减少资产的卡片编号，出现对应的卡片后，选择减少方式"毁损"，点击确定后生成相应的凭证。

五、固定资产变动处理

固定资产变动方式包括固定资产原值的调整、部门转移、使用状况变动、折旧方法的变更等。固定资产变动时，在"变动单"中输入变动内容，并生成相应的凭证，如图4-15所示。

（一）固定资产原值变动

资产在使用过程中，原值的变动有以下几种情况：增加补充或改良设备、将固定资产的一部分拆除、计提减值准备、根据国家规定对固定资产重新评估、根据实际价值调整原来的暂估价值、发现原记固定资产价值有误。原位变动包括原值的增加和原值减少两部分，如图4-16所示。

（二）内部资产转移

资产在使用过程中，因内部调配而发生的部门变动，由于固定资产不同的使用性质对应不同的折旧费用入账科目，因此，应通过系统提供的变动单做资产转移记录，否则将影响折旧费用计算的正确性，如图4-17所示。

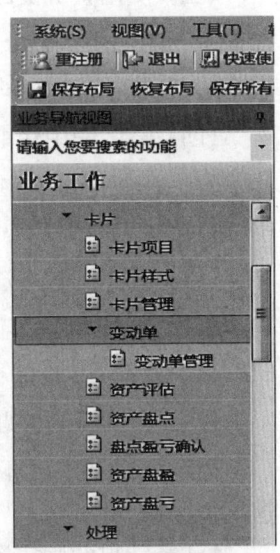

图4-15　固定资产变动单

固定资产变动单

— 原值增加 —

变动单编号	00001			变动日期	2021-02-28
卡片编号	00001	资产编号	012101001	开始使用日期	2020-10-01
资产名称			帕萨特轿车	规格型号	
增加金额	15000.00	币种	人民币	汇率	1
变动的净残值率	4%	变动的净残值			600.00
变动前原值	180000.00	变动后原值			195000.00
变动前净残值	7200.00	变动后净残值			7800.00
变动原因	增加车载音响				
				经手人	陈静

图 4-16 固定资产原值增加

固定资产变动单

— 部门转移 —

变动单编号	00002			变动日期	2021-02-28
卡片编号	00002	资产编号	022101001	开始使用日期	2020-10-01
资产名称			联想昭阳	规格型号	
变动前部门		总经理室	变动后部门		销售二部
存放地点			新存放地点		
变动原因	调拨				
				经手人	陈静

图 4-17 固定资产部门转移

（三）使用状况变动

资产的使用状态分为使用中、未使用、不需用等。固定资产不同的使用状况计提折旧的规定不同，对此，应通过系统提供的使用状态变动功能进行调整，否则将影响资产折旧的计算。

（四）资产使用年限的调整

资产在使用过程中，其使用年限可能会由于资产的重估、大修等原因调整资产的使用年限，通过变动单调整资产使用年限，系统计提折旧时将按照调整后的使用年限计提折旧。

（五）资产折旧方法的调整

根据会计制度规定，折旧方法 1 年之内一般不得随意变动。但若有特殊情况需要采用新的折旧方法，可通过系统提供的相应功能予以调整。

（六）资产减值处理

固定资产发生损坏、技术陈旧或者其他经济原因，导致其可收回金额低于其账面价值，这种情况称为固定资产减值。资产减值准备处理本质上是一种变动处理。在系统启用之前，对已经计提的固定资产减值准备，作为期初数据随原始卡片输入系统。日常处理一般包括以下内容。

1. 计提减值准备

如果固定资产的可收回金额低于其账面价值,应当按可收回金额低于其账面价值的差额计提减值准备,通过系统固定资产变动单计提减值准备,可重新计算资产可回收金额,并生成相应的凭证,记录资产减值导致的损益变化,如图 4-18 所示。

固定资产变动单　[新建变动单:00003号变动单]

计提减值准备

固 定 资 产 变 动 单

—计提减值准备—

变动单编号	00003			变动日期	2010-02-28
卡片编号	00004	固定资产编号	021201001	开始使用日期	2009-10-01
固定资产名称			海尔空调	规格型号	
减值准备金额	720.00	币种	人民币	汇率	1
原值	7200.00	累计折旧			355.20
累计减值准备金额	720.00	累计转回准备金额			0.00
可回收市值	6124.80				
变动原因	贬值				
				经手人	陈静

图 4-18　固定资产减值处理

2. 转回减值准备

如果已计提的固定资产价值又得以恢复,则在原已计提的减值准备范围内转回,系统同样提供转回减值准备变动单界面进行具体处理。

六、凭证处理

固定资产管理系统和总账系统之间存在着数据自动传输的关系,固定资产发生增加、减少、原值变动、累计折旧调整及折旧分配等业务时由固定资产管理系统自动生成凭证。制作凭证可以在每笔业务发生时采取"立即制单",或者在业务完成后"批量制单",自动生成的凭证如有分录或其他项目不完整的,用户可补充完整。

(1)即时制单。指在一项业务完成后,通过"制单"命令立即编制记账凭证。

(2)集中制单。若一项业务完成后没有立即编制记账凭证,系统则将该业务记录在批量制单表中,以便期末或其他时机由集中制单功能成批对其编制记账凭证。

由系统自动编制的凭证,有些可能是不完整的,例如根据资产增加编制的凭证可能只有借方科目和金额,这需要用户通过编辑以补充贷方科目,以便将凭证补充完整。此外,需要注意的是:如果要删除已制作凭证的卡片、变动单、评估单,重新计提、分配折旧,或进行资产减少的恢复等操作,必须先删除相应的记账凭证。

七、凭证查询

固定资产管理系统提供凭证查询功能,凭证查询窗口可以看到已生成凭证列表。生成凭证传递到总账管理系统后,如发现需要修改或删除、冲销凭证信息,总账系统未记账前可通过固定资产管理系统凭证查询窗口修改或删除、冲销凭证,总账系统不能对其他子系统生成的凭证直接修改或删除,如图 4-19 所示。

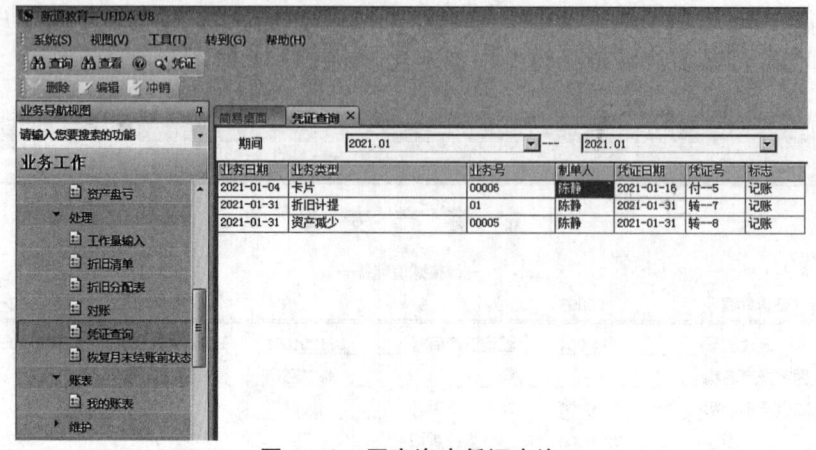

图 4-19　固定资产凭证查询

八、账表查询

固定资产管理系统根据日常业务操作情况,自动提供固定资产总账、固定资产明细账、固定资产及累计折旧表、固定资产折旧费用明细表等相关信息,供相关部门使用。

(一)固定资产卡片

不仅提供对现有卡片、已经减少的卡片以及它们的变动记录的查询,而且可以提供按部门、按类别等确定性查询以及组合条件查询。

(二)账簿

账簿包括固定资产总账、明细账以及登记簿,其中明细账分部门或类别明细账以及单件资产明细账。固定资产总账可以按部门和类别设立,列示每一期间企业全部资产的原值、累计折旧以及净值,固定资产总账如图 4-20 所示。

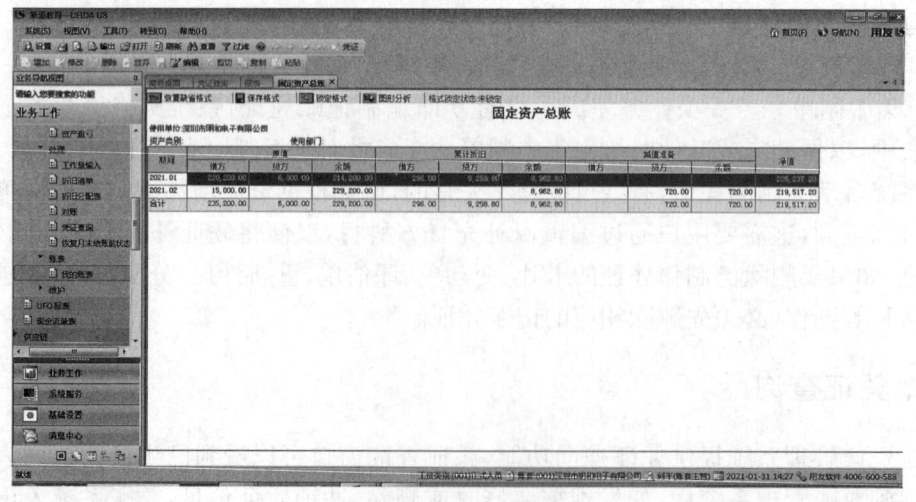

图 4-20　固定资产总账

（三）固定资产折旧表

固定资产折旧表主要包括部门或类别折旧汇总表、固定资产折旧清单、固定资产折旧计算明细表、固定资产及累计折旧表。其中,部门折旧汇总表如图 4-21 所示,固定资产折旧清单如图 4-22 所示。此外,类别折旧汇总表反映各类资产的折旧情况,包括上月计提、上月原值变动和本月计提情况。

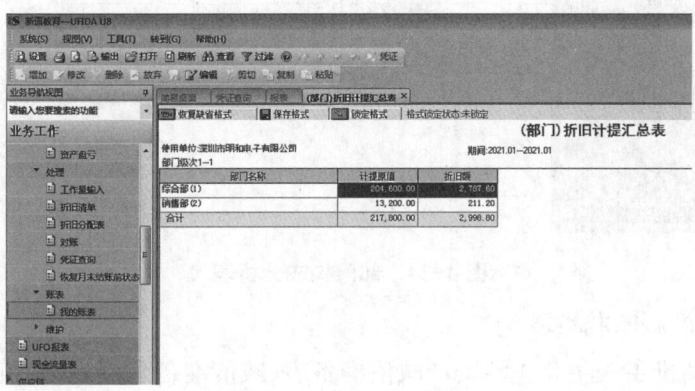

图 4-21　部门折旧汇总表

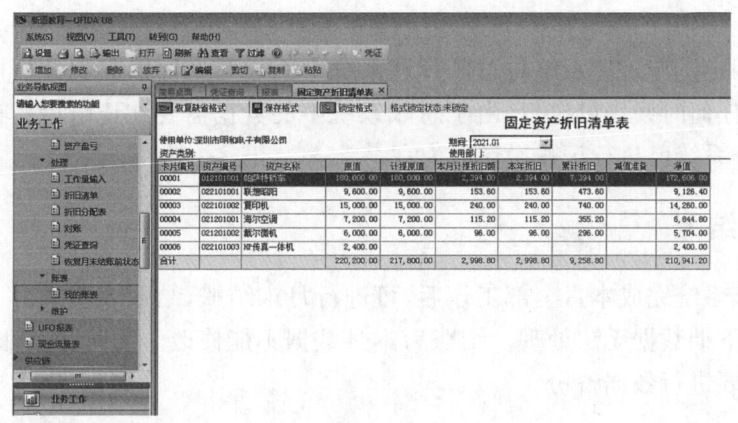

图 4-22　固定资产折旧清单

（四）统计表

统计表主要包括评估汇总表、评估变动表、固定资产统计表、盘盈盘亏报告表、役龄资产统计表、逾龄资产统计表、固定资产原值一览表、固定资产到期提示表等。其中,原值一览表按使用部门和类别交叉汇总资产的原值、累计折旧和净值,如图 4-23 所示。

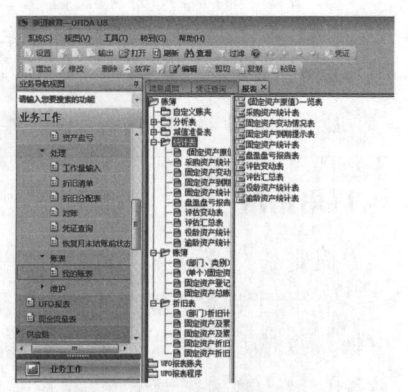

图 4-23　固定资产统计表

（五）固定资产分析表

固定资产分析表主要包括部门构成分析表、价值结构分析表、类别构成分析表、使用状况分析表。其中,部门构成分析表是对企业各部门的资产状况的分析,如图 4-24 所示。

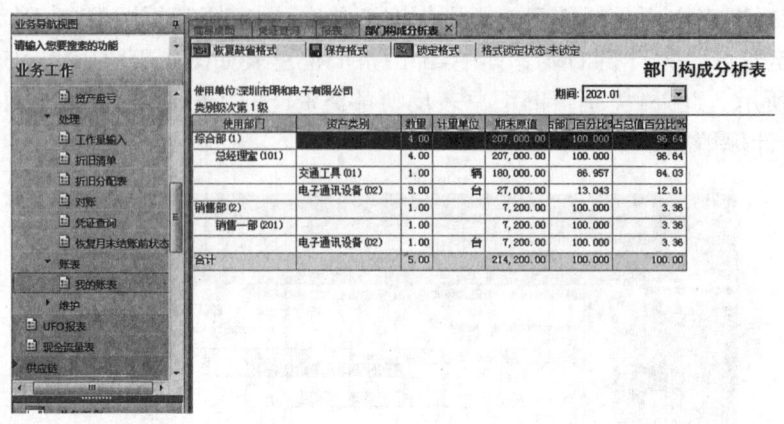

图 4-24　部门构成分析表

(六) 固定资产减值准备表

固定资产减值准备表主要包括资产减值准备表、减值准备余额表、减值准备总账。其中减值准备总账反映固定资产在各期间计提和回转的减值准备汇总数。

九、对账

对账是指固定资产管理系统与总账管理系统中固定资产原值与累计折旧的数值核对,对账不限时间,任何时候均可执行,由于总账系统中的数据需要在记账后登记到账簿中,因此对账选在账务系统已执行记账操作后为宜。

十、月末结账

当固定资产系统完成本月全部工作后,可进行月末结账,结账表明本月工作告一段落,本月未结账,则下期数据无法处理。结账后本月数据不能修改。为防止结账失败或其他问题,结账前一定要进行数据备份。

【应用实例】

天河公司 2021 年 2 月份发生如下固定资产变动业务:

2 月 8 日,为本田轿车加装车载音响系统,支出 15 000 元,款项以银行存款支付。

2 月 18 日,总经理办公室的传真机调拨到销售二部。

2 月 28 日,经核查对 2009 年购入的海尔空调计提 720 元的减值准备。

☞ **应用指南**

固定资产变动业务处理:

启用固定资产管理系统,打开系统菜单"卡片—变动单—原值增加",在固定资产变动单中输入拟增加固定资产原值的卡片编号,增加金额:15 000,变动原因输入:增加车载音响,系统自动生成资产变动的相应凭证。

启用固定资产管理系统,打开系统菜单"卡片—变动单—部门转移",在固定资产变动单中输入拟调拨固定资产的卡片编号,选择变动部门:销售二部,变动原因输入:调拨。

启用固定资产管理系统,打开系统菜单"卡片—变动单—计提减值准备",在固定资产变动单中输入减值固定资产的卡片编号,输入减值准备金额:720,变动原因输入:减值,系统自动生成资产减值的相应凭证。

【关键术语】

固定资产管理系统 固定资产管理系统初始化 固定资产日常业务处理 固定资产管理系统期末对账 固定资产变动处理

【问题思考】

1. 固定资产子系统初始设置的含义是什么?应包括哪些内容?

2. 固定资产子系统与其他子系统之间的主要关系是怎样的?

3. 固定资产管理系统由哪些模块组成?这些模块分别有哪些功能?

4. 什么是固定资产变动?哪些变动需要通过固定资产增减变动模块处理?

5. 固定资产管理系统月末结账后,小张发现固定资产管理系统生成的凭证发生错误,需要修改凭证,应如何在系统中修改错误凭证?

6. 天河公司的管理信息系统划分为总账子系统、报表子系统,固定资产管理子系统,工资管理子系统,应收子系统、应付子系统等多个子系统。这些子系统的管理和操作分别由不同的业务部门完成,其中固定资产子系统的操作员为该企业资产管理部门人员,小张是该公司的财务部人员,当固定资产发生增加,减少,报废等变化时,小张要在财务部随时可以查看固定资产变化的情况。固定资产子系统是如何与单位的总账子系统集成运用的?

【实训案例】

天河公司为满足固定资产核算业务的需要,于2021年1月份启用固定资产管理系统。账套主管何平负责系统的初始设置。初始设置资料如下。

(一) 初始设置

1. 控制参数

表4-6 控制参数

控制参数	参数设置
启用月份	2021.01
折旧信息	本账套计提折旧 折旧方法:平均年限法(一) 折旧分配周期:1个月 　　当(月初已计提月份＝可使用月份−1)时,将剩余折旧全部提足
编码方式	资产类别编码方式:2112 固定资产编码方式:类别＋编码＋序号(自动编码) 卡片序号长度:3

控制参数	参数设置
账务接口	与账务系统进行对账 固定资产对账科目:1601 固定资产 累计折旧对账科目:1602 累计折旧
补充参数	业务发生后立即制单 月末结账前一定要完成制单登账业务 固定资产默认入账科目:1601,固定资产 累计折旧默认入账科目:1602,累计折旧 减值准备默认入账科目:1603,固定资产减值准备

2. 资产类别

表4-7 资产类别

编码	类别名称	净残值率(%)	计量单位	计提属性
01	交通工具	4	辆	正常计提
011	经营用	4		正常计提
012	非经营用	4		正常计提
02	电子通信设备	4	台	正常计提
021	经营用	4		正常计提
022	非经营用	4		正常计提

3. 部门折旧分配

表4-8 部门折旧分配

部门	折旧分配
综合部、采购部	管理费用/折旧费
销售部	营业费用/折旧费
制造中心	制造费用/折旧费

4. 资产增减及对应科目

表4-9 资产增减及对应科目

增减方式	对应科目
增加:	
直接购入	100201,工商银行
减少:	
毁损	1606,固定资产清理

5. 固定资产原始卡片

表4-10 固定资产原始卡片

名称	类别编号	所属部门	增加方式	预计寿命(月)	启用日期	原值	累计折旧	对应科目
本田轿车	012	总经理室	直接购入	72	2020.12	315 000	21 000	管理费用
笔记本电脑	022	总经理室	直接购入	60	2020.12	9 600	320	管理费用
复印机	022	总经理室	直接购入	60	2020.12	15 000	500	管理费用
计算机	021	销售一部	直接购入	60	2020.12	6 000	240	销售费用
计算机	021	销售二部	直接购入	60	2020.12	4 800	180	销售费用

(二) 日常及期末业务

2021年1月份发生的业务如下：

1月5日,销售一部新购入一台海尔空调,购入价格为7 200元,预计使用年限为5年,预计净残值率为4%,采用年限平均法(一)计提折旧录入固定资产卡片。

1月7日,销售二部计算机意外毁损。

1月21日,总经理办公室的传真机转移到采购部。

1月25日,为本田轿车加装车载音响系统,支出15 000元。

1月31日,经核查对公司总经理室的复印机计提1 000元的减值准备。

1月31日,计提本月折旧费用。

习题·实训·案例

一、练习题

(一) 单选题

1. 在固定资产管理系统初始化过程中的折旧信息中,使用单位可以根据自己的需要来确定资产的折旧分配周期,系统默认的折旧分配周期为( )。

　　A. 1个月　　　　　B. 1个季度　　　　　C. 半年　　　　　D. 1年

2. 将固定资产分类为经营用固定资产和非经营用固定资产两大类的划分标准是( )。

　　A. 使用情况　　　B. 经济用途　　　　　C. 使用性能　　　D. 来源渠道

3. 下列固定资产不能计提折旧的是( )。

　　A. 已计价入账的土地　　　　　　　　B. 大修理期间的固定资产

　　C. 季节性停产的固定资产　　　　　　D. 未使用的固定资产

4. ( )管理系统能够帮助单位进行固定资产的新增、减少、变动、计提折旧等业务进行处理和记录。

　　A. 固定资产　　　　　　　　　　　　B. 总账

　　C. 成本　　　　　　　　　　　　　　D. 存货

5. 固定资产计提折旧后又对账套进行了影响折旧计算分配的操作,那么( )。

　　A. 必须重新计提折旧　　　　　　　　B. 不需重新计提折旧

　　C. 重新计提或不计提折旧均可　　　　D. 以上都不对

6. 固定资产计提折旧,一定期间可以( )计提。

　　A. 多次　　　　　　B. 一次　　　　　C. 二次　　　　　D. 都不对

7. 下列固定资产应计提折旧的是( )。

　　A. 经营租赁租入的设备　　　　　　　B. 已提足折旧继续使用的设备

　　C. 未提足折旧提前报废的设备　　　　D. 闲置的设备

8. ( )系统能够帮助单位进行存货的增加、减少、计提减值准备等业务进行处理和记录。

　　A. 总账管理系统　　　　　　　　　　B. 成本管理系统

　　C. 固定资产管理系统　　　　　　　　D. 存货管理系统

9. 固定资产初始设置包括建立( )。

　　A. 自动计提折旧　　　　　　　　　　B. 管理固定资产卡片

　　C. 设置控制参数　　　　　　　　　　D. 输出相关报表

10. 固定资产管理系统与总账系统对账是核对( )。

A. 仅仅是固定资产原值 　　　　　　B. 仅仅是累计折旧

C. 固定资产原值与累计折旧 　　　　D. 以上都不对

11. 固定资产管理系统设置部门对应折旧科目时,供应部的折旧费用归集于(　　)。

A. 生成成本——折旧费 　　　　　　B. 管理费用——折旧费

C. 制造费用——折旧费 　　　　　　D. 销售费用——折旧费

12. 直接购入增加固定资产,在设置增加方式的同时,输入对应的入账科目是(　　)。

A. 银行存款 　　B. 固定资产 　　C. 管理费用 　　D. 累计折旧

13. 固定资产变动时,在(　　)输入变动内容。

A. 固定资产卡片管理 　　　　　　B. 固定资产变动单

C. 固定资产基础数据 　　　　　　D. 固定资产卡片

14. 盘盈盘亏报告表在(　　)中查询。

A. 固定资产统计表 　　　　　　　B. 固定资产变动单

C. 固定资产总账 　　　　　　　　D. 固定资产明细账

15. (　　)能列示每一期间企业全部资产的原值、累计折旧以及净值。

A. 固定资产变动单 　　　　　　　B. 固定资产明细账

C. 固定资产统计表 　　　　　　　D. 固定资产总账

16. 固定资产管理系统生成的凭证在(　　)管理系统中完成审核。

A. 固定资产 　　　　　　　　　　B. 总账

C. 固定资产或总账 　　　　　　　D. 报表

17. 固定资产管理系统与总账系统对账不符的(　　)。

A. 不允许固定资产系统月末结账

B. 允许固定资产系统月末结账

C. 由固定资产管理系统初始设置是否允许结账决定固定资产系统月末能否结账

D. 以上都不对

18. (　　)是固定资产管理和核算的基础依据。

A. 固定资产卡片 　　　　　　　　B. 固定资产折旧

C. 固定资产初始设置 　　　　　　D. 固定资产变动

19. 凡是固定资产的增减变动业务,都要通过(　　)。

A. 固定资产卡片进行管理 　　　　B. 固定资产账簿进行管理

C. 固定资产初始设置管理 　　　　D. 固定资产维护进行管理

20. 对于固定资产系统传递到总账中的凭证,若发现该凭证制作错误,在(　　)中可通过凭证修改功能进行更改。

A. 总账系统 　　　　　　　　　　B. 固定资产系统

C. 总账系统和固定资产管理系统均可 D. 都不对

(二) 多选题

1. 企业持有固定资产的目的是为了(　　)。

A. 生产商品 　　B. 提供劳务 　　C. 经营管理 　　D. 出售

2. 固定资产卡片管理包括(　　)。

A. 卡片修改　　B. 卡片删除　　　　C. 卡片查询　　　　D. 卡片增加

3. 固定资产的增加可以来自(　　)。

A. 自行建造　　B. 投资转入　　　　C. 融资租人　　　　D. 改建扩建

4. 固定资产的折旧方法主要有(　　)。

A. 平均年限法　　　　　　　B. 工作量法

C. 双倍余额递减法　　　　　D. 年数总和法

5. 固定资产系统不允许结账,可能的原因有(　　)。

A. 本月未提折旧

B. 提取本月折旧后,又改变了某项固定资产的折旧方法

C. 有两项固定资产增加未制单

D. 对账不平

6. 固定资产管理系统的作用有(　　)。

A. 完成企业固定资产日常业务的核算和管理

B. 反映固定资产的增加、减少、原值变化及其他变动

C. 资产管理人员的变化情况

D. 自动计提折旧

7. 固定资产管理系统传递到总账中的凭证,在总账中可以进行(　　)。

A. 修改　　　　B. 删除　　　　　C. 查询　　　　　D. 审核

8. 固定资产日常业务处理包括(　　)。

A. 固定资产增减变化　　　　B. 固定资产卡片管理

C. 固定资产凭证管理　　　　D. 固定资产卡片录入

9. 固定资产变动方式包括(　　)。

A. 固定资产原值的调整　　　　B. 固定资产部门转移

C. 固定资产使用状况变动　　　　D. 固定资产折旧计提

10. 固定资产子系统应该具备(　　)等主要功能。

A. 管理固定资产卡片　　　　B. 处理固定资产增减变化业务

C. 自动转账　　　　　　　　D. 计提折旧

(三) 判断题

1. 固定资产增减方式可根据用户的需要自行增加。　　　　　　　　　　(　　)

2. 对于固定资产系统传递到总账中的凭证,若发现该凭证制作错误,在总账中可通过凭证修改功能进行更改。　　　　　　　　　　　　　　　　　　(　　)

3. 重新计提折旧前,须删除上次已传递至账务系统的凭证。　　　　　　(　　)

4. 首次使用固定资产管理系统时,应先选择对账套进行初始化。　　　　(　　)

5. 减少资产的操作必须在提取折旧操作完毕后进行。　　　　　　　　　(　　)

6. 固定资产管理系统对账操作限制执行时间。　　　　　　　　　　　　(　　)

7. 固定资产管理系统结账在总账系统结账之后。　　　　　　　　　　　(　　)

8. 固定资产系统当月未结账,则下月数据无法处理。　　　　　　　　　(　　)

9. 只有总账管理系统完成记账工作后,固定资产管理系统与账务管理系统才能进行对账

工作。 （　　）

10. 新增固定资产当月计提折旧。 （　　）

11. 固定资产原值应为卡片录入月的月初值。 （　　）

12. 固定资产管理系统默认的增减方式中,非明细级增减方式是不能删除的。 （　　）

13. 固定资产管理系统中的固定资产卡片样式不能进行定义、修改和删除。 （　　）

14. 固定资产管理系统中的部门档案与企业门户基础信息中的部门档案共享。 （　　）

15. 固定资产管理系统中的固定资产卡片信息录入后是不能修改的。 （　　）

（四）简答题

1. 固定资产系统与总账系统的关系体现在哪些方面?

2. 简述固定资产管理系统业务处理流程。

3. 简述固定资产增加、减少业务的处理方法。

4. 固定资产管理系统中的日常管理包括哪些业务?

5. 简述固定资产管理系统中的固定资产变动业务。

6. 简述固定资产管理系统折旧业务的处理方法。

二、业务实训

（一）业务实训一　固定资产管理

1. 实训目的

掌握用友软件中有关固定资产管理的相关内容;掌握固定资产系统初始化设置、日常业务处理、月末处理等操作。

2. 实训准备

引入第二章业务实训三账套数据。

3. 实训资料

初始设置

（1）控制参数,如表 4-11 所示。

表 4-11　控制参数设置表

控制参数	参数设置
约定与说明	我同意
启用月份	2021.12
折旧信息	本账套计提折旧 折旧方法:平均年限法 折旧汇总分配周期:1 个月 当"月初已计提月份＝可使用月份—1"时,将剩余折旧全部提足
编码方式	资产类别编码方式:2112 固定资产编码方式:按"类别编码＋部门编码＋序号"自动编码 卡片序号长度为:3

控制参数	参数设置
财务接口	与财务系统进行对账 对账科目 固定资产对账科目:1501 固定资产 累计折旧对账科目:1502 累计折旧 在对账不平情况下不允许月末结账
补充参数	业务发生后立即制单 月末结账前一定要完成制单登账业务 固定资产缺省入账科目:1501,累计折旧缺省入账科目:1502

（2）资产类别,如表 4-12 所示。

表 4-12 资产类别

编码	类别名称	净残值率	单位	计提属性
01	房屋及构筑物	4%		正常计提
011	房屋	4%		正常计提
012	构筑物	4%		正常计提
02	通用设备	4%		正常计提
021	生产用设备	4%		正常计提
022	非生产用设备	4%		正常计提
03	交通运输设备	4%		正常计提
031	生产用运输设备	4%	辆	正常计提
032	非生产用运输设备	4%	辆	正常计提
04	电子设备及其他通信设备	4%		正常计提
041	生产用设备	4%		正常计提
042	非生产用设备	4%		正常计提

（3）增减方式的对应入账科目,如表 4-13 所示。

表 4-13 增减方式的对应入账科目

增减方式目录	对应入账科目
增减方式:	
直接购入	1002201,工行存款
投资者投入	3101,实收资本
捐赠	311107,资本公积
盘盈	191102,待处理财产损益
在建工程转入	1603,在建工程
融资租入	2321,长期应付款
减少方式:	
出售	1701,固定资产清理
盘亏	191102,待处理固定资产损益
投资转出	140101,长期股权投资

增减方式目录	对应入账科目
捐赠	5601,营业外支出
报废	1701,固定资产清理
毁损	1701,固定资产清理

（4）部门及对应折旧科目,如表4-14所示。

表4-14　部门及对应折旧科目

部门	对应折旧科目
综合部	550206,管理费用/折旧费
生产部	410502,制造费用/折旧费
医务室	2153,应付福利费
销售部	5501,营业费用

（5）原始卡片,如表4-15所示。

表4-15　原始卡片

固定资产名称	类别编号	所在部门	增加方式	使用年限	开始使用日期	原值	累计折旧	对应折旧科目名称
锅炉	021	一车间	在建工程转入	10	2021-01-01	500 000	63 200	制造费用/折旧费
立式铣床	021	一车间	直接购入	10	2021-01-01	180 000	19 900	制造费用/折旧费
钳工平台	021	一车间	直接购入	10	2021-01-01	100 000	13 280	制造费用/折旧费
小车床	021	一车间	直接购入	10	2021-01-01	10 000	940	制造费用/折旧费
手电钻	021	二车间	直接购入	10	2021-01-01	5 000	470	制造费用/折旧费
原料库	011	库房	在建工程转入	30	2021-01-01	100 000	3 830	管理费用/折旧费
空调	022	财务科	直接购入	10	2021-01-01	5 000	470	管理费用/折旧费
轿车	032	办公室	直接购入	10	2021-01-01	340 000	12 660	管理费用/折旧费
复印机	042	办公室	直接购入	6	2021-01-01	20 000	750	管理费用/折旧费
消防设备	022	办公室	直接购入	6	2021-01-01	40 000	1 500	管理费用/折旧费
合计						1 300 000	117 000	

注:净残值率为4%,使用状况均为"在用",折旧方法均采用平均年限法(一)。

日常处理

（1）12月21日,办公室购买打印机一台,价值1 500元,净残值率为4%,预计使用年限5年。

（2）12月31日,计提本月折旧费用。

（3）12月31日,二车间毁损手电钻一台。

4. 实训要求

（1）固定资产系统参数设置、原始卡片录入。

（2）日常业务:资产增减、资产变动、计提折旧、生成凭证、账表查询。

（3）月末处理。

5. 课后思考题

（1）在期末进行对账处理,出现不平情况,请说明可能存在的原因有哪些?

（2）如何修改、删除固定资产管理子系统中生成的凭证？

（3）当月新增和报废固定资产是否计提折旧？请在本系统中操作查看。

（二）业务实训二　固定资产管理系统

1. 实训目的

掌握固定资产管理系统初始化设置、日常业务处理、月末处理的操作。

2. 实训准备

引入第三章习题业务实训二账套数据。

3. 实训资料

（1）700 账套固定资产管理系统的参数。

固定资产账套的启用月份为"2022 年 1 月"，固定资产采用"平均年限法"计提折旧，折旧汇总分配周期为 1 个月；当"月初已计提月份＝可使用月份－1）"时将剩余折旧全部提足。固定资产编码方式为"2—1—1—2"；固定资产编码方式采用手工输入方法，编码方式为"类别编码＋序号"；序号长度为"5"。要求固定资产管理系统与总账进行对账；固定资产对账科目为"1601 固定资产"；累计折旧对账科目为"1602 累计折旧"；对账不平衡的情况下允许固定资产月末结账。

（2）部门对应折旧科目，如表 4-16 所示。

表 4-16　部门对应折旧科目

部门名称	贷方科目
综合部	管理费用——折旧费（660204）
财务部	管理费用——折旧费（660204）
采购部	管理费用——折旧费（660204）
销售部	销售费用（6601）

（3）固定资产类别，如表 4-17 所示。

表 4-17　固定资产类别

类别编码	类别名称	使用年限	净残值率	计提属性	折旧方法	样式
01	房屋及建筑类				平均年限法（一）	通用样式
011	办公楼	30	2%	正常计提	平均年限法（一）	通用样式
012	厂房	30	2%	正常计提	平均年限法（一）	通用样式
02	机器设备				平均年限法（一）	通用样式
021	办公设备	5	3%	正常计提	平均年限法（一）	通用样式

（4）固定资产增减方式，如表 4-18 所示。

表 4-18　固定资产增减方式

增加方式	对应入账科目	减少方式	对应入账科目
直接购入	银行存款——工行存款（100201）	出售	固定资产清理（1606）
投资者购入	实收资本（4001）	投资转出	固定资产清理（1606）
捐赠	资本公积（4002）	捐赠转出	固定资产清理（1606）

增加方式	对应入账科目	减少方式	对应入账科目
盘盈	待处理财产损益(1901)	盘亏	固定资产清理(1606)
在建工程转入	在建工程(1604)	报废	固定资产清理(1606)

（5）固定资产原始卡片，如表4-19所示。

表4-19 固定资产原始卡片

卡片编号	00001	00002	00003
固定资产编号	01100001	01200001	02100001
固定资产名称	1号楼	2号楼	计算机
类别编号	011	012	021
类别名称	办公楼	厂房	办公设备
部门名称	综合部	加工车间	财务部
增加方式	在建工程转入	在建工程转入	直接购入
使用状况	在用	在用	在用
使用年限	30年	30年	5年
折旧方法	平均年限法（一）	平均年限法（一）	平均年限法（一）
开始使用日期	2007-1-08	2008-3-10	2020-6-1
币种	人民币	人民币	人民币
原值	400 000元	450 000元	20 000元
净残值率	2%	2%	3%
累计折旧	37 800元	25 515元	1 944元
对应折旧科目	管理费用——折旧费	制造费用	管理费用——折旧费

（6）修改固定资产卡片。

将卡片编号为"00003"的固定资产（计算机）的折旧方式由"平均年限法（一）"修改为"双倍余额递减法"。

（7）新增固定资产。

2022年1月15日，直接购入并交付销售部使用一台计算机，预计使用年限为5年，原值为12 000元，净残值率为3%，采用"年数总和法"计提折旧。

4. 实训要求

（1）固定资产系统参数设置、原始卡片录入。

（2）日常业务：资产增减、资产变动、计提折旧、生成凭证、账表查询。

（3）月末处理。

三、案例题

陈明使用固定资产管理系统进行折旧业务处理，他已计提本月折旧，并生成折旧计提凭证，折旧费用凭证已生成凭证并传递到总账，但本月月结之前又发生了固定资产减少业务，请问陈明该如何处理该固定资产减少业务的折旧计提？

第五章
应收款与应付款管理系统

第一节 应收账款会计核算及管理

一、应收账款

（一）应收账款的界定

应收账款是指企业因销售商品、产品或提供劳务而形成的债权。换言之，应收账款是指企业由于销售商品、产品或提供劳务等原因，应向购货客户或接受劳务的客户收取的款项或代垫的运杂费等。

会计上的应收账款有其特定的范围。首先，应收账款是指因销售活动形成的债权，不包括应收职工欠款、应收债务人的利息等其他应收款项；其次，应收账款是指流动资产性质的债权，不包括长期的债权，如购买的长期债券等；最后，应收账款是指本企业应收客户的款项，不包括本企业付出的各类存出保证金，如投标保证金和租入包装物保证金等。

1. 应收账款的入账时间

应收账款是由于赊销业务产生，因而在销售成立时既确认了销售收入，又确认了应收账款。按照权责发生制原则必须同时满足以下两个条件时才能确认销售收入：其一，商品或劳务已经提供给顾客，即交易已经发生；其二，已经收到现金或取得收取现金的权利。

所谓"取得收取现金的权利"，意味着赊销已经成立，企业确认与此相关的应收账款的条件也具备了。

2. 应收账款的入账金额

应收账款通常应按实际发生额计价入账，包括发票金额和代购货单位垫付的运杂费两部分，计价时还需要考虑商业折扣和现金折扣等因素。

（1）商业折扣。商业折扣是指企业根据市场供需情况，或针对不同的顾客，在商品标价上给予的扣除。

商业折扣是企业最常用的促销手段。企业为了扩大销售、占领市场，对于批发商往往给予商业折扣，采用销量越多、价格越低的促销策略，即通常所说的"薄利多销"。对于季节性的商品,在销售的淡季,为了扩大销售,企业通常采用商业折扣的方式。但也并非完全如此,在市场竞争日益激烈的情况下,企业也往往利用人们的消费心理,即使在销售的旺季也把商业折扣作为一种常用的促销竞争手段。

商业折扣一般在交易发生时即已确定,它仅仅是确定实际销售价格的一种手段,不需在买卖双方任何一方的账上反映,所以商业折扣对应收账款的入账价值没有什么实质性的影响。因此,在存在商业折扣的情况下,企业应收账款入账金额应按扣除商业折扣以后的实际售价确认。

(2) 现金折扣。现金折扣是指债权人为鼓励债务人在规定的期限内付款,而向债务人提供的债务扣除。现金折扣通常发生在以赊销方式销售商品及提供劳务的交易中。企业为了鼓励客户提前偿付货款,通常与债务人达成协议,债务人在不同期限内付款可享受不同比例的折扣。现金折扣一般用符号"折扣/付款期限"表示。比如买方在 10 天内付款可按售价给予 2% 的折扣,用符号"2/10"表示;在 20 天内付款按售价给予 1% 的折扣,用符号"1/20"表示;在 30 天内付款,则不给折扣,用符号"n/30"表示。

存在现金折扣的情况下,应收账款入账金额的确认有两种方法:一是总价法,二是净价法。

总价法是将未减去现金折扣前的金额作为实际售价,作为应收账款的入账价值。现金折扣只有客户在折扣期内支付货款时,才予以确认。在这种方法下,销售方把给予客户的现金折扣视为融资的理财费用,会计上作为财务费用处理。我国现行企业会计准则要求采用此方法。

净价法是将扣减现金折扣后的金额作为实际售价,据以确认应收账款的入账价值。这种方法是把客户取得折扣视为正常现象,认为客户一般都会提前付款,而将由于客户超过折扣期限而多收入的金额,视为提供信贷获得的收入。

(二) 应收账款的会计处理

1. 不存在商业折扣条件下应收账款的会计处理

企业发生的应收账款,在没有商业折扣的情况下,按应收的全部金额,借记"应收账款"科目,按确认的销售收入贷记"主营业务收入"科目,按确认的增值税销项税额,贷记"应交税费——应交增值税(销项税额)"科目。

有关会计处理如下:

(1) 发生应收账款。

借:应收账款
　贷:主营业务收入
　　　应交税费——应交增值税(销项税额)
　　　银行存款

(2) 收到应收账款。

借:银行存款
　贷:应收账款

2. 存在商业折扣条件下应收账款的会计处理

企业发生的应收账款,在存在商业折扣的情况下,应按扣除商业折扣后的金额入账。即按折扣后的金额,借记"应收账款"科目,按确认的销售收入,贷记"主营业务收入"科目,按确认的增值税销项税额,贷记"应交税费——应交增值税(销项税额)"科目。

有关会计处理如下:

借:应收账款
　　贷:主营业务收入
　　　　应交税费——应交增值税(销项税额)

3. 存在现金折扣条件下应收账款的会计处理

企业发生的应收账款,在存在现金折扣的情况下,采用总价法核算时.发生的现金折扣作为财务费用处理。即按照应收账款的总金额,借记"应收账款"科目,按确认的销售收入,贷记"主营业务收入"科目,按确认的增值税销项税额,贷记"应交税费——应交增值税(销项税额)"科目。收款时,按实际收款额,借记"银行存款"科目,按确认的现金折扣,借记"财务费用"科目,按原记录的应收账款,贷记"应收账款"科目。

有关会计处理如下:

(1) 发生应收账款。

借:应收账款
　　贷:主营业务收入
　　　　应交税费——应交增值税(销项税额)

(2) 收到应收账款。

借:银行存款
　　财务费用
　　贷:应收账款

(3) 如果超过了现金折扣的最后期限,则编制会计分录如下:

借:银行存款
　　贷:应收账款

(三) 坏账及坏账损失

应收账款由于存在一定的收账期限,在这一过程中,债务人可能由于各种原因无法全部或部分偿还相应的债权,于是就可能形成坏账。坏账是指企业无法收回或收回的可能性极小的应收账款。由于发生坏账而产生的损失,称为坏账损失。

1. 坏账损失的确认

企业确认坏账时,应遵循财务报告的目标和会计核算的基本原则,具体分析各应收账款的特性、金额的大小、信用期限、债务人的信誉和当时的经营情况等因素。通常,企业的应收账款符合下列条件之一的,应确认为坏账:①债务人死亡,以其遗产清偿后仍然无法收回。②债务人破产,以其破产财产清偿后仍然无法收回。③债务人较长时期内未履行其偿债义务,并有足够的证据表明无法收回或收回的可能性极小。

应当指出,对已确认为坏账的应收账款,并不意味着企业放弃了追索权,一旦重新收回,就应及时入账。

2. 坏账损失的会计处理

对于坏账损失的会计处理,通常有直接转销和备抵法两种方法。我国现行企业会计准

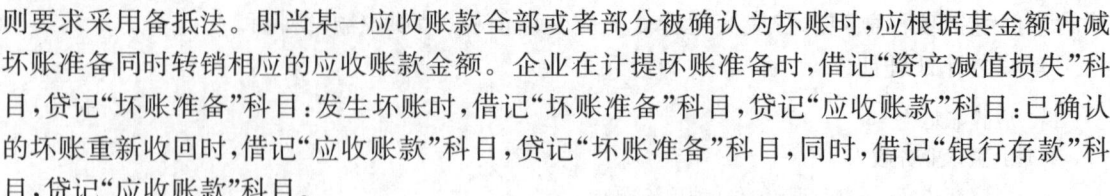

则要求采用备抵法。即当某一应收账款全部或者部分被确认为坏账时,应根据其金额冲减坏账准备同时转销相应的应收账款金额。企业在计提坏账准备时,借记"资产减值损失"科目,贷记"坏账准备"科目;发生坏账时,借记"坏账准备"科目,贷记"应收账款"科目;已确认的坏账重新收回时,借记"应收账款"科目,贷记"坏账准备"科目,同时,借记"银行存款"科目,贷记"应收账款"科目。

有关会计处理如下:

(1)计提坏账准备。

借:资产减值损失
　　贷:坏账准备

(2)确认坏账损失。

借:坏账准备
　　贷:应收账款

(3)已确认坏账重新收回。

借:应收账款
　　贷:坏账准备

同时:

借:银行存款
　　贷:应收账款

在备抵法下,核算坏账损失时应注意以下两个问题:

第一,已确认并已转销的坏账损失,如果以后又收回,应通过"应收账款"科目核算,而不应直接从"银行存款"科目转入"坏账准备"科目。这样处理,便于提供分析债务人财务状况的信息,便于确认将来是否与其进行财务往来,并能反映出债务人重新建立其信誉的愿望。

第二,收回的已作为坏账核销的应收账款,应贷记"坏账准备"科目,而不直接冲减"资产减值损失"科目。虽然先贷记"坏账准备"科目。然后再在年末时少提或冲销坏账准备,以减少资产减值损失,最终结果是一样的,但采用贷记"坏账准备"科目的做法,能够使"资产减值损失"科目仅反映企业提取或冲回的多提的坏账准备数额。而"坏账准备"科目则集中反映了坏账准备的提取、坏账损失的核销、收回的已作为坏账核销的应收账款情况。这样处理,使得坏账准备的提取、核销、收回、结余,反映得更为清楚,便于进行分析。

二、应收票据

(一)应收票据及其分类

应收票据是企业持有的、尚未到期兑现的商业汇票。在我国,除商业汇票外,大部分票据都是即期票据,可以即刻收款或存入银行成为货币资金,不需要作为应收票据核算。因此,我国的应收票据即指商业汇票。

如前所述,商业汇票按承兑人不同,分为商业承兑汇票和银行承兑汇票。商业汇票按是否计息可分为不带息商业汇票和带息商业汇票。不带息商业汇票是指商业汇票到期时,承兑人只按票面金额(即面值)向收款人或被背书人支付款项的汇票。带息商业汇票是指商业汇票到期时,承兑人必须按票面金额加上应计利息向收款人或被背书人支付票款的票据。

我国商业票据的期限一般较短(6个月),用现值计量不但计算麻烦而且其折价还要逐期摊销,过于繁琐。因此,应收票据通常按其面值计价。即企业收到应收票据时,应按照票据的面值入账。

(二)不带息应收票据

不带息应收票据的到期价值等于应收票据的面值。企业应当设立"应收票据"科目核算应收票据的票面金额,收到应收票据时,借记"应收票据"科目,贷记"主营业务收入""应交税费——应交增值税(销项税额)""应收账款"等科目。应收票据到期收回的票面金额,借记"银行存款"科目,贷记"应收票据"科目。商业承兑汇票到期,承兑人违约拒付或无力偿还票款时,收款企业应将到期的票面金额转入"应收账款"科目。

有关会计处理如下:

(1)销售商品、收到已承兑的商业汇票。

借:应收票据
　　贷:主营业务收入
　　　　应交税费——应交增值税

(2)3个月收到货款及增值税。

借:银行存款
　　贷:应收票据

(3)假定该票据到期,乙企业无力偿还该批货款及增值税。其会计分录如下:

借:应收账款
　　贷:应收票据

(三)带息应收票据

对于带息应收票据,在未计提利息时与不带息商业汇票的核算完全一样,只是企业应于中期期末和年度终了时计算票据利息。对计算的利息,借记"应收票据"科目,贷记"财务费用"科目。其利息的计算公式如下:

$$应收票据利息=应收票据票面金额×票据利率×计息期限$$

其中:

票据利率是指应收票据的票面利率;

计息期限是指票据出票日至中期期末或年度终了的时间间隔。

如果在票据有效期内不单独计算利息,则在到期日计算票据的本息。其计算公式如下:

$$票据利息=应收票据票面金额×票据利率×票据期限$$

其中:

票据期限是指票据出票日至票据到期日的时间间隔。在实际业务中,为了计算方便,常把1年定为360天。票据期限按月表示时,应以到期月份中与出票日相同的那一天为到期日。同时,计算利息使用的利率,要换算成日利率(年利率/360)。

带息应收票据到期收回款项时,应按收到的本息,借记"银行存款"科目,按票面价值,贷记"应收票据"科目,按其差额,贷记"财务费用"科目。

有关会计处理如下:

(1)销售商品、收到已承兑的商业汇票。

借:应收票据
　　贷:主营业务收入
　　　　应交税费——应交增值税(销项税额)

(2)年末计提票据利息。

借:应收票据
　　贷:财务费用

(3)到期收到货款及增值税。

借:银行存款
　　贷:应收票据
　　　　财务费用

三、预收账款

预收账款是购销双方商定,由购货方预先支付一部分款项给供应方而发生的一项负债,此项负债必须用以后的商品或劳务等偿还。在会计核算上,对"预收账款"的核算主要有两种方法:其一,单独设置"预收账款"科目,以完整反映预收账款的全部业务;其二,不设置"预收账款"科目,如果发生了预收账款业务,在"应收账款"的贷方反映。

(一)设置"预收账款"科目

企业单独设置"预收账款"科目,发生预收账款时,借记"银行存款"科目,贷记"预收账款"科目。发出商品或提供劳务时,按全部价款借记"预收账款"科目,按确认的收入贷记"主营业务收入"科目,按增值税专用发票注明的税额贷记"应交税费——应交增值税(销项税额)"等科目,差额再通过"预收账款"科目核算。

有关会计处理如下:

(1)收到预收账款时,应编制会计分录如下:

借:银行存款
　　贷:预收账款

(2)发出商品时,应编制会计分录如下:

借:预收账款
　　贷:主营业务收入
　　　　应交税费——应交增值税(销项税额)

(3)结转成本时,应编制会计分录如下:

借:主营业务成本
　　贷:库存商品

（4）结算有关款项时，应编制会计分录如下：

借：银行存款
　　贷：预收账款

（二）不设置"预收账款"科目

企业在预收账款业务不多的情况下，也可以不设置"预收账款"科目，而在"应收账款"账户的贷方反映。收到预收款时，借记"银行存款"科目，贷记"应收账款"科目。发出商品或提供劳务时，按全部价款借记"应收账款"科目，按确认的收入贷记"主营业务收入"科目，按增值税专用发票注明的税额贷记"应交税费——应交增值税（销项税额）"等科目。有关会计处理如下：

（1）收到预收账款时，应编制会计分录如下：

借：银行存款
　　贷：应收账款

（2）发出商品时，应编制会计分录如下：

借：应收账款
　　贷：主营业务收入
　　　　应交税费——应交增值税（销项税额）

（3）结转成本时，应编制会计分录如下：

借：主营业务成本
　　贷：库存商品

（4）结算有关款项时，应编制会计分录如下：

借：银行存款
　　贷：应收账款

四、其他应收款

其他应收款是指企业发生的非购销活动的应收债权。对于这类应收项目，通常与应收账款和预付账款分开，如企业发生的各种赔款、存出保证金、备用金以及应向职工收取的各种垫付款项等，将这类项目单独归类，以便财务报表的使用者把这些项目与因购销业务而发生的应收项目区分清楚。

第二节　应收款子系统概述

应收款子系统主要用于核算和管理客户往来款项，即管理企业在日常经营过程中所产生的各种应收款数据信息。对于应收款的核算与管理既可以深入各种产品、各个地区、各个部门和各业务员，又可以从不同的角度对应收款项进行分析、决策，使购销业务系统和财务

系统有机地联系起来。

在实际的经营活动中,企业与其他单位和个人发生应收账款是非常频繁的,收款工作量比较大,拖欠款情况也时有发生。因此对应收账款的管理是一项相当繁杂的工作。应收款子系统可以使企业管理好应收项,及时收回欠款,从而使企业开展正常的经营活动。应收账款子系统可直接由销售子系统产生的发票和定金自动生成凭证,记入账务子系统。客户交款时,可冲抵客户应收款,并自动计算现金折扣,生成收款凭证。系统还可追踪客户的交款情况、拖欠款情况,及时地提供客户的信用信息。系统还可以实现对已形成的应收账款进行账龄分析和估算坏账损失的功能。应收款子系统与账务子系统可以实现数据共享,可随时查询应收款有关的账务处理情况。

通常情况下,根据应收款项核算和管理的程度不同,用户可以采用两种方式核算客户往来款项。

第一种,在应收款子系统核算客户往来款项。如果在销售业务中应收款核算与管理内容比较复杂,需要追踪每一笔业务的应收款、收款等情况,或者需要将应收款核算具体到产品一级,那么可以选择该方法。在这种方法下,所有的客户往来凭证全部由应收款子系统生成,其他系统不再生成这类凭证,并由应收款子系统实现对应收账款的核算和管理。其主要功能包括以下几个方面:

(1)根据输入的单据或由销售子系统传递过来的单据,记录应收款项的形成。包括由于商品交易和非商品交易所形成的所有应收项目。

(2)处理应收项目的收款及转账业务。

(3)对应收票据进行记录和管理。

(4)在应收项目的处理过程中生成凭证,并向账务子系统进行传递。

(5)对外币业务及汇兑损益进行处理,并向账务子系统进行传递。

(6)根据所提供的条件,提供各种查询及统计分析。

第二种,在账务子系统核算客户往来款项。如果销售业务及应收账款业务并不十分复杂,或者现销业务很多,则可以选择在账务子系统通过辅助核算完成对客户往来核算的管理。该方法侧重于对客户的往来款项进行查询和分析。其主要功能包括以下两个方面:

(1)若同时使用销售管理子系统,可接收销售子系统的发票,并对其进行制单处理;在制单前需要预先进行科目设置。

(2)客户往来业务在账务子系统生成凭证后,可以在应收款子系统进行查询。

一、应收款子系统的主要功能

应收款子系统的功能主要包括初始化设置、日常业务处理、信息查询和期末处理。

(一)初始化设置

系统初始化包括系统参数设置、基础信息设置和期初数据录入。

(二)日常业务处理

日常业务处理是对应收款项业务的处理工作,主要包括应收单据处理、收款单处理、票据管理、转账处理和坏账处理等内容。

应收单据处理是指用户进行单据录入和单据管理的工作。通过单据录入,单据管理可记录各种应收业务单据的内容,查阅各种应收业务单据,完成应收业务管理的日常工作。

收款单处理是指用户对已收到款项的单据进行输入,并进一步进行核销的过程。单据核销的主要作用是解决收回客户款项、核销该客户应收款的处理,建立收款与应收款的核销记录,监督应收款及时核销,加强往来款项的管理。

票据管理,主要是对银行承兑汇票和商业承兑汇票进行管理。票据管理可以提供票据登记簿,记录票据的利息、贴现、背书、结算和转出等信息。

转账处理,是在日常业务处理中经常发生的应收冲应付、应收冲应收、预收冲应收及红票对冲的业务处理。

坏账处理是指计提坏账准备的处理、坏账发生的处理、坏账收回后的处理。

(三) 信息查询

用户在进行各种查询结果的基础上所进行的各项分析。一般查询包括:单据查询、凭证查询及账款查询等。统计分析包括:欠款分析、账龄分析、综合分析及收款预测分析等,便于用户及时发现问题,加强对往来款项动态的监督管理。

(四) 期末处理

期末处理包括结算汇兑损益和期末结账。如果企业有外币往来,在月末需要计算外币单据的汇兑损益并对其进行相应的处理。如果当月业务已全部处理完毕,就需要执行月末结账处理,只有月末结账后,才可以开始下月工作。月末处理主要包括进行汇兑损益结算和月末结账。

二、应收款子系统的操作流程

应收款子系统的操作流程如图5-1所示。

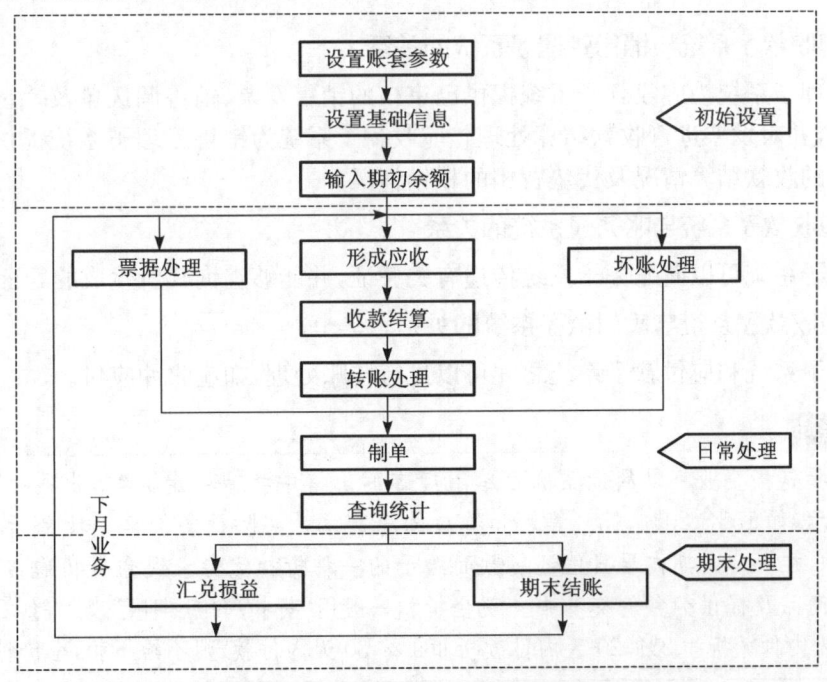

图5-1　应收款子系统操作流程

该流程的具体内容包括以下几方面：

（1）开始使用应收款子系统后，如果没有建立相应的账套，应在系统管理中建立一个新的账套。在系统管理建立账套后，在本子系统中进入相应的账套。

（2）首次进入一个账套时，要进行账套参数的设置。

（3）在进入正常业务处理之前，还应进行一些初始设置，并且录入期初余额。

（4）日常处理包括单据的处理、单据的核销、票据的管理、凭证的处理及坏账处理等。

（5）期末处理包括汇兑损益的处理及月末结账的处理。

三、应收款子系统与其他子系统的主要关系

应收款子系统与其他子系统的主要关系如图 5-2 所示。

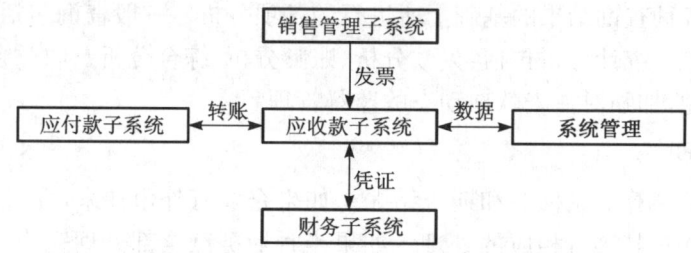

图 5-2　应收款子系统与其他子系统的主要关系

（一）应收款子系统与系统管理的关系

应收款子系统与系统管理共享基础数据。即应收款子系统需要的基础数据既可以在系统管理中统一设置，也可以在进入应收款子系统中进行设置，最终的结果是由各模块共享基础数据。

（二）应收款子系统与销售管理子系统的关系

销售管理子系统为应收款子系统提供已审核的销售发票、销售调拨单及代垫费用单，在此生成凭证，并对发票进行收款结算处理。应收款子系统为销售管理子系统提供销售发票、销售调拨单的收款结算情况及代垫费用的核销情况。

（三）应收款子系统与账务子系统的关系

应收款子系统可以向账务子系统传递有关凭证，并能够查询其所生成的凭证。

（四）应收款子系统与应付款子系统的关系

应收款子系统和应付款子系统之间可以进行转账处理，如应收冲应付。

【知识链接】

商业折扣是指企业可以从货品价目单上规定的价格中扣减一定数额，此项扣减数通常用百分数来表示，如 15％、20％、25％等。扣减后的净额才是实际销售价格。现金折扣是指企业为了鼓励客户在一定时期内早日偿还货款而给予的一种折扣优待。现金折扣通常发生在以赊销方式销售商品及提供劳务的交易中。现金折扣一般用"折扣/付款期限"表示，如 2/10、1/20、n/30（即 10 天内付款折扣 2％，20 天内付款折扣 1％，30 天内付款，则不给折扣，全价付款）。

第三节 / 应收款子系统初始化

一、应收款子系统启用前的准备工作

在正式启用应收款子系统之前,应该对核算企业现有的数据资料进行整理以便能够及时、顺利、准确地运用应收款系统。

首先,检查计算机内用友 ERP-U8 系统是否正常,以前的实践练习是否存在,如果计算机内没有,可采用引入备份的方法,恢复以前的资料。在设置会计科目界面,将"1122 应收账款"和"2203 预收账款",设置为受控于"应收系统"。

在"企业门户"中先启用"应收款管理"系统,以账套主管的身份登录进入"企业门户",单击"基础信息",选择"基本消息",双击"系统启用"项目,弹出如图 5-3 所示的界面。

图 5-3 系统启用

单击"应收"前面的复选框,设置"启用自然日期",则成功启用了应收账款管理系统。

然后执行"程序"→"用友 ERP-U8"→"财务会计"→"应收款管理",以账套主管的身份注册,选择账套、会计年度和操作日期进入应收款管理系统,如图 5-4 所示。

或者在"企业门户"中,选择"财务会计",双击"应收款管理",也可进入应收款管理系统。

(一)期初数据的准备

为便于系统初始化,应该准备如下数据和资料:

(1)与本企业有业务往来的所有客户的详细资料,包括客户名称、联系电话、开户银行、信用额度、最后的交易情况等。

(2)确定客户的分类方式,以便于按照分类进行各种统计分析。例如:按客户的性质,

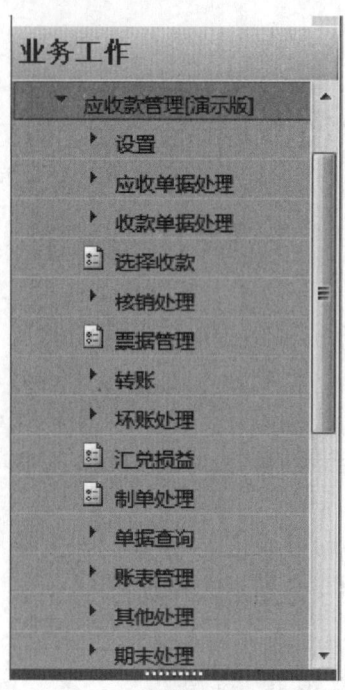

图5-4 应收款管理系统

可将客户分为工业企业、商业企业和其他客户3类。

（3）应准备用于销售的所有存货的详细资料，包括存货的名称、规格型号、价格、成本等数据。

（4）确定存货的分类方式，以便于按照分类进行各种统计分析。例如，将所有的存货分为原材料、半成品、产成品、燃料动力、应税劳务等几类。

（5）需要整理系统启用前所有客户的应收账款、预收账款、应收票据等数据。

（二）日常处理的准备

为便于日常的业务处理，应该准备如下数据和资料：

（1）除销售业务之外，能够经常形成应收款的业务资料。准备这类资料的目的是将应收单划分为不同的类型，以便于按照业务类型统计应收账款。例如：某公司形成应收款的业务主要有销售形成的应收账款、代垫费用单、与销售无关的其他应收单。

（2）确定发票、应收单的单据格式。发票可分为专用发票、普通发票、销售调拨单、销售日报；应收单分为代垫费用应收单和其他应收单等。

（3）确定核算销售、收款等业务的科目，以预先设置各种凭证的科目。例如：销售收入和销售退回在"主营业务收入"科目中核算；销售产品形成的应收账款和代垫费用在"应收账款"中核算；销售产品形成的应收票据在"应收票据"科目中核算，按承兑人不同又分为"商业承兑汇票"和"银行承兑汇票"两个明细科目；其他业务形成应收款则计入"其他应收款"科目；坏账计提计入"坏账准备"科目；对于应收账款和应收票据发生的现金折扣、票据利息、票据费用、汇兑损益计入"财务费用"科目。

初始化及日常处理所需要的资料整理的好坏，将直接影响本系统的正常运行。所需要的资料准备齐全后，即可以进行系统的初始化。

二、应收款子系统的参数设置

会计信息化软件为了提高适应范围，各子系统都会提供相应的系统参数，企业在实施会计信息系统初始化过程中，必须对各子系统提供的系统参数作出选择，以适应自身核算和控制管理的特点和要求。应收款子系统提供的主要参数通常有以下几个方面，如图5-5所示。

（一）确定应收账款核销方式

在选择确定应收账款核销方式时，可按余额、单据或存货3种方式进行账款核销。其具体含义如下：

（1）如果采用按余额核销方式，系统将根据选定的单据，按单据的到期日从前向后排序，然后从时间最早的单据开始核销。

（2）如果采用按单据核销方式，系统将满足条件的未结算单据全部列出，由用户选择要结算的单据，根据所选择的单据进行核销。

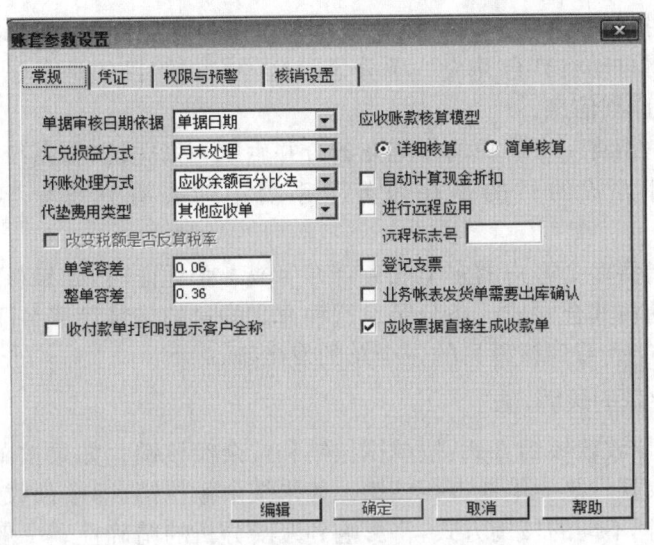

图 5-5　应收系统选项设置

（3）如果采用按存货核销方式，系统将满足条件的未结算单据按存货列出，由用户选择要结算的存货，根据所选择的存货进行核销。

选择不同的核销方式，将影响到账龄分析的精确性。一般而言，选择按单据核销或按存货核销能够进行更精确的账龄分析。

（二）选择设置控制科目的依据

控制科目是指在应收款系统中所有带有客户往来辅助核算的科目，例如应收账款、预收账款等。可以按客户分类、按客户、按地区分类 3 种方式设置控制科目：

（1）按客户分类设置。客户分类是指根据一定的属性将企业的往来客户分为若干大类。针对不同的客户进行分类，设置不同的应收科目和预收科目。例如：可以将客户根据该客户与企业发生业务往来的时间分为长期客户、中期客户和短期客户；也可以根据客户的信用情况将客户分为优质客户、良性客户、一般客户和信用较差的客户等。

（2）按客户设置。这种设置方式可以为每一种客户设置不同的应收科目和预收科目。采用这种设置方式可适合特殊客户的需要。

（3）按地区分类设置。如果客户涉及多个地区，可按地区分类设置，即针对不同的地区分类设置不同的应收科目和预收科目。例如：将客户分为华东、华北、东北等地区，则可以在不同的地区分类下设置科目。

（三）选择设置存货销售科目的依据

可以按存货分类、按存货两种方式设置存货销售科目：

（1）按存货分类设置。存货分类是指根据存货的属性对存货所划分的大类，在设置存货销售科目时，可针对存货分类设置不同的科目。例如：将存货分为原材料、燃料及动力、半成品及库存商品等大类，根据存货分类来设置不同的科目。

（2）按存货设置。当存货种类不多时，可以直接针对不同的存货设置不同的科目。

（四）选择制单的方式

系统提供三种制单方式：明细到客户、明细到单据和汇总制单。

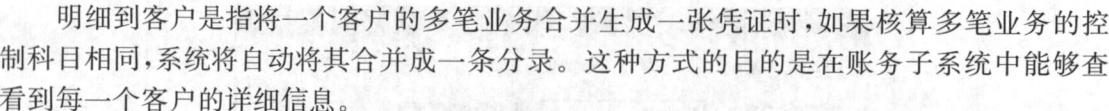

明细到客户是指将一个客户的多笔业务合并生成一张凭证时,如果核算多笔业务的控制科目相同,系统将自动将其合并成一条分录。这种方式的目的是在账务子系统中能够查看到每一个客户的详细信息。

明细到单据,是指将一个客户的多笔业务合并生成一张凭证时,系统会将每一笔业务形成一条分录。这种方式的目的是在账务子系统中能查看到每个客户的每笔业务的详细情况。

汇总制单,是指将多个客户的多笔业务合并生成一张凭证时,如果核算多笔业务的控制科目相同,系统自动将其合并成一条分录。这种方式的目的是精简账务子系统中的数据,但在账务子系统中只能查看到该科目的一个总的发生额。

(五)选择预收款的核销方式

系统提供两种预收款核销方式:按单据核销和按余额核销。如果按单据核销,应根据所选择的单据,对预收款一笔一笔地进行核销。如果按余额核销,即按预收款收到的时间从前往后进行核销。选择不同的核销方式,将影响到账龄分析的精确性。一般而言,选择按单据核销能够进行更精确的账龄分析。

(六)选择计算汇兑损益的方式

当存在外币应收款项时,还应该选择计算汇兑损益的方式。系统提供两种计算汇兑损益的方式:外币余额结清时计算,另一个月月末计算。

采用外币余额结清时计算是指只有当某种外币余额结清时才计算汇兑损益,否则不计算汇兑损益。在计算汇兑损益时,可显示外币余额为零且本币余额不为零的外币单据。

采用月末计算是指在每个月月末计算汇兑损益。在计算汇兑损益时,可显示所有外币余额不为零或者本币余额不为零的外币单据。

(七)选择坏账处理方式

会计制度规定,企业应当采用备抵法进行坏账处理。所谓备抵法是指按期估计坏账损失并形成坏账准备,确认坏账时在形成的坏账准备中撤销。备抵法包括应收账款余额百分比法、赊销百分比法(销售收入百分比法)、账龄分析法和个别认定法。

(八)选择核算代垫费用的单据类型

根据初始设置中"单据类型设置",应收单据的类型若分为多种时,可进行选择核算代垫费用单的单据类型的设置。若应收单不进行分类,则无需设置。

(九)选择是否显示现金折扣或输入发票的提示信息

(1)为了鼓励客户在信用期间内提前付款而采用现金折扣政策时,可以选择是否显示现金折扣,以及输入发票时是否显示提示信息。选择显示现金折扣时,系统会在"单据结算"中显示"可享受折扣"和"本次折扣",并计算可享受的折扣;选择输入发票时显示提示信息时,可显示客户的信用额度余额,以及最后的交易情况。

(2)如果选择不显示现金折扣及输入发票提示信息,则系统既不计算也不显示现金折扣和发票信息。

三、应收款子系统的基础信息设置

在应收款子系统的初始化中,需要将手工会计核算时的基本内容输入计算机中,系统才能顺利运行。需要输入的基本信息包括：客户分类、客户档案、地区分类、存货分类、存货档案、部门档案、职员档案、外币及汇率、结算方式、付款条件、单据样式等。

在进行基础信息设置时，必须将与企业进行往来业务客户的详细信息输入客户档案中，在使用时随着经济业务的扩展，可以随时向客户档案中追加新的客户，年末可将不再有往来业务联系的往来客户删除。删除时，该客户的所有业务必须全部经过核销；否则，系统将不允许删除该往来客户。建立客户档案直接关系到对客户数据的统计、汇总和查询等分类处理。因此要根据实际业务需要进行设置，并要求客户档案资料完整。

基础信息的设置除单据设计外，如果在基础设置或其他子系统中已经设置完成了，在应收款子系统中可以共享这些数据。如果还未进行设置，则需要将上述信息在应收款子系统的初始化中进行设置。

在各业务子系统中均提供了各种单据设计功能，利用此功能可以对系统各主要单据的屏幕显示及打印页面的格式两种对象自行设计，以符合企业应用的实际需要。在应收款子系统中，可根据需要对普通发票、专用发票、各类应收单等的单据格式进行设计。

单据种类根据系统模块的不同而有所区别，但其设计方式一样，单据设计的内容主要包括单据头栏目和单据体栏目的增加、删除和布局。对于各种单据，系统均已设置了默认的格式及显示项目，用户若对默认的内容不满意可自行调整。

四、应收款子系统的业务处理核算规则设置

如果企业应收款业务类型比较固定，生成的凭证类型也较固定，为了简化凭证生成操作，可将各业务类型凭证中的常用科目预先设置好。业务处理核算规则设置，一般包括以下几方面的内容。

（一）凭证科目设置

1. 基本科目设置

基本科目是指在核算应收款项时经常用到的科目，可以作为常用科目设置，而且科目必须是末级科目，如图 5-6 所示。

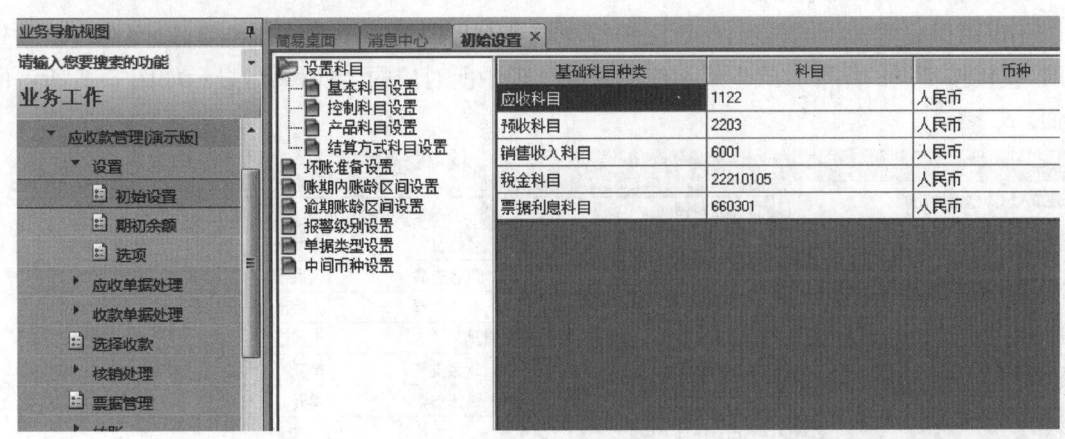

图 5-6　初始设置

（1）应收账款和预收账款科目。应收账款和预收账款科目是最常用的核算本位币赊销欠款和预收款的科目，可作为应收款子系统基本科目进行设置。企业也可根据需要将预收款并入应收账款中核算。应收和预收款科目必须是有客户类辅助核算的科目。

（2）销售收入科目、销项税额科目、销售退回科目。销售收入科目、应交税费（应交增值税销项税额）科目、销售退回科目是最常用的核算销售业务的科目，可以作为核算销售收入、销项税额和销售退回的基本科目，在应收款子系统中进行设置。

（3）其他基本科目。除上述基本科目外，银行承兑科目、商业承兑科目、现金折扣科目、票据利息科目、票据费用科目、汇兑损益科目、币种兑换差异科目、收支费用和坏账入账科目等都可以作为企业核算某类业务的基本科目。

提示：如果采用直接转销法来处理坏账损失，应输入坏账入账科目；如果采用备抵法处理坏账损失，则不需要输入该科目。预收账款科目可以和应收账款科目相同。应收账款和预收账款及应收票据科目必须是已经在会计科目中指定为应收系统的受控科目。以上设置的科目必须是最明细科目。

2. 控制科目的设置

在核算客户往来款时，如果要针对不同的客户、客户分类或地区分类分别设置不同的应收账款科目和预收账款科目，可以先在账套参数中设置控制科目依据，然后在此按所设置的控制科目依据来设置相应的应收科目和预收科目。

如果某个往来单位核算应收账款或预收账款的科目与常用科目设置中的一样，则可以不设置；否则应进行设置。科目必须是有客户往来辅助核算的末级科目。

3. 产品科目的设置

如果要针对不同的存货或存货分类分别设置不同的销售收入科目、销项税额科目和销售退回科目，可以先在账套参数中设置产品科目依据，然后在此按所设置的产品科目依据来设置销售收入科目、销项税额科目和销售退回科目。

如果某种存货或存货分类的科目与常用科目设置一致，则可以不设置；否则应进行设置。

4. 结算方式科目的设置

不仅可以设置常用的科目，还可以为每种结算方式设置一个默认的科目，以便在应收款核销时，直接按不同的结算方式生成相应的账务处理中所对应的会计科目，显示如图5-7所示的界面。

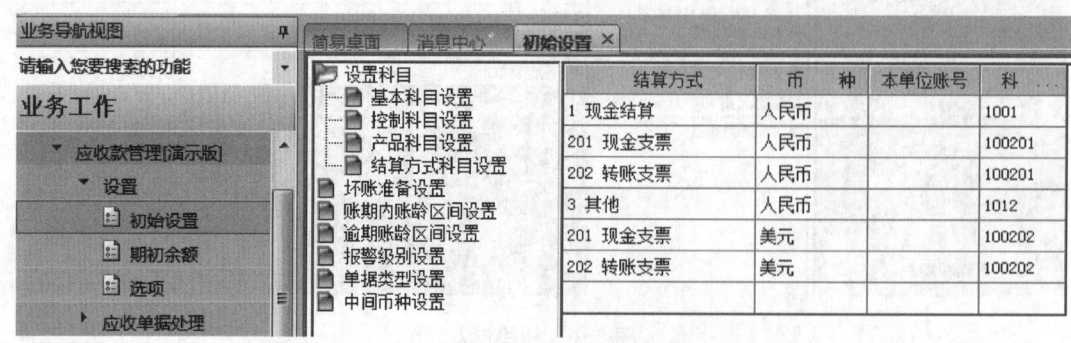

图5-7　结算方式科目设置

提示:科目必须是最明细科目;结算科目不能是已经在科目档案中指定为应收款管理系统或者应付款管理系统的受控科目。

（二）坏账准备设置

坏账准备设置包括坏账准备科目设置、坏账准备期初余额录入、对方科目设置及提取比率设置,如图5-8所示。

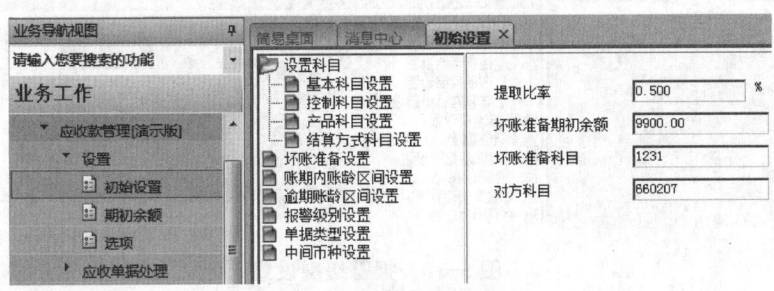

图5-8 坏账准备设置

在第一次使用系统时,应直接输入期初余额。在以后年度使用系统时,坏账准备的期初余额由系统自动生成且不能进行修改。当按照赊销百分比法（销售收入百分比法）和应收账款余额百分比法核算坏账时,可以直接输入计提的百分比;当按照账龄分析法核算坏账时,应当输入各账龄期间计提的百分比。

（三）账龄区间设置

为了对应收账款进行账龄分析,需设置账龄区间。在进行账龄区间的设置时,账龄区间总天数和起始天数直接输入,系统根据输入的总天数自动生成相应的区间,如图5-9所示。

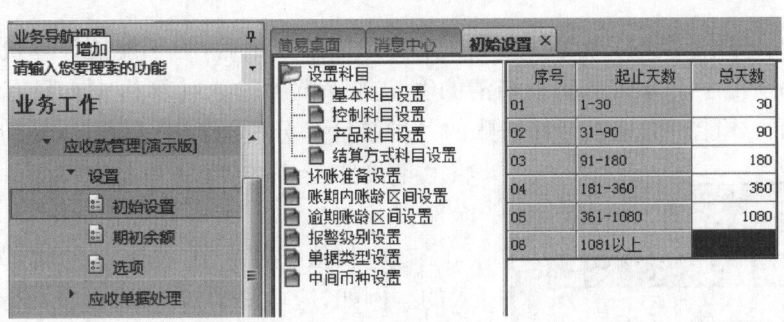

图5-9 账龄区间设置

（四）报警级别设置

通过设置报警级别,可以将客户欠款余额与其信用额度的比例分为不同的等级,以便于统计各客户的信用额度使用情况。

如果企业要对应收账款的还款期限作出相应的规定,则可使用超期报警功能。在运行此功能时,系统将自动列出到当天为止超过规定期限的应收账款清单,从而使企业可以及时催款,避免不必要的经济损失。这一信息可按往来单位分类,也可按分管人员进行分类。

在进行报警级别设置时,直接输入级别名称和各区间的比率。其中,级别名称可以采用编号或者其他形式,但名称最好能够上下对应。

在实际操作中可以修改输入的总比率,系统会自动修改该级别,以及其后的各级别的起止比率。最后一个比率不能修改和删除,如图5-10所示。

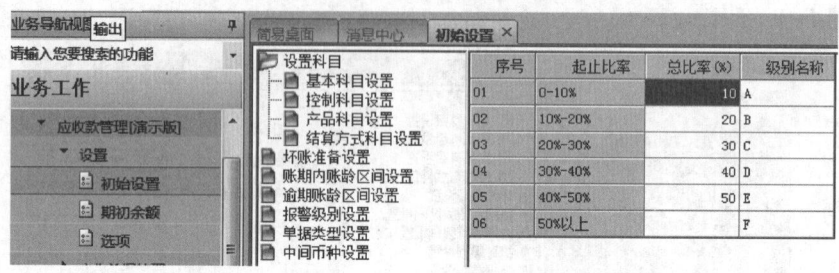

图5-10　报警级别设置

(五) 单据类型设置

单据的类型可分为发票和应收单两大类型。如果同时使用销售子系统,则发票的类型包括增值税专用发票、普通发票、销售调拨单和销售日报等;如果单独使用应收款子系统,则发票的类型不包括后面两种。

应收单是记录销售业务之外的应收款情况的单据,可划分不同的类型,以区分应收货款之外的其他应收款。例如,可以将应收单分为应收代垫费用款、应收利息款、应收罚款、其他应收款等。应收单的对应科目可自由定义。

五、应收款子系统的期初数据录入

在第一次使用系统时,当建立完成往来客户档案登记后,为了能使计算机顺利完成清理核销工作,必须把手工方式下尚未结清的客户往来款项输入计算机中。只有当往来期初数据准确输入后,才能正确地进行往来账的各种统计和分析。当进入第二年度时,系统会自动将上年度未全部结清的单据转为下一年度的期初余额。

在应收款子系统中,往来款余额是按单据形式录入的。例如,应收账款余额通过发票录入,预收账款余额通过收款单录入。输入完成后,要与账务子系统中相应的客户往来账户余额核对,以检查输入的往来未达账与相应往来科目余额是否相等,如图5-11和图5-12所示。

单据中的"科目"栏,用于输入该笔业务的入账科目,该科目可以为空。在录入期初单据时,最好录入科目信息,这样可以执行与总账对账功能,而且可以

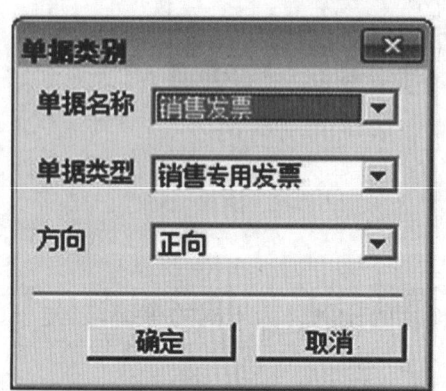

图5-11　增加期初单据

查询正确的科目明细账。发票和应收单的方向包括正向和负向,类型包括系统预置的各类型以及用户定义的类型。如果是预收款和应收票据,则不用选择方向,系统均默认为正向。

图 5-12　期初销售发票录入

若当月已结账，则不允许再进行增加、修改和删除期初数据。输入期初销售发票时，要确定科目，以方便与总账管理系统的应收账款对账。

期初余额录入后，在"期初余额明细表"界面，单击"对账"按钮，显示各科目与总账的对账结果。期初余额与总账对账时会根据受控科目进行一一对账。应收初始设置完成之后，即可进行日常业务处理，如图 5-13 所示。

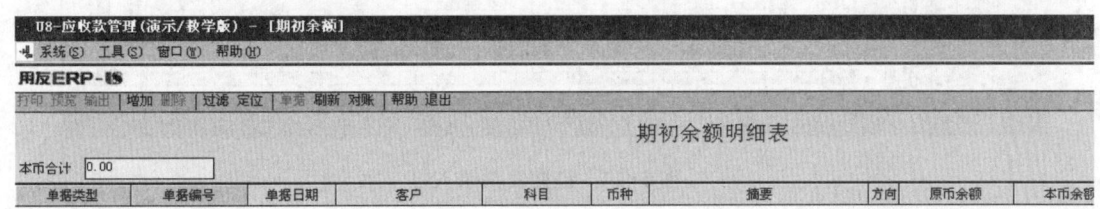

图 5-13　期初余额明细表

第四节　应收款子系统日常业务处理

初始化工作完成后就可以在新系统下进行业务处理了，这就是所说的日常业务处理。应收款子系统日常业务处理主要包括应收单据处理、收款单处理、票据管理、转账处理、坏账处理和制单等内容。

一、应收单据处理

应收单据处理是应收款子系统处理的起点，在应收单据处理中可以输入销售业务中的各类发票及销售业务之外的应收单据。通过单据输入，单据管理可查阅各种应收业务单据，完成应收业务管理的日常工作。其基本操作流程是：单据输入→单据审核→单据制单→单据查询。

（一）单据输入

单据输入是对未收款项的单据进行输入，输入时先用代码输入客户名称，与客户相关内容由系统自动显示。然后进行货物名称、数量和金额等内容的输入。在进行单据输入之前，首先应确定单据名称、单据类型及方向，然后根据业务内容输入有关信息，如图 5-14 所示。

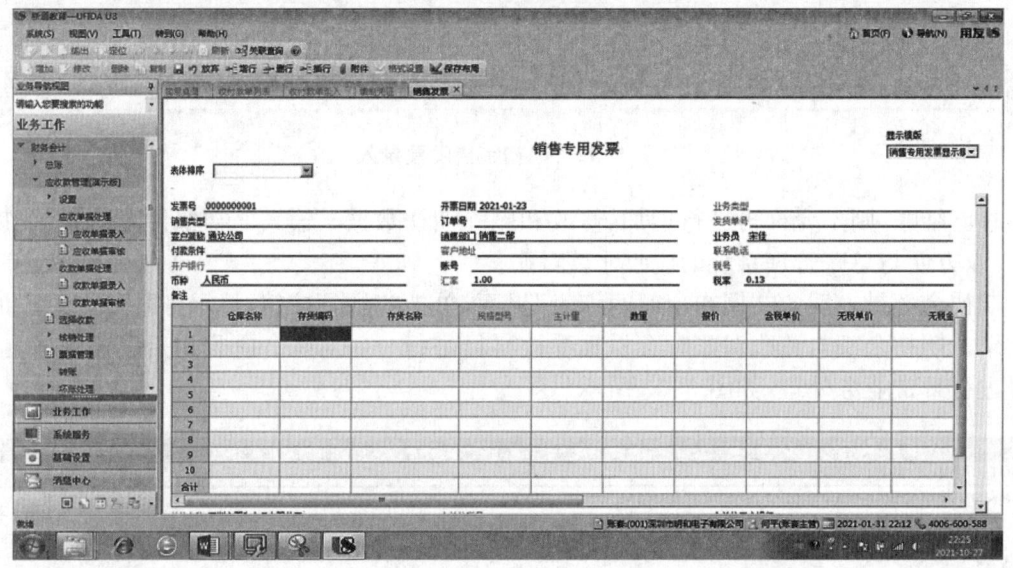

图 5-14　销售发票录入

（二）单据审核

单据审核是在单据保存后对单据正确性进一步审核确认。单据输入后必须经过审核才能参与结算。审核人和制单人可以是同一个人。单据被审核后，将从单据处理功能中消失，但可以通过单据查询功能查看此单据的详细资料。

（三）单据制单

单据制单是在单据审核后由系统自动编制凭证，也可以集中批量制单。在应收款子系统中生成的凭证将由系统自动传送到账务子系统中，并由有关人员进行审核和记账等账务处理工作。

（四）单据查询

可以对已输入应收款子系统中的各种原始单据进行查询。

二、收款单处理

应收款子系统的收款单用来记录企业所收到的客户款项,款项性质包括应收款、预收款、其他费用等。其中应收款、预收款性质的收款单将与发票、应收单、付款单进行核销处理。

当发生销售退货而退还给客户款项时,可以在应收款子系统中录入付款单,付款单可以与应收、预收性质的收款单、红字应收单、红字发票进行核销处理。

（一）输入结算单据(收款单或付款单)

当收到客户的应收账款款项、预收款项或其他费用时,应输入收款单。当发生销售退货而退还给客户款项时,可以在应收款子系统中录入付款单。在输入结算单时,首先必须先输入客户的名称,其次必须输入结算方式、金额及部门、业务员等内容,如图 5-15 所示。

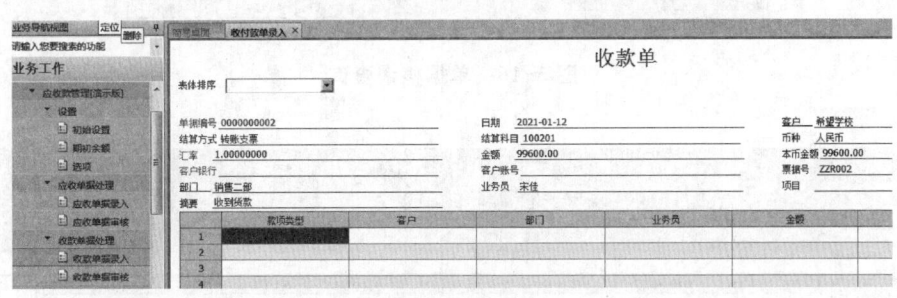

图 5-15　收款单录入

（二）单据核销

单据核销是对往来已达账作删除处理的过程,表示本笔业务已经结清。即确定收款单与原始发票之间的对应关系后,进行机内自动冲销的过程。单据核销的作用是解决收回客户款项,核销该客户应收款的处理,建立收款与应收款的核销记录,监督应收款及时核销,加强往来款项的管理。明确核销关系后,可以进行精确的账龄分析,更好地管理应收账款。

如果结算金额与上期余额相等,则销账后余额为零;如果结算金额比上期余额小,则其余额为销账后的余额。单据核销可以由计算机自动进行核销,也可以由手工进行核销。

由于计算机处理采用建立往来辅助账进行往来业务的管理,为了避免辅助账过于庞大而影响计算机运行速度,对于已核销的业务应进行删除。删除工作通常在年底结账时进行。

当会计人员准备核销往来账时,应在确认往来已达账后,才能进行核销处理,删除已达账。为了防止操作不当误删记录,会计信息系统软件中一般都会设计有放弃核销或核销前做两清标记功能,如有的财务软件中设置有往来账两清功能。即在已达账项上打上已结清标记,待核实后才执行核销功能,经删除后的数据不能恢复;有的财务软件则设置了放弃核销功能,一旦发现操作失误,可通过此功能把被删除掉的数据恢复,如图 5-16、图 5-17所示。

三、票据管理

应收款子系统可以对应收票据进行各种管理,包括:录入应收票据、票据计息、票据贴

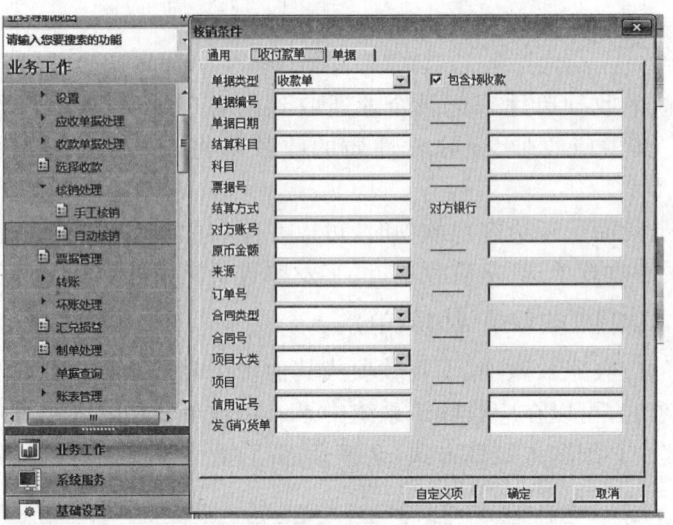

图 5-16　单据核销查询

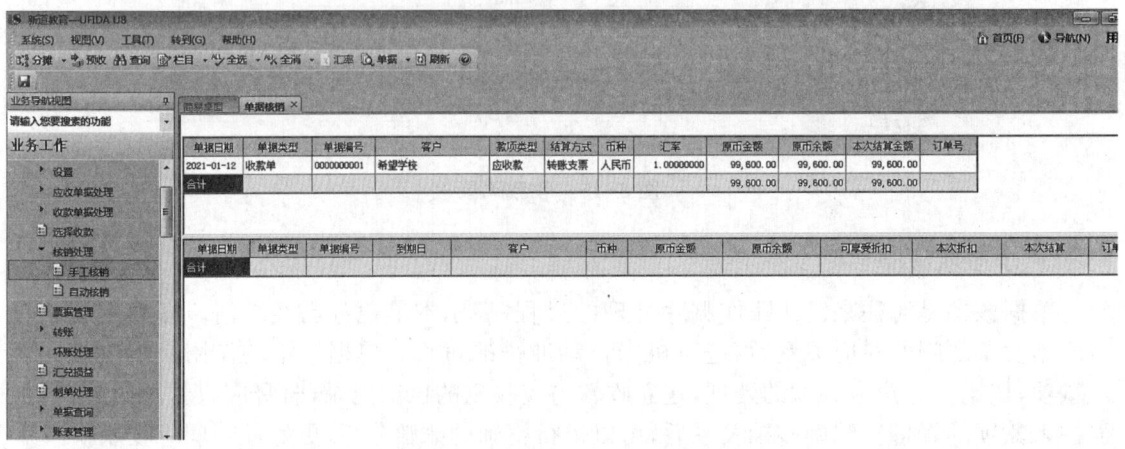

图 5-17　单据核销

现、票据转出、票据结算、票据背书等。如果要进行票据管理,必须将应收票据科目设置为客户往来辅助核算。

当用户收到银行承兑汇票或商业承兑汇票时,应将该汇票在应收款子系统的票据管理中录入。系统会自动根据票据生成一张收款单,用户可以对收款单进行查询,并可以与应收单据进行核销勾对,冲减客户应收账款。

四、转账处理

转账处理是在日常业务处理中经常发生的应收冲应付、应收冲应收、预收冲应收及红票对冲的业务处理。

(一)应收冲应付

应收冲应付是指用某客户的应收账款冲抵某供应商的应付款项。系统通过应收冲应付功能将应收款业务在客户和供应商之间进行转账,实现应收业务的调整,解决应收债权与应付债务的冲抵。

(二) 应收冲应收

应收冲应收是指将一家客户的应收款转到另一家客户中。通过应收冲应收功能可将应收款业务在客商之间进行转入、转出,实现应收业务的调整,解决应收款业务在不同客商之间入错户或合并户问题,如图 5-18 所示。

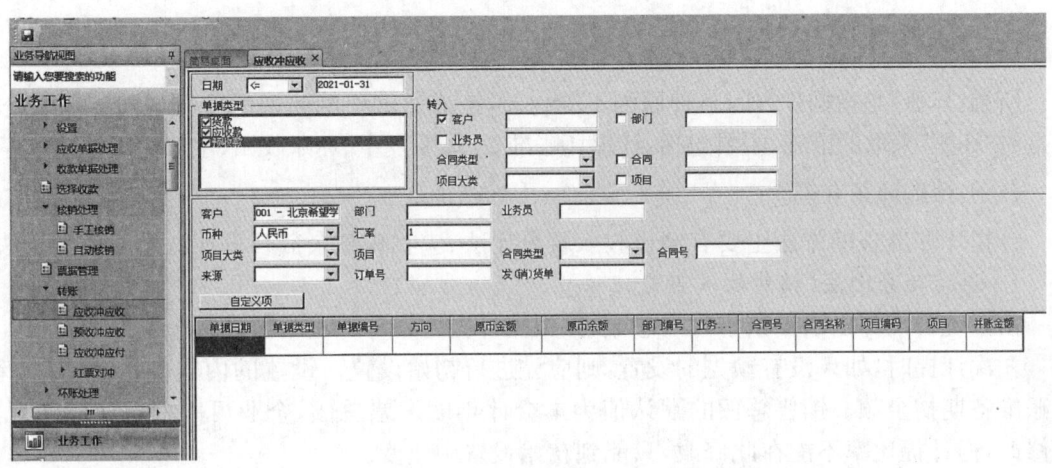

图 5-18 应收冲应收

(三) 预收冲应收

预收冲应收是指处理客户的预收款和该客户应收欠款的转账核销业务。即某一个客户有预收款时,可用该客户的一笔预收款冲其一笔应收款,如图 5-19 所示。

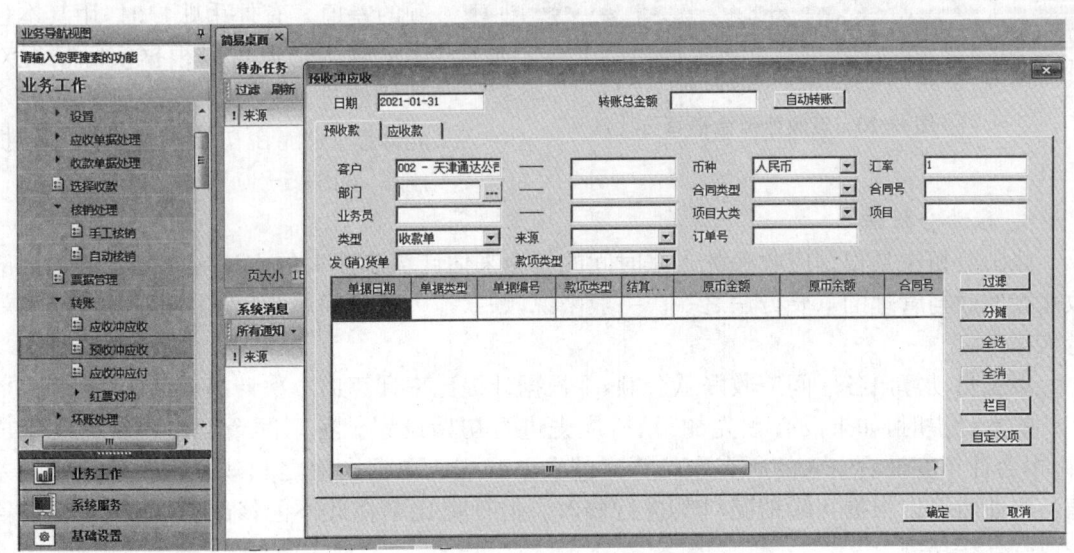

图 5-19 预收冲应收

（四）红票对冲

红票对冲可实现某客户的红字应收单与其蓝字应收单、收款单与付款单进行冲抵。例如：当发生退票时，用红字发票对冲蓝字发票。红票对冲通常可以分为系统自动冲销和手工冲销两种处理方式。自动冲销可同时对多个客户依据红票对冲规则进行红票对冲，提高红票对冲的效率。手工冲销对一个客户进行红票对冲，可自行选择红票对冲的单据，提高红票对冲的灵活性。

五、坏账处理

所谓"坏账"是指购货方因某种原因不能付款，造成货款不能收回的信用风险。坏账处理就是对"坏账"采取的措施，主要包括：计提坏账准备、坏账发生、坏账收回、生成输出催款单等。

（一）计提坏账准备

计提坏账准备的方法主要有销售收入百分比法、应收账款余额百分比法和账龄分析法。

1. 赊销百分比法（销售收入百分比法）

由系统自动算出当年销售收入总额，并根据计提比率计算出本次计提金额。

初次计提时，如果没有预先的设置，则应先进行初始设置。设置的内容包括：提取比率、坏账准备期初余额。销售总额的默认值为本会计年度发票总额，企业可以根据实际情况进行修改，但计提比率不能在此修改，只能到初始设置中改变。

2. 应收账款余额百分比法

由系统自动算出当年应收账款余额，并根据计提比率计算出本次计提金额。

初次计提时，如果没有预先的设置，应先进行初始设置。设置的内容包括：提取比率及坏账准备期初余额。应收账款的余额默认值为本会计年度最后一天的所有未结算完的发票和应收单据余额之和减去预收款数额的差值。有外币账户时，用其本位币余额。企业可以根据实际情况对默认值进行修改。计提比率在此不能修改，只能在初始设置中改变计提比率，如图5-20所示。

消息中心	应收账款百分比法			
应收账款...	计提比率	坏账准备	坏账准备余额	本次计提
63,780.00	0.500%	318.90	9,900.00	-9,581.10

图5-20　应收账款余额百分比法

3. 账龄分析法

账龄分析法是根据应收账款入账时间的长短来估计坏账损失的方法。它是企业加强应收账款回收与管理的重要方法之一。一般来说，账款拖欠的时间越长，发生坏账的可能性就越大。

系统自动算出各区间应收账款余额，并根据计提比率计算出本次计提金额。

初次计提时，如果没有预先的设置，应先进行初始设置。各区间余额由系统自动生成（由本会计年度最后一天的所有未结算完的发票和应收单据余额之和减去预收款数额的差值），企业也可以根据实际情况对其进行修改。但计提比率在此不能修改，只能在初始设置中改变计提比率。

（二）坏账发生

发生坏账损失业务时，一般需输入以下内容：客户名称、日期（指发生坏账日期，该日期应大于已经记账的日期,小于当前业务日期)、业务员(指业务员编号或业务员名称)及部门(指部门编号或部门名称,如果不输入部门,表示选择所有的部门)等。

(三) 坏账收回

处理坏账收回业务时,一般需输入以下内容:客户名称、收回坏账日期(如果不输入日期,系统默认为当前业务日期。输入的日期应大于已经记账日期,小于当前业务日期)、收回的金额、业务员编号或名称、部门编号或名称、选择所需要的币种、结算单号(系统将调出该客户所有未经过处理的并且金额等于收回金额的收款单,可选择该次收回业务所形成的收款单)。

(四) 生成输出催款单

催款单是对客户或对本单位职工的欠款催还的管理方式。催款单用于设置有辅助核算的应收账款和其他应收款的科目中。

催款单主要包括两部分内容:系统预置的文字性的叙述和由系统自动取数生成的应收账款或其他应收款对账单。通常可以对其内容进行修改编辑,在修改退出时,系统会自动保存本月所做的最后一次修改。

催款单打印输出时,可以打印所有客户的应收账款或所有职员的其他应收款(备用金)情况,也可以有选择地打印某一个客户或某一位职员的催款单。催款单中还可以按条件显示所有的账款和未核销的账款金额。

六、制单处理

使用制单功能进行批处理制单,可以快速地、成批地生成凭证。制单类型包括应收单据制单、结算单制单、坏账制单、转账制单、汇兑损益制单等。企业可根据实际情况选取需要制单的类型。制单处理时,应该输入制单日期、凭证类别,然后选择要进行制单的单据,进而生成凭证,如图 5-21 和图 5-22 和图 5-23 所示。

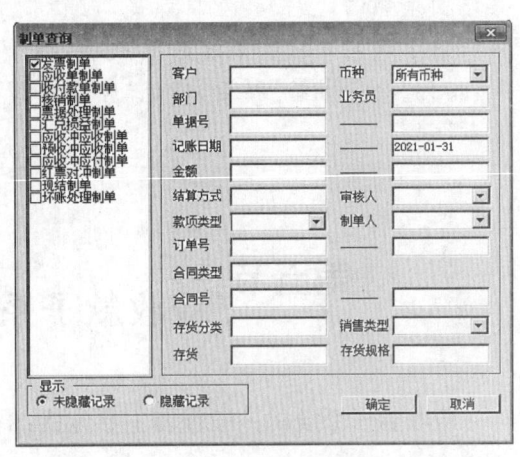

图 5-21　发票制单查询

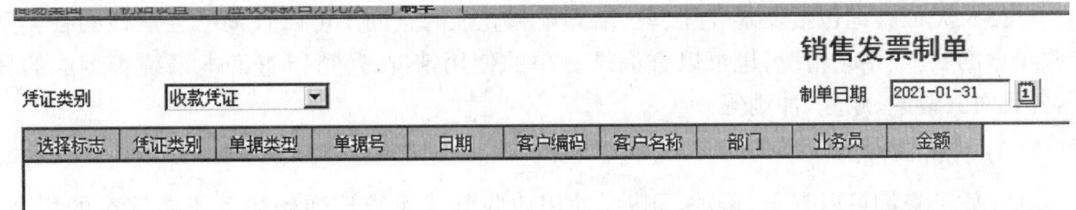

图 5-22　销售发票制单

企业应收款项等发生减值时计提的减值准备,应通过"坏账准备"科目进行核算。

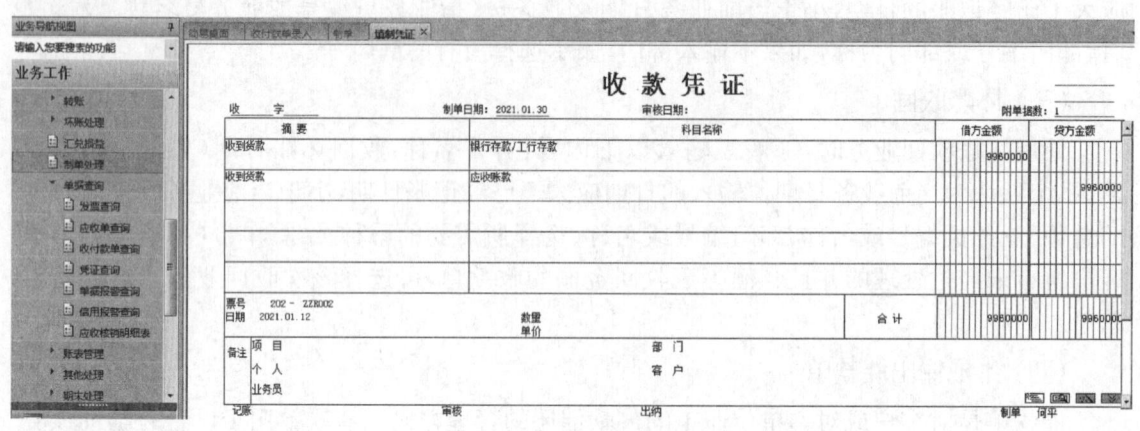

图 5-23　应收单据制单

【知识链接】

　　资产负债表日，企业根据金融工具确认和计量准则确定应收款项发生减值的，按应减记的金额，借记"信用减值损失"科目，贷记"坏账准备"科目。本期应计提的坏账准备大于其账面余额的，应按其差额计提；应计提的金额小于其账面余额的差额做相反的会计分录。对于确实无法收回的应收款项，按管理权限报经批准后作为坏账损失，转销应收款项，借记"坏账准备"科目，贷记"应收票据""应收账款""预付账款""其他应收款""长期应收款"等科目。

第五节　应收款子系统信息查询及期末处理

　　应收款子系统的一般查询主要包括：单据及凭证查询、业务账表查询和统计分析。

一、单据及凭证查询

　　单据及凭证查询包括发票、应收单、结算单和凭证的查询。可以查询已经审核的各类型应收单据的收款、结余情况；也可以查询结算单的使用情况；还可以查询本系统所生成的凭证，并且对其修改、删除、冲销等。

　　（一）凭证查询

　　通过凭证查询可以查看、修改、删除、冲销应收款子系统传递到账务子系统中的凭证。同时还可查询凭证对应的原始单据。

　　（二）单据查询

　　单据查询包括对发票、应收单及结算单的查询。可以查询已经审核的各类型应收单据的收款情况、结余情况；也可以查询结算单的使用情况。

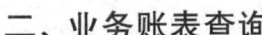
二、业务账表查询

业务账表查询可以进行总账、明细账、余额表和对账单的查询,并可以实现总账、明细账、单据之间的联查。

(一)业务总账表查询

通过业务总账表查询可以查看客户、客户分类、地区分类、部门、业务员、客户总公司、主管业务员、主管部门在一定月份期间所发生的应收、收款及余额情况。

(二)业务余额表查询

通过业务余额表查询可以查看客户、客户分类、地区分类、部门、业务员、客户总公司、主管业务员、主管部门在一定期间所发生的应收、收款及余额情况。

(三)业务明细账查询

通过业务明细账查询可以查看客户、客户分类、地区分类、部门、业务员、存货分类、存货、客户总公司、主管业务员、主管部门在一定期间内发生的应收及收款的明细情况。

(四)对账单查询

通过对账单查询可以获得一定期间内各客户、客户分类、客户总公司、地区分类、部门、业务员、主管部门、主管业务员的对账单并生成相应的催款单。

三、业务账表分析

业务账表分析是应收款管理的一项重要功能,对于资金往来比较频繁、业务量大、金额也比较大的企业,业务账表分析功能更能满足企业的需要。业务账表分析功能主要包括应收账款的账龄分析、收款账龄分析、欠款分析、收款预测等。

(一)应收账款的账龄分析

应收账款的账龄分析主要是分析客户、存货、业务员、部门或单据的应收款余额的账龄区间分布,计算出各种账龄应收账款占总应收账款的比例,以帮助财务人员了解分析应收账款的资金占用情况,便于企业及时催收款项,同时还可以设置不同的账龄区间进行分析。既可以进行应收款的账龄分析,也可以进行预收款的账龄分析。

(二)收款账龄分析

收款账龄分析主要分析客户、产品、单据的收款账龄。

(三)欠款分析

欠款分析可以分析截止到某一日期,客户、部门或业务员的欠款构成、欠款数额、信用额度的使用情况、报警级别和最后业务信息。

(四)收款预测

收款预测可以预测将来的某一段日期范围内,客户、部门或业务员等对象的收款情况,而且提供比较全面的预测对象、显示格式。

四、期末处理

企业在期末主要应完成计算汇兑损益和期末结账两项业务处理工作。

(一)汇兑损益

如果客户往来有外币核算,且在应收款子系统中核算客户往来款项,则在月末需要计算外币单据的汇兑损益并进行相应的处理。在计算汇兑损益之前,应首先在系统初始设置中选择汇兑损益的处理方法。通常系统会提供两种汇兑损益的处理方法:月末计算汇兑损益和单据结清时计算汇兑损益。

(二)期末结账

1. 月末结账

如果确认本月的各项业务处理已经结束,可以选择执行月末结账功能。结账后本月不能再进行单据、票据、转账等任何业务的增加、删除、修改处理。另外,如果上个月没有结账,则本月不能结账,同时一次只能选择 1 个月进行结账。

如果用户觉得某月的月末结账有错误,可以取消月末结账。但取消结账操作只有在该月账务子系统未结账时才能进行。只有启用了销售子系统结账后,应收款子系统才能结账。

结账时还应注意本月的单据(发票和应收单)在结账前应该全部审核;若本月的结算单还有未核销的,不能结账;如果结账期间是本年度最后一个期间,则本年度进行的所有核销、坏账、转账等处理必须制单,否则不能向下一个年度结转,而且对于本年度外币余额为零的单据必须将本币余额结转为零,即必须执行汇兑损益。

提示:当应收款管理系统与销售管理系统集成使用时,只有销售管理系统结账后,才能对应收款管理系统进行结账处理。当选项中设置审核日期为单据日期时,本月的单据(发票和应收单)在结账前应该全部审核。当选项中设置审核日期为业务日期时,截止到本月月末还有未审核单据(发票和应收单),照样可以进行月结处理。当选项中设置"月末结账前全部制单"时,必须将当月单据以及处理业务全部制单。月结时,若检查出当月有未制单的记录时,不能进行月结处理。当选项中未设置"月末结账前全部制单"时,不用检查是否全部制单,则无论当月有无未制单的记录,均可以进行月结处理。如果是本年度最后一个期间结账,应将本年度进行的所有核销、坏账和转账等处理全部制单。

月末结账如图 5-24 所示。

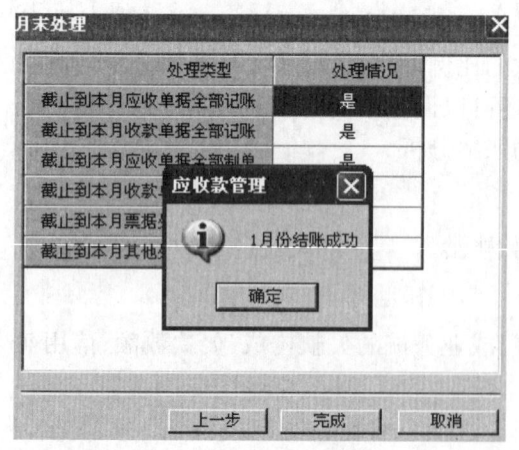

图 5-24　月末结账

2. 年末结转

年末结转由账套主管在系统管理中统一执行,执行年末结转后,会将上年数据结转到新的年度账上。

第六节 | 应付账款会计核算及管理

一、应付账款

应付账款是指企业在生产活动过程中因购买材料、商品、物资或接受劳务供应等经营活动而应支付给供应者的款项,是买卖双方在购销活动中由于取得物资与支付货款在时间上不一致而产生的负债。

（一）应付账款的入账时间

从理论上讲,应在企业取得所购物资的所有权或已接受劳务时确认应付账款。但在实际工作中,应区别不同情况分别处理:

（1）在货物和发票账单同时到达的情况下,应付账款一般待货物验收入库后,才按发票账单所列金额登记入账。

（2）在货物验收入库、发票账单未到的情况下,应付账款可暂不入账,待收到发票账单后再根据情况处理;但月份终了仍未收到发票账单的,应按估计价或计划价暂估入账,下月初用红字冲销,待以后收到发票账单时,再按应付账款的实际金额入账。

（二）应付账款的入账价值

与其他流动负债一样,应付账款一般也应按发票记载的应付金额入账,而不按到期应付金额的现值入账。存在购货折扣时,应区别情况处理:属于商业折扣的,购货方应根据扣除了商业折扣以后的金额入账;属于现金折扣的,应先按不扣除折扣金额入账,待实际发生折扣时,再将折扣金额计入当期财务费用。

（三）应付账款的会计处理

企业应设置"应付账款"科目,核算应付账款的发生、偿还和转销情况。贷方登记企业因购货、接受劳务供应而产生的应付款项以及因无款支付到期商业汇票转入的应付票据款;借方登记企业偿还、抵付的应付账款以及转销无法支付的应付账款;余额一般在贷方,表示企业尚未支付的应付账款。该科目应按供货单位设置明细账,进行明细分类核算。

企业因债权人撤销等原因而产生无法支付的应付账款转销时,应按其账面余额计入营业外收入,借记"应付账款"科目,贷记"营业外收入"科目。

编制会计分录如下:

（1）收到材料,验收入库。

借:原材料

　　应交税费——应交增值税(进项税额)

　贷:应付账款

（2）付款期限内付款(现金折扣不考虑增值税)。

借：应付账款
　　贷：财务费用
　　　　银行存款

（3）超过付款期限付款。

借：应付账款
　　贷：银行存款

二、应付票据

（一）应付票据的内容

应付票据是指企业购买材料、商品和接受劳务供应等而开出、承兑的商业汇票，包括商业承兑汇票和银行承兑汇票。商业汇票按是否带息分为带息商业汇票和不带息商业汇票两种。带息商业汇票有确定票面利率的，票据到期时除应支付票面金额外，还应按票面利率计算支付利息。

企业应当设置"应付票据备查簿"，详细登记商业汇票的种类、号数、出票日期、到期日、票面余额、交易合同号和收款人姓名或单位名称以及付款日期和金额等资料。应付票据到期结清时，应当在备查簿内予以注销。

（二）应付票据的会计处理

企业应当设置"应付票据"科目核算应付票据的发生、偿付等情况。该科目贷方登记开出、承兑汇票的面值，借方登记支付票据的金额，余额在贷方，表示企业尚未到期的商业汇票的票面金额。该科目一般应按照债权人设置明细科目进行明细核算。

（1）企业开出并承兑的商业汇票购货或抵付应付账款时，借记"材料采购""应交税费""应付账款"等科目，贷记"应付票据"科目；若企业开出的是银行承兑汇票，需按票面金额支付一定的手续费，借记"财务费用"科目，贷记"银行存款"科目。

（2）汇票到期，如期付款时，借记"应付票据"科目，贷记"银行存款"科目；若为带息票据，应于期末计算应付利息，按应计利息借记"财务费用"科目，贷记"应付票据"科目；票据到期支付本息时，按票据账面余额，借记"应付票据"科目，按应计未计的利息，借记"财务费用"科目，按实际支付的金额，贷记"银行存款"科目。

（3）应付票据到期，如企业无力支付票款时，若是商业承兑汇票的，按应付票据账面余额，借记"应付票据"科目，贷记"应付账款"科目；若是银行承兑汇票的，则按应付票据账面余额，借记"应付票据"科目，贷记"短期借款"科目。到期不能支付的带息应付票据，转入"应付账款"等科目后，期末不再计提利息。

编制会计分录如下：

（1）购入材料验收入库，签发并承兑汇票时：

借：原材料
　　应交税费——应交增值税（进项税额）
　　贷：应付票据

（2）到期支付票款时：

借：应付票据

　　贷：银行存款

（3）若汇票到期时，企业暂时无力付款，则：

借：应付票据

　　贷：应付账款

（4）向银行申请承兑，支付承兑手续费时：

借：财务费用——手续费

　　贷：银行存款

（5）用银行承兑汇票购买材料时：

借：原材料

　　应交税费——应交增值税（进项税额）

　　贷：应付票据

（6）计提利息时：

借：财务费用——利息支出

　　贷：应付票据

（7）票据到期，支付票据本息时：

借：应付票据

　　财务费用——利息支出

　　贷：银行存款

（8）若票据到期时，公司无力付款，则由承兑银行付款，公司应将其作为短期借款处理：

借：应付票据

　　财务费用——利息支出

　　贷：短期借款

【知识链接】

　　应付账款是指因购买材料、商品和劳务供应而发生的债务。这是买卖双方在购销活动中由于取得物资与支付货款在时间上不一致而产生的负债。应付账款和应付票据都是企业在交易活动中，为取得某项物资与支付货款在时间上的不一致而产生的两种负债。虽然两种负债都同属于流动负债，但两者不同，应付账款属于尚未清偿的债务，而应付票据是有承诺有证明的延期付款的债务。应付账款入账时间的确定，应以权责发生制的原则而定。

三、预付账款

　　预付账款是指企业按照购货合同或劳务合同规定，预先支付给供货方或提供劳务方的账款。

　　为了加强对预付账款的管理，一般应单独设置"预付账款"账户进行核算，预付账款不多

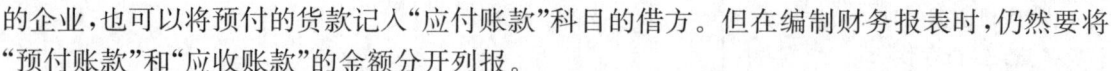

的企业,也可以将预付的货款记入"应付账款"科目的借方。但在编制财务报表时,仍然要将"预付账款"和"应收账款"的金额分开列报。

预付账款按实际付出的金额入账。会计期末,预付账款按历史成本反映。

企业按购货合同的规定预付货款时,按预付金额,借记"预付账款"科目,贷记"银行存款"科目。企业收到预定的货物时,应根据发票账单等列明的应计入购入货物成本的金额,借记"材料采购""原材料"等科目,按专用发票上注明的增值税额,借记"应交税费——应交增值税(进项税额)"科目,按应付的金额,贷记"预付账款"科目;补付货款时,借记"预付账款"科目,贷记"银行存款"科目。退回多付的款项,借记"银行存款"科目,贷记"预付账款"科目。

有关会计处理如下:

(1)预付货款时,应编制会计分录如下:

借:预付账款
　　贷:银行存款

(2)收到商品时,应编制会计分录如下:

借:材料采购
　　应交税费——应交增值税(进项税额)
　　贷:预付账款

(3)补付货款时,应编制会计分录如下:

借:预付账款
　　贷:银行存款

如企业不设"预付账款"账户,则企业应将预付的货款记入"应付账款"科目的借方。

(1)预付货款时,应编制会计分录如下:

借:应付账款
　　贷:银行存款

(2)收到商品时,应编制会计分录如下:

借:材料采购
　　应交税费——应交增值税(进项税额)
　　贷:应付账款

(3)补付货款时,应编制会计分录如下:

借:应付账款
　　贷:银行存款

四、其他应付款

其他应付款是指企业应付、暂收其他单位或个人的款项,具体包括:①应付经营租入固定资产和包装物租金。②职工未按期领取的工资。③存入保证金(如收入包装物押金等)。④应付、暂收所属单位、个人的款项。⑤其他应付、暂收款项。

企业设置"其他应付款"科目,核算企业除应付票据、应付账款、预收账款、应付职工薪酬、应付利息、应付股利、应交税费、长期应付款等以外的其他各项应付暂收的款项。本科目可按其他应付款的项目和对方单位(或个人)进行明细核算。本科目期末贷方余额,反映企业应付未付的其他应付款项。

企业采用售后回购方式融入资金的,应按实际收到的金额,借记"银行存款"科目,贷记"其他应付款"科目。回购价格与原销售价格之间的差额,应在售后回购期间按期计提利息费用,借记"财务费用"科目,贷记"其他应付款"科目。按照合同购回该商品时,按应实际支付的金额,借记"其他应付款"科目,贷记"银行存款"科目。

企业发生的其他各种应付、暂收款项,借记"管理费用"科目,贷记"其他应付款"科目;支付的其他各种应付、暂收款项,借记"其他应付款"科目,贷记"银行存款"等科目。

第七节　应付款子系统概述

一、应付款子系统简介

应付款子系统主要用于核算和管理供应商往来款项,即管理企业在日常经营过程中所产生的各种应付款数据信息。对于应付款的核算与管理既可以深入各种产品、各个地区、各个部门和各业务员,又可以从不同的角度对应付款项进行分析、决策,使购销业务系统和财务系统有机地联系起来。

在实际的经营活动中,企业与其他单位发生应付款是非常频繁的,工作量比较大,因此对应付账款的管理是一项相当繁杂的工作。应付款子系统主要可以实现企业对业务往来账款的核算与管理,以发票、其他应付单、付款单等单据为依据,记录采购业务及其他业务所形成的应付款项,处理应付款的支付、转账等情况,对企业的应付款进行综合管理,及时、准确地提供供应商的应付款余额资料,同时提供票据处理的功能,以实现对汇票的管理。应付款子系统还可以提供各种统计分析报表,使用户合理地进行资金的调配,提高资金的利用效率。

通常情况下,根据应付款项核算和管理的程度不同,用户可以采用两种方式核算供应商往来款项。

(一) 在应付款子系统核算供应商往来款项

如果采购业务及应付款核算与管理内容比较复杂,需要追踪每一笔业务的欠款和支付等情况,或者需要将应付款核算具体到产品一级,那么可以选择该方法。在这种方法下,所有的供应商往来凭证全部由应付款子系统生成,其他系统不再生成这类凭证,并由应付款子系统实现对应付账款的核算和管理。其主要功能包括以下几个方面:

(1) 根据输入的单据或由采购子系统传递过来的单据,记录应付款项的形成。包括由于商品交易和非商品交易所形成的所有应付项目。

(2) 处理应付项目的付款及转账业务。

（3）对应付票据进行记录和管理。

（4）在应付项目的处理过程中生成凭证，并向账务子系统进行传递。

（5）对外币业务及汇兑损益进行处理，并向账务子系统进行传递。

（6）根据所提供的条件，提供各种查询及统计分析。

（二）在账务子系统核算供应商往来款项

如果采购业务及应付账款业务并不十分复杂，或者现购业务很多，则可以选择在账务子系统通过辅助核算完成对供应商往来核算的管理。该方法侧重于对供应商的往来款项进行查询和分析。其主要功能包括两个方面。

若同时使用采购管理子系统，可接收采购子系统的发票，并对其进行制单处理，在制单前需要预先进行科目设置。

供应商往来业务在账务子系统生成凭证后，可以在应付款子系统进行查询。

二、应付款子系统的主要功能

应付款子系统的功能主要包括初始化设置、日常处理、查询与统计分析和期末处理。

（一）初始化设置

系统初始化包括设置业务处理参数和核算规则，建立供应商档案，输入期初未结清的往来业务。

（1）设置各类凭证的入账科目、设置采购科目、设置供应商往来控制科目及设置结算方式的对应科目。

（2）单据类型设置，是指用户可以将自己的往来业务与单据类型建立对应关系，达到快速处理业务及进行分类汇总、查询、分析的效果。

（3）单据格式设置，是指允许用户自由定义需要显示的每一种单据项目。

（4）建立供应商档案，即把企业中往来供应商的详细信息输入供应商档案中。这一初始化设置若在系统管理中已完成，在此就不必再设置了。

（5）输入期初余额，是指输入未结算完的发票的期初余额，输入应付单、票据及预付款期初余额。

（二）日常处理

日常处理是对应付款项业务的处理工作，主要包括应付单据处理、付款单处理、票据管理、选择付款和转账处理等内容。

应付单据处理，是指用户进行单据录入和单据管理的工作。通过单据录入，单据管理可记录各种应付业务单据的内容，查阅各种应付业务单据，完成应付业务管理的日常工作。

付款单处理，是指用户对结算单据（付款单、收款单即红字付款单）进行管理，并进一步进行核销的过程。核销处理指用户日常进行的付款核销应付款的工作。单据核销的作用是处理付款核销应付款，建立付款与应付款的核销记录，监督应付款及时核销，加强往来款项的管理。

票据管理，主要是对银行承兑汇票和商业承兑汇票进行管理。票据管理可以提供票据登记簿，以便于对票据进行计息、结算、转出等处理。

选择付款，主要是完成一次支付多个供应商、多笔款项的业务处理，以简化用户的日常付款操作，同时便于用户掌握和控制资金的流出。

转账处理，是在日常业务处理中经常发生的应付冲应付、应付冲应收、预付冲应付及红票对冲的业务处理。

（三）查询与统计分析

用户在进行各种查询结果的基础上所进行的各项分析。一般查询包括单据查询、凭证查询及账款查询等。统计分析包括：一定期间内应付款账龄分析、付款账龄分析、往来账龄分析，了解各个应付款周转天数、周转率，了解各个账龄区间内应付款、付款及往来情况，便于用户及时发现问题，加强对往来款项动态的监督管理。

（四）期末处理

期末处理指用户在月末进行的结算汇兑损益和月末结账工作。如果企业有外币往来，在月末需要计算外币单据的汇兑损益并对其进行相应处理。如果当月业务已全部处理完毕，就需要执行月末结账处理，只有月末结账后，才可以开始下月工作。月末处理主要包括进行汇兑损益结算和月末结账。

三、应付款子系统的操作流程

应付款子系统的业务操作流程如图 5-25 所示。

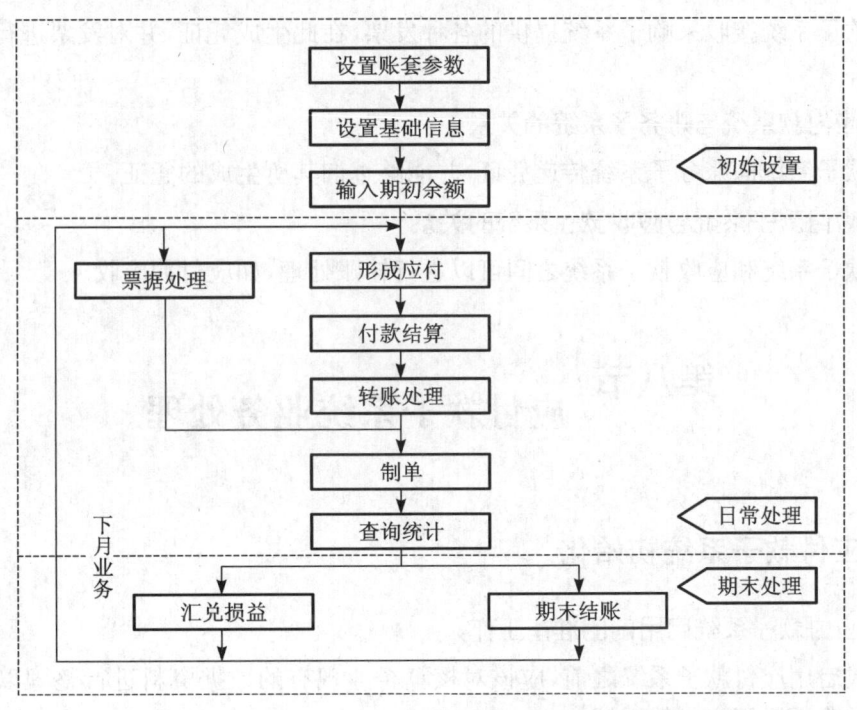

图 5-25　应付款子系统操作流程

应付款子系统业务处理流程与应收款子系统业务处理流程极为相似，其中日常处理不同于应收款子系统，主要包括单据的输入、单据的结算、票据的管理、凭证的处理及转账处理等。

四、应付款子系统与其他子系统的主要关系

应付款子系统与其他子系统的主要关系如图 5-26 所示。

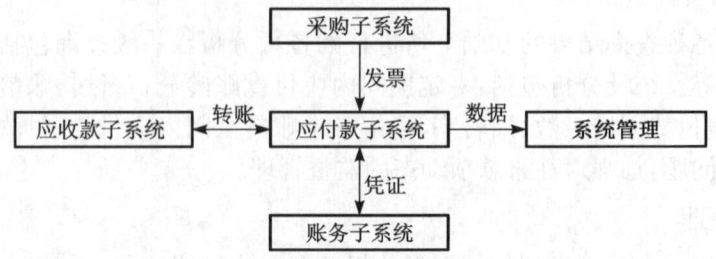

图 5-26　应付款子系统与其他子系统的关系

（一）应付款子系统与系统管理的关系

应付款子系统与系统管理共享基础数据。即应付款子系统需要的基础数据既可以在系统管理中统一设置，也可以在进入应付款子系统中进行设置，最终的结果是由各模块共享基础数据。

（二）应付款子系统与采购子系统的关系

应付款子系统接收采购子系统提供的各种发票，在此生成凭证，并对发票进行付款结算处理。

（三）应付款系统与账务子系统的关系

应付款子系统向账务子系统传递凭证，并能够查询其所生成的凭证。

（四）应付款子系统与应收款子系统的关系

应付款子系统和应收款子系统之间可以进行转账处理，如应付冲应收。

第八节 应付款子系统业务处理

一、应付款子系统初始化

（一）应付款子系统启用前的准备工作

在正式启用应付款子系统之前，应该对核算企业现有的数据资料进行整理以便能够及时、顺利、准确地运用应付款系统。

1. 期初数据的准备

为便于系统初始化，应该准备如下数据和资料：

（1）与本企业有业务往来的所有供应商的详细资料，包括供应商名称、联系电话、开户银行、信用额度、最后的交易情况等。

（2）确定供应商的分类方式，以便于按照分类进行各种统计分析。例如：按供应商的性质，可将供应商分为工业企业、商业企业和其他 3 类。

（3）应准备用于采购的所有存货的详细资料，包括存货的名称、规格型号、价格、成本等数据。

（4）确定存货的分类方式，以便于按照分类进行各种统计分析。例如，将所有的存货分为原材料、半成品、产成品、应税劳务、燃料等几类。

（5）需要整理系统启用前所有供应商的应付账款、预付账款、应付票据等数据。

2. 日常处理的准备

为便于日常的业务处理，应该准备如下数据和资料：

（1）除采购业务之外，能够经常形成应付款的业务资料。准备这类资料的目的是将应付单划分为不同的类型，以便于按照业务类型统计应付账款。

（2）根据企业的采购业务设置发票和单据的类型。

（3）确定发票、应付单的单据格式，以便于定义单据样式。发票可分为采购专用发票、采购普通发票、运费发票等。

（4）确定核算采购、付款等业务的科目，以预先设置各种凭证的科目。例如：由采购业务形成的未付款项记入应付账款科目；预付的各种款项记入预付账款科目；采购时开出的商业汇票或用商业汇票代替已发生的应付账款记入应付票据科目，根据是否银行承兑分别记入商业承兑汇票和银行承兑汇票；材料采购成本记入材料采购科目；采购发生的税金计入进项税额；由于应付款项发生的现金折扣、票据利息、票据费用、汇兑损益记入财务费用科目。

初始化及日常处理所需要的资料整理的好坏，将直接影响本系统的正常运行。所需要的资料准备齐全后，即可以进行系统的初始化。

3. 启用系统

检查计算机内用友 ERP-U8 系统是否正常，以前的实践练习是否存在，如果计算机内没有，可采用引入备份的方法，恢复以前的资料。设置会计科目"2202 应付账款""1123 预付账款"，受控于"应付系统"。

账套主管进入"企业门户—基础信息—基本信息—系统启用"，设置日期启用应付账款管理系统。然后再点击"财务会计"，双击"应付款管理"图标打开应付款管理系统，如图 5-27 所示。

（二）应付款子系统的参数设置

会计信息化软件为了提高适应范围，各子系统都会提供相应的系统参数，企业在实施会计信息系统初始化过程中，必须对各子系统提供的系统参数作出选择，以适应自身核算和控制管理的特点和要求。应付款子系统提供的主要参数通常有以下几个方面。

1. 确定应付账款核销方式

在选择确定应付账款核销方式时，可按单据或产品两种方式进行应付款核销。其具体含义如下：

（1）如果采用按单据核销方式，系统将满足条件的未结算单据全部列出，由用户选择要结算的单据，根据所选择的单据进行核销。

（2）如果采用按产品核销方式，系统将满足条件的未结算单据按产品列出，由用户选择要结算的产品，根据所选择的产品进行核销。

如果企业付款时，没有指定支付某个具体存货，则可以采用按单据核销。对于单位价值较高的存货，企业可以采用按产品核销，即付款指定到具体存货上。一般企业，按单据核销即可。选择不同的核销方式，将影响到账龄分析的精确性，如图5-28所示。

2. 选择设置控制科目的依据

控制科目是指在系统中所有带有供应商往来辅助核算的科目，如应付账款、预付账款等。可以按供应商分类、按供应商、按地区分类3种方式设置控制科目：

（1）按供应商分类设置。供应商分类是指根据一定的属性将企业的往来供应商分为若干大类。针对不同的供应商进行分类，设置不同的应付科目和预付科目。例如：可以根据供应商所属行为分为零售供应商、批发供应商等。

（2）按供应商设置。这种设置方式可以为每一个供应商设置不同的应付科目和预付科目。采用这种设置方式可适合特殊供应商的需要。

（3）按地区分类设置。如果供应商涉及多个地区，可按地区分类设置，即针对不同的地区分类设置不同的应付科目和预付科目。例如：将供应商分为华南、华北、东北等地区，则可以在不同的地区分类下设置科目。

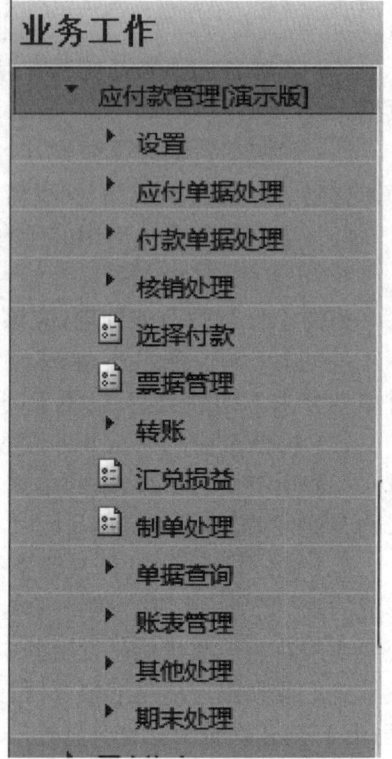

图5-27　应付款管理系统

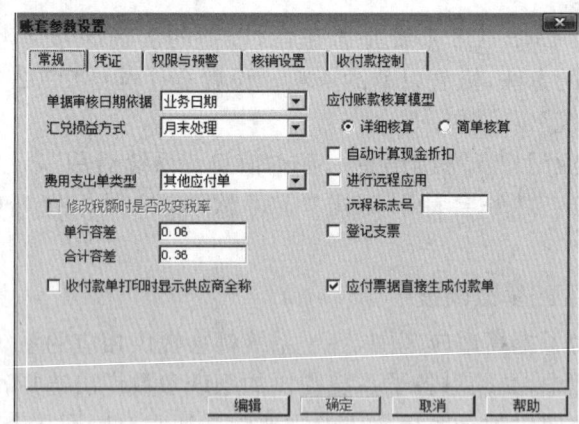

图5-28　账套参数设置

3. 选择设置采购科目的依据

可以按存货分类和存货两种方式设置采购科目：

（1）按存货分类设置。存货分类是指根据存货的属性对存货所划分的大类，在设置存货销售科目时，可针对存货分类设置不同的科目。例如：将存货分为原材料、燃料及动力、半成品及库存商品等大类，根据存货分类来设置不同的科目。

（2）按存货设置。当存货种类不多时，可以直接针对不同的存货设置不同的科目。

提示：存货种类不多，可以直接针对不同的存货设置不同的科目。账套使用过程中，可以随时修改该参数的设置。

4. 选择制单的方式

系统提供 3 种制单方式：明细到供应商、明细到单据和汇总制单。

明细到供应商，是指将一个供应商的多笔业务合并生成一张凭证时，如果核算多笔业务的控制科目相同，系统将自动将其合并成一条分录。这种方式的目的是在账务子系统中能够查看到每一个供应商的详细信息。

明细到单据，是指将一个供应商的多笔业务合并生成一张凭证时，系统会将一笔业务形成一条分录。这种方式的目的是在账务子系统中能查看到每个供应商的每笔业务的详细情况。

汇总制单，是指将多个供应商的多笔业务合并生成一张凭证时，如果核算多笔业务的控制科目相同，系统自动将其合并成一条分录。这种方式的目的是精简账务子系统中的数据，但在账务子系统中只能查看到该科目的一个总的发生额。

提示：在账套使用过程中，可以随时修改该参数的设置。受控科目在合并分录时若自动取出的科目相同，辅助项为空，则不予合并成一条分录。

5. 选择预付款的核销方式

系统提供两种预付款核销方式：按单据核销和按余额核销。具体内容参见第五章第三节。

6. 选择计算汇兑损益的方式

当存在外币应付款项时，还应该选择计算汇兑损益的方式。系统提供两种计算汇兑损益的方式：外币余额结清时计算和月末计算。具体内容参见第五章第三节。

7. 选择是否显示现金折扣或输入发票的提示信息

具体内容参见第五章第三节。

8. 选择核算代垫费用的单据类型

根据初始设置中"单据类型设置"，应收单的类型若分为多种时，费用单根据单据类型设置。若应收单不进行分类，则无需设置。

9. 选择是否显示现金折扣或输入发票的提示信息

（1）为了鼓励客户在信用期间内提前付款而采用现金折扣政策时，可以选择是否显示现金折扣，以及输入发票时是否显示提示信息。选择显示现金折扣时，系统会在"单据结算"中显示"可享受折扣"和"本次折扣"，并计算可享受的折扣；选择输入发票时显示提示信息时，可显示客户的信用额度余额，以及最后的交易情况。

（2）如果选择不显示现金折扣及输入发票提示信息，则系统既不计算也不显示现金折扣和发票信息。

（三）应付款子系统的基础信息设置

在应付款子系统的初始化中，需要将手工会计核算时的基本内容输入计算机中，系统才能顺利运行。需要输入的基本信息包括：供应商分类、供应商档案、地区分类、存货分类、存货档案、部门档案、职员档案、外币及汇率、结算方式、付款条件、单据设计等设置。

在进行基础信息设置时，必须将与企业进行往来业务的供应商的详细信息输入供应商档案中，在使用时随着经济业务的扩展，可以随时向供应商档案中追加新的供应商，年末可将不再有往来业务联系的往来供应商删除。删除时，该供应商的所有业务必须全部经过核销；否则,系统将不允许删除该往来供应商。建立供应商档案直接关系到对供应商数据的统计、汇总和查询等分类处理。因此要根据实际业务需要进行设置,并要求供应商档案资料完整。

基础信息的设置除单据设计外,如果在基础设置或其他子系统中已经设置完成了,在应付款子系统中可以共享这些数据。如果还未进行设置,则需要将上述信息在应付款子系统的初始化中进行设置。

在应付款子系统中提供单据设计功能,具体内容参见第五章第三节。

(四)应付款子系统的业务处理核算规则设置

如果企业应付款业务类型比较固定,生成的凭证类型也较固定,为了简化凭证生成操作,可将各业务类型凭证中的常用科目预先设置好。业务处理核算规则设置,一般包括以下几方面的内容。

1. 凭证科目的设置

如图 5-29 所示,分别设置科目、账龄区间,报警级别、单据类型。

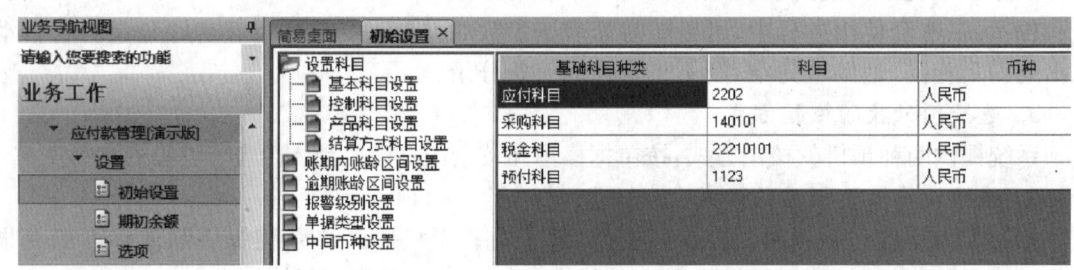

图 5-29 初始设置

(1)基本科目设置。基本科目是指在核算应付款项时经常用到的科目,可以作为常用科目设置,而且科目必须是末级最明细科目。

① 应付账款和预付账款科目。应付账款和预付账款科目是最常用的核算本位币赊购欠款和预付款的科目,可作为应付款子系统基本科目进行设置。企业也可根据需要将预付款并入应付账款中核算。应付和预付款科目必须是有供应商分类辅助核算的科目。

② 采购科目、采购税金科目。采购科目、应交税费(应交增值税进项税额)科目是最常用的核算采购业务的科目,可以作为核算存货采购、进项税额的基本科目,在应付款子系统中进行设置。

③ 其他基本科目。除上述基本科目外,银行承兑科目、商业承兑科目、现金折扣科目、票据利息科目、票据费用科目、汇兑损益科目、币种兑换差异科目和收支费用等都可以作为企业核算某类业务的基本科目。

(2)控制科目的设置。在核算供应商往来款时,如果要针对不同的供应商、供应商分类或地区分类分别设置不同的应付账款科目和预付账款科目,可以先在账套参数中设置控制科目依据,然后在此按所设置的控制科目依据来设置相应的应付科目和预收科目。

如果某个往来单位核算应付账款或预付账款的科目与常用科目设置中的一样,则可以不设置;否则应进行设置。科目必须是有供应商往来辅助核算的末级科目。

(3)产品科目的设置。如果要针对不同的存货或存货分类分别设置不同的采购科目和进项税额科目,可以先在账套参数中设置产品科目依据,然后在此按所设置的产品科目依据来设置采购科目和进项税额科目。

如果某种存货或存货分类的科目与常用科目设置一致，则可以不设置，否则应进行设置。

（4）结算方式科目的设置。与应收款子系统结算方式科目设置基本相同，具体内容参见第五章第三节。

2．账龄区间的设置

为了对应付账款进行账龄分析，需设置账龄区间。与应收款子系统账龄区间设置基本相同，具体内容参见第五章第三节。

3．报警级别的设置

通过设置报警级别，可以将企业对供应商的欠款余额与供应商提供给企业的信用额度的比例分为不同的等级，以便于统计企业对各供应商提供的信用额度使用情况。

4．单据类型设置

与应收款子系统的单据类型对应，应付款子系统中单据类型也分为发票和应付单两大类型。如果同时使用采购系统，则发票的类型包括采购专用发票、普通发票、运费发票和废旧物资收购凭证等；如果单独使用应付款子系统，则发票类型只包括前两种。

应付单是用于记录采购业务之外的应付款情况。可以按应付款项的不同设置应付单的类型，以区分应付货款之外的其他应付款。例如，可以将应付单分为应付费用款、应付利息款、应付罚款、其他应付款等。

（五）应付款子系统的期初数据录入

在第一次使用系统时，当建立完成往来供应商档案登记后，为了能使计算机顺利完成清理核销工作，必须把手工方式下尚未结清的往来款项单据输入计算机中。只有当往来期初数据准确输入后，才能正确地进行往来账的各种统计和分析。当进入第二年度时，系统会自动将上年度未全部结清的单据转成为下一年度的期初余额。

在应付款子系统中，往来款余额是按单据形式录入的。例如，应付账款余额通过发票录入，预付账款余额通过付款单录入。输入完成后，要与账务子系统中相应的供应商往来账户余额核对，以检查输入的往来未达账与相应往来科目余额是否相等。

启用应付系统时，需要将以前尚未处理完的单据全部录入本系统中，作为应付系统的期初余额处理。单击"设置"，选择"期初余额"选项，系统弹出期初余额查询对话框，如图5-30所示。

图5-30　期初余额查询

确认后系统打开期初余额明细表,如图 5-31 所示。

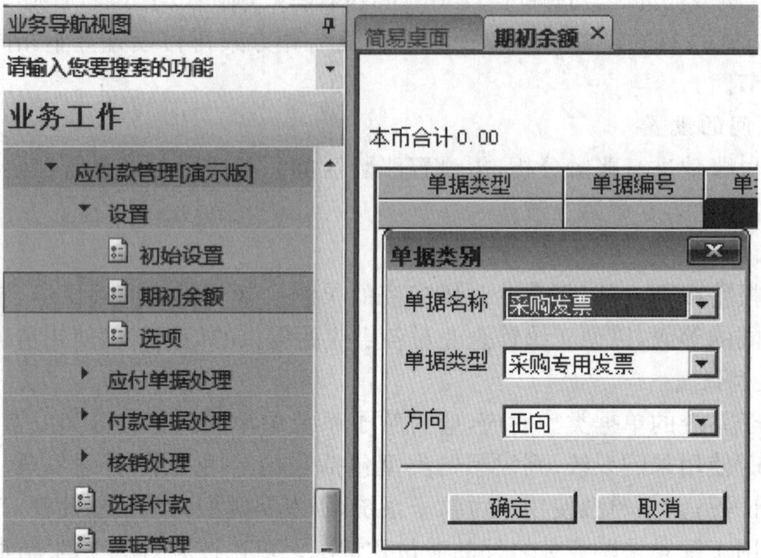

图 5-31　期初余额明细表

在录入完成应付款的期初余额后,可进行期初对账工作。在期初余额明细表中,单击"对账"按钮,系统弹出期初对账结果窗口。若第一个会计期间已记账,则期初余额只能查看。

二、应付款子系统日常业务处理

初始化工作完成后就可以在新系统下进行业务处理,这就是所说的日常业务处理。应付款子系统日常业务处理主要包括应付单据处理、付款单处理、票据管理、选择付款、转账处理和制单处理等内容。

(一)应付单据处理

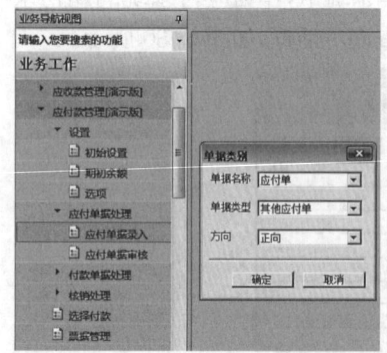

图 5-32　单据类别对话框

应付单据处理是对应付单据(采购发票、应付单)进行管理,包括应付单据的录入、审核。应付单据处理是应付款子系统处理的起点,在应付单据处理中可以输入采购业务中的各类发票及采购业务之外的应付单据。通过单据输入,单据管理可查阅各种应付业务单据,完成应付业务管理的日常工作。其基本操作流程与应收单据处理基本一致,不同之处是对未付款项的单据进行输入时,用代码输入供应商名称。

1. 应付单据录入

单击"日常处理",单击"应付单据处理",选择应付单据录入选项,系统弹出单据类别对话框,如图 5-32 所示。

选择新增单据名称、单据类型、方向,单击"确认"按钮,系统弹出一张所选定类型的空白单据。按照实验资料的要求，录入该张新增单据的内容，如图5-33所示。

（表格区域）

专用发票

显示模版
专用发票显示模版

表体排序

业务类型		发票类型 专用发票		发票号 0000000001	
开票日期 2021-01-14		供应商 多媒体研究所		代垫单位 多媒体研究所	
采购类型		税率 13.00		部门名称 供应部	
业务员 孙联湘		币种 人民币		汇率 1.00000000	
发票日期		付款条件		备注	

	存货编码	存货名称	规格型号	主计量	数量	原币单价	原币金额	原币税额	原币价税
1									
2									
3									
4									
5									
6									
7									
8									
9									
10									
11									
12									
13									
合计									

结算日期　　　　制单人 何平　　　　审核人

图 5-33　采购发票录入

2. 应付单据审核

方法一：在填制应付单进行保存后，可以不用退出该单据界面，直接单击"审核"，进行应付单据的审核操作。此时系统提示"是否立即制单？"单击"否"按钮，不用制单。

方法二：单击"日常处理"，单击"应付单据处理"，选择"应付单审核"选项，弹出"单据过滤条件"对话框，如图5-34所示。

3. 修改应付票据

单击"日常处理"，单击"应付单据处理"，选择"应付单据录入"选项，弹出"应付款单录入"窗口。单击"上张""下张"，找到未审核的单据，直接单击"修改"按钮修改单据，完成之后单击"保存"按钮保存，如图5-35所示。也可以再单击审核时，打开没有被审核的单据，执行修改操作。

图 5-34　单据过滤

（二）付款单据处理

应付款子系统的付款单用来记录企业支付给供应商的各种款项，款项性质包括应付款、预付款、代付款等。其中应付款、预付款性质的付款单将与发票、应付单进行核销处理。

当发生采购退货而收到由供应商退还给企业的款项时，可以在应付款子系统中录入收款单，收款单可以与应付、预付性质的付款单、红字应付单、红字发票进行核销处理。

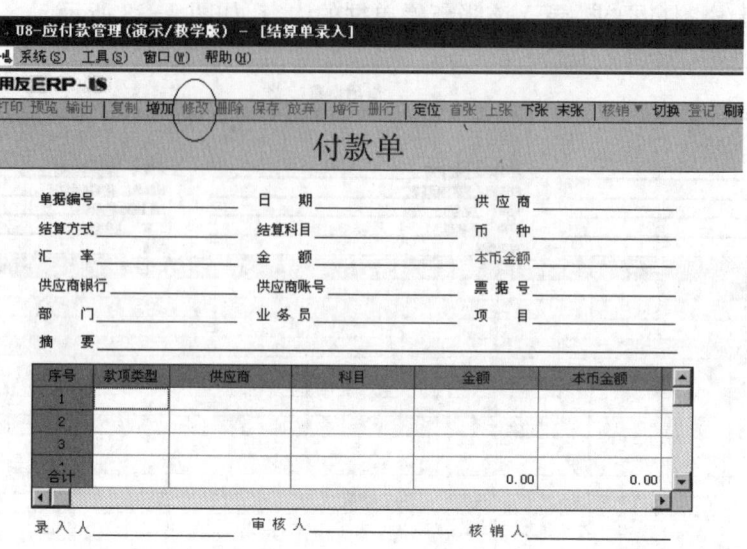

图 5-35　票据修改

1. 输入结算单据(付款单/收款单)

单击"日常处理",单击"付款单据处理",选择"付款单据录入"选项,录入付款单信息,如图 5-36 所示。

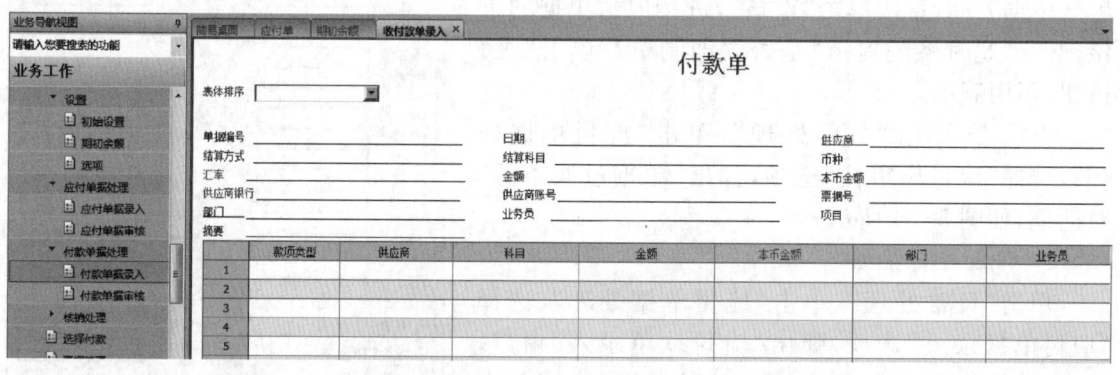

图 5-36　结算单录入

2. 单据核销

核销处理指用户日常进行的付款核销应付款的工作。单据核销的作用是处理付款核销应付款,建立付款与应付款的核销记录,监督应付款并及时核销,以加强往来款项的管理。

用友系统提供两种核销方式:手工核销,用户手工确定系统内付款与应付款的对应管理,选择进行核销;自动核销,系统自动确定系统内付款与应付款的对应关系,选择进行核销。

单击"日常处理",单击"核销处理",选择"手工核销"选项,系统弹出"核销条件"过滤对话框,如图 5-37 所示。

在录入过滤条件后,系统列出符合条件的记录。

上面的记录是指付款单记录,下面的记录是指应付款记录,双击"本次结算"项目,可更改结算数据,最后单击"保存"按钮,以完成本次结算。

3. 票据管理

应付款子系统可以对应付票据进行各种管理,包括:录入应付票据、票据计息、票据转出、票据结算等。如果要进行票据管理,必须将应付票据科目设置为供应商往来辅助核算。

当为供应商开出银行承兑汇票或商业承兑汇票时,应将该汇票在应付款子系统的票据管理中录入。系统会自动根据票据生成一张付款单,用户可以对付款单进行查询,并可以与应付单据进行核销勾对,冲减企业应付账款,如图 5-38 所示。

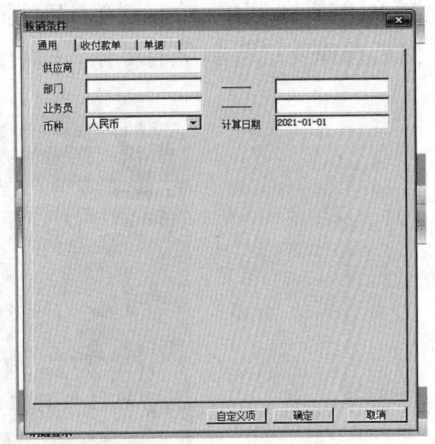

图 5-37　手工核销

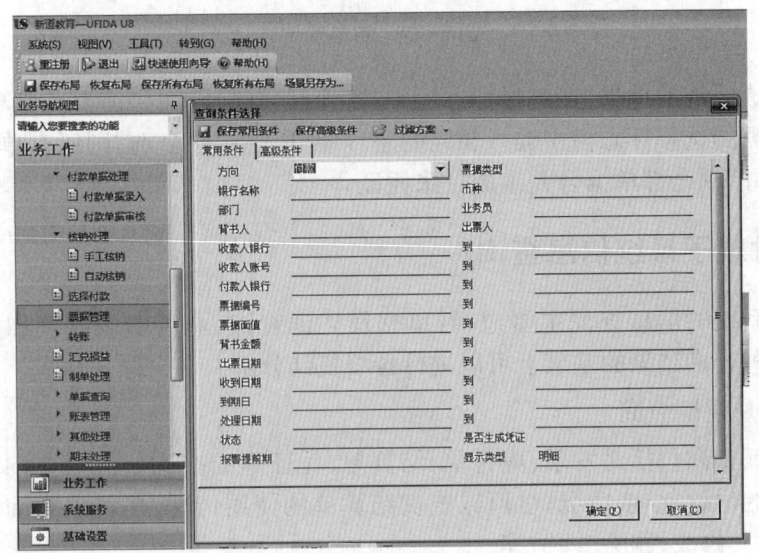

图 5-38　票据查询

4. 选择付款

选择付款主要是完成一次支付多个供应商、多笔款项的业务处理,以简化用户的日常付款操作,同时便于用户掌握和控制资金的流出。

5. 转账处理

转账处理是在日常业务处理中经常发生的应付冲应付、应付冲应收、预付冲应付及红票对冲的业务处理。与应收款子系统的转账处理基本相同。具体内容参见第五章第三节。

6. 制单处理

使用制单功能进行批处理制单,可以快速地、成批地生成凭证。制单类型包括应付单据制单、结算单制单、转账制单、汇兑损益制单等。制单处理时,应该输入制单日期、凭证类别,然后选择要进行制单的单据,进而生成凭证,如图5-39所示。

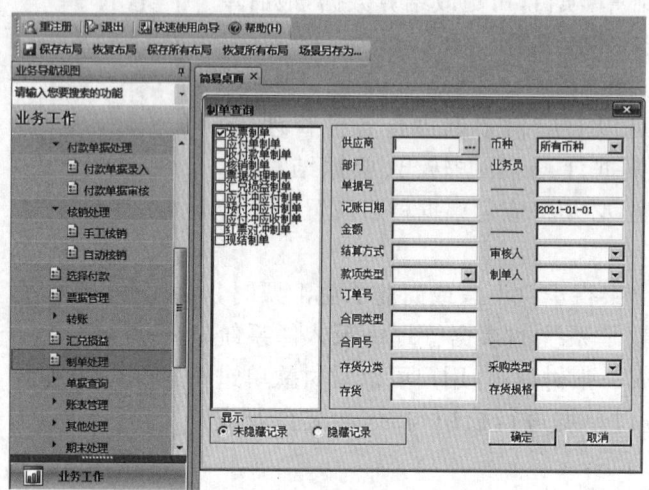

图5-39　制单查询

对需要生成凭证的单据,在选择标志栏中,输入任一序号;如果需要几张单据合并制单,则在这几张单据的选择标志栏中输入相同的序号即可。单击"全选"则所有单据都可以分别制单,单击"合并"则全部单据合并生成一张凭证。

三、应付款子系统信息查询

应付款子系统的信息查询主要包括:单据及凭证查询、业务账表查询和业务账表分析等。用户在各种查询结果的基础上可以进行各项统计分析。

（一）单据及凭证查询

单据及凭证查询包括对发票、应付单、结算单、凭证等的查询。可以查询已经审核的各类型应付单据的付款、结余情况;也可以查询结算单的使用情况;还可以查询本系统所生成的凭证,并且对其修改、删除、冲销等。

1. 凭证查询

通过凭证查询可以查看、修改、删除、冲销应付款子系统传递到账务子系统中的凭证。如图5-40所示。

输入查询条件,系统列出所有符合条件的记录。

选定需要删除的凭证,然后单击"删除"按钮执行删除操作。单击"单据""凭证"按钮对选定的单据联查其原始凭证或单据。只有未审核、未经出纳签字、未经主管签字的凭证才能直接删除。

2. 单据查询

单据查询包括对发票、应付单及结算单的查询。可以查询已经审核的各类型应付单据的付款情况、结余情况;也可以查询结算单的使用情况。如选择"应付单查询"选项,则系统弹出"应付单查询"条件过滤对话框,如图5-41所示。

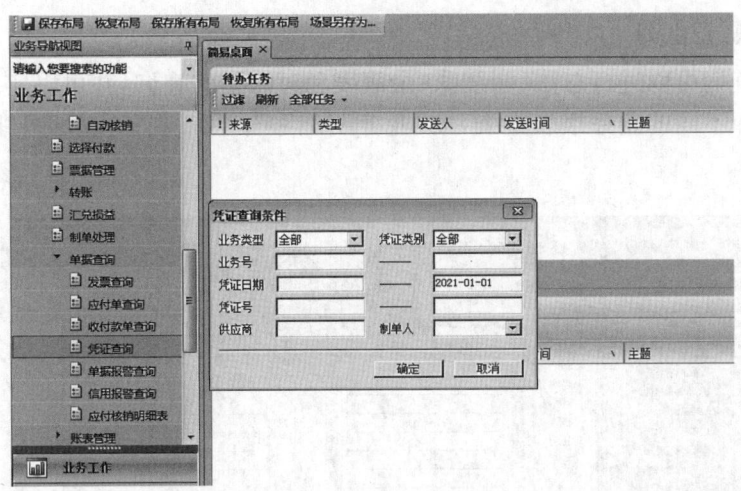

图 5-40　凭证查询

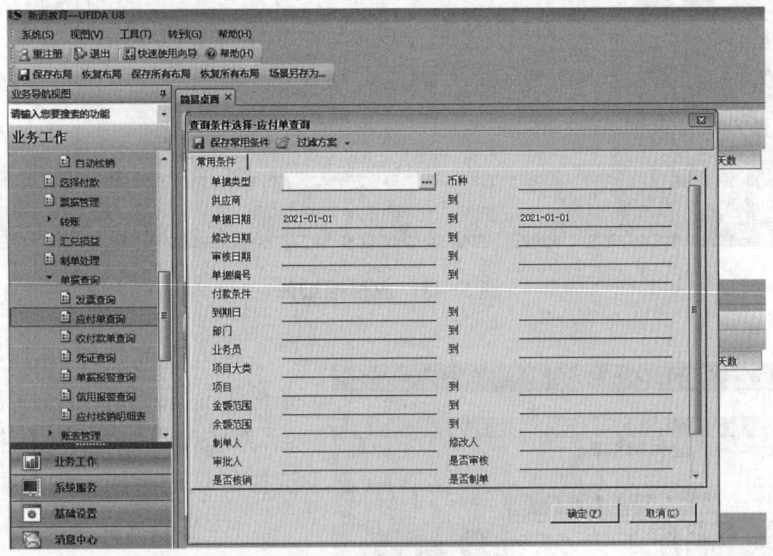

图 5-41　应付单查询

录入查询条件,系统列出所有符合条件的记录,如图 5-42 所示。

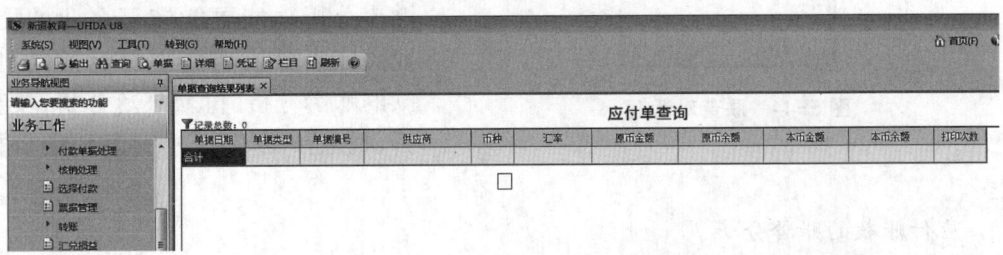

图 5-42　应付单查询结果列表

（二）业务账表查询

业务账表查询可以进行总账、明细账、余额表和对账单的查询，并可以实现总账、单据之间的联查。选择不同的业务报表查询，如"业务明细账"，系统弹出"应付明细账"对话框，如图 5-43 所示。

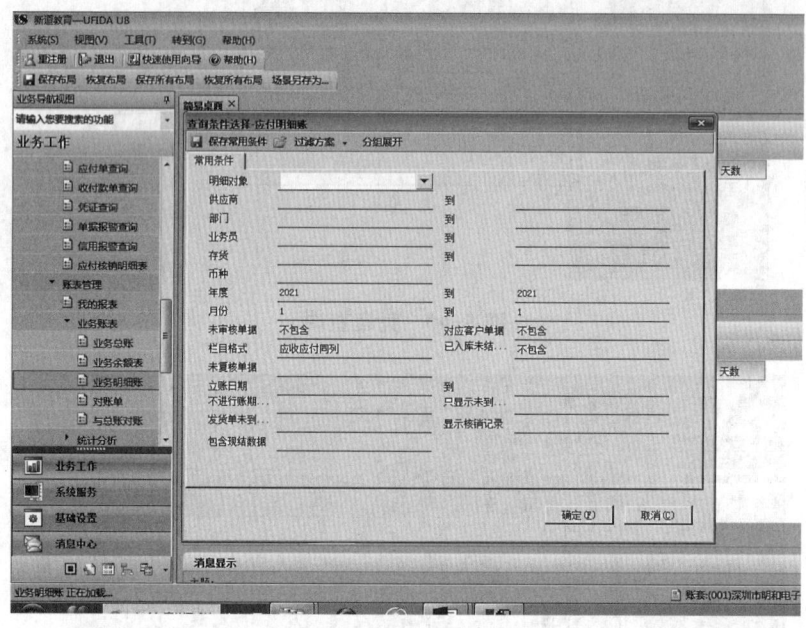

图 5-43 应付明细账

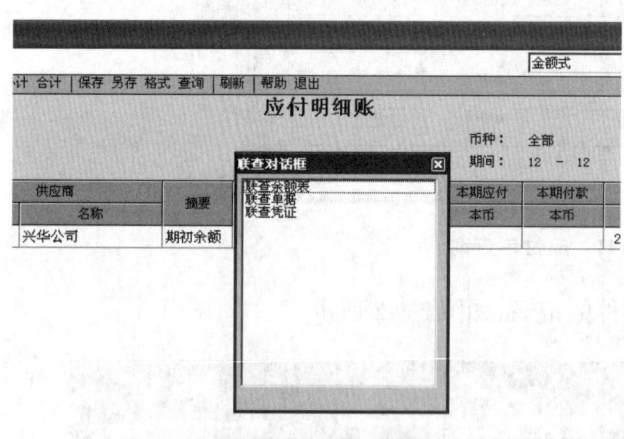

图 5-44 联查对话框

输入查询条件，系统列出所有符合条件的记录，如图 5-44 所示。双击记录，系统弹出"联查对话框"，在此可以选择与该记录相应的单据。

（三）业务账表分析

业务账表分析是应付款管理的一项重要功能，对于资金往来比较频繁、业务量大、金额也比较大的企业，业务账表分析功能更能满足企业的需要。业务账表分析功能主要包括：应付账款的账龄分析、付款账龄分析、欠款分析、付款预测等，其中付款账龄分析应用较多。

1. 应付账款的账龄分析

应付账款的账龄分析主要是分析供应商、存货、业务员、部门或单据的应付款余额的账龄区间分布。用户可以同时设置不同的账龄区间进行分析。用户既可以进行应付款的账龄分析，也可以进行预付款的账龄分析。

2. 付款账龄分析

付款账龄分析主要分析供应商、产品、单据的付款账龄。

单击"账表管理",单击"统计分析",选择不同的统计分析,如"付款账龄分析",系统弹出"付款账龄分析"条件对话框,如图 5-45 所示。

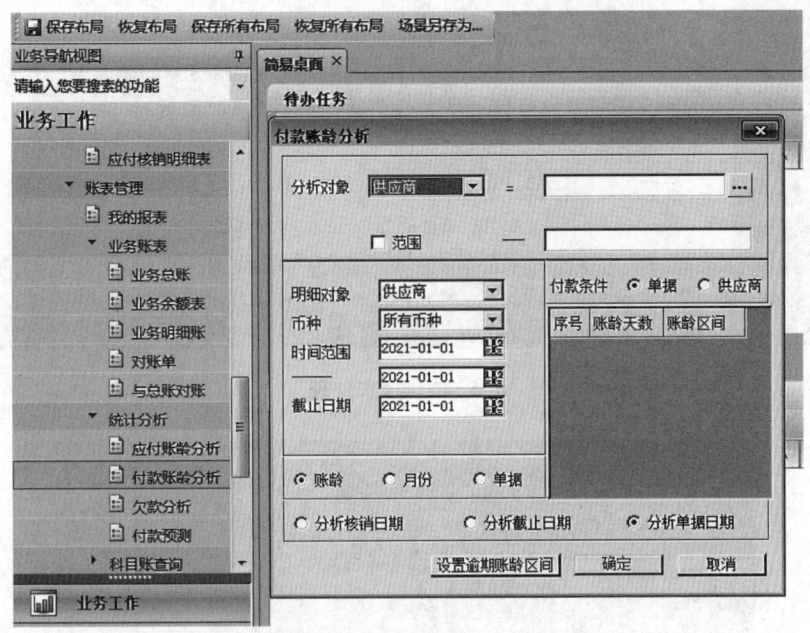

图 5-45　付款账龄分析

录入分析条件,系统弹出"应付账款分析"报表。

3. 欠款分析

欠款分析可以分析截止到某一日期,供应商、部门或业务员的欠款金额,以及欠款组成情况。

4. 付款预测

付款预测可以预测将来的某一段日期范围内,供应商、部门或业务员等对象的付款情况,而且提供比较全面的预测对象、显示格式。

四、应付款子系统期末处理

在应付款子系统中,期末主要应完成计算汇兑损益和期末结账两项业务处理工作。本书重点介绍月末结账业务。

(一)月末处理

单击"其他处理",单击"期末处理",选择"月末结账"选项,系统弹出"月末处理"对话框,如图 5-46 所示。

勾选需结账月份的"结账标志"栏,直至其变成"Y"字样,弹出窗口的"处理情况"栏中,均为"是"字时,单击"确认"按钮,如图 5-47 所示。系统弹出"结账成功"对话框。

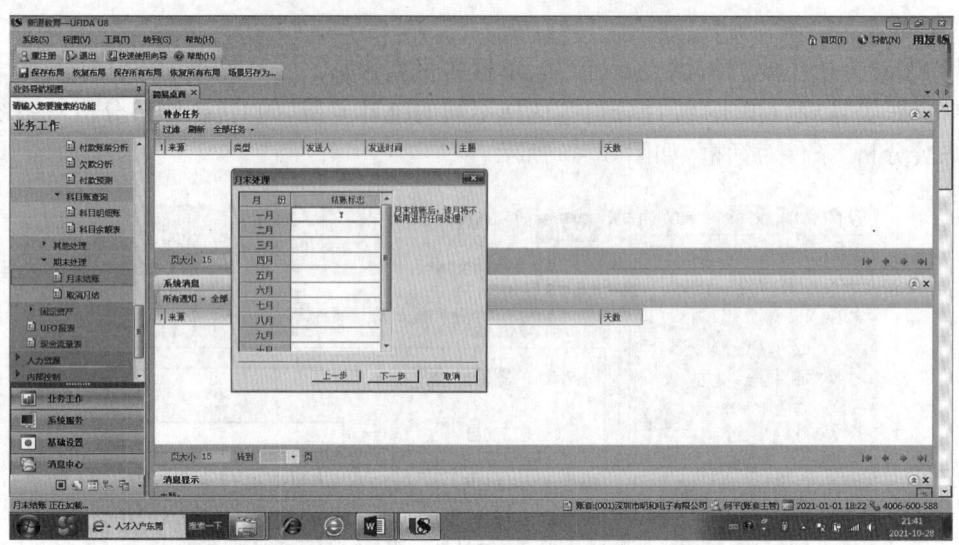

图 5-46　月末处理

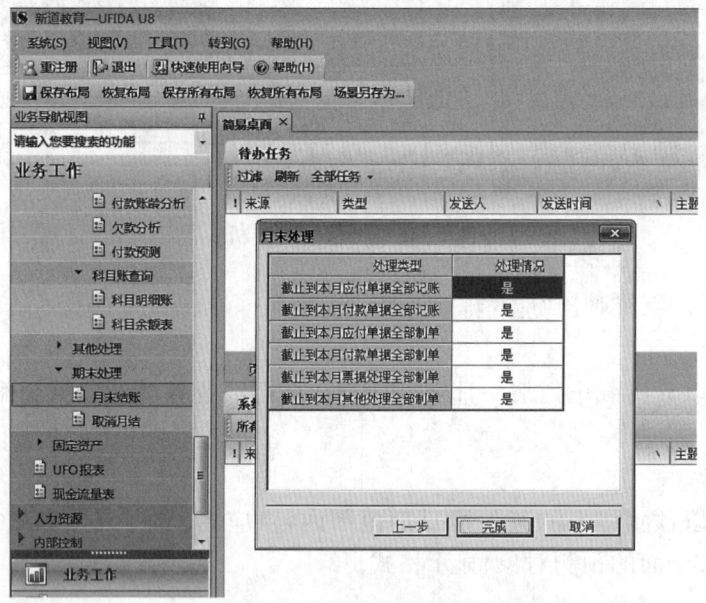

图 5-47　月末处理

（二）取消月结

单击"其他处理"，单击"期末处理"，选择"取消月结"选项，系统弹出"取消结账"对话框。选定最后一个已结账的月份，然后，单击"确认"按钮，系统提示"取消结账成功"对话框。

【关键术语】

应收款子系统初始化　应收账款余额百分比法　应收冲应收　付款单据处理　单据核销　期末制单处理

【问题思考】

1. 应收款子系统如何自动生成记账凭证？
2. 如何利用应收款子系统进行客户信用和应收款的管理？
3. 分析具体企业的采购与付款流程，并总结其中的主要控制点和采用的控制方式。

【实训案例一】

应收款管理系统初始化实验

实训内容：设置系统参数；基础设置；设置科目；坏账准备设置；账龄区间设置；报警级别设置；录入期初余额并与总账系统进行对账；账套备份。

实训资料如下。

1. 结算方式

表 5-1　结算方式

结算方式编码	结算方式名称	票据管理
1	现金结算	否
2	支票结算	否
201	现金支票	是
202	转账支票	是
3	其他	否

2. 与客户或供应商的协议中的付款条件

表 5-2　付款条件

信用天数	付款条件
10 天内付款	优惠 5%
20 天内付款	优惠 2%
30 天内付款	不优惠

3. 会计科目：1122 应收账款

表 5-3　应收账款

日期	凭证号	客户	摘要	方向	金额	业务员	票号	票据日期
2020-12-25	转-118	希望学校	销售商品	借	99 600	宋佳	P111	2014-12-25
2020-12-10	转-15	通达公司	销售商品	借	58 000	宋佳	Z111	2014-12-10

4. 业务控制参数

应收账款核算模型：详细核算；应收款核销方式：按单据；单据审核日期依据：单据日期；汇兑损益方式：月末处理；坏账处理方式：应收余额百分比法；代垫费用类型：其他应收单。

5. 坏账准备设置

提取比率：0.5；坏账准备期初余额：800；坏账准备科目：1231（坏账准备）；对方科目：6701（资产减值损失）。

6. 账龄区间设置

表 5-4　账龄区间

序号	起止天数	总天数
01	1~30	30
02	31~90	90
03	91~180	180
04	181~360	360
05	361~1 080	1 080

7. 报警级别设置

总比率:10;级别名称:A。

【实训案例二】

应收款管理系统日常业务处理

实训内容:日常收到款项的处理;日常发货业务的处理;期末处理;账套备份。

实训资料如下:

2021 年 1 月 12 日,销售二部宋佳收到北京希望学校转来的一张转账支票,金额 99 600 元,用来偿还前欠货款。(转账支票号 ZZR002)。

2021 年 1 月 23 日,销售二部宋佳售给天津通达公司电脑集成板 100 个,每个 350 元,货款未收。(适用税率 13%)

【实训案例三】

应付款管理系统初始化及日常业务处理

实训内容:设置系统参数;基础设置;设置科目;账龄区间设置;报警级别设置;录入期初余额并与总账进行对账;日常设置;日常处理;单据查询;账表管理;其他处理。

实训资料如下。

1. 结算方式

表 5-5　结算方式

结算方式编码	结算方式名称	票据管理
1	现金结算	否
2	支票结算	否
201	现金支票	是
202	转账支票	是
3	其他	否

2. 与客户或供应商的协议中的付款条件

表 5-6　付款条件

信用天数	付款条件
10 天内付款	优惠 5%
20 天内付款	优惠 2%
30 天内付款	不优惠

3. 会计科目:2202 应付账款期初余额

表 5-7　应付账款

日期	凭证号	供应商	摘要	方向	金额	业务员	票号	票据日期
2020-11-20	转-45	迅杰	购买商品	贷	276 850	孙联湘	C000	2014-11-20

4. 2021 年 1 月 14 日,供应部孙联湘从南京多媒体研究所购入 DVD 光驱 100 个,单价 80 元,货税款暂欠,商品已验收入库。(适用税率 13%)

(转账凭证)摘要:购 DVD 光驱

借:库存商品(1405)　　　　　　　　　　　　　　　　　　　　8 000

　　应交税费——应交增值税——进项税额(22210101)　　　　　1 040

　　贷:应付账款(2202)　　　　　　　　　　　　　　　　　　　9 040

习题·实训·案例

姓名 _____
学号 _____
分数 _____

扫二维码获得更多
本章习题及案例

一、练习题

(一) 单选题

1. 企业要实现用计算机完成采购和存货管理,首先要通过(　　)将基本数据录入计算机。

   A. 系统初始化模块
   B. 采购模块
   C. 存货模块
   D. 系统维护模块

2. 采购模块是一个完整的模块,主要包括处理(　　)模块;请购单模块;编制、查询及输出采购合同模块以及传递采购信息模块。

   A. 供应商设置
   B. 日常发票处理
   C. 单据录入
   D. 采购价格管理

3. 在采购模块中,请购单的审核是通过(　　)实现的。

   A. 比较请购单与生产的实际需要量
   B. 比较请购单与供应商的供应能力
   C. 审核请购单的真实性
   D. 比较请购单与存货文件的最低、高储量

4. 为了加速供应商发票的录入速度,并保证发票上数据的正确性,系统应该提供以入库单为依据录入供应商发票的功能,该依据来源于(　　)。

   A. 采购子系统
   B. 采购子系统
   C. 账务处理系统
   D. 存货子系统

5. 采购与应付子系统和账务处理子系统的关系主要体现在凭证的传递关系上,以下关于应付子系统和账务处理子系统的说法中,正确的是(　　)。

   A. 账务处理子系统进行凭证处理和输出应付账款明细账
   B. 采购与应付子系统进行往来账的核销和输出应付账款明细账
   C. 采购与应付子系统进行凭证处理和输出应付账款总账
   D. 采购与应付子系统进行往来账的核销和输出应付账款总账

6. 为应付账款往来账输出时提供应付期初数的数据表是(　　)。

   A. 付款单表
   B. 采购订单表
   C. 采购发票表
   D. 应付账款余额表

7. 在采购订单的最末一行一般为状态行,反映订单所处的状态,其中审核执行状态表示该订单已经成为正式的协议或合同,订单的货物正在入库过程中,下面关于审核执行状态的说法中,正确的是(　　)。

   A. 可以编辑修改、删除采购订单
   B. 不可以编辑修改、删除采购订单
   C. 取消审核后,可以编辑修改订单
   D. 系统管理员可以直接编辑修改订单

8. 通过采购与应付子系统的报表输出功能可以输出各种采购与应付核算与管理需要的报

表,报表的种类可分为统计报表和分析报表,以下属于统计报表的是(　　)。

 A. 订单执行情况表   B. 增值税抵扣表

 C. 在途存货明细表   D. 结算明细表

9. 采购与应付子系统输出的报表可分为统计报表和分析报表,分析报表是综合两种以上的表,按各种条件筛选组合的结果,在途存货明细表是(　　)组合的结果。

 A. 采购入库单与采购发票   B. 采购发票与付款单

 C. 采购订单与采购入库单   D. 采购订单与采购发票

10. 采购发票编制过程中,通过(　　),调出采购订单表和入库单表对应的采购订单与入库单,实现发票的编制。

 A. 入库单号   B. 采购订单号   C. 存货代码   D. 供应商代码

11. 采购订单表用于存储审核后的采购订单。采购订单表按采购订单号组织数据,一张采购订单只能包含一个供应商,(　　)货存记录。

 A. 1个   B. 最多5个   C. 多个   D. 最多10个

12. 在供应商档案表建立过程中,必须输入的数据项是(　　)。

 A. 供应商地址 B. 信用等级 C. 信用额度 D. 供应商代码

13. 在采购订单表编制过程中,操作人员只能够选择录入的数据项是(　　)。

 A. 存货代码   B. 订货单价 C. 付款条件 D. 订货数量

14. 同一张入库单的(　　)相同。

 A. 存货代码   B. 采购订单号

 C. 生产批号   D. 入库数量

15. 在采购发票表编制过程中,需要输入的数据项包括(　　)。

 A. 发票号   B. 采购订单号

 C. 入库单号   D. 以上所有数据项

16. 在采购与应付管理子系统中,付款表按付款单号组织数据,每一张付款单号只与某一(　　)相关。

 A. 入库单号   B. 采购订单号   C. 发票号   D. 供应商

17. 为计算销售毛利,下列(　　)在销售子系统中核算。

 A. 财务费用 B. 管理费用 C. 销售费用 D. 制造费用

18. 用客户资料及应收、预收账款明细账更新(　　)。

 A. 客户档案文件   B. 销售合同文件

 C. 资金回笼表   D. 到款凭证文件

19. 下列字段中,(　　)字段不应包含在销售发票文件中。

 A. 预计收款时间   B. 结算方式

 C. 销售金额   D. 应付金额

20. 下列文件中,每个客户一条记录的文件有(　　)。

 A. 客户档案文件   B. 销售发票文件

 C. 收款凭证文件   D. 应收、预收账款文件

21. 客户代码的编码通常采用群码方式,可采用客户的邮政编码加序号作为客户编码,也可采用客户的(　　)作为客户的编码。

A. 邮政编码   B. 电话号码   C. 纳税人登记号   D. 合同号

22. 应收、预收账款文件不包括( )信息。

     A. 发票号   B. 客户名称   C. 摘要   D. 收款合计

23. 销售发票的发票号必须具有的特性是( )。

     A. 唯一性   B. 连续性   C. 保密性   D. 简洁性

24. 销售与应收子系统的业务处理流程的起始环节是( )。

     A. 签署发货单   B. 录入销售订单

     C. 销售物资出库   D. 开出销售发票

25. 销售与应收子系统中最基础的档案是( )。

     A. 客户档案   B. 部门档案   C. 职员档案   D. 存货档案

26. 销售与应收子系统中往来账对冲处理的功能是( )。

     A. 当收回客户所欠货款时核销该客户的应收款

     B. 将凭证数据传递到账务处理子系统中

     C. 为了避免往来款多头挂账

     D. 为了避免客户和供应商之间出现往来账

(二) 多选题

1. 采购、应付账款与存货子系统不是一个独立的系统,在计算机信息系统内各子系统数据采用直接传递式时,它与( )子系统存在数据传递关系。

     A. 账务处理   B. 销售与应收账款

     C. 固定资产   D. 成本

2. 采购、应付账款与存货子系统可以划分为( )功能模块。

     A. 初始设置模块   B. 采购模块

     C. 存货模块   D. 应付账款模块

3. 初始设置模块可分为几个独立的功能模块,如年初建账功能模块,"年初建账"主要录入的内容有( )。

     A. 采购初始业务   B. 存货初始数据

     C. 应付账款初始业务   D. 各种采购价格

4. 采购子系统数据处理流程中具体包含( )过程。

     A. 获取请购单   B. 审核请购单

     C. 选择供应商与编制采购合同   D. 查询和管理采购合同

5. 查询合同执行情况时,需要用到( )文件中的信息。

     A. 供应商   B. 采购合同

     C. 发票   D. 收款凭证

6. 应付账款模块的主要功能有( )。

     A. 日常发票处理

     B. 应付账款分析与输出

     C. 应付账款的付款处理

     D. 发票文件自动生成机制凭证传入账务处理系统

7. 应付账款模块中,发票的审核是通过核对( )来实现的。

A. 发票中的单价和采购合同文件的订货单价

B. 发票中的单价和供应商价格文件中的单价

C. 发票中的数量和采购合同文件中的订货数量

D. 发票中的数量和入库单文件中的收货数量

8. 应付账款账龄分析时,先按照( )的条件从发票文件中挑选出所有供应商记录,再根据用户所选供应商和用户定义的付款到期日时间段进行账龄分析。

A. 结算方式为"应收账款"   B. 付款到期日未到

C. 发票金额不等与已付金额   D. 其他

9. 应付账款子系统中,自动转账模块的功能根据( )生成机制凭证,传入账务处理子系统或存入机制凭证文件供账务处理子系统使用。

A. 发票文件   B. 付款通知书文件

C. 费用统计标准文件   D. 出库单文件

10. 采购与应付的核算与管理主要包括( )处理环节。

A. 采购订单   B. 材料入库   C. 采购入账   D. 货款结算

11. 编制采购订单是与应付核算与管理的起始环节,其数据来源是( )。

A. 请购单表   B. 入库单表   C. 供应商档案表   D. 存货表

12. 采购与应付子系统中,应付账款数据表的数据来源于( )。

A. 采购发票表   B. 入库单表   C. 付款单表   D. 存货表

13. 一般来说,采购与应付子系统的功能模块可以划分为( )。

A. 系统初始化模块   B. 业务单据输入模块

C. 账表输出模块   D. 自动转账和系统维护模块

14. 采购与应付子系统通过供应商档案设置中的数据信息对供应商情况进行管理,在所需的供应商信息中,必须输入的数据项是( )。

A. 供应商代码   B. 供应商地址

C. 供应商名称   D. 供应商信用状况

15. 采购订单的最末一行一般为状态行,反映订单所处的状态,可分为( )。

A. 输入状态   B. 修改状态   C. 审核执行状态   D. 关闭状态

16. 通过采购与应付子系统的报表输出功能可以输出各种采购与应付核算、管理需要的报表,报表的种类可分为统计报表和分析报表,以下属于分析报表的是( )。

A. 结算明细表   B. 在途存货明细表

C. 订单执行情况表   D. 供应商往来账

17. 采购与应付的核算与管理包括( )环节的处理。

A. 采购订单   B. 材料入库   C. 采购入账   D. 货款结算

18. 采购订单将根据( )的数据来源来编制。

A. 采购发票表   B. 请购单表   C. 供应商档案表   D. 存货表

19. 在供应商档案表的建立过程中,必须输入的数据项包括( )。

A. 供应商代码   B. 供应商名称   C. 供应商地址   D. 信用等级

20. 在采购订单表编制过程中,需要操作员输入的数据项包括( )。

A. 采购订单号　　　　B. 供应商代码　　　　C. 存货代码　　　　D. 订货数量

21. 在采购与应付子系统中,付款单表用来存储每一笔与存货采购相关的付款业务。该表存储的主要数据项包括(　　)。

    A. 原始付款单号　　　　　　　　　B. 供应商代码

    C. 结算金额　　　　　　　　　　　D. 结算科目

22. 在采购与应付子系统中所设计的应付账款表主要数据项包括(　　)。

    A. 供应商代码　　　　B. 发票号　　　　C. 付款单号　　　　D. 金额

23. 销售与应收子系统的数据处理流程是以发票输入和其他凭证输入为数据处理起点,以(　　)为终点的业务流程。

    A. 各种销售明细账　　　　　　　　B. 各种销售报表

    C. 转账凭证　　　　　　　　　　　D. 销售合同

24. 销售与应收子系统的初始化主要功能包括(　　)。

    A. 建立数据库结构框架　　　　　　B. 将上年期末余额逐笔结转至本年

    C. 将上年数据库重新整理,重建索引　D. 进行科目设置

25. 往来账核销模块的主要功能有(　　)。

    A. 以前年度未核销往来账录入　　　B. 查询往来账及余额

    C. 手工核销　　　　　　　　　　　D. 查询未达往来账

26. 在销售与应收子系统中,收款单录入可通过的途径有(　　)。

    A. 在账务处理子系统中以记账凭证形式录入

    B. 直接以原始凭证形式录入本系统中

    C. 通过网络技术从其他单位传递过来

    D. 本系统自动生成

27. 销售业务发生时,把销售发票输入系统,对其进行统计、分类和汇总,可得到(　　)。

    A. 销售日报表　　　B. 账龄分析表　　　C. 当期销售汇总表　　　D. 逾期未收款表

28. 销售发票文件中的销售方式字段主要供用户按不同的标准分类统计报表之用,该字段可以是(　　)等值。

    A. 直销　　　　　　B. 赊销　　　　　　C. 预付货款　　　　D. 预付定金

29. 下列文件中,每笔业务一条记录的文件有(　　)。

    A. 客户档案文件　　　　　　　　　B. 销售发票文件

    C. 收款凭证文件　　　　　　　　　D. 应收、预收账款文件

30. 在销售与应收账款子系统中进行系统初始化时,需要定义出与其他子系统有关的会计科目。定义方法有(　　)。

    A. 只定义总账科目,系统自动将明细科目传过来

    B. 在本子系统中定义的总账科目代码后加通配符

    C. 按不同于账务系统科目代码的方式重新编码

    D. 不用编码,直接通过科目名称传递

31. 关于销售发票的发票号,以下说法中,正确的有(　　)。

    A. 采用增值税发票号　　　　　　　B. 系统自动给出连续编号

    C. 采用销售合同号　　　　　　　　D. 用客户代码代替

32. 收款单记账内容为登记(　　)。

　　A. 应收、预收账款总账　　　　　　　　B. 应收、预收账款明细账

　　C. 销售总账　　　　　　　　　　　　　D. 销售台账

33. 销售与应收子系统的数据表中存放管理和分析辅助信息的是(　　)。

　　A. 销售合同数据表　　　　　　　　　　B. 客户档案表

　　C. 应收账款表　　　　　　　　　　　　D. 销售计划表

34. 销售与应收子系统数据处理包括(　　)。

　　A. 自动转账　　　　B. 往来账核销　　　　C. 往来对冲处理　　　　D. 期末结账

35. 销售与应收子系统的账表输出功能输出的账表可分为统计报表、销售分析报表和各种明细账,以下属于统计报表的是(　　)。

　　A. 销售结构表　　　　B. 发票使用明细表　　C. 销售毛利表　　　　D. 发退货统计表

(三) 判断题

1. 资金回笼情况表是采购和应付账款子系统产生的。　　　　　　　　　　　　(　　)

2. 在采购、应付账款与存货子系统进行系统初始化时,不用进行增值税率设置。　(　　)

3. 在采购、应付账款与存货子系统中,是通过自动转账将每笔业务的应付账款、存货处理分录传送到账务处理子系统的。　　　　　　　　　　　　　　　　　　　　　(　　)

4. 在采购、应付账款与存货子系统中,只是对出、入库存货进行数量上的管理,不用对临时出、入库单的单据进行审核。　　　　　　　　　　　　　　　　　　　　　　(　　)

5. 在设计采购合同输入界面时,查询供应商的按钮和调入请购单按钮必不可少。　(　　)

6. 应付账款模块中发票的审核与账务处理时记账凭证的审核完全相同。　　　　(　　)

7. 应付账款模块中进行付款处理时,用户可通过计算机查询并选择准备付款的发票,有足够的资金进行支付时,可打印准备付款通知书,传给出纳,出纳手工签发支票,再通过账务系统的凭证录入模块将付款凭证送入计算机。　　　　　　　　　　　　　　　(　　)

8. 采购、应付账款与存货子系统的年初建账是在年初即1月份进行的。　　　　(　　)

9. 应付账款账龄分析表必须根据应付账款文件才能生成,根据采购发票文件没法进行账龄分析。　　　　　　　　　　　　　　　　　　　　　　　　　　　　　　(　　)

10. 在与供应商接洽时,一般会签订书面合同。因而,在采购、应付账款与存货子系统中没有设计采购合同文件的必要性。　　　　　　　　　　　　　　　　　　　　　(　　)

11. 企业的采购一般都是从订单开始的,采购和应付的核算与管理过程就是围绕采购订单进行的管理。　　　　　　　　　　　　　　　　　　　　　　　　　　　　(　　)

12. 供应商将存货发送给企业,由仓库部门对其进行验收,验收后,编制入库单,入库单的编制一般在采购与应付子系统中进行。　　　　　　　　　　　　　　　　　　(　　)

13. 订购单表按采购订单号组织数据,一张采购订单只能包含一个供应商和一条存货记录。　　　　　　　　　　　　　　　　　　　　　　　　　　　　　　　　(　　)

14. 入库单、退货单一经审核就不能直接修改,只有取消审核后,才能进行修改,如果系统已提取入库单进行结算处理,要修改入库单,也必须取消审核。　　　　　　　　(　　)

15. 采购发票状态栏的结算日期反映该张采购发票的具体结算日期,如果为空,则该张采购发票未进行结算,如果存在结算日期,则该张采购发票已进行结算处理,不能再进行编

辑修改。   （　　）

16. 分析报表,是综合两种以上的表,按各种条件筛选组合的结果,账龄分析表是采购发票
    与付款单比较的结果。   （　　）

17. 采购和应付子系统需要处理的数据量较大,是会计信息系统数据处理量最大的子系统。
                                                                                         （　　）

18. 采购与应付子系统和账务处理子系统的关系主要体现为凭证的传递关系上。   （　　）

19. 采购与应付子系统需要设计的基本编码是供应商编码。   （　　）

20. 采购订单表用于存储审核后的采购订单。   （　　）

21. 在采购与应付子系统中设计的应付账款表用来存储与每一供应商往来的记录,通过该
    表,可以输出供应往来账。   （　　）

22. 在采购与应付子系统中,应付账款表按供应商代码组织数据,可以快速地提供某一供应
    商往来详细记录及结算余额。   （　　）

23. 在采购与应付子系统中应付账款余额表所反映的应付供应商余额应等于账务处理子系
    统应付账款总账余额。   （　　）

24. 一般情况下,采购订单与入库单为一一对应关系,即一张采购订单对应一张入库单,但
    如果存在一批存货多次入库的情况,既可以在原入库单上追加新的入库记录,也可以新
    增加一张入库单。   （　　）

25. 在采购与应付子系统中,采购发票是以供应商提供的原始发票为依据来输入的。   （　　）

26. 实现计算机管理后,必须先有入库单,才能填制采购发票。   （　　）

27. 采购结算也称为采购报账,在计算机条件下,可由系统提供的"自动采购结算"功能和
    "手工辅助采购结算"功能来确认采购成本。   （　　）

28. 销售子系统的功能包括对客户资料和销售合同的信息管理。   （　　）

29. 收款单的数据录入必须在销售与应收账款子系统完成。   （　　）

30. 对到款的凭证按抽单的方法与销售发票进行核销,得到应收、预收账款的各种信息。   （　　）

31. 在销售与应收账款子系统中,若记账后发现错误,可采取红冲调整的办法。   （　　）

32. 在销售与应收账款子系统中,所有往来账项都是自动核销的。   （　　）

33. 进行应收账款账龄分析时,所需的时间段是系统预先给定的,不能由用户自己定义。   （　　）

34. 资金回笼情况表主要反映企业应收、预收账款及其他应收款的回收情况。   （　　）

35. 在应收、预收账款文件中,每个客户占一条记录。   （　　）

36. 对于已审核、已记账的发票、收款单,在对应的标识字段上都留有痕迹。   （　　）

37. 应收账款表汇总反映某一销售订单的应收款情况,它的一条记录对应销售数据表的若
    干条记录。   （　　）

38. 销售与应收子系统可以提供销售发票输入功能,该功能可以将销售发票从计算机上打
    印出来,提供给客户作为销售凭证。   （　　）

(四) 简答题

1. 简述手工环境下销售与收款子系统的流程。
2. 简述销售与收款业务核算和管理的基本内容。
3. 销售与收款核算和管理系统有哪些主要特点?

4. 在 IT 环境下,销售与收款子系统的主要设计目标是什么?

5. 销售与收款子系统中常用数据文件包括哪些? 它们在系统中的作用是什么?

6. 简述采购、应付账款与存货子系统的特点。

7. 简述采购、应付账款与存货子系统的设计目标。

8. 销售与收款子系统由哪几个功能模块组成? 简述各个功能模块的基本功能。

二、业务实训

(一) 业务实训一　应收款管理系统

1. 实训目的

掌握用友软件中应收款管理的相关内容;掌握应收款管理系统初始化设置、日常业务处理、月末处理等操作。

2. 实训准备

引入第四章习题业务实训二账套数据。

3. 实训资料

(1) 700 账套应收款管理系统的参数。坏账处理方式为"应收余额百分比法",启用客户权限,并且按信用方式根据单据提前 7 天自动报警。

(2) 基本科目。应收科目为"1122 应收账款",销售收入科目为"6001 主营业务收入",应交增值税科目为"22210102 应交税费——应交增值税——销项税额",销售退回科目为"6001 主营业务收入",商业承兑科目为"1121 应收票据"。

(3) 结算方式科目。现金结算方式科目为"1001 库存现金",现金支票结算方式科目为"1001 库存现金",转账支票结算方式科目为"100201 工行存款"。

(4) 坏账准备。提取比率为"0.5%",坏账准备期初余额为"0",坏账准备科目为"1231 坏账准备",坏账准备对方科目为"660205 管理费用/其他"。

(5) 账龄区间。总天数分别为 90 天和 120 天。

(6) 报警级别。A 级时的总比率为 10%,B 级时的总比率为 20%,总比率在 20% 以上为 C 级。

(7) 期初余额如表 5-8 所示。

表 5-8　应收账款期初余额

单据名称	方向	开票日期	客户名称	销售部门	科目编号	价税合计
其他应收单	正	2021.12.22	亿力公司(03)	销售部(302)	1131	20 000

2022 年 1 月发生的经济业务如下。

(1) 1 月 15 日,向通达公司销售产品,形成应收款共计 58 000 元,向银飞集团销售产品,形成应收款共计 33 000 元。

(2) 1 月 20 日,收到同达公司转账支票一张,货款共计 48 000 元。

(3) 1 月 23 日,收到亿力公司签发并承兑的商业承兑汇票一张,票据号 6612,面值为 20 000 元,到期日为 2022 年 5 月 20 日。

(4) 1 月 24 日,经三方同意将 1 月 15 日形成的应向同达公司收取的应收款余额 10 000 元转为向强胜公司的应收账款。

(5) 1 月 31 日,将 1 月 15 日形成的应向银飞集团收取的应收账款 33 000 元转为坏账。

4. 实训要求

(1) 应收款管理系统初始化:设置系统参数;设置科目;坏账准备设置;账龄区间设置;报警级别设置;录入期初余额。

(2) 日常业务处理:录入应收单据(其他应收单)并在审核后制单;录入收款单据并在审核后制单;核销收款单据;填制商业承兑汇票并制单;应收冲应收暂不制单;处理坏账发生业务并制单;取消对同达公司的核销操作;将未制单的单据制单。

5. 课后思考题

(1) 如何修改、删除应收款管理系统中生成的凭证?

(2) 应收款管理系统如当月有未制单的业务,可否进行月结处理?

(二) 业务实训二 应付款管理系统

1. 实训目的

掌握用友软件中应付款管理的相关内容,掌握应付款管理系统初始化设置、日常业务处理、月末处理等操作。

2. 实训准备

引入第四章习题业务实训二账套数据。

3. 实训资料

(1) 700 账套应付款管理系统的参数。启用供应商权限,并且按信用方式根据单据提前7 天自动报警。

(2) 基本科目。应付科目为"2202 应付账款",预付科目为"1123 预付账款",采购科目为"1402 在途物资",采购税金科目为"22210101 应交税费——应交增值税——进项税额",商业承兑科目为"2201 应付票据"。

(3) 结算方式科目。现金结算方式科目为"1001 库存现金",转账支票结算方式科目为"100201 工行存款"。

(4) 报警级别。A 级时的总比率为 20%,B 级时的总比率为 40%,总比率在 40% 以上为 C 级。

(5) 期初余额如表 5-9 所示。

表 5-9 应付账款期初余额

单据名称	方向	开票日期	结算方式	供应商名称	采购部门	科目编码	金额
预付款单	正	2021-12-23	转账支票	光明公司(02)	采购部(301)	1151	8 000

2022 年 1 月发生的经济业务如下。

(1) 1 月 15 日,从力兴公司采购原材料 10 吨,单价为每吨 500 元,增值税税率为 13%,原材料已验收入库,货税款尚未支付。

(2) 1 月 15 日,从光明公司采购原材料 20 桶,单价为每桶 1 600 元,增值税税率为 13%,原材料已验收入库,货款尚未支付。

(3) 1 月 18 日,发现 2022 年 1 月 15 日从力兴公司采购原材料 10 吨的单价应为每吨550 元。

(4) 1 月 22 日,以转账支票向力兴公司支付采购原材料 10 吨的货税款 6 345 元。

(5) 1 月 22 日,向光明公司签发并承兑商业承兑汇票一张,据票号 56591,面值为

30 000 元,到期日为 2020 年 6 月 22 日。

(6) 1 月 28 日,经双方同意,将向光明公司 2022 年 1 月 15 日购买原材料 20 桶,货税款的余款 7 440 元与预付款充抵。

(7) 删除 1 月 22 日填制的签发并承兑商业承兑汇票的记账凭证。取消对光明公司的转账操作。

4. 实训要求

(1) 应付款管理系统初始化:设置系统参数;基础设置;报警级别设置;录入期初余额。

(2) 日常业务处理:录入应付单据(其他应付款)并审核暂不制单;修改应付单据并审核;录入付款单据并在审核后制单;核销力兴公司的付款单据;填制商业承兑汇票并制单;预付冲应付并制单;查询并删除凭证;取消对光明公司的转账操作;对未制单的单据制单。

三、案例题

(一) 案例一

假设你正审核 A 销售总公司的下属 ABC 分公司,有非常可观的年销售量。在审计中,你发现收款过程中 ABC 分公司处理现金收入的过程如下:

直接销售和货到付款销售的收款由出纳负责,他可以从客户处或送递服务处收到现金。收到现金以后,出纳在销售票据上盖上"付讫"的戳记,再把一份副本归档以便日后参考。货到付款销售的唯一记录就是这份销售票据的副件,它由出纳保管,直到从客户或送递服务那里收到现金。

邮件由信用主管的秘书打开,汇款单交给信用主管的助理审阅。然后信用主管把汇款单交给出纳。在每天存款时,出纳把手头上的支票和现金交给信用主管的助理,该助理负责准备汇款清单,结算银行存款,并把存款带到银行。信用主管的助理还负责把汇款过账到应收账款分类账上,并核准可允许的现金折扣。

你还查实,信用主管从 A 总公司行政部门那里获得了冲销坏账的批准权。在会计年度年终时,他还保管有最后 1 个月内收到的汇款单。

要求:

(1) 请描述在处理收款和汇款单的过程中,可能发生的不法行为。

(2) 你建议采取哪些程序来加强对收款和汇款单的内部控制?

(3) 请给出 ABC 分公司合理的收款系统资料流图以及收款业务按职能部门的描述。

(4) 给出 IT 环境下 ABC 分公司处理现金收入系统作业步骤和流程图。

(二) 案例二

A 公司在销售过程中有时会发生退货,退货原因包括:A 公司错发商品;因 A 公司的产品质量导致客户退货;商品在运输途中损坏;A 公司发货太迟或途中运输延误导致客户拒收等。当发生销货退回时,A 公司必须对退回的商品做冲账处理。

要求:

(1) 请给出 A 公司处理销货退回的部门及其处理的步骤。

(2) 绘出 A 公司销货退回的系统流程图。

第六章
报表处理系统

章前导引

第一节 会计报表子系统概述

在日常的会计核算中,企业通过账务子系统和其他处理子系统的记账、核算工作,把各项经济业务分类登记在会计账簿中,反映企业的经营成果和财务状况。在账簿中记录的会计信息,虽然比会计凭证反映的信息更加条理化、系统化,但就某一会计期间的经济活动的整体情况而言,其所能提供的仍然是分散的、部分的会计信息,因而不能集中地揭示和反映该会计期间经营活动和财务状况的全貌。为了进一步发挥会计的职能作用,必须对日常核算的资料进行整理、分类、计算和汇总,编制成相应的会计报表,为有关各方提供总括性的信息资料。因此,会计报表子系统在整个会计信息系统中占有非常重要的地位。

一、会计报表

(一)会计报表概念

会计报表是综合反映企业某一特定日期财务状况和某一会计期间经营成果、现金流量的书面文件,是财会部门提供会计信息资料的一种重要手段。通过日常会计核算,虽然可以提供反映会计主体经营活动和财务收支情况的会计信息,但是这些资料分散在会计凭证和会计账簿中,难以满足会计信息使用者的需要,也难以满足企业内部加强经营管理的需要。因此,有必要在日常会计核算的基础上,根据会计信息使用者的需要,定期对日常会计核算资料进行加工处理和分类。通过编制会计报表,可以综合、清晰地反映会计主体的财务状况、经营成果及收支情况。

编制会计报表有助于使政府部门、财税部门、企业管理者、债权人和投资人等有关方面了解企业的资产情况、权益结构、偿债能力、赢利能力和经营成果,进而了解投资风险和投资报酬,同时也有助于企业加强财务管理、内部控制,从而提高经济效益。

(二)会计报表种类

企业的会计报表按不同标准可以进行不同的分类。根据 2001 年 1 月 1 日开始实施的

《企业财务报告条例》有关规定,企业会计报表可以按以下标准进行分类。

1. 按照编制会计报表的时间分类

按编制会计报表的时间分类,会计报表可以划分为月报、季报、半年报和年报。其中半年报、季报和月报称为中期会计报表。年度会计报表应当包括资产负债表、损益表、现金流量表及相关附表。季报、月报至少应当包括资产负债表和损益表。

2. 按照编制会计报表的单位分类

按照编制会计报表的单位分类,会计报表可以分为单位会计报表、汇总会计报表和合并会计报表。单位会计报表是由企业在自身会计核算的基础上对会计账簿记录进行加工而编制的报表。汇总会计报表是指根据所属单位报送的会计报表,由主管部门汇总编制的会计报表。合并会计报表是指由控股母公司编制的用于综合反映由控股母公司与其所控子公司组成的企业集团的整体经营成果、财务状况及现金流转情况的会计报表。

3. 按照会计报表的服务对象分类

按照会计报表的服务对象分类,会计报表可以分为对内会计报表和对外会计报表。

对内会计报表是指为企业内部提供的报表,主要提供给企业经营管理者,为其进行有效的经营管理和制定正确的经济决策服务,如企业内部编制的成本报表、资金预算表等。这些报表因为企业经营管理模式不同,其报表的内容、格式和编制时间都会有很大的差异。

对外会计报表是指企业向外提供的报表,主要提供给企业外部的政府部门、银行、投资者、债权人和社会公众等。对外报表的种类、报表项目的设置、报表的结构和编制方法等都要遵循《企业财务报告条例》《企业会计准则》《企业会计制度》的统一规定。一般来说,会计报表是指对外报表,主要包括资产负债表、损益表、现金流量表、所有者权益变动表及相关附表。

【知识链接】

完整的财务报表包括资产负债表、利润表、现金流量表、所有者权益变动表(或股东权益变动表)和财务报表附注。资产负债表反映企业资产、负债及资本的期末状况,长期偿债能力、短期偿债能力和利润分配能力等。利润表(或称损益表)反映本期企业收入、费用和应该计入当期利润的利得和损失的金额及结构情况。现金流量表反映企业现金流量的来龙去脉。所有者权益变动表反映本期企业所有者权益总量的增减变动情况及其结构变动,特别要反映直接计入所有者权益的利得和损失。

二、会计报表子系统

(一)会计报表子系统概念

会计报表子系统是指为了适应不同行业、不同地区、不同时间对会计报表编制的客观要求,将计算机数据处理技术与会计报表的编制方法进行有机的结合,从而设计出专门用于会计报表数据处理的专用软件。会计报表子系统是整个会计信息系统中的一个重要的子系统,它通常可以由使用者自行设计报表的格式、数据来源等内容,同时它还具有会计数据采集、计算、统计、汇总、查询、打印输出等功能。会计人员在使用会计报表子系统时,可以通过设置会计报表的格式,确定报表各种数据来源和数据的运算关系,从而生成相应的会计报表。

（二）会计报表子系统种类

目前使用的会计报表处理系统主要有 3 类:专用会计报表系统、通用会计报表系统和财经电子表软件。

专用会计报表系统是把会计报表的种类、格式和编制方法固定在程序中,这种软件操作简单,但是使用者对程序设计者的依赖性强,报表有变化,程序就随之需要修改,不利于报表系统的推广应用。

通用会计报表系统是一种能够提供会计报表自定义功能的系统,用户在不需要进行程序设计的情况下,根据编制会计报表的具体要求,自己定义会计报表种类、格式和编制方法,计算机根据用户的定义,从现有的会计信息系统提供的数据库资源中提取数据,自动生成会计报表的全部内容。

财经电子表软件是一种专门用来处理表格的软件,现已被广泛地应用于办公自动化领域中。其特点是把表的格式与表内数据视为一体,避免子表定义过程中表头、表体等分别定义的操作,同时可以实现表内、不同表间数据的灵活移动。它还提供了强大的图形处理功能和多种函数运算工具,使用户方便地编制各种报表,进行各种统计分析。

三、会计报表子系统的主要功能

会计报表子系统可以设计报表的格式和编制公式,并从账务子系统或其他单项核算子系统中取得有关会计核算信息生成会计报表,进行报表汇总和报表分析。会计报表子系统的主要功能包括报表文件名称定义、报表格式设计、报表公式设置、报表生成、图表处理功能、报表输出、报表管理与维护功能等。

（一）报表文件名称定义

报表文件名称定义是计算机处理的特有内容,这是因为在计算机中所有程序和数据都以文件的形式存放,因此必须给这些文件确定名称,以便需要时调用这些文件。

（二）报表格式设计

报表格式设计功能的作用,类似于手工条件下设计并绘制一张待填的空白表格,只不过这一工作是在计算机中实现的,并且也不只是准备一张空表。报表格式设计实质上是设计一个模板,使用这个模板可以无限复制相同格式的表格供用户使用,因此报表格式设计虽然操作较为复杂,但由于是一种一次设置长期使用的操作,故是一种"一劳永逸"的处理方式。

（三）报表公式设置

报表公式设置是实现计算机自动处理报表数据的关键步骤。从报表编制的角度看,报表数据处理主要有两个方面,即从其他业务子系统调取数据,计算并填入表中相应位置;根据会计数据的勾稽关系检查报表中数据的正确性。因此,报表公式设置包括报表计算公式设置、报表审核公式设置和舍位平衡公式设置 3 个基本功能。

（四）报表生成

报表生成功能是根据用户设置的报表格式和报表公式产生并填好数据的会计报表,并根据表间数据的勾稽关系检查报表数据的正确性。对于设置好的报表,只要运行报表生成功能即可产生需要的报表,无须每次重新定义该报表。

(五) 图表处理功能

用户使用图表功能可以很方便地对报表数据进行图形组织和分析,制作包括直方图、立体图、圆饼图、折线图等多种分析图表,并能编辑图表的位置、大小、标题、字体、颜色及打印输出各种图表。

(六) 报表输出

报表输出功能可以根据用户需要查询打印已编好的报表或将其输出到其他类型文件。用户可以根据需要灵活设置打印的字形、字号,并在一定程度上调整报表的长、宽和在纸上的位置,从而使打印出的报表更美观。

(七) 报表管理与维护

报表管理可以方便用户对系统中设置的各种报表进行管理和进行相关报表间数据的处理,主要包括表页管理、报表数据管理等内容。报表维护是为了保证计算机系统中会计报表的数据安全,包括报表备份、删除或恢复等。

随着经济和计算机网络技术的发展及日益普及,网络中工作站、各个局域网间报表数据的传输已越来越受用户的关注。为了满足用户的这种需求,不少报表系统已将通信功能特别是远程通信功能作为系统的基本功能。

四、会计报表子系统有关的基本概念

(一) 报表格式中的有关概念

报表格式是报表的基本框架。在会计报表子系统中,报表格式实质上是一个保存在计算机中的模板,使用这个模板可以无限复制相同格式的表格供用户使用。报表格式通常由标题、表头、表体和表尾组成。不同核算单位、不同内容和不同时间的报表的区别就通过这几部分表现出来。

1. 标题

标题用来表示报表名称及报表的编制日期、编制单位、使用的货币单位等内容。标题可能有一行也可能有若干行。标题在计算机打印时通常希望放大字体并加重打印。

2. 表头

表头用来表示报表的栏目。栏目的名称是报表最重要的内容,它们决定了表页中报表每一栏的宽度,从而确定了报表的基本格式。简单报表的栏目只有一层,而栏目只有一层的称为基本栏。复合报表的栏目可以分成若干层,即大栏目下包含几个小栏目,这种栏目称为组合栏。

通常将表的标题和表头两部分视为一个整体,将这个整体称为表头。

3. 表体

表体是报表的主体,是一张报表的核心。表体由若干栏和若干行组成。纵向表格线和横向表格线将表体部分划分成一些方格用于填写表中的数据,这些方格称为表单元。表单元是组成报表的最小基本单位,每一个表单元都可以用它所在的行坐标和列坐标来表示。

4. 表尾

表尾是指表格线以下进行辅助说明的部分。在表尾部分有的表有内容，有的表没有内容，但无论有无内容，表尾这一结构在报表中是一定存在的。

表头、表体和表尾是组成报表的基本要素，不同报表的区别实际上是报表中各要素的内容不同。通常会计报表子系统的基本工作原理就是由软件提供给用户设置表头、表体和表尾的功能，用户只要运行这些功能，就能得到满足需要的报表。

(二) 报表子系统中的基本概念

1. 格式状态和数据状态

报表子系统将报表分为两大部分来处理，即报表格式设计工作与报表数据处理工作。报表格式设计工作和报表数据处理工作是在不同的状态下进行的。

（1）格式状态。在报表格式状态下，可以进行报表格式设置、公式设置、关键字设置。一般来说，格式设计主要包括设计表尺寸、行高、列宽、单元属性、单元风格、组合单元、关键字、定义可变区等；报表公式设置主要包括设置单元公式（计算公式）、审核公式、舍位平衡公式等。

（2）数据状态。在报表数据状态下可以输入生成报表、输入数据、增加或删除表页、审核、舍位平衡、制作图形、汇总、合并报表等。在数据状态下不能修改报表的格式。在数据状态下看到的是报表的全部内容，包括格式和数据。

2. 单元

单元是组成报表的最小单位，单元名称由所在行、列标识。行号用数字 1～9 999 表示，列标用字母 A～IU 表示。例如：B7 表示第二列第七行的单元，单元类型有数值单元，字符单元和表样单元 3 种。

（1）数值单元。数值单元用于存放报表的数字型数据，在数据状态下输入。数字可以直接输入或由单元中存放的单元公式运算生成。建立一个新表时，所有单元的类型缺省为数值型。

（2）字符单元。字符单元可存储字符型数据，在数据状态下输入。其内容可以是汉字、字母、数字及各种键盘可输入的符号组成的一串字符。字符单元的内容也可由单元公式生成。

（3）表样单元。表样单元可存储报表的格式，是定义一个没有数据的空表所需的所有文字、符号或数字。一旦单元被定义为表样，那么在其中输入的内容对所有表页都有效。表样单元在格式状态下输入和修改，在数据状态下不允许修改。

3. 组合单元

由于一个单元只能输入有限个字符，在实际工作中有的单元有超长输入情况，这时，可以采用系统提供的组合单元。组合单元是由相邻的两个或更多的单元组成，这些单元必须是同一种单元类型（表样、数值、字符）。报表子系统在处理报表时将组合单元视为一个单元。可以组合同一行相邻的几个单元，可以组合同一列相邻的几个单元，也可以把一个多行多列的平面区域设为一个组合单元。组合单元的名称可以用区域的名称或区域中单元的名称来表示。例如：把 C3～F6 定义为一个组合单元，这个组合单元可以用"C3""F6"或"C3：F6"表示。

4. 区域

区域表示表页上的一组单元,自起点单元至终点单元是一个完整的矩阵。例如:B2～E5 的长方形区域表示为 B2:E5,起点单元与终点用":"连接。

5. 表页

每一张表页是由许多单元组成的。一个报表中的所有表页具有相同的格式,但其中的数据不同。报表中表页的序号在表页的下方以标签的形式出现,称为"页标"。例如:当前表的第 2 页,可以表示为@2。

6. 二维表和三维表

确定某一数据位置的要素称为"维"。在一张有方格的纸上填写一个数字,这个数字的位置可通过行和列(二维)来描述。

如果将一张有方格的纸称为表,那么这个表就是二维表,通过行(横轴)和列(纵轴)可以找到这个二维表中的任何位置的数据。

如果将多个相同的二维表叠在一起,找到某一个数据其要素需要增加一个,即表页号(z 轴),这一叠表称为一个三维表。

如果将多个不同的三维表放在一起,要从这样多个三维表中找到一个数据,又需要增加一个要素,即表名。三维表中的表间操作即称为"四维运算"。

7. 固定区和可变区

固定区指组成一个区域的行数和列数的数量是固定的数目。一旦设定好以后,在固定区域内其单元总数是不变的。

可变区指屏幕显示一个区域的行数或列数是不固定的数字,可变区的最大行数或最大列数是在格式设计状态中设定的。

在一个报表中只能设置一个可变区,或是行可变区或是列可变区。行可变区是指可变区中的行数是可变的;列可变区是指可变区中的列数是可变的。设置可变区后,屏幕只显示可变区的第一行或第一列,其他可变行列隐藏在表体内。在以后的数据操作中,可变行列数随着需要而增减。

有可变区的报表称为可变表,没有可变区的报表称为固定表。

8. 关键字

关键字是游离于单元之外的特殊数据单元,可以唯一标识一个表页,用于在大量表页中快速选择表页。例如:一个资产负债表的表文件可以存放 1 年的资产负债表(甚至多年的多张表),当要对某一张表页的数据进行定位时,就需要设定一些定位标志,这些定位标志就被称为关键字。关键字的显示位置在格式状态下设置,关键字的值则在数据状态下录入,每张报表可以定义多个关键字。通常关键字可以有以下 6 种:

(1) 单位名称:该报表表页编制单位的名称。

(2) 单位编号:该报表表页编制单位的编号。

(3) 年:该报表表页反映的年度。

(4) 季:该报表表页反映的季度。

(5) 月:该报表表页反映的月份。

(6) 日:该报表表页反映的日期。

除了以上常见的关键字之外,系统通常还会提供一个自定义关键字功能,方便用户灵活定义并运用这些关键字。

五、会计报表子系统的业务处理流程

在使用计算机的环境下，会计报表子系统的业务处理流程如图 6-1 所示。

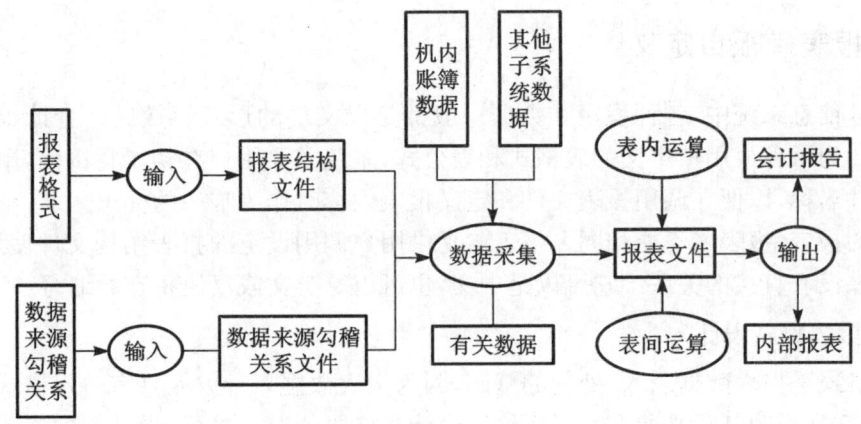

图 6-1　会计报表子系统业务处理流程图

（1）将会计报表格式或结构的参数输入计算机，形成报表格式文件或结构参数文件。

（2）将报表数据来源和运算关系输入计算机，并以文件的形式存储于计算机内。

（3）根据设置的报表数据来源，从其他子系统或其他报表项目取得相关数据，填入报表的有关栏目内；如果需要，也可以通过键盘直接输入有关数据；涉及表间取数的经表间运算取得其他表页或报表文件数据，最后形成报表数据文件。

（4）根据报表数据文件，输出用户需要的各种会计报表。

六、会计报表子系统与其他子系统的关系

会计报表子系统主要是从其他子系统中提取编制报表所需的数据。总账、工资、固定资产、应收、应付、采购、库存、存货核算和销售子系统均可向报表子系统传递数据，以生成财务部门所需的各种会计报表。

【知识链接】

我国上市公司中期财务报告制度始自 1994 年证监会发布《公开发行股票公司信息披露的内容与格式准则第三号（中期财务报告的内容与格式）（试行）》，此后该准则于 1996 年和1998 年历经了两次修改。关于中期财务报告的会计准则尚未发布，正在拟定之中。我国传统上编制的会计月报、季报实际上也是一种中期财务报告，但从其编制的目的、依据的理论基础、确认计量的原则以及编制的方法等方面来看，都与本文所论及的中期财务报告有所不同。

第二节 | 会计报表子系统初始设置

一、报表模板自定义

在会计信息系统中,各种程序和数据一般都是以文件的形式存放的。会计报表子系统也不例外。为了存放用户定义的表格式和表公式,系统需要用户在初始化以前,事先在系统中登记文件名称,以便在调用报表文件和定义报表内容时作为唯一的标识。

不同的报表,报表名不能相同。报表名是供用户调用设定的报表结构文件使用的,它与表的标题并没有直接的关系。它可以是中文,也可以是英文或汉语拼音的缩写。

(一)报表格式设计

报表格式是报表数据录入、处理的基础,因为报表数据只有放入具有一定格式的报表之中,才能用文字说明其意义所在。报表格式设计在格式状态下进行,设计好的格式对整个报表都有效。报表格式设计主要包括报表尺寸定义、单元属性定义、组合单元定义和关键字设置等内容。

1. 报表尺寸定义

报表尺寸定义就是确定报表的行数和列数。确定好了报表尺寸,那么整个报表占用的范围也就确定了。为了得到符合人们使用习惯的报表,还需要确定表格的画线区,并选择表格线的线型。通过以上设计即可得到画有规则表格线的报表雏形。在这里,还可以定义报表的行高和列宽。行高和列宽有多种定义方式,可以用菜单法、命令法,也可以使用鼠标直接拖动。

2. 单元属性定义

由于表体中既包含属于报表格式的表项目,也包含由公式处理的数字部分,因此需要对表中的各个单元的属性进行定义。根据需要,可以将单元属性定义为字符型、表样型和数字型三种类型。

在定义单元属性时,凡属于表格式的说明文字部分包括表标题、表项目、表尾说明文字,均应定义成表样型;其余填列数据的部分则应定义成字符型或数字型。定义单元属性可以首先确定区域,定义时再对整个区域进行定义,以简化操作。

3. 组合单元定义

在进行格式设置时,对报表的标题、表尾的说明文字等一个单元无法登录的较长文字,可以使用本功能将横向几个相邻单元组合成一个单元,即组合单元。使用组合单元功能还可以解决复合报表表头的设置工作。

设置好以上各项后即可在表的相应位置输入报表标题、表项目、表尾说明文字等构成报表格式的内容,一张报表的基本格式就具备了。

4. 关键字设置

在会计报表子系统中,表格式的设计采用一次设计、长期有效的工作方式。因此,如果表头、表尾中有日期等相对变动的量出现时，应在相应位置设置报表关键字，这样在编制报表时，报表编制日期自动显示为当前日期。

一般会计报表子系统提供的报表关键字有以下两种情况。

其一，填写会计报表日期的关键字。年：调取会计报表日期的年，数字型，年份使用4位数字表示。季：调取会计报表日期的季度，数字型，季度使用1位数字表示。月：调取会计报表日期的月，数字型，月份使用2位数字表示。日：调取会计报表日期的日，数字型，日使用2位数字表示。

其二，填写报表编制单位的关键字。单位名称：报表编制单位的名称，字符型，一般有长度的限制。单位编号：报表编制单位的编号，字符型，一般有长度的限制。

关键字在报表格式中设置，在数据状态下赋值。在进行报表编制时系统会自动调取会计日期的年、月、日，并将有关数字填入报表相应位置。

（二）报表公式设置

在计算机条件下进行报表编制时，报表中的数据一般来源于多种途径，对于这种重复而有规律的处理，可以根据各种报表之间存在的密切数据逻辑关系，通过设置报表计算公式，由计算机根据计算公式从指定的文件中调取数据来完成计算过程。所以对报表中各种数据的采集、运算和勾稽关系的检测就用到了不同的公式，不同的公式主要有报表计算公式、报表审核公式和报表舍位平衡公式。

1. 报表计算公式

（1）报表数据来源。报表计算公式是报表数据的一个重要组成部分。对于财务会计报表，报表的数据来源有多种形式，主要有下面几种情况。

有些数据是通过手工直接输入的，例如在资产负债表中直接输入各项目的数据。

有些数据是通过其他报表项目运算得到的，例如"固定资产净值""所有者权益合计""税后利润"等项目。

有些数据是从其他报表中取得的。

有些数据是从其他子系统直接提取的。例如，编制财务会计报表时，就可以利用账务函数直接从账务子系统取得各账户的发生额、累积发生额、期初余额、期末余额等数据。

编制汇总会计报表时，有些数据是从基层单位输入的。

（2）报表计算公式设置。报表计算公式的作用是从数据文件中调取需要的数据，填入表中相应的报表单元中。通常报表管理软件提供了一整套从各种数据文件（包括机内账簿、凭证和报表，也包括机内其他子系统等数据源）调取数据的函数。不同的报表软件函数的具体表示不同，但这些函数所提供的功能和使用方法一般是相同的。用户在使用时可查阅有关说明或求助系统的帮助功能。一个报表系统编制报表的能力主要是通过系统提供的取数函数是否丰富来体现的，取数函数越丰富该报表系统编制报表的能力就越强。

为了使对会计报表子系统不够熟悉的会计人员能方便地使用计算机编制报表，多数报表在处理软件上提供了引导用户进行设置的功能。用户在进入引导设置状态后，可根据各报表单元填列数据的要求，逐项回答系统提出的诸如从何处取数、什么期间、借方还是贷方、发生额还是余额等，系统即可自动生成需要的公式，从而使会计人员只要会手工编制报表的，即可方便地在计算机上设置有关报表的公式。

会计报表子系统中调取数据的函数一般包括账务函数和统计函数等。

账务函数。账务函数的使用可以实现账表一体化，即系统会自动将账务子系统的会计数据传递到会计报表子系统中，而无需进行过多的操作。通常情况下，在账务子系统完成记账操作后，通过在会计报表子系统中设置账务函数，系统会自动完成取数并填到报表中。有的财务软件为了方便用户的使用，已实现在账务子系统中完成记账，也可以在报表子系统中设置账务函数，调取数据。

统计函数。在编制会计报表时，除了账务函数外，另一类用途广泛的函数就是统计函数。根据用户的需要，使用统计函数可以对报表进行统计工作，如对报表数据进行求和计算。

2. 报表审核公式

（1）报表审核公式的意义。在经常使用的各类财务报表中的每个数据都有明确的经济含义，并且各个数据之间一般都有一定的勾稽关系。如在一个报表中，小计等于各分项之和，而合计又等于各个小计之和，等等，这种平衡关系就是勾稽关系。在实际工作中，为了确保报表数据的准确性，可以利用这种报表之间或报表之内的勾稽关系对报表进行勾稽关系检查。如果报表编制完成，发现没有满足这种平衡的勾稽关系，即可以肯定该表在编制过程中出现了错误。那么，在会计报表子系统中，为了确保报表数据的准确性，用户需要用勾稽关系对报表进行数据审核，即定义报表审核公式。

（2）报表审核公式与报表计算公式的区别。报表审核公式是报表数据之间的检查公式。它主要用于报表数据来源定义完成后，审核报表的合法性；在报表数据生成后，审核报表数据的正确性。报表审核公式的设置和报表计算公式设置的方法类似。但它们之间的主要区别在于审核公式用于对报表数据的勾稽关系进行检验，因此审核公式中允许使用的运算符除计算公式允许使用的运算符外，还可以使用逻辑运算符。

3. 报表舍位平衡公式

报表数据在进行进位时，如以"元"为单位的报表在上报时可能会转换为以"千元""万元"为单位的报表，这样原来满足的数据平衡关系可能被破坏，因此需要进行调整，使之符合指定的平衡公式。

例如：原始报表数据平衡关系为"元"，$62.12+6.24=68.36$（元），若舍掉两位数，即除以100以后数据平衡关系成为"百元"，$0.621+0.062=0.684$（百元），原来的平衡关系被破坏，应调整为 $0.621+0.063=0.684$（百元）。

报表经舍位之后，重新调整平衡关系的公式称为舍位平衡公式，其中，进行进位的操作称为舍位，舍位后调整平衡关系的操作称为平衡调整公式，也称定义舍位平衡公式。

二、报表模板的应用

通用报表子系统一般会根据行业的特点，预先设置一系列的报表模板以提供给用户选择使用。用户可以利用报表模板迅速建立一张符合本企业需要的财务报表。此外，对于一些本企业常用报表模板中没有提供的报表，在设置这些报表的格式和公式以后，可以将其定义为报表模板，以后可以直接调用，而无须重复设置。灵活运用报表模板无疑可以加快报表处理的效率。但是，如果报表模板与本企业的实际需要存在差异，就需要用户充分利用报表格式和公式设置的功能，对原来的报表模板进行修改，生成新的报表模板，以重复使用。

第三节 会计报表子系统日常处理

在会计报表子系统初始化工作完成以后,用户就可以进行会计报表子系统的日常业务处理,主要包括报表编制、报表审核、报表舍位平衡处理、图表处理、报表输出等内容。

一、报表编制

完成了报表格式和报表公式的设置后,只是定义完成了报表的框架结构。如果想要得到填有需要数据的报表,还需进行报表的编制工作。报表的编制是由计算机在人的控制下自动完成的,它的作用是使系统运行载有设置好的报表结构的文件,使其中的运算公式能从相应的数据源中调取数据填入相应的表单元中,从而得到数据表。系统将自动生成一个文件用来保存生成的数据表。为了区分不同月份的同一张表,每次编制报表前,用户应输入编制日期。如果系统中已经存在当月的报表,用户需要重新编制,则新编制的报表将覆盖已存在的旧表。因此,如果用户修改过报表格式或报表公式,则必须重新将该报表编制一遍,以得到按新结构生成的报表。

利用报表子系统编制报表的一般程序如下。

(一) 打开已有的报表

打开已定义好表样格式及公式的报表。

(二) 在数据状态下输入关键字

关键字是唯一标识一个表页的标志,关键字的值和表页中的数据是相关联的。

(三) 输入基市数据

有些报表的单元数据在公式定义时不能事先定义,需要在报表编制时临时输入。

(四) 在数据状态下进行报表生成

对不包含表内单元公式的报表生成,基本不需要输入关键字;而包含账务函数的报表编制则需要输入关键字,通过关键字告诉系统调取哪个期间的数据。输入不同的关键字,即可生成不同会计期间的格式相同而数据不同的多张报表。

由于新建的报表只有一张表页,在报表文件中,需要在数据状态下追加多个表页以备使用,输入关键字后,系统将自动根据取数公式从账务子系统中调取数据,生成报表。在报表编制过程中,系统将对公式的格式进行检查,如有语法或句法错误,系统将给予提示。但系统对公式的逻辑关系不进行检查,只检查公式的正确性,所以用户应注意公式正确但不一定逻辑关系也正确。

二、报表审核

在数据处理状态中,当报表数据录入完毕后,应对报表进行审核,以检查报表各项数据勾稽关系的准确性。可以通过已经设置好的审核公式对数据进行审核,这种方式下已经设

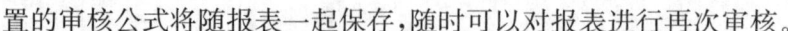

置的审核公式将随报表一起保存,随时可以对报表进行再次审核。

系统按照审核公式逐条审核表内的关系,当报表数据不符合勾稽关系时,系统会出现提示信息。例如,假设资产负债表设置了审核公式,经过处理以后,由于取数错误或公式错误等原因导致资产、负债和所有者权益不能保持平衡关系,这时系统就会提示相应的信息。用户应按照系统的提示信息修改报表数据,重新进行审核,直到不出现任何提示信息,表示该报表各项勾稽关系正确为止。每当对报表数据进行修改后,都应该重新进行审核,以保证报表各项勾稽关系正确。

【知识链接】

財务会计报表审核是指对报表的形式、内容、数据以及相关资料的审核,它是对会计报表质量进行全面监督、检查与控制的重要手段,是汇总及合并报表的基础,合理、仔细地审核报表可以很大程度的避免重复工作,为合并、汇总会计报表提高效率,同时也是会计报表质量的有效保障。①财务会计报表的形式审核,即对财务会计报表及其附注、附表等的正确性和合理性进行审核;②表内运算关系和核对关系的审核,主要是对表内运算关系及存在净额的会计科目的审核;③财务会计报表间勾稽关系的审核,主要是对资产负债表、利润表、现金流量表、利润分配表四者之间科目对应关系的审核。

三、报表舍位平衡处理

在进行舍位平衡公式设置以后,就可进行舍位平衡处理,生成新报表。例如,由原有的以"元"为单位的损益表编制新的以"百元"为单位的损益表,只需在定义好舍位平衡公式的基础上,在报表的数据状态下进行舍位平衡操作,就可以生成新的以"百元"为单位的损益表。用户只需在新报表的格式状态下将单位修改为百元就可以完成新报表的编制工作。

四、图表处理

图表处理可以实现以图表的方式对数据进行直观分析的功能。

会计报表子系统提供的图表格式一般包括直方图、圆饼图、折线图、面积图等,不同格式的图表的建立方法是类似的。

图表与报表的关系是:图表是利用报表文件中的数据生成的,图表与报表存在着密切的联系,当报表中的源数据发生变化时,图表也随之变化。当报表文件被删除后,由该报表生成的图表也同时删除。

图表的存在方式:图表以图表窗口的形式存在。图表并不是独立的文件,它的存在依附于源数据所在的报表文件,只有打开报表文件后,才能打开相应的图表。

对图表可以进行命名、修改、保存或删除等操作,也可以进行打印输出。

五、报表输出

通过会计报表格式设计、报表公式设置和报表编制以后,就可以生成各种会计报表数据库文件,为了便于用户查询和进行会计档案保存,必须对生成的会计报表进行输出处理,以提供合乎规范、便于阅读而且通俗易懂的会计报表。

(一) 会计报表的输出方式

会计报表的输出方式主要有以下几种。

1. 屏幕显示输出

屏幕显示输出是查询会计报表的一个重要方式。这种输出方式主要用于企业检查报表设置和编制是否正确,不仅能查询正在编制的会计报表,也能查询历史报表。

2. 打印输出

打印输出会计报表是会计报表子系统提供的一个重要功能。通过打印输出设置,可以对报表使用的字形、字号进行修改,调整页面的行间距和列间距,进行页边距、页眉、页脚、纸张大小和纸张来源等内容的设置,从而输出用户需要的纸质报表。

3. 磁盘输出

磁盘输出是指将所需要的报表以文件的形式输出到磁盘上,报表的使用者特别是上级主管部门、母公司可以直接用磁盘中的数据进行报表汇总。随着移动存储技术的不断发展,已经能采用容量更大、安全性更高的存储设备代替软盘,作为输出的载体。

4. 网络传输

网络传输是指通过网络将各种报表从一个工作站传递到另一个或几个工作站,只要报表使用者的计算机在该网络中,便可以在各自的计算机上查看报表。但网络传输应保证网络传输的安全性。

(二) 会计报表的输出内容

1. 输出报表结构

这种输出不包括数据,只包括报表的结构(标题、表头、表体、表尾)、尺寸、表单元类型、各类公式的空白表。

2. 输出完整报表

这种输出是包括报表结构和报表数据的完整。

3. 输出能被其他子系统接收的数据

这种输出需要完成报表格式的转换,即在本系统所使用的数据格式与其他软件使用的数据格式或标准的数据库格式之间进行转换。

第四节　会计报表的管理与维护

会计报表管理主要包括表页管理、报表数据管理等内容,可以方便用户对系统中设置的各种报表进行管理和相关报表间数据的处理。报表维护包括报表备份、删除、恢复等操作,是为了保证计算机系统中会计报表的数据安全。

一、报表管理

(一) 表页管理

1. 表页修改

对表页的修改方法有插入、追加、删除等。向一个报表中增加表页有追加和插入两种方式。插入表页是在当前表页前增加一张新表页；追加表页是在最后一张表页之后增加一张新表页。对超过一定时限的旧表页可以进行删除。

2. 表页排序

表页排序是指报表子系统可以按照表页关键字的值或按照报表中任何一个单元的值重新排列表页，以方便用户进行查询和管理。

(二) 报表数据管理

报表数据管理主要包括对报表数据进行透视、汇总和报表合并。

1. 报表透视

在会计报表子系统中，大量的数据是以表页的形式分布的，正常情况下每次只能看到一张表页。要想对各个表页的数据进行比较，可以利用数据透视功能，把多张表页的多个区域的数据显示在一个平面上，数据透视的结果可以保存在报表中。

2. 数据汇总

报表的数据汇总是报表数据不同形式的叠加。通过数据汇总功能可以把结构相同、数据不同的两张报表经过简单叠加生成一张新的报表的过程。在实际工作中，主要用于同一报表不同时期的汇总，以便得到某一期间的汇总数据，或者同一单位不同部门，同一张报表的汇总，以得到整个单位的合计数字。

3. 报表合并

随着经济的发展和现代企业制度的建立，已有大量的跨地域、跨国际的企业集团出现，对于因投资关系形成的企业集团，投资者直接或间接拥有被投资企业 50％以上的权益性资本投资时，或者当拥有的权益性资本在 50％以下但实质上能够控制被投资企业时，就要编制合并会计报表以反映企业集团整体的财务状况、经营成果和现金流量信息。

合并报表与报表汇总在范围、方法、目的等方面都有所不同。不能用报表的数据汇总功能来编制合并报表。这是因为合并报表是集团公司汇总母公司及下属各子公司的有关会计报表的数据，以反映集团公司的综合财务状况，合并时需要将各子公司之间的内部往来、内部投资等数据进行抵销，而不是各子公司报表的简单叠加。编制合并报表必须使用具有编制合并报表功能的软件。

二、报表维护

在通用报表子系统中，报表数据都存储于计算机的硬盘中。由于计算机设备、报表软件使用者的错误操作，以及病毒对计算机系统的危害等原因，有可能造成硬盘中的报表数据丢失，其后果极为严重。另外，在实际工作中有时也需要对报表文件做删除操作。报表的维护功能能使数据得到恢复,以保证业务的正常进行。报表维护的基本功能有报表数据的备份、报表数据的恢复、报表删除、报表结构复制等。

(一) 报表数据的备份

报表数据的备份是指将会计报表管理系统产生的报表数据备份到硬盘、软盘或移动硬盘等设备中保存起来,报表数据备份一般由操作员来完成。

(二) 报表数据的恢复

报表数据的恢复是指将硬盘、软盘或移动硬盘中所备份的数据,引入计算机的硬盘中。在实际工作中,如果硬盘中的报表数据被破坏或需要查询历史报表数据时,需要对数据进行恢复操作。

(三) 报表删除

实际工作中,每次编制报表都将生成一个存放数据表的表页,系统运行一段时间后,报表的数据文件将很多、很庞大,这些文件会占用大量的硬盘空间。为了保证系统的正常运行,则需要定期从系统中删除以前的旧表。

一般情况下,即使是不常使用的报表,不是绝对必要,也不应删除报表结构。这样,一旦需要编制该报表,只要运行报表编制功能即可方便地生成需要的数据表。

(四) 报表结构复制

会计报表种类很多,每种报表的定义也较复杂,初始设置需要花费很多的时间。为了方便用户设计新的报表,会计报表子系统一般都提供报表结构复制功能。使用该功能可以在设计新报表时,选择结构类似的报表进行复制,对复制过来的报表结构按需要进行修改即可使用,从而减少用户设置的工作量。

【关键术语】

专用报表　通用报表　格式状态　数据状态　关键字　单元　报表计算公式
报表模板

【问题思考】

1. 在会计信息系统中,会计报表有哪些数据来源? 如何定义?
2. 分析报表子系统与其他子系统之间的关系。
3. 如何利用报表模板生成资产负债表? 如果生成的资产负债表不平应该如何处理?

【实训案例一】

货币资金情况表

实训内容:自定义报表格式;定义表格单元公式;掌握关键字的设置;熟悉报表的"格式"状态和"数据"状态;计算表格。

实训资料如下:

在本实训中生成天河公司 2021 年 1 月 31 日"货币资金情况表",如表 6-1 所示。

表6-1　货币资金情况表

单位：　　　　　　　　　　　　　年　　月　　日

项目	期初数	期末数	变动
现　金			
银行存款			
合　计			

【实训案例二】

利用系统报表模板，生成通用的财务报表

实训内容：利用系统报表模板，生成天河公司2021年1月的通用财务报表。

习题·实训·案例

姓名＿＿＿＿

学号＿＿＿＿

分数＿＿＿＿

扫二维码获得更多
本章习题及案例

一、练习题

（一）单选题

1. 汇总会计报表的编制这一功能是为（　　）设计的。

   A. 行政主管部门　　　　　　　　B. 基层单位

   C. 公司集团中的分公司　　　　　D. 公司集团中的子公司

2. 会计报表子系统编制个别会计报表的依据是（　　）。

   A. 基本不变数据文件　　　　　　B. 变动数据文件

   C. 账簿文件　　　　　　　　　　D. 报表数据文件

3. 在会计报表子系统中，按各会计报表的生成顺序，首先生成的报表是（　　）。

   A. 资产负债表　　　　　　　　　B. 损益表

   C. 现金流量表　　　　　　　　　D. 财务状况变动表

4. 报表中描述报表整体性质的部分是（　　）。

   A. 表头　　　　B. 表体　　　　C. 表尾　　　　D. 报表格式

5. 报表系统与其他系统，同一报表文件中不同报页之间，不同报表文件之间以及同一报表
   内部数据传递是通过（　　）完成的。

   A. 磁盘拷贝　　　B. 计算公式　　　C. 取数函数　　　D. 手工输入

6. 将不同种类的报表放在一起，要查找某一数据，则要增加（　　）。

   A. 表名　　　　B. 表元　　　　C. 表页　　　　D. 表头

7. 使用辅助核算功能编制现金流量表时，报表处理系统（　　）识别与现金流量表有关的
   会计科目。

   A. 不能

   B. 通过设置专项辅助核算科目

   C. 通过增设新的会计科目

   D. 通过在现金科目下分类设置明细科目

8. 对于现金流量表的编制，下列说法中，不正确的是（　　）。

   A. 与资产负债表的编制方法相同，可通过取数公式直接从相关科目中获取数据

   B. 可利用会计软件中提供的现金流量表编制功能编制现金流量表

   C. 可在现金科目下分类设置明细科目，按明细科目来归集编制现金流量表需要的数据

   D. 将现金科目设置为辅助核算科目，通过辅助核算来获取编制现金流量表需要的数据

9. 对于报表处理系统的说法中，正确的是（　　）。

   A. 只能编制各种对外报表　　　　B. 只能编制各种内部管理报表

C. 能够进行报表汇总和报表合并　　　　D. 只能从账务处理系统获取数据

10. 在报表处理系统中,不属于单元属性定义范围的是(　　)。

    A. 数字　　　　　B. 字符　　　　　C. 表样　　　　　D. 关键字

(二) 多选题

1. 会计报表子系统与会计信息系统其他子系统相比有(　　)的特点。

   A. 输入数据量少　　　　　　　　　　B. 不设置报表数据直接修改功能

   C. 输出信息规定性强　　　　　　　　D. 通用性更强,适用面更广

2. 按制作方法的不同可以将报表软件分为(　　)。

   A. 固定报表软件　　　　　　　　　　B. 通用报表软件

   C. 电子表软件　　　　　　　　　　　D. 商品化软件

3. 报表格式的修改有(　　)的修改。

   A. 表头　　　　　　　　　　　　　　B. 表体

   C. 报表数据格式　　　　　　　　　　D. 报表整体格式

4. 报表内需填列的数据可以分为常数与变动数据,其中变动数据可以通过(　　)获取。

   A. 从账务处理系统取数　　　　　　　B. 从其他报表取数

   C. 从本表取数　　　　　　　　　　　D. 从系统外部取数

5. 在会计报表分析中,比较分析法的应用比较广泛,其具体形式有(　　)。

   A. 绝对数字比较分析　　　　　　　　B. 绝对数字增减变动分析

   C. 百分比增减变动分析　　　　　　　D. 图解法比较分析

6. 组成会计报表的基本要素是(　　)。

   A. 标题　　　　　B. 表头　　　　　C. 表体　　　　　D. 表尾

7. 表达式:(列号,行号)＝QM("科目编码",会计期间,方向,账套号)中,属于函数变量的是(　　)。

   A. "科目编码"　　　　　　　　　　　B. 会计期间

   C. 方向　　　　　　　　　　　　　　D. 账套号

8. 报表处理系统要完成报表编制,必须从账务处理子系统获取数据,这些数据存放的位置是(　　)。

   A. 成本计算表　　　　　　　　　　　B. 科目发生额及余额表

   C. 暂存凭证表　　　　　　　　　　　D. 流水账表

9. 会计报表处理系统能够从(　　)获取数据。

   A. 账务处理子系统　　　　　　　　　B. 工资核算子系统

   C. 固定资产核算子系统　　　　　　　D. 成本核算子系统

10. 在报表处理系统中,设置取数公式时需要输入的数据项包括(　　)。

    A. 函数名称　　　　　　　　　　　　B. 科目代码

    C. 会计期间　　　　　　　　　　　　D. 科目类型

11. 在报表处理系统中,查找某一数据,需要确定(　　)。

    A. 表名　　　　　B. 表页　　　　　C. 行号　　　　　D. 列号

12. 在报表处理系统中,能够作为关键字的一般有(　　)。

A. 单位名称　　　　　B. 年份　　　　　C. 月　　　　　D. 用户自定义

13. 单元属性指单元内容的性质,包括(　　　)。

A. 数字　　　　　B. 字符　　　　　C. 表样　　　　　D. 字体

14. 在报表处理系统中,表元属性一般有(　　)3种。

A. 表样　　　　　B. 字符　　　　　C. 数字　　　　　D. 关键字

(三) 判断题

1. 计算机会计报表子系统包括填制凭证、登记账簿、编制会计报表等功能。　　　　　　(　　)

2. 在计算机会计信息系统会计报表子系统以外的其他子系统中也有报表的编制。　　(　　)

3. 会计报表子系统中设置有报表数据来源重新定义的功能。　　　　　　　　　　　　(　　)

4. 由于使用计算机编制会计报表,虽然定义了会计报表之间的勾稽关系,仍可随时随意生成及输出会计报表。　　　　　　　　　　　　　　　　　　　　　　　　　　　　　　　　(　　)

5. 为了满足企业管理者的需要,会计核算软件应该提供直接修改报表数据的功能。　　(　　)

6. 采用固定报表设计的会计报表软件,通常是开发单位自己使用、自己维护,根本没有考虑或很少考虑通用性的问题,因此不能成为商品化软件。　　　　　　　　　　　　　(　　)

7. 会计报表子系统与计算机会计信息系统其他子系统相比的最大特点是,会计报表子系统所需数据全部由其他子系统转入,会计报表的编制与分析不需要输入数据。　　(　　)

8. 一般情况下,使用财务软件编制个别会计报表不需要输入数据,使用的是账务处理子系统的账簿文件数据。　　　　　　　　　　　　　　　　　　　　　　　　　　　　　　　(　　)

9. 通用会计核算软件应当提供会计报表的自定义功能,包括定义会计报表的格式、项目、各项目的数据来源、表内和表间的数据运算和核对关系等。　　　　　　　　　　　(　　)

10. 会计报表子系统可以完全采用自定义的方法编制会计报表和进行报表分析。　　　(　　)

11. 在计算机会计信息系统中,汇总会计报表和汇总表是一个概念,而且汇总会计报表和汇总表的编制方法相同。　　　　　　　　　　　　　　　　　　　　　　　　　　　　　(　　)

12. 计算机会计报表子系统会计报表分析数据的来源有两类:一是从会计报表子系统本身及账务处理子系统取得,另一类是从系统外部获取辅助信息。　　　　　　　　　(　　)

13. 由于计算机具有强大的制表功能,企业可以自行设计会计报表的格式和内容。　　(　　)

14. 以手工方式和电算化方式编制会计报表的格式与内容的要求是相同的,但是数据的基本来源却并不相同。　　　　　　　　　　　　　　　　　　　　　　　　　　　　　　　(　　)

15. 会计报表分析实质上就是运用会计报表数据计算各种经济指标。　　　　　　　　(　　)

16. 会计报表的格式都可以划分为4个部分:标题、表头、表体和表尾,其中表头用来表示报表名称的编制日期、编制单位、计量单位等内容。　　　　　　　　　　　　　　　(　　)

17. 报表审核公式必须在报表公式编制时录入,它对报表的正确性进行检查,如果不输入,则会影响报表的正常输出。　　　　　　　　　　　　　　　　　　　　　　　　　　　(　　)

18. 报表汇总功能是将结构相同,数据不同的两张或两张以上的报表,经过叠加生成一张新表,它可以用来编制合并报表。　　　　　　　　　　　　　　　　　　　　　　　　(　　)

19. 在报表处理系统中,每次获取会计报表都必须经过格式设计。　　　　　　　　　(　　)

20. 会计报表处理系统只能从账务处理系统中获取数据。　　　　　　　　　　　　　(　　)

21. 报表处理系统从账务处理子系统获取数据是记账后的数据,即是从科目发生额及余额

表、流水账表等中取得的数据,它不包含未记账的凭证数据。 （ ）

22. 为了区分不同年份和月份的同一张报表,每次编制报表前报表处理系统都要求用户输入关键字的值。 （ ）

23. 会计报表处理系统中,必须经过报表格式设计,才能输出会计报表。 （ ）

24. 在报表格式设计阶段,需要确定关键字的值,而在报表数据处理阶段,需要确定关键字的输出位置。 （ ）

25. 许多报表处理系统都设计了专门的网络输出报表功能,并且能够转换为其他数据格式,如 Excel 软件能够接收的格式。 （ ）

26. 在报表处理系统中,关键字是报表数据处理和报表查询的一个重要依据。 （ ）

27. 在报表处理系统中,关键字一般在报表格式设计时定义,在报表数据处理录入关键字的值。 （ ）

28. 一个报表处理系统编制报表的能力主要通过系统提供的取数函数是否丰富来体现。 （ ）

29. 通用报表处理系统能够从各类财务软件中获取数据,实现会计报表编制的目的。 （ ）

30. 专用报表处理系统一般将会计报表的种类、格式和编制方法固化在程序中,所以,报表的输出很受限制。 （ ）

31. 单元属性指单元内容的性质,包括数字、字符、表样等。 （ ）

32. 在报表处理系统中,表样与字符都属于字符型数据,它们都需要在报表格式设计时输入。 （ ）

（四）简答题

1. 通用会计报表系统与会计信息系统中的其他子系统相比有何特点?
2. 通用报表系统的设计原理是什么? 什么是通用报表系统的报表结构?
3. 通用报表系统应设计哪些主要功能?
4. 通用会计报表软件中,数据来源通常采用用户自定义的方式,这种方式有何优缺点?
5. 在计算机信息系统中,会计报表有哪些数据来源? 如何定义?
6. 会计报告信息披露将呈现出怎样的趋势?
7. 如何在计算机系统中编制现金流量表?

二、业务实训

（一）业务实训一　报表处理

1. 实训目的
理解报表编制的方法,掌握报表生成模式（自定义报表和模板生成报表）。

2. 实训准备
引入第二章业务实训四账套数据。

3. 实训资料
（1）管理费用明细表,如表 6-2 所示。

表 6-2　管理费用明细表

编制单位：　　　　　　　　　　年　月　日　　　　　　　　　　单位:元

项目	行次	发生数
招待费		
办公费		
合　计		

制表人：

说明:编制单位和年、月、日应设为关键字。

4. 实训要求

(1) 自定义生成 2021 年 12 月管理费用明细表。

(2) 利用报表模板生成 2021 年 12 月资产负债表和利润表。

5. 课后思考题

(1) 如何将利润分配表中的净利润数额自动从利润表中提取？

(2) 如何把公司销售日报表汇总成月报表？

(3) 如何快速定位所需的某张报表？

(4) 如何防止格式或数据被修改？

(5) 如何编制现金流量表？

(二)业务实训二　UFO 报表管理系统

1. 实训目的

掌握用友 UFO 报表系统中报表定义和报表生成的方法。

2. 实训准备

引入第四章业务实训二账套数据。

3. 实训资料

(1) 表样内容(简化)，如表 6-3 所示。

表 6-3　表样内容

1	A	B	C	D
2	利　润　表 单位名称:　　　年　　月			
3	项目	行数	本月数	本月累计数
4	一、营业收入	1		
5	减:营业成本	4		
6	营业税金及附加	5		
7	销售费用	6		
8	管理费用	7		
9	财务费用	8		
10	二、营业利润	10		
11	加:营业外收入	11		
12	减:营业外支出	12		
13	三、利润总额	20		
14	减:所得税费用	21		
15	四、净利润	30		

(2) 报表中的计算公式，如表 6-4 所示。

表 6-4　计算公式

位　置	单 元 公 式
C4	fs(6001,月,"贷",年)＋fs(6051,月,"贷",年)
C5	fs(6401,月,"借",年)＋fs(6402,月,"借",年)
C6	fs(6403,月,"借",年)
C7	fs(6601,月,"借",年)
C8	fs(6602,月,"借",年)
C9	fs(6403,月,"借",年)
C10	C4-C5-C6-C7-C8-C9
C11	fs(6301,月,"贷",年)
C12	fs(6711,月,"借",年)
C13	C10-C11-C12
C14	fs(6801,月,"借",年)
C15	C13-C14

4. 实训要求

(1) 设计利润表的格式。

(2) 生成自制利润表的数据。

(3) 将已生成数据的自制利润表另存为"1 月份利润表"。

(4) 利用报表模板生成 2022 年 1 月的"资产负债表"。

(5) 保存"资产负债表"。

三、案例题

1. 资料

天河软件公司设计的会计报表软件功能结构如图 6-2 所示。

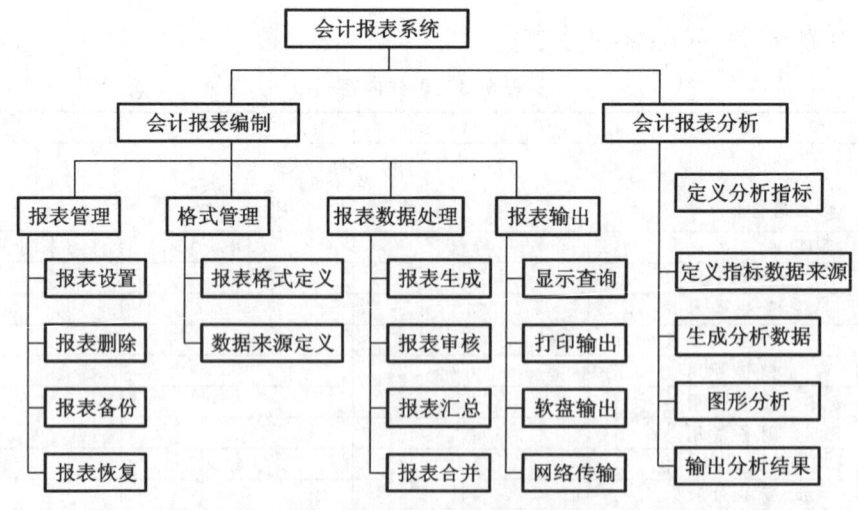

图 6-2　会计报表系统功能结构图

试分析：

(1) 会计报表系统应当具备哪些必要功能？

(2) 会计报表系统与其他子系统之间具有怎样的数据关联？

第七章
会计信息系统建设和管理

第一节 会计信息系统平台构建

　　会计信息系统的成败有"三分软件七分实施"之经验。计算机会计信息系统是由计算机硬件、软件、信息资源和会计及管理人员等基本要素构成的一个人机结合的系统,会计软件只是其中的一个因素,如果不注重全面实施和科学管理,将会事倍功半,甚至走向失败。会计信息系统的实施涉及运行平台的构建、应用软件的选择、实施过程的组织、实施之后的管理,以及如何充分运用系统提供的信息以使效益最大化等许多问题。其中,根据企业会计核算、控制和管理的需要构建支持会计信息系统运行的 IT 平台,即根据企业会计核算与管理的需要合理配置硬件资源、软件资源所形成的平台,是建设和实施会计信息系统最基础的工作。

　　平台是会计软件运行的基础,是会计信息系统的活动舞台,只有构建一个合适而先进的平台,会计信息系统才能充分发挥它的作用。会计信息系统运行平台是指会计信息系统赖以运行的软硬件环境,它包括硬件和软件两个方面。

一、硬件平台

　　硬件是会计信息系统的实体设备,主要任务是按照指令完成数据的采集、存储、加工、传输和输出等。计算机硬件设备的不同组合方式构成了不同的硬件体系结构,不同的硬件体系结构决定了会计信息系统的工作方式。常见的硬件体系结构包括单机结构、多用户结构和网络结构。企业应该根据计算机应用的总体规划、会计软件对硬件配置的要求以及外部环境来配置相应的设备,确定硬件体系结构。由于选购会计软件是会计信息系统建设的重中之重,不同的会计软件对硬件和系统软件的要求是不同的,企业应根据所选购会计软件情况来决定硬件配置。如果反其道而行之,在选择会计软件之前就已经建好了计算机网络、安装了计算机及服务器,则在选择会计软件时就要考虑如何保护和充分利用已有投资和现有资源,这样势必会束缚手脚,以损失软件功能和适用性为代价。

（一）单机结构

　　单机结构由一台微机和相应的外部设备组成,运行单机会计软件,同一时刻只能供一人进行操作,适用于业务量不大的小型企事业单位。

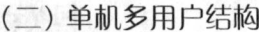

（二）单机多用户结构

这种结构由一台小型机或大中型机作为主机，通过多用户卡及通信设备连接多个终端构成。其特点是同时供多个用户进行操作，实现数据分散输入集中处理，数据共享程度高，有良好的安全性。这种配置结构适用于业务量大、地理分布较集中、资金较雄厚的大中型企业，例如许多银行就采用这种硬件结构。

（三）网络结构

网络结构又分基于局域网络与基于 Internet 两种结构，由多台具有独立功能的计算机系统通过网络连接而成。对于一个规模不大、地理分布不广的企业，可以采用局域网运行模式，充分实现会计信息的高度共享，减少原始数据的录入量，提高工作效率。而对于跨地域或跨国的集团企业，则应该考虑采用广域网，尤其需要考虑选择 Internet 作为会计信息系统的运行平台，实现远程数据共享。随着跨地区集团企业的大量出现，以及电子商务技术的日益完善，基于广域网的会计信息系统已成为会计信息化的发展趋势。

二、软件平台

会计信息系统的软件平台是指直接支持会计软件运行的系统软件，主要包括操作系统和数据库管理系统，其中如果硬件采用网络结构则应该同时考虑网络操作系统和工作站操作系统。

（一）网络操作系统

网络操作系统一般应根据网络服务器类型、数据处理和传递模式、会计软件等因素进行选择。随着分布式网络计算技术的发展，网络服务器可以分为数据库服务器、Web 服务器、通信服务器和应用服务器等。数据处理和传递模式主要有 F/S 结构、二层或三层 C/S 结构以及 B/S 结构。

（二）工作站操作系统

工作站操作系统的选择主要依据会计软件对运行平台的要求确定。目前工作站操作系统主要选择 Windows 操作系统。

（三）数据库系统

数据库系统主要分为服务器数据库系统和桌面数据库系统。服务器数据库主要适合于大型企业使用，代表主要有 Oracle 和 SQLServer 等功能强大而且有安全保障的大型数据库系统，其处理的数据量大，数据容错性和一致性控制较好，但服务器数据库系统的操作与数据维护难度比较大，对用户水平要求高，而且投资大。桌面数据库主要适用于数据处理量不大的中小企业，主要产品有 Foxpro、Access 和 Paradox 等，桌面数据库系统处理的数据量要小一些，在数据安全性与一致性控制方面性能要差一些，但易于操作使用，投资较小。

三、集团企业 IT 平台的构建

对于单一企业来讲，IT 平台构建工作比较简单。但对于企业集团来讲，要合理配置硬件、软件和信息资源，构建支持企业集团跨越时空的会计信息系统 IT 平台则有一定难度。

企业集团由于资产规模大，资本链条长，管理跨度宽，地域分布广，在没有信息技术支持的条件下,由于集团会计人员在能力、时间、精力等方面的限制,企业集团的会计信息如同一个个信息孤岛,集团只能被动地在特定的会计期末才能获得整个集团成员的信息资源,并进行事后核算和分析,很难真实、准确地掌控下属成员单位的财务状况和经营成果。集团发展越快、规模越大,会计核算的准确性、会计控制力弱化等问题就越突出。以网络为代表的信息技术的迅猛发展能够打破时空的界限,为企业集团信息资源集中,成员之间信息协调、共享提供技术支持。因此,构建实时集中的 IT 平台,实现集团财务集中管理、会计集中核算是企业集团财务的发展趋势。

实时集中 IT 平台是指在 B/S(浏览器/服务器)应用体系结构支持下,管理中心(总部)与各分子公司之间通过专网或公网建立实时的网络通信系统,服务器只设在管理中心,整个单位只使用一套会计软件。所有分子公司全部通过网络在线进行日常业务处理,并将所有数据全部实时传递到管理中心的服务器上进行集中存储。服务器由管理中心进行统一维护和管理,同时通过统一的设置(如统一设置集团人员权限、会计科目模板等)来实现整个集团财务信息的集中管理。在这种 IT 平台支持下,集团可以统一调配信息资源,并对分子公司经营活动进行实时控制,如图 7-1 所示。

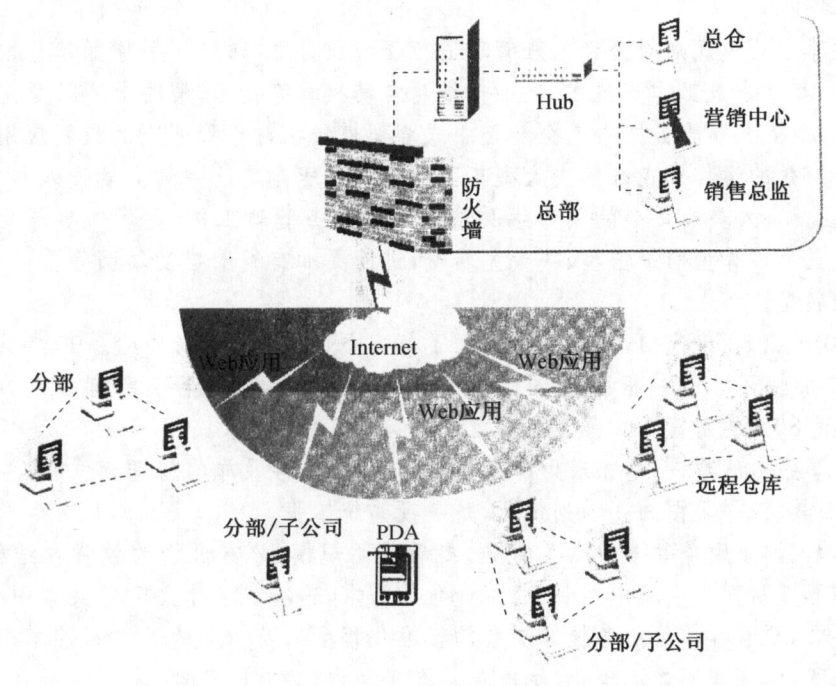

图 7-1 实时集中的 IT 平台

【应用实例】[①]

财务共享模式渐热

近年来,我国众多企业集团的规模得到了迅速的扩张。然而在企业转型升级新形势下,支撑企业传统规模化发展的条件不再持续,取而代之的是内外部面临着诸多挑战。

---

① 计算机世界网,2015-03-02。

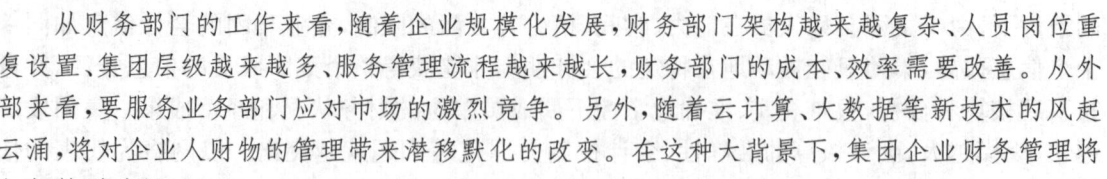

从财务部门的工作来看,随着企业规模化发展,财务部门架构越来越复杂、人员岗位重复设置、集团层级越来越多、服务管理流程越来越长,财务部门的成本、效率需要改善。从外部来看,要服务业务部门应对市场的激烈竞争。另外,随着云计算、大数据等新技术的风起云涌,将对企业人财物的管理带来潜移默化的改变。在这种大背景下,集团企业财务管理将如何转型升级?

浪潮软件认为,这就需要集团企业对财务工作职责进行进一步的细分和强化,对于交易处理类的核算型工作,通过建立财务共享中心管理模式,实现专业化、高效率、共享式的服务,降低财务资源的占用。将时间和精力转移到事前分析、事中控制等高附加值的管理支持型工作中去,实现精益化财务管理,实现财务职能从核算型向价值型的转变。

传统的财务人员在进行会计处理时,一般会碰到如下业务问题:原始业务单据采集不及时;手工录入耗时耗力;数据核对容易出错;财务人工成本较高;财务信息的时效性和质量不够,无法满足会计信息使用者的要求等。如:月末大量纸质发票、来不及录入系统,导致财务报表披露不及时不准确;供应商争议无法及时记录、反馈,造成增值税发票废票、错票引起的业务延迟和成本增加;一旦出现差异,企业内部及时沟通存在困难,基本靠人工驱动,信息不连贯,处理缓慢。

财务共享中心模式则对会计入账管理进行了流程再造,通过采用原始单据电子扫描、发票自动校验、移动审批工作流技术、凭证模板化自动核算等技术,解决上述问题。

事实上,财务共享服务中心是企业集中式管理模式在财务管理上的最新应用,其目的在于通过一种有效的运作模式来解决大型集团公司财务职能建设中的重复投入和效率低下的弊端,使企业财务人员有更多的精力去关注企业的财务管理工作、更多地参与业务与运营,促使财务人员由核算型向价值型、决策型转变,进而更加有利于推动集团管控从财务管控向业务管控的转型。

早在20世纪80年代初,福特公司建立了第一个财务共享服务中心。90年代,财务共享服务的推广加快了步伐。根据英国注册会计师协会的调查,至今已有超过50%的财富500强和超过80%的财富100强企业建立了财务共享服务中心。

财务共享中心的建设,意味着财务管理的巨大转型,涉及原有管理模式、业务流程、职责分工、技术工具、工作习惯的一系列优化,是一项系统工程。

那么,如何建设财务共享中心?首先,要看集团规模,分支机构的数量和结构是否达到规模化的临界点从而产生集中控制、成本优化的需求,这决定了建立财务共享中心的动力和紧迫性。再者,要看各单位业务核算流程的标准化程度以及作业的可复制性怎么样,这决定了企业的流程、作业能不能流程化、标准化。有了动力,又有了条件,才可能更好地做好财务管理工作的调整。

在上述前提下,集团企业建设财务共享中心时需要从以下几个方面入手,即:选择怎样的运营模式?把什么样的流程和业务装入共享中心?在组织架构、系统支撑上需要做怎样的调整?需要哪些配套支持等等。

在运营模式方面,集团企业是分区域共享,还是分产业、分行业共享,可以具体情况具体分析。当然,集团企业如果是从第一步开始迈起时,可以从某一个区域或者某一个业务板块推进作为试点。

在共享范围方面,并不是所有的财务工作流程都适合纳入共享服务,只有标准化、流程化，可复制性强、同质化的业务可以装入共享中心，起到规模化效应。通常主要包括总账管理、应付账款管理、应收账款管理、资产管理、成本管理、现金管理、费用报销管理等业务流程。在这些管理流程中，又以费用报销、总账核算、会计报表最为核心；进一步可以向应收应付、现金收支结算等方面扩充，形成不同的共享职能组合。

在采用共享模式的情况下，还需要对具体的财务管控架构进行重组，把流程化、标准化、可复制性岗位的工作集中到一起，使下属单位的职能提升。同时，需要对业务流程进行调整，把散落在集团公司二级集团以及下属单位间不同的核算、结算、预算、支付等岗位，用流程串起来，提高整体效益。

总的来讲，只有通过运营模式、共享范围、业务流程、系统支撑等几个方面共同合力，才能建设财务共享中心，实现财务管理转型，推动精益管理。

建设一个良好的财务共享信息化平台，是财务共享服务体系架构得以实现的基础技术支撑和先决条件，系统平台的统一搭建和整合是实现共享服务的关键环节。基于此，浪潮财务共享中心的解决方案为集团企业提供专业化的咨询服务和技术支持，帮助集团企业完成财务共享中心建设的业务规划、企业集团财务的流程再造、信息化的建设、企业文化的整合等业务和系统的整合工作。此外，在移动互联、云计算、大数据等新技术的应用背景下，财务共享服务的下一步发展趋势将走向云端。浪潮把新技术与财务共享管理模式有效融合，推出了浪潮财务云。

浪潮财务云可以和供应链、合同管理、项目管理等业务系统集成应用，以业务系统为起点，借助于网上报账系统实现财务信息采集。依据采集到的业务信息，能够实现整个账务的动态过程处理。财务核算系统能够通过与其他系统的无缝集成，尽可能减少人工干预，确保数据的准确性。此外，浪潮财务云可以为企业提供预算控制、财务分析及报告、风险内控、审计、税务、运营分析等财务管理功能，强化管控力度。

浪潮财务云实现了财务共享服务、财务管理、资金管理三个中心合一，建立集中、统一的企业财务云中心，支持多终端接入模式，实现报账、支付、核算、决策在全集团内的协同应用。另外，浪潮财务云充分利用云计算、移动互联网、大数据等技术，解决了海量数据的传输和存储问题，提高了业务的动态性、敏感性、可靠性及服务的柔性化，实现了灵活接入，并降低总体拥有成本。随着财务共享模式渐热，集团企业将掀起一股财务共享中心的建设风潮。

第二节／会计软件的选择

会计信息化，软件是基础。会计软件（财务软件）是会计信息系统的核心，所以获得一个合适的会计软件是企业会计信息化成功的保证。

一、会计软件的选择策略

企业推行会计信息化必须对会计软件作出一个抉择，即根据会计信息系统需求分析，明确目标与需求,在开发与购买、国产与进口、购买软件与购买服务等方面作出选择。

(一) 开发与购买的选择

为了建立自己的会计信息系统,企业获得会计软件的途径有两种:一是自行开发会计软件;二是购买商品化会计软件。由于商品化会计软件在功能、性能、成本、维护等方面具有明显的优势,加上即买即用,立竿见影成效快,所以一般企业没有理由去自行开发软件,而只是有特殊需求的企业才需要考虑开发软件的问题。

自行开发会计软件是指企业自身组织会计信息系统的开发队伍,并完成从需求分析到程序设计等工作,最终交付会计软件。自行组织开发会计软件的优点在于:

(1) 软件开发人员直接参与会计业务需求调研、业务流程优化与重组,有利于满足企业会计核算和管理的特殊需求,有利于会计业务流程优化与重组在具体软件中的实现。

(2) 由于企业内部 IT 人员参与会计信息系统的开发全过程,所以一旦系统出现问题或需要改进,企业内部人员能够快速进行维护和跟进。

(3) 锻炼了一支队伍,企业 IT 人员和财会人员在计算机应用管理水平、会计软件操作使用、团队协作等方面的素质水平都会有较大的提升。

同时,企业自行开发会计软件也存在较大的风险,包括资金、人力投入不足的风险;项目负责人的协调能力不强,制约软件开发的风险;软件开发人员流失的风险和软件的升级风险等。总之,自行开发会计软件需要企业有很强的 IT 队伍,而且要保持 IT 人员长时期的相对稳定,只有这样才有可能保证软件开发、运行和升级维护的正常进行。这对大多数企业而言都难以做到,而且自行开发项目的投入成本实际上远远高于购买商品化软件的费用。因此,目前大部分企业都不采用自行组织开发会计软件的策略。

(二) 国内外软件的选择

近年来不少国外会计软件产品进入我国软件市场,这些软件一般具有以下优点:

(1) 管理思想先进,为企业业务流程优化与重组提供了可借鉴的参考模型,能显著地提高企业业务流程优化与重组的效果。

(2) 国外会计软件集成度高、技术稳定、功能灵活、系统开放,为企业的不断发展与管理的持续改善提供了较大空间。

(3) 国外软件开发公司实力雄厚、发展比较稳定,同时有众多的咨询合作伙伴,拓宽了企业服务与支持的范围。

所以许多外资企业、跨国公司会考虑选择外国软件。但由于国外软件同时存在购置及维护费用比较高,国内企业的基础管理水平不能适应国外会计软件的需要,以及会计制度、文化上的差异等原因,所以并不是众多一般企业的最佳选择。而国产会计软件由于具有购置和维护费用较低;软件设计复杂程度不高,符合中国人的使用习惯;客户化改造与二次开发的工作量较少;售后服务方便等优点,能够满足一般企业的需求,但国内会计软件的管理功能有待进一步加强。

(三) 购买软件与购买服务的选择

从 1999 年成立的一家美国公司 Salesforce,到 2008 年金蝶在国内率先成立友商网,都在改变传统的软件应用模式,倡导一种成本低廉、易于使用的软件在线租用新模式。这种模式的转变,代表着传统的软件安装、升级等技术模式和商业模式已经结束,取而代之的将是商业网络时代。ASP(Application Service Provider)即应用服务提供商,负责对应用系统的建立、维护与管理。购买服务指在共同协议的基础上,用户无须购买与安装软件,就可以通过远程网络从 ASP 获得软件的应用。由于 ASP 方面拥有先进的 IT 与管理技术,采用 B/S 结构、Java 技术、大型数据库、跨平台、多层安全构建应用系统,提供面向中小企业的财务、会计、进销存以及其他企业管理软件。用户可以通过远程网络直接运行 ASP 提供的系统,就可以在本地录入自己的各种业务数据,并从 ASP 获得需要的结果,包括各种账簿、报表以及辅助支持决策信息。选择购买服务的应用方式,用户不必购买昂贵的设备、不必考虑系统选型、不必操心系统维护与升级、不必承担实施风险,用户只用较少的投入,就可以获得先进的技术、功能全面的应用、全天候服务。对中小企业而言,购买服务比购买软件更有吸引力。

近年来,"云会计"的概念得到了越来越多人的关注。"云会计"可定义为构建于互联网之上,并向企业提供会计核算、会计管理和会计决策服务的虚拟会计信息系统。也可以说"云会计"就是利用"云计算"的技术和理念构建的会计信息化基础设施和服务,以网页服务的方式提供给用户。"云会计"的内涵可以从软件服务提供商和企业用户两个方面来理解。对于软件服务提供商来说主要进行软硬件基础设施建设和会计信息系统建设,包括构建以企业会计信息系统为核心的集成管理系统、服务器、网络存储等,可靠地支持企业的会计核算、会计管理和会计决策等会计信息化服务。对于企业来说,其根本目的是想获得软件服务提供商所提供的会计信息系统和相关业务信息系统的服务,其重要的衡量标准是自己的满意度,至于相应的服务由谁提供、经过哪些步骤完成的,是无须关心的,用户只需为自己享用的服务付费。因此,对于企业来说,"云会计"是基于互联网提供并为之付费的以会计信息系统为核心的综合信息系统服务,这些服务从形式上应是集成的、单点登录的。虽然"云会计"是虚拟的,但对企业来说是透明的,"云会计"给企业的感觉与本企业的会计信息系统所提供的功能和服务是一致的。

《企业会计信息化工作规范》第十六、第十七条已明确规定,客户以远程访问、云计算等方式使用会计软件生成的电子会计资料归客户所有。软件供应商应当提供符合国家统一标准的数据接口供客户导出电子会计资料,不得以任何理由拒绝客户导出电子会计资料的请求。以远程访问、云计算等方式提供会计软件的供应商,应当在本厂商不能维持服务情况下,保障企业电子会计资料安全以及企业会计工作持续进行的预案,并在相关服务合同中与客户就该预案作出约定。

随着"云计算"产业的发展和普及,已有越来越多的企业加入"云计算"产业的开发和应用中。"云计算"对企业会计信息化应用和建设模式产生了较大的影响,为中小企业快速推进会计信息化建设提供了可能。这种对会计信息化的建设与服务采用外包的应用模式,将进一步推动会计工作向前发展。基于"云计算"的会计信息系统以及管理信息系统将成为下一代会计信息化和企业信息化的发展趋势。它作为一种能够减少企业成本和提升会计信息系统灵活性的有效途径,将得到越来越多企业的关注和长远发展的动力。

【知识链接】

云计算是一种基于因特网的超级计算模式,在远程的数据中心,成千上万台电脑和服务器连接成一片电脑云。因此,云计算甚至可以达到每秒 10 万亿次的运算能力。云计算将是现在以及未来快速发展的一种会计信息系统应用模式。

二、购买商品化会计软件应考虑的问题

在会计信息系统发展初期，不少企业自己组织开发软件，这不仅不符合产业分工细化和专业化原则，而且大多数企业的软件开发与应用工作都不成功，或者是低水平重复开发，有的甚至彻底失败。

随着信息技术的广泛应用和企业管理变革的加速，企业对会计软件（财务软件）的要求越来越高，很多软件公司应运而生，专门从事会计软件或管理软件的生产、销售和服务。迄今为止，国内通过财政部评审的商品化会计软件已近40家，如用友、金蝶等软件，而通过地方财政部门评审的会计软件也有近200家。外国软件公司也纷纷进驻中国市场，如甲骨文、SAP等。大多数专业化软件公司开发的会计软件既通用，又比较稳定实用。因此，购买成型的商品化通用会计软件，已成为企业会计信息系统建设的一种重要方式。然而，用户在面对市场众多的商品化会计软件时，怎样选择最适合自己的会计软件呢？一般来说，应主要考虑以下几方面因素。

（一）了解软件功能是否满足企业业务处理的需求

明确企业会计业务处理要求并了解软件功能能否满足这些要求，是企业选择会计软件最重要的一个方面。不仅要了解软件是否具有期望的功能，还要了解软件功能的实现是否准确。

在选择软件时要关注软件如何支持行业特征。在对本企业的行业特征进行需求分析后，认真分析所选择的软件是否能够满足本企业行业特征的需求。另外，看会计软件能否满足企业核算与管理的特殊需要，某些特殊要求是否能解决。目前市场上销售的软件基本功能都很相似，只是在功能细节方面各有不同。企业的特殊需求主要体现在功能细节方面，这就要求企业在选购软件时，应了解软件功能在细节上能否满足自己的特殊要求或侧重点，并判断软件在功能实现的准确性方面是否到位。最后，在选择软件时要了解软件功能的完整性，即软件提供的功能模块必须满足企业的需求规划。企业可能分阶段完成会计信息系统的建立，例如可以先实施总账、报表、工资、固定资产，再实施采购与付款、存货、销售与收款，最后实施人力资源管理系统等。在这种情况下，企业购买软件时，应考察该软件是否具有这些功能，能否从功能上满足分阶段实施计划。

（二）考察软件系统设置的灵活性、开放性与可扩展性

企业建立会计信息系统，在系统运行后还必须考虑由于信息技术的飞速发展所引起的企业商业经营活动方式的变革对企业经营管理提出新的要求，如企业组织机构变革和业务流程重组，以及随着经营活动范围的扩大和经营方式的多样化，产生了许多新的业务和新的市场机会。企业为了适应这些新增加的需求，就必须要进一步调整、增强和完善管理信息系统的功能，这就要求软件系统的设置要具有一定的灵活性，以便调整软件操作规程，适应新的业务处理流程的变化。同时，会计信息系统作为企业管理信息系统的一个重要子系统，必须具备相当的开放性，以便与其他系统进行数据交换，并能提供标准的数据接口，方便数据的导入和导出。另外，具备进行二次开发方面的功能对于适应企业不断变化中的管理工作

也是非常重要的。

（三）考察会计软件的运行稳定性与易用性

软件运行稳定性是软件质量和技术水平的体现。如果软件在运行时经常不明原因死机或非法中断，势必影响会计信息系统的运行效果和数据的安全性。如何考察软件运行稳定性？一般来说，软件开发至少需要 1 年以上的时间才能形成产品，而在软件推向市场时，还需要半年时间的磨合，经过众多用户的实际运行考验才能趋向稳定，再需要半年至 1 年的时间才能趋于成熟。用户可以从软件开发与投放市场的时间长短初步判断软件的稳定性，再通过实际操作或者试运行可以进一步确定其稳定性程度。软件的易学易用性对人员培训工作以及软件系统的应用效果也有影响，这也是企业在选购软件时应该考虑的。可以从两个方面进行考查：一是会计软件的流程和操作是否容易理解和学习；二是会计软件的操作是否简单方便。此外，因为会计软件使用手册是用户的向导，所以应检查它是否通俗易懂、内容是否完整、各种功能的用法是否解释清楚。

（四）了解会计软件对计算机的性能要求及其运行效率

会计软件的运行对计算机硬件性能都有一定的要求。有些软件对计算机硬件性能要求比较高，如果用户的计算机性能不高，也不准备更新设备，则购买的软件可能在计算机上不能运行或运行速度太慢。因此，企业在购买软件时，一定要考虑本企业计算机硬件性能以及可以在该硬件上运行的会计软件。此外，软件在投入正常运行后，软件的运行效率或运行速度会因数据量过大而不断下降。因此在选择软件时，要了解其他企业在使用该软件时数据量大小对运行速度的影响。

（五）考察软件开发商的发展前景和售后服务

软件开发商的技术实力和发展前景也是企业在选择会计软件时应该考虑的一个重要因素。如果软件开发商实力有限或者根本没有稳定的技术开发队伍，那么今后软件功能的改进和版本升级都将会存在问题或者没有保证。如果企业选择这样的软件开发商，则只能是一种短期行为。为此，企业在选择小公司开发的会计软件时要特别谨慎，虽然小公司开发的软件可能由于用户数量少而在技术支持和服务上更令用户满意，但毕竟小公司抗风险能力较弱，一旦倒闭，用户购买的软件将得不到长期后续技术支持和版本升级。因此，企业应站在选择战略合作者的高度来选择会计软件开发商。

软件的售后服务体系是否健全和服务水平的高低，对于所选用的软件能否顺利投入实际使用、软件运行过程中出现的问题能否得到及时解决是至关重要的。软件即服务。选用的软件在企业所在城市或地区设立了售后服务机构对于该软件的长期使用是一个重要保障。

【应用实例】

应用先进技术改变企业管理，创造经营价值

一、高正电子公司简介

高正电子公司成立于 20 世纪 90 年代，产品主要用于工业制造业，客户一般是世界500 强，或者是行业内部的前 10 位。高正电子是一个自主品牌，公司的物料有十几万种，客户有 1 000 多家，产品出口到全世界 70 多个国家。销售管控、成本核算、车间的排程、绩效考

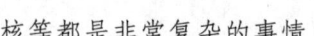
核等都是非常复杂的事情。

二、高正电子 ERP 实施与应用价值

高正 ERP 的实施过程,确定了以财务作为管理基础来推行整个内部管控的规范性,通过不断精细化的管理来降低成本。高正电子的信息化从 2010 年开始到 2014 年已经陆续上线了 ERP、OA、PDM 和 CRM 业务系统,核心应用主要有:

(1)标准成本管理。目前公司的标准成本管理完全依赖于用友 U8＋成本核算体系来进行运作,十几万种物料可以自动地在每时每刻计算出每一个变动的成本是多少,依赖的是一个详细的货物清单。有了这个详细的标准成本,内部的每一个部门结合人力资源的考核,管理精细化就可以持续不断地走下去。比如标准成本是 100 万元,真实的成本是 90 万元,跟标准成本的差异化分析说明这个部门做得好,就要跟企业其他部门介绍经验。真实成本如果是 120 万元,跟标准成本的差异化分析说明是有问题的,就必须进行问题分析:是产品的品质程度高了?还是浪费多了?还是排单不合理造成了浪费?分析过后一定要有下阶段的改善措施和方法,制定出下阶段的 KPI 目标,内部叫拧毛巾,这样成本就会慢慢地降下去。

(2)实时、高效的物流。ERP 完成了一些公司以前没有办法完成的事情。例如产品的每一个品种都有一个品质检验单,这些检验单需要保存 3 年,而在用友的 ERP 系统里可以在每一个报检记录当中上传附件,想要哪个检验单不论哪一年都可以找出来。如果某个零件出了问题,该零件组成不同的产品卖给了哪些客户,在仓库还有多少等问题都是流向追溯的问题,用 Excel 是不可能实现的事情,用 ERP 可以非常方便地追溯到物料的走向。另外,目前公司的仓库采用了用友的条形码管理系统,公司的货物有批次,公司的铺位一样有批次。出库时通过扫描确认货物是正确的,这个货物才能扣减。十几万种的物料,12 000 多平方米的仓库,通过条形码管理,仓库人员减少了 30％,库存准确率达到 99.5％。

(3)透明化的客户及营销管理。客户管理这块业务公司用的是用友 U8＋CRM 系统。CRM 管控的点是很多的,比如说,电商最后的客户服务可以管,配件管理可以管,不同人群的客户需求也可以管。公司的客户都是工厂,公司关注的是这个项目如何变成公司的订单这个过程。首先基于每次销售,这个过程是比较繁琐的,周期会比较长,公司会比较关注固定的流程,在每一个阶段的客户名字、客户所处的行业、客户做的产品以及这个项目的总计金额大概是多少都是项目的关键字。设置成这些关键字短期看不到好处,坚持一段时间后,效果就会显现出来,第一是数据的挖掘很方便。比如公司开发的遥控笔,曾经做遥控笔的人有多少,经理一点就出来了。第二是把经理每天的被动工作变成主动。在每个截至点上都设置提醒,这样经理的工作就非常简单,每天做事情就是打开电脑看有多少个提醒。这样做的好处不仅仅是被动变成主动,也控制了老板的风险,因为当业务变得越来越大的时候,风险也越来越大。高正现在是 1 100 人的工厂,业务员 140 人,接下来公司在德国、美国、英国都准备开分公司,如果管控不到位,业务员越多,业务的风险越大,所以用系统去管控它,经理就可以放心地去发展这支队伍。

(4)有效协同。公司现在的信息化系统体现在 4 个部分,CRM、PDM、ERP 和 OA 系统之间信息共享,高效协同,公司的订单管理就是这些系统之间配合才能完成的。PDM 和 ERP 系统之间的衔接,为公司搭建了设计部门和制造部门协同工作的平台。比如 OA 这个系统,如果仅仅把它当成一个沟通工具、邮件系统、QQ 系统,它的价值就不大。如果能充分利用 ERP 和 OA 的审批流,价值就不一样了。高正目前有 100 多个固定的流程,比如请假、固定资产的采购和报废流程等。以请假制度为例,不同的业务部门和角色流程不同,通过流程将内部制度执行到位,固定下来。

三、信息化的体会

公司总经理对信息化给企业带来的改变谈了他的几点感想:

第一,整个信息化的推动过程当中,解决了公司用 Excel 和用人脑没有办法解决的管理问题。随着信息化的推动,战略目标也不断攀升,做企业的野心也会慢慢变得越来越大。我们以前不敢走出杭州,怕眼睛看不见的时候管不住,管不住就不做。有了信息化的帮助,我们第一步就先在上海培养了 50 个业务员,经过 1 年的培训然后调配到国外去,将业务扩展到更大的范围。

第二,我们以前管一个工厂,都非常辛苦,节假日都是没有的,但是现在有这个系统以后,通过流程的复制,2 个工厂,3 个工厂的管理都变得很简单,风险管控能力大大加强。比如我们的英国分公司,没有一个财务人员,我们把会计外包给英国的一家会计师事务所,所有的财务核算、仓库管理、工资发放都通过网上银行,由国内的财务人员进行操作,没有增加一个财务人员,而且还管得他们很牢。

第三,当我们有了信息化管理手段后,老板可以有更大的理想,以前不能想的事情,想到了而不敢做的事情现在都可以做了。以前很辛苦、很累,也不敢出去,出去了怕企业内部乱了,现在即使在美国、在新加坡出差,我也可以通过系统牢牢掌控企业。此外,还可以用更多的时间去思考企业发展策略等更重要的事情。

总的来说,通过软件的实施推动整个公司业务流程的梳理,让我们能够重新审视,重新学习。同时在项目推动过程中,我们也给用友提了很多建设性的意见,在未来的版本当中逐步完善起来。因此,我们跟用友的合作不是一个简单的软件买卖的关系,更多是上升到互相合作、互相共赢的层面,共同探索基于中小企业的信息化历程应该是怎样走的。

第三节 会计信息系统的实施

一、会计信息系统实施及其意义

信息系统的应用本身就是一项复杂的工程,需要经过制订总体规划与解决方案、配置合适设备和软件、培训人员、重整业务流程、形成信息规范、制定管理制度、配置系统与测试、试运行等过程,才能将一个静态的软件变成一个可以工作的系统,为此人们常用实施这个词来表述它。实施是一个有难度的过程,对于一个大型系统而言甚至关系到成败,因此有"三分软件七分实施"之说。

会计信息系统建设的成败关键在于会计信息系统的实施。会计信息系统实施是指在企业会计信息系统的建设过程中,由相关人员组成项目实施小组,根据客户的管理需求,向企业提供一种个性化、专业化的服务,即向企业提供有助于其实现会计信息化的一整套

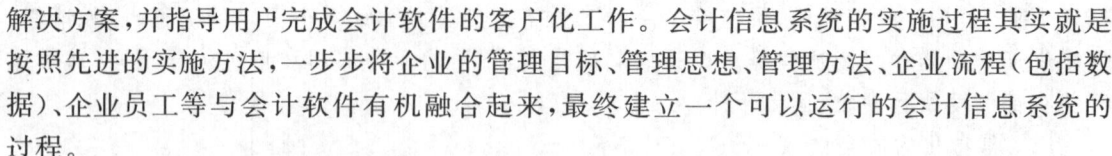

解决方案，并指导用户完成会计软件的客户化工作。会计信息系统的实施过程其实就是按照先进的实施方法，一步步将企业的管理目标、管理思想、管理方法、企业流程（包括数据）、企业员工等与会计软件有机融合起来，最终建立一个可以运行的会计信息系统的过程。

对于小型会计软件系统，由于软件功能与结构相对简单，"实施"这一环节常常被淡化。通常的做法是由会计软件开发商或经销商为购买和应用会计软件的用户提供以下实施服务：

（1）指导用户进行软件安装。

（2）指导用户进行软件参数设置与有关编码设置。

（3）辅助用户准备并指导用户录入初始化数据。

（4）培训用户会计软件的操作使用。

（5）帮助用户解决软件运行过程中出现的问题。

但是对于大型会计软件而言，会计软件的实施是软件应用能否取得成功的至关重要和必不可少的一个环节。

这是因为首先，大型会计软件系统内的业务处理流程与企业原有的手工业务处理流程之间需要协调。管理型会计软件不仅提供技术解决方案，更重要的是提供一种先进的管理思想，在先进管理思想的指导下，软件中的功能按照一定的业务流程为业务处理提供解决方案。因此，可以这样说，会计软件是先进管理思想指导下规范业务流程的固化。而企业原有的手工业务处理也有一定的流程，但手工业务流程肯定不能完全适应计算机业务的处理要求。为此，大型会计软件实施需要企业适应软件提供的规范化业务流程和管理模式，对手工业务流程进行重组或优化，以便理顺进而建立合理化业务处理流程。另一方面，大型管理型会计软件涵盖了企业管理的全部业务流程，实现了企业资金流、物流、信息流的全面一体化管理，而企业管理模式千差万别，不同行业和企业的业务流程各具特点，这就需要根据用户的特殊业务处理流程和管理需求对大型会计软件进行设置甚至进行客户化改造和二次开发，以适应特定行业业务处理和管理上的特殊需要。只有最终企业重组后的业务流程与会计软件业务处理流程和谐统一，才能最大限度地保证软件系统的成功应用。其次，由于大型会计软件涵盖了企业管理的全部业务流程，功能强大，功能模块齐全，不仅包括账务处理、工资、固定资产、报表等子系统，而且包括应收、应付、资金管理、采购、销售、库存管理子系统，甚至包括供应链、质量管理、成本管理等子系统，并且各模块的数据量大，模块内部以及模块之间的数据流程与关联关系也很复杂，集成度高，因此，软件应用难度很大。在会计信息系统的实施过程中，企业项目组成员密切合作，对软件结构、数据传递关系和企业业务处理流程都有了比较透彻的理解，锻炼了企业人才队伍，培养队伍应用系统时的团队精神，有利于系统后期应用和管理。

二、会计信息系统实施的总体思路

会计信息系统的实施，不是一个简单的技术问题，不仅仅是利用计算机加速数据处理和业务处理过程，而是一种管理模式的引入。因此，在实施过程中应将技术和管理始终结合在一起，才能达到预期的效果。实施中要从两个方面着手考虑问题。

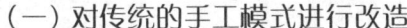
（一）对传统的手工模式进行改造

由于手工的先天局限,企业在手工方式下的管理模式一定不是最先进的管理模式。应用现代信息技术,就要考虑利用计算机管理的特点对传统管理模式进行改造,这是会计信息系统实施过程中进行业务流程重组的内容之一。另外,企业手工业务处理流程必然存在很多无效或重复的业务处理环节,许多业务处理方式也不符合计算机信息处理的要求,因此需要对手工业务处理流程进行重组改造。这是会计信息系统实施过程中进行业务流程重组的内容之二。

（二）对会计软件系统进行客户化调整

由于不同的企业有不同的管理要求和运行模式,任何一个会计软件蕴含的先进管理模式未必完全符合特定企业的管理要求,因此在实施中需要考虑行业背景和管理模式对软件功能作适当调整,以适应特定企业管理上的特殊要求,这是会计信息系统实施过程中对会计软件系统进行客户化调整内容之一。在重新设计出企业新的业务流程后,需要对软件功能按新的业务处理流程进行客户化设置和调整,这是对会计软件系统进行客户化调整内容之二。

总之,会计信息系统的实施过程既要精通软件产品,又要熟悉管理理论、管理实务及行业管理模式和企业的业务处理流程。只有通过对传统手工模式的成功改造和对会计软件系统的客户化成功调整,才能建立起现代信息技术下企业的先进管理模式。

三、会计信息系统实施的步骤

会计信息系统的实施是一项艰巨的系统工作,需要在科学的方法论指导下按规范化的步骤进行,实施过程中包括的步骤主要有以下几方面。

（一）需求分析

首先需要通过详细调查进行用户需求分析。需求分析要从宏观和微观两方面进行。宏观需求分析主要解决的是企业战略目标的制定问题,包括分析企业会计信息化建设的必要性和可行性,如有没有条件进行,什么时候进行,企业高层决策者是否有改革开拓的决心和承担责任的勇气,资金和人力是否准备到位,预期效益如何,以及希望通过会计信息化解决企业哪些管理问题。在此基础上制订战略目标,确定企业建设会计信息系统所期望达到的目标,并与企业战略发展目标保持一致。微观需求分析主要解决企业实施战术的制订问题,包括认真细致地分析企业目前会计工作中存在的问题,对问题进行诊断,并提出新的需求,如企业组织结构调整的需求、会计业务处理流程优化的需求等。对用户需求了解得越清楚,越有利于会计软件系统的实施。

（二）制订总体规划

在充分分析需求的基础上制订总体规划,然后按步实施,可以避免主观随意性和盲目性,既增加实施成功的可能性,又减少因盲目所造成的后遗症。总体规划主要包括如下内容。

1. 建设会计信息系统的总目标

总目标指在多长时间内建设一个什么样的信息系统,即明确信息系统全部实现后所具有的功能,以及应该在什么时候实现这些功能。从企业领导到每一个员工都应该知道这个

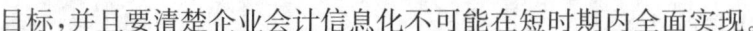

目标,并且要清楚企业会计信息化不可能在短时期内全面实现。

2. 信息系统的实施步骤

实施过程的具体工作主要包括重整业务流程、人员培训、测试运行环境、制订管理制度、系统初始化、系统试运行、正式运行,等等。对这些工作应该有一个明确的日程计划,确定每一步的目标、任务和时间安排。

3. 确定机构与人员分工

明确系统实施过程中以及实施之后的组织机构与管理体制,一般来说会计信息系统的实施既需要企业财务主管的领导、全体会计人员的参与,还需要软件公司的参加,甚至必要时需要聘请管理咨询公司。因此,要确定每一个人的工作任务和职责、完成任务的时间、所应提交的文档资料、文档资料的格式。

4. 经费预算计划

实施过程需要讲求成本效益原则,各项工作所需经费必须有预算安排。实施过程所需经费除了软硬件设备购置费用之外,主要包括人员培训费、咨询费、材料消耗费以及后期的系统维护费。

(三) 人员培训

会计信息化,人才是关键。随着会计信息系统功能与应用领域的扩大,数据关联越来越复杂,软件应用越来越难,对人员素质的要求也越来越高。企业必须通过培训来造就系统实施与管理所需的具有新型知识结构的人才。培训过程同时也是一个用户管理理念与计算机管理模式融合的过程,它贯穿于实施过程的始终。

目前培训有两种形式:一种是财政部门组织的普及型社会培训;另一种是企业根据自己特殊需要组织的培训。普及型培训分初中高 3 个级别,其中初级培训操作员,对象是全部适龄的会计人员,要求他们掌握计算机和会计软件的基本操作技能。中级培训的目标是使一部分会计人员能够对会计软件进行一般性维护,为会计软件的开发提供业务支持。企业培训是系统实施的一个组成部分,培训对象主要是与系统相关的人员,目标是让他们掌握所用软件的功能和具体使用方法。

(四) 业务流程重整与规范会计基础工作,优化并制定技术解决方案

1. 业务流程重整

业务流程重整(Business Process Reengineering,BPR)是美国 Michael Hammer 等人提出的一个概念,"BPR 就是对企业的业务流程进行根本性再思考和彻底性再设计,从而获得在成本、质量、服务和速度等方面的戏剧性改善。"BPR 的重整模式是:以作业流程为中心,打破金字塔状的组织结构,使企业能适应信息社会的高效率和快节奏,适合企业员工参与企业管理,实现企业内部上下左右的有效沟通,具有较强的应变能力和较大的灵活性。显然,BPR 的思想和目标与 AIS 或 ERP 是一致的。AIS 或 ERP 体现了先进的业务流程,因此企业在实施 AIS 或 ERP 时必须按它的流程行事,这就需要对现行业务流程进行改造,即按照 BPR 的指导思想,根据企业信息化的应用目标,采用改进、优化、再造的策略,打破旧的管理结构,从数据到业务环节逐步规范业务流程,为 AIS 或 ERP 的实施打下基础。

这一步旨在理解和明确企业的全部业务处理流程、主要业务的处理方式、原有业务处理

流程中存在的问题和效率低下的环节,然后结合软件的功能和用户管理的需求,借助蕴含在会计软件中的管理思想和管理模式的指导,一方面对原有的会计业务流程进行调整和优化,另一方面适应新的业务流程,对软件功能不能满足业务需求的地方制定客户化技术解决方案,对软件功能进行客户化改造甚至二次开发。

2. 规范会计基础工作

业务流程重整的一个主要任务是规范会计基础工作。因为会计信息系统是按照预先设定的方法和程序来进行会计核算和管理的,它要求会计基础工作能与之相适应,这就需要对会计工作进行规范。规范内容主要包括:

(1)会计业务流程的规范。分析现行会计业务处理流程,例如账务处理程序、固定资产核算程序、材料进出库程序,等等,并与信息系统的功能与所设定的处理程序相比较,在此基础上重整会计业务流程。

(2)会计核算方法的规范。根据信息系统的功能与企业的实际情况,确定各种核算方法,例如确定材料用什么方法计价、固定资产用什么方法折旧、现金流量如何核算。应该说每一个子系统都涉及许多核算方法的选择,应尽可能地选择较精确、合理的核算方法。

(3)会计数据的规范。主要是从种类、格式以及收集方式等方面来规范需要输入系统的数据,制订企业标准化编码,包括初始设置涉及的数据与日常处理的输入数据。例如,需要规范各种凭证或单据的收集方式与数据项目,需要规范会计科目、各项定额、编码方案,等等。

(4)会计账表的规范。主要是根据会计制度规范各种需要打印输出的账簿与报表的种类、内容与格式,并利用信息系统的功能设置合理的账表。此外,还要规范账簿与报表的输出时间和报送对象。

3. 整理初始数据

规范会计数据的一项重要工作是收集和整理系统初始设置所需的各种数据,为日后会计软件系统在企业正式运行做好准备。主要包括:

(1)各种代码体系。例如:会计科目、客户、供应商、存货、仓库、固定资产、部门、人员、开户银行等代码体系以及相关信息。

(2)各种余额与发生额。例如:存货余额、科目余额与累计发生额。

(3)手工处理延续数据。例如:尚未结清的各种发票与单据、现有固定资产的卡片、现有库存材料和商品,等等。

此外,还要整理常用摘要、操作人员的权限等资料。初始设置要用到的数据,需要经过收集、标准化整理才能使用,其工作量非常大,企业千万不能忽视。

(五)安装系统和测试运行环境

在进入实施阶段时必须全面设置好会计软件所需的运行环境,安装会计软件,测试运行环境对软件的适应性。其主要工作如下。

1. 运行环境的设置

信息系统的用户手册上一般都明确规定运行环境的要求。运行环境包括硬件环境和软件环境。硬件环境除了设备机型、内存大小、硬盘空间、显示器及打印机等输入输出设备之外,还包括硬件组成结构,即单机还是网络结构。软件环境主要指操作系统以及数据库管理

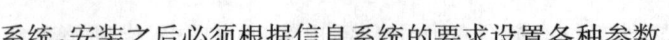

系统,安装之后必须根据信息系统的要求设置各种参数。

2. 安装信息系统和测试运行环境

按用户手册的说明一般都能顺利完成系统安装工作,但对于大型的信息系统,最好请软件公司协助安装。信息系统安装之后要动态检查运行环境是否正常。许多软件系统都提供一套学习用的账套,用户可以利用它执行一些简单的操作,测试环境设置的完备性和正确性。

(六)系统试运行

信息系统的使用或者说从旧系统切换到新系统可以有 4 种不同的方式,即试点方式、直接方式、并行方式以及分阶段方式。会计信息系统整体上应该采用分阶段方式,即一个系统一个系统地由计算机取代手工核算和管理,而对每一个系统的使用可分别采用其余 3 种方式,但为了安全稳妥一般采用并行方式。并行方式俗称双轨运行,是指让新旧系统并行地运行一段较长的时期。在并行运行阶段的主要工作包括如下。

1. 设置账套

在会计软件中一般以账套为单位管理会计资料,在试运行阶段就必须根据实际需要建立会计账套,并为它设置参数。

2. 系统初始设置

不同系统的初始设置内容是不同的,例如账务处理和报表处理系统的初始设置的内容主要包括:设置会计科目、分配操作员权限、设置核算项目、设置核算货币、输入初始数据、定义自动转账凭证、定义报表,等等。

3. 日常处理

试运行必须同正式运行一样要求,即必须按软件规定的业务流程处理会计业务,从实际出发完成日常手工会计核算和管理的一切工作。例如:必须及时输入记账凭证并审核、记账,期末要结账处理,要适时打印账簿与报表,等等。

4. 审查与分析运行结果

要经常关注计算机处理过程,检查是否有异常情况发生,如有异常则及时分析原因与影响。此外要经常比较计算机与手工双方的处理结果,如果出现不一致则要分析原因。

(七)系统的正式运行

系统的正式运行即计算机正式替代手工记账,俗称"甩账",只有做到这一点才能真正实现会计记账、算账、报账的自动化,提高会计信息的及时性、准确性和完整性。

1. 系统正式运行的基本条件

从保证会计工作质量出发,企事业单位的系统正式运行应该满足以下基本条件:

(1)双轨运行至少 3 个月以上,并且计算机与手工会计核算必须取得相一致的结果。

(2)配备了计算机硬件设备和适用的会计软件。

(3)配备了相应的会计电算化工作人员。

(4)建立了严格的内部管理制度。

2. 系统的正式运行

新系统进入正常运行阶段之后要做的主要工作包括严格执行各项规章制度，及时录入和审核各种记账凭证，完成各种核算处理，打印各种会计报表和账簿，为企业经营决策提供各项会计信息。要按时做好数据备份。认真详细地做好系统的运行记录，为系统评价和扩展准备数据资料。此外，要及时做好软硬件的维护工作。

《会计电算化工作规范》对替代手工记账后的工作提出许多要求，其中尤其对会计数据的输出和会计档案的保管作了明确的规定。例如，有关账簿的打印规定是：现金日记账和银行存款日记账要每天打印或按旬打印输出；一般账簿可以根据实际情况和工作需要按月、按季或按年打印；总分类账可用"总分类账本期发生额及余额对照表"替代。

四、会计信息系统的运行管理

会计信息系统投入正式运行之后，需要进行科学的组织和管理。没有科学的管理，系统就不会提供高质量的信息服务，甚至会使系统陷于瘫痪。系统管理不能片面理解为仅仅对计算机的管理，而是对整个会计信息系统的管理，管理的内容应该包括对人员和机构的管理、日常运行管理、系统设备管理、数据管理以及安全管理，等等，而管理方法则仍然是通过内部控制即制订相关制度强制会计人员执行。因此，企业必须建立有效的会计信息化管理制度，包括岗位责任制度、操作管理制度、系统维护制度、文档管理制度，等等。

（一）岗位责任制度

实现会计电算化后会计部门的工作岗位分为基本会计岗位和电算化会计岗位，其中电算化会计岗位指直接管理、操作和维护会计软件及计算机设备的工作岗位，如电算主管、软件操作、审核记账、电算维护、电算审查、数据分析、档案保管、软件开发等。企业必须对原有会计机构作相应的调整，并对各类人员制订岗位责任制度，明确每个工作岗位的职责范围及其考核办法。

（二）操作管理制度

实现会计电算化后，操作计算机成了会计人员的主要工作方式，如果操作不当而又控制不严，则容易造成对系统数据资源的破坏，或给不法之徒以可乘之机，利用计算机系统作弊。操作管理主要是通过制订一套完整而严格的操作规程来实现。例如，规定操作流程、规定故障处理程序、规定防范计算机病毒的措施和制度，等等。

（三）系统维护制度

系统维护包括对计算机硬件、软件和会计数据的维护和管理。系统维护一般由系统维护人员或指定的专人负责，一般操作员或其他人员不得进行维护操作，系统管理员可进行操作维护但不能执行程序维护。由于维护可能干扰到系统的正常运行，所以其权力应该受到限制，并且在进行系统维护工作时要接受操作员或电算主管的监督。

（四）文档管理制度

会计档案首先包括运行过程中产生的各种纸质凭证、账簿和报表，以及各种磁介质的数据资料；其次还包括系统开发和维护等有关资料，如系统分析说明书、系统设计说明书、用户操作说明书、测试报告、纸质和磁介质的源程序。其中，会计软件的全套文档资料及程序的保管期截止到该软件停止使用或有重大更改之后的 5 年。会计档案管理就是通过建立档案资料的立卷、归档、调阅和销毁等制度,切实把会计档案管理好。

【知识链接】

《企业会计信息化工作规范》第四十条规定,企业内部生成的会计凭证、账簿和辅助性会计资料,同时满足下列条件的,可以不输出纸面资料:所记载的事项属于本企业重复发生的日常业务;由企业信息系统自动生成;可及时在企业信息系统中以人类可读形式查询和输出;企业信息系统具有防止相关数据被篡改的有效机制;企业对相关数据建立了电子备份制度,能有效防范自然灾害、意外事故和人为破坏的影响;企业对电子和纸面会计资料建立了完善的索引体系。

【应用实例】

北元集团信息化建设之路

一、北元集团简介

北元集团是由陕煤化集团与 10 户民营企业合股组建的大型盐化工企业。集团下设 9 个职能部门、6 个业务中心和 6 个分、子公司,采用直线职能型组织架构,具有多组织、跨地域、多管理层级的管理特点。现有员工 3 000 余人。

公司依托榆林地区丰富的煤炭、电石和原盐资源优势,公司坚持规模化、多元化、一体化的发展模式,主要产品为:通过对原盐、煤炭的深加工产出 PVC、水泥、盐酸、液氯、液碱,后期将延伸到 PVC 下游产品。公司 2008 年在 10 万吨/年聚氯乙烯项目稳定运行的基础上,建成 100 万吨/年聚氯乙烯循环综合利用项目。目前,该项目的 4 条生产线有 3 条线投产,运行稳定,整个项目投产年可转化原盐 165 万吨、电石 165 万吨,间接转化原煤 600 万吨,年实现销售收入 120 亿元。并可引导产生一批 PVC 上下游企业,推动地方电石、焦化产业的升级,促进地方煤炭、电力、运输、服务等相关产业迅猛发展。

二、信息化背景

伴随着北元集团管理架构的建立,主营业务量的大幅增长,内部往来及关联交易复杂程度和管理层次的增加,管理的复杂度便迅速增长。首先,从集团的组织架构可以看出,集团的职能定位是规划、财务、人力资源、集中采购、集中销售、物流等集团管控领域,集团需要理顺这些管控领域的集权分权制度,并利用信息化系统固化这些制度,从而满足集团纵向管控的要求。其次,横向需要理顺各单位内部及单位之间的业务流程,明确相应的信息流、物流、资金流的流向,实现横向业务的协同处理。

从业务管理来说,由于液氯、盐酸行业的产品一般具有有毒、危险等特性,产品专业性强,液氯、盐酸企业对原物料及产成品的管理相当严格,物料及产成品的任何闪失、任何差错都会严重影响企业的运作及生产的正常秩序。由于手工操作容易出错,经常会造成账面与仓库实存数不符。如何合理科学地分类和管理,便于采购部门单据录入,销售部门查询以及仓库部门记录、统计、分析和收发货等业务的完成,显得非常重要。

液氯、盐酸行业的另一大难题是固定资产管理。由于液氯、盐酸企业的固定资产种类多,编号管理相当复杂。特别是折旧方面,以前时常存在固定资产使用期满后仍计提折旧等问题,不能如实动态地反映固定资产的状况,要查找各固定资产的相关信息,很不方便。

北元集团信息化建设就是要利用先进的信息系统来实现北元集团纵向管控和横向业务协同的管理诉求,提升北元集团管理水平,使北元集团真正成为现代化企业。

三、信息化实施过程

北元集团信息化建设目标是强化集团的战略决策和资源整合配置,提升集团业务运营效率和绩效目标,发挥集团管控的最大价值和功效,满足北元集团高速发展和管理科学化要求。有效监控企业生产经营管理状况和相关制度的落实情况,为企业决策、经营和考核提供准确真实的依据。

最终公司决定采用用友 ERP-U8 产品。北元信息化项目分 3 期建设,1 年 1 期,3 年建成。第一期包括:集团协同办公、财务核算(资金管理、报销管理)、供应链管理、人力资源管理等。本期建设的目标是管好"人、财、物";第二期包括:项目管理、科研管理、生产管理、设备管理、全面质量管理、全面成本管理。本期建设的目标是管好"计划、设备、生产";第三期包括:全面 BI 商务智能平台、电子商务平台和客户关系管理。本期建设的目标是管好"大脑、客户"。通过 3 年的建设,全面构建北元集团较为完整的信息化平台。

北元集团 ERP 项目在 2011 年 3 月 16 日启动到 2012 年 3 月 16 日 1 年期间,实施了财务核算、报销管理、资金管理、人力资源管理、供应链管理和协同办公系统 6 个子项目。

1. 财务核算

通过构建北元集团集中的会计核算平台,贯彻和执行统一的会计核算制度,规范基础数据,实现财务层面集团公司对各分子公司实时的财务数据查看以及账务监控。

2. 报销管理

北元集团的费用报销使用手工填写报销单,领导审批后再去财务报销,报销周期长,借助信息化规范了审批流程,在集团管控下,统一费用收支项目,统一管理口径,提升报销效率。

3. 资金管理

北元建立了全集团统一的电子化结算平台,借助先进的资金管理平台,实现对各成员单位的资金集中管理,提高资金集中度,减少资金沉淀;利用银企直联实现资金支出的全面监控,实时对资金收支进行管理分析,防范经营风险。

4. 人力资源管理

实现集团公司人力资源管理工作规范化和流程化,提高人力资源管理效率,满足现阶段集团公司、各经营单位、各职能部门和人力资源部门管理的需要。一期建设引入了组织机构管理、人员信息管理、人员变动管理、劳动合同管理、薪酬福利管理 5 个基础业务模块,实现在集团公司统一管理、分层应用,集中查询和数据分析。

5. 供应链管理

北元集团管理系统建设的主要目标,建立以"需求管理、采购管理、库存管理和销售管理"为核心的,跨地域集中物流管理体系,提高物流环节信息传递的及时性与准确性。

采购管理:北元集团采购中心的核心业务是围绕物资采购进行,通过信息化,各分子公司实现物资需求计划本公司第一次需求汇总平衡,各分子公司提交汇总后净需求,形成集团物资需求计划,在集团进行二次汇总及平衡汇总,达到快速响应需求的能力。严格匹配采购合同,根据合同的控制要求严格对合同的订货、收货、入库、收付款执行情况及时统计、汇总,

建立起体系化采购业务流程。

货位管理:北元集团在物资管理方面完成了由基建到生产的平稳过渡,逐步完善了物资管理制度。在新建物资库房投运之际,结合北元集团 ERP 信息化项目建设,率先提出了精细化库房管理需求。物资出入库及物资整理时,实现账、卡、物一致,且仓库空间的使用率提高,也大大提高货物整理的准确性和高效性。

销售管理:集团公司制定统一销售模式,快速地完成销售业务的所有环节,信息系统严格控制公司规定的价格政策、发货政策、结算等管理要求,实现从计划到单据再到货物最后到货款全业务跟踪和追溯。

6. 协同办公系统

搭建了北元信息网络及应用环境的办公系统基础平台,依托协同办公系统平台,实现北元集团日常管理的规范和统一,实现有效监督,提高北元集团日常工作的规范化、制度化、程序化和一致性水平;利用 Internet,实现北元集团各级各类日常工作的跨单位、跨地域、跨时空的管理和监控,提高集团的工作效率,提升集团信息化应用的整体水平和应用效益,增强集团公司的管控能力。

四、信息化效果

总体来看,信息化缩短了服务时间,提高了企业客户的满意度。销售环节的快捷方便,大大方便了客户。在销售 PVC 产品、水泥以及氯、碱、酸副产品的过程中,使用了一卡通系统,客户通过进厂、过磅、结算和出厂的业务流程,不仅缩短了提货时间,方便了客户,而且堵塞了管理漏洞,提高了工作效率。另外,信息化改善工作环境,降低劳动强度。用计算机取代繁杂、重复劳动,从而提升技术人才的脑力价值。具体包括:一是部门协同顺畅、及时。通过信息集成,既实现了无纸化办公,又实现对人、财、物各个层面的管理。使得各部门之间可以实现更充分的信息共享和更流畅的部门间业务协同。不同职能部门之间也将改变过去信息手工传递、延迟、停滞、重复录入、不一致、存在空白区的状况,做到原始数据一次录入,相关部门即刻共享,从而为各业务部门提供信息共享平台。二是业务流程通畅、规范。业务流程将逐步改变过去多联票据的传递,代之以信息流的传递,使大量业务的处理流程和速度变得更加清晰。三是物资供应及时、准确。通过整理存货档案(由 21 万条整理成 4.1 万条)、客商档案由 5.5 万条整理成 0.45 万条。实施货位管理,使物资供应、仓储、领料快捷方便,准确无误,从而降低库存、保障生产。

【关键术语】

会计信息系统实施 会计信息系统平台 实时集中 会计软件 业务流程重整
规范会计基础工作 会计信息系统试运行 会计信息系统管理

【问题思考】

1. 影响会计信息系统建设取得成功的因素有哪些?
2. 会计信息系统建设完成后为什么要持续管理?
3. 选择会计软件需要考虑哪些因素?

【实训案例】

Farmers 保险集团位于洛杉矶,提供各种保险业务:汽车保险、屋主保险、人寿保险、商务保险等。在应用 ASP(应用服务提供商)之前,Farmers 公司使用纸质文档、传真以及电话来处理事故索赔业务。下面我们来看 Farmers 公司是如何通过使用 ASP 来提高索赔业务过程的效率和效果的。

Farmers 的目的是缩短客户等待业务处理的时间,通过提高客户服务质量,公司希望能够增加客户的忠诚度。Farmers 公司采用了被称为 Claimsport 的基于网络的索赔处理系统。当客户报告事故发生时,呼叫中心代表从 Farmers 公司中被称为"客户恢复网络"的索赔申请处理系统获取客户信息,然后记录事故细节,在客户恢复网络中安排维修站点,并发送消息给 Claimsport,同时也通知维修站点。通过使用网络浏览器访问 Claimsport,维修站点获取分派的维修任务,并在客户到达维修站前做好准备。然后维修站以一个电子文档的形式上传所有的维修数据,包括图片、劳动时间和成本,由 Farmers 公司进行审批。现在,Farmers 公司可以只在一个地方管理所有的索赔处理事务。ASP 使得它可以分析交叉数据,以作出更优决策。显然,客户们也很喜欢该系统,超过 80% 的客户给予的评价为 7 分以上。

要求:

(1) 讨论如何使用 ASP 来简化会计信息系统。

(2) 使用 ASP 的风险是什么?

(3) 使用 ASP 的益处有哪些?

习题·实训·案例

一、练习题

(一) 单选题

1. (　　)是建设和实施会计信息系统最基础的工作。

   A. 根据企业会计核算、控制和管理的需要构建支持会计信息系统运行的 IT 平台

   B. 购买系统硬件

   C. 购买系统软件

   D. 购买会计软件

2. 会计信息系统的 IT 平台是指根据会计核算与管理的需要,合理配置(　　)所形成的
   平台。

   A. 软件资源和信息资源　　　　　　　B. 硬件资源和软件资源

   C. 硬件资源和信息资源　　　　　　　D. 信息资源和人力资源

3. 构建(　　)的 IT 平台,实现集团财务集中管理、会计集中核算是企业集团财务的发展
   趋势。

   A. 定期集中　　　　B. 实时集中　　　　C. 账集中　　　　D. 表集中

4. (　　)是由专业会计软件公司根据一般企业财务会计工作的需要而开发,经过有关部
   门评审后,用于在市场上销售的通用会计软件。

   A. 通用会计软件　　　　　　　　　　B. 专用会计软件

   C. 商品化会计软件　　　　　　　　　D. 电算化会计软件

5. 大型企业建立会计信息系统时,在使用通用会计软件不能满足需要的情况下,
   最好(　　)。

   A. 采用通用与定点开发会计软件相结合

   B. 重新自行开发会计软件

   C. 另选择一种通用会计软件

   D. 交开发者重新设计会计软件

6. 企业实现会计信息化的捷径是采用(　　)会计软件的方式。

   A. 购买商品化　　　　　　　　　　　B. 定点开发

   C. 通用会计软件与定点开发相结合　　D. 主管部门推广

7. (　　)是一种构建于互联网之上,并向企业提供会计核算、会计管理和会计决策服务的
   虚拟会计信息系统。

   A. 租赁会计　　　　B. ASP　　　　C. 云会计　　　　D. 网络会计

8. 目前,大多数会计软件是在(　　)操作系统运行的。

A. MS. DOS   B. Linux   C. Windows   D. UNIX

9. 商品化会计软件开发经销单位在售出软件后应承担售后服务工作,在下列工作中不是软件开发销售商必须提供的是(   )。
    A. 对用户进行软件使用前的培训   B. 对用户的软件进行维护
    C. 对用户的硬件进行维护   D. 对用户的软件版本进行更新

10. 计算机替代手工记账时,须配有适用的会计软件,且计算机与手工进行会计核算双轨运行在(   )以上。
    A. 1个月   B. 两个月   C. 3个月   D. 半年

11. 一般来讲企业和行政事业单位选择会计软件最主要的方式是(   )。
    A. 自行开发会计软件
    B. 购买通用商品化会计软件
    C. 与软件公司共同开发会计软件
    D. 在购买通用商品化会计软件后进行二次开发

12. 在会计软件试运行期间,可以(   )。
    A. 在会计软件的机器上利用数据库系统的操作命令直接对数据库文件进行数据操作
    B. 利用软件工具直接对硬盘或数据文件进行操作
    C. 操作员由于误操作,造成程序损坏可以自己修复
    D. 进行磁盘整理和碎片整理

13. 初次开展会计信息化,(   )启用会计软件工作量最小。
    A. 年末   B. 年初   C. 季末   D. 季初

14. 以下不属于信息化会计档案的是(   )。
    A. 会计凭证   B. 会计账簿
    C. 软件公司的源程序   D. 磁盘数据

15. 会计核算软件的使用,首先必须设置账套并对系统进行(   )处理。
    A. 排序   B. 清零   C. 格式化   D. 初始化

16. 会计软件用户手册上一般都明确规定对运行环境的要求,包括(   )。
    A. 工作条件与机房环境   B. 硬盘空间和软盘空间
    C. 温度和湿度等条件   D. 硬件环境和软件环境

17. 会计软件或ERP体现了先进的业务流程,因此企业实施会计信息化必须按它的流程行事,这就需要对现行业务流程进行改造,即进行(   )。
    A. 程序流程重整   B. 数据流程重整
    C. 业务流程重整   D. 设计流程重整

18. 对会计软件系统的实施来说,业务流程重整的一个主要任务是(   )使其与会计信息化相适应。
    A. 规范会计基础工作   B. 规范会计核算制度
    C. 整理与输入会计凭证   D. 设计与输出会计报表

19. 在试运行阶段的主要工作包括(   )。
    A. 设置账套格式化日常处理期末结账
    B. 设置账套格式化定义报表审查与分析运行结果

C. 设置账套初始化起初建账日常处理

D. 设置账套初始化日常处理审查与分析运行结果

20. 专用会计核算软件一般是（　　）。

A. 单位购买的商品化软件

B. 单位自行开发或委托其他单位开发的会计核算软件

C. 适用于多数单位使用的会计核算软件

D. 适应于多数行业使用的会计核算软件

（二）多选题

1. 会计信息系统运行平台是会计信息系统赖以运行的环境,它包括（　　）方面。

A. 数据　　　　　B. 信息　　　　　C. 会计人员　　　　　D. 硬件

E. 软件

2. 不同的硬件体系结构决定了会计信息系统的工作方式。常见的硬件体系结构包括（　　）。

A. 单机结构　　　B. 网络结构　　　C. 多用户结构　　　D. B/S 结构

E. C/S 结构

3. 数据处理和传递模式主要有（　　）。

A. 单机结构　　　B. 网络结构　　　C. 多用户结构　　　D. B/S 结构

E. C/S 结构　　　F. F/S 结构

4. 为了建立自己的会计信息系统,企业获得会计软件的策略主要有（　　）。

A. 自行开发会计软件　　　　　　　B. 委托软件公司开发

C. 购买商品化会计软件　　　　　　D. 租赁会计软件

5. 在会计软件实施前,需清理和规范会计基础工作内容包括（　　）的规范化。

A. 会计核算方法　　　　　　　　　B. 会计业务流程

C. 会计账表　　　　　　　　　　　D. 会计数据

E. 会计岗位职责

6. 会计软件实施流程包括（　　）。

A. 确定会计信息化总体规划,制定实施计划

B. 安装系统和测试运行环境

C. 会计软件试运行

D. 正式运行

E. 业务流程重整与规范会计基础工作,优化并制定技术解决方案

7. 在选购通用商品化会计软件时,需要考虑的是（　　）。

A. 会计软件的系统环境　　　　　　B. 会计软件的功能

C. 会计软件的运行稳定性　　　　　D. 会计软件的易用性

E. 会计软件的售后服务

8. 以下属于信息化会计档案的是（　　）。

A. 会计凭证　　　B. 会计账簿　　　C. 会计报表　　　D. 磁盘数据

E. 购买软件的使用手册、合同、软件

9. 下列 ERP 属于国产的有(　　　)系统。

    A. K/3　　　　　　　　B. Oracle　　　　　　　C. R/3　　　　　　　　D. U8

10. 与自行开发会计软件相比较,选择商品化会计软件的优点是(　　　)。

    A. 软件质量高　　　　　　　　　　　　B. 立竿见影成效快

    C. 所需费用要高　　　　　　　　　　　　D. 系统维护有保障

(三) 判断题

1. 会计信息系统是一个人机结合的系统,其基本构成包括硬件资源、软件资源、信息资源和会计人员等基本要素。　　　　　　　　　　　　　　　　　　　　　　　　(　　)

2. 企业集团组织结构、管理范围、实时控制力度强弱等管理要求不同,导致构建集团 IT 平台的方案也有较大差异。　　　　　　　　　　　　　　　　　　　　　　　　(　　)

3. 从管理和控制的角度来看,实时集中比定期集中更先进,因为实时集中可以提供更加全面、及时的财务信息,并对经济业务进行实时控制,而定期集中在信息反馈上存在一定的滞后,只能定期对企业经济业务进行管理和控制。　　　　　　　　　　　(　　)

4. 自行组织开发会计软件需要企业自身有很强的 IT 队伍,而且要保持人员长时期的相对稳定,才有可能保证软件开发、运行和升级维护正常进行。　　　　　　　　　(　　)

5. 明确企业业务处理要求并了解软件功能能否满足这些要求,是企业选择合适会计软件最重要的一个方面。　　　　　　　　　　　　　　　　　　　　　　　　　　(　　)

6. 我国会计信息化的管理体制是:财政部管理全国的会计信息化工作,地方各级财政部门管理本行政区域的会计信息化工作。　　　　　　　　　　　　　　　　　　(　　)

7. 会计电算化注重会计信息的处理,会计信息化则注重会计信息的共享和深度利用,两者没有区别。　　　　　　　　　　　　　　　　　　　　　　　　　　　　　　(　　)

8. 广义的会计电算化是指与实现会计工作电算化有关的所有工作,包括会计电算化软件的开发和应用、人才的培训、宏观规划、制度建设、市场的培育与发展等。　　　(　　)

9. 会计信息化,软件是基础。会计软件在一定程度上代表了会计信息化的发展水平。(　　)

10. U8、K/3 都是国内开发的主要 ERP 系统。　　　　　　　　　　　　　　　　(　　)

11. SAP 公司的 R/3 是国内开发的主要 ERP 系统。　　　　　　　　　　　　　(　　)

12. ERP 系统一般分为采购、销售、库存以及财务管理等部分。　　　　　　　　(　　)

13. ERP 用于企业管理,因而不便于会计核算。　　　　　　　　　　　　　　　(　　)

14. 通用会计核算软件功能多,因而软件质量往往不高。　　　　　　　　　　　(　　)

15. 会计软件系统可以是一个独立的系统,也可以是 ERP 的一个子系统。　　　(　　)

16. 通用会计软件适合于不同行业、不同规模、不同需求的企事业单位使用。　　(　　)

17. 开发一个成熟的会计软件不仅周期很长,而且费用高,所以没有特殊需求的企业不必考虑自行开发软件。　　　　　　　　　　　　　　　　　　　　　　　　　　(　　)

18. 购买服务指用户无需购买与安装软件,就可以通过远程网络从应用服务提供商(ASP)获得软件的应用。　　　　　　　　　　　　　　　　　　　　　　　　　　　(　　)

19. 在会计软件中一般以账套为单位管理会计资料。　　　　　　　　　　　　　(　　)

20. 会计软件的安全性主要指防止信息被泄露和破坏的能力,以及防错、查错和纠错的功能。　　　　　　　　　　　　　　　　　　　　　　　　　　　　　　　　　(　　)

21. 会计业务流程重整的一个主要任务是规范会计基础工作,使之与会计信息化相适应。

（　　）

22. 制定会计信息化发展规划并组织实施是财政部门管理会计信息化的基本任务之一。（　　）

23. 财政部门负责制定会计信息化法规制度。（　　）

24. 组织开展会计信息化人才培训是财政部门管理会计信息化的基本任务之一。（　　）

（四）简答题

1. 实时集中 IT 平台的特点和优势是什么？
2. 购买商品化会计软件应考虑哪些因素？
3. 什么是自行开发会计软件？自行开发会计软件有哪些益处？
4. 自行开发会计软件有哪些风险？
5. 什么是 ASP？ASP 有哪些优点？
6. 什么是会计信息系统实施？为什么要进行会计信息系统实施？
7. 会计信息系统的实施主要经过哪些步骤？（答案略）

二、业务实训

1. 实训目的

通过实训,熟悉会计信息系统实施的要点。

2. 实训资料

2021 年,天河集团在进行财务软件购买招标之前,提出会计信息系统的主要功能需求如下:

集团的会计信息系统作为支撑集团发展战略的最基础部分,不仅要满足系统技术方面一日游的要求,也应对集团组织结构和管理流程提供有力的支持。因此,集团会计信息系统将采用一个统一、先进、集成度高、功能强、成熟的商业化应用管理软件平台,除了包括企业管理软件其他子系统,还包括总账管理、应收账管理、应付账管理、固定资产管理、项目会计、管理会计、合并处理、现金管理、投融资管理、预算管理、财务数据仓库等。对于不能满足需求的部分子系统,可以通过二次开发来实现。

同时,由于各子系统与相应其他业务管理系统有非常紧密的关系,如与物料管理系统的联系,与人力资源管理系统的联系等,因此,在选择会计核算层软件时,应同时考虑该软件在其他业务方面的系统处理能力,如物料管理、人力资源、设备维护等。在未来集团考虑实施这些相关业务系统时,可以同样采用相同的软件平台,以实现无缝的紧密集成并节省软件和实施成本,减少整个集团系统的技术复杂性。

下面给出几个关键模块的功能需求,请参照以下列资料。

（1）用户界面需求。

表 7-1　用户界面需求

功能需求分类	主要功能需求
用户界面	提供一个图形用户界面,它基于视窗并带下拉菜单和图形工具条
	系统能提供在线帮助

功能需求分类	主要功能需求
用户界面	提供数据字段关键词搜索、部分词搜索和简缩的快捷码等功能
	系统应允许用户打开多个应用进程，并能在多个应用进程间切换
	允许屏幕客户化设置 • 可以添加、去除字段，增加或缩短数码位 • 不同用户群可得到不同的设置结果
语言	提供中文的操作界面，支持中文显示和中文输入，同时也能够支持英语等其他语种

（2）数据保留需求。

表 7-2　数据保留需求

功能需求分类	主要功能需求
数据保留需求	提供一套取用、归档、存储数据的有效方案及其程序
	允许用户设置数据保留期，至少应保留 10 年数据记录
	在系统实施完成时，初始数据的导入应包含集团公司成立至今的历史数据

（3）功能需求——总账。

表 7-3　总账功能需求

功能需求分类	主要功能需求
会计科目及其结构	科目结构体现多个层次
	能定义符合企业会计制度的会计科目表
	编码结构能用字母、数字或字母与数字同时表示
	至少有 10 个字母数字的科目编码的长度
	科目表在各模板共享
	支持涵盖整个集团业务的、统一的总账会计科目表
	允许各属下单位能够在集团会计科目表范围内，使用和维护本单位会计科目表
	在所定义科目范围内，能建立任意多个科目
	能支持至少 3 个用户自定义的字段
	能够进行科目分类，如资产、负债、成本费用等，并可附带参数信息
	能自动对新增加的会计科目进行有效性核对
	可按科目类型统计查询
	能按用户定义的条件选择查询和打印指定的会计科目表
	能进行科目变更和废除时的控制，并对科目的变更做记录
会计期间	会计期间可按公历年度或按自定义结账日期来划分，以满足灵活的会计核算要求
	每个会计年度至少有 13 个用户定义的会计期间（12 个会计期间加 1 个年终调整期间）
	可定义多种不同的会计期间、报表期间、税务期间等
	能够同时开启多个会计期间

（4）功能需求——应收款。

表 7-4　应收款功能需求

功能需求分类	主要功能需求
查询和报表	能查询应收款的总账与明细账；能实时查询客户余额、借贷方本期发生额、累计发生额，并能溯源至交易行项目
	能按不同币种显示客户余额及发生额；能按指定条件进行汇总、小计与排序；能临时增减查询与显示的字段
	支持临时性查询功能，操作人员能自定义组合查询条件，简单的创建临时性报表；能方便地对报表格式进行修改，以满足不断改变的报表需求
	能进行账龄分析，出具账龄分析表
	能自动、及时地发出催收预警，出具不同级别的催款信
	能保留客户的付款记录

（5）功能需求——应付款。

表 7-5　应付款功能需求

功能需求分类	主要功能需求
供应商信息	支持供应商的集中管理；可以按照供应商类型对供应商进行分组管理
	保存每个供应商的相关信息，如名称、地址、开户银行、一般付款方式等
	支持下属分公司既可以统一使用集团公司制定的供应商编号或记录，又可以自行定义某种类型的供应商记录
	任何对于供应商信息的修改，可以保存修改记录
	能批量创建、修改、删除供应商的信息
记账	通过与工程项目管理系统的集成，财务管理系统能够根据采购合同、采购订单来校验各个供应商的发票、采购和到货状况，产生应付账款的应付凭证和总账的会计凭证
	对购买能记录数量信息和金额信息；能自动计算税金
	能针对发票付款，对明细账实行清账管理；支持部分付款部分清账
	能自由定义不同的付款条件；能根据支付条件自动提示付款
	可以在每个供应商的明细账中记录和管理该供应商的预付款
	对于工程项目，能在项目层记录工程预付款信息，在竣工决算时按项目分解结构记录各项实际费用，并核销工程预付款
	能对支票进行管理
	能自动计算外币损益
	能保存对每个供应商的付款历史记录
查询与报表	能查询应付款的总账与明细账；能实时查询供应商余额、借贷方本期发生额、累计发生额，并能溯源至交易行项目
	能按不同币种显示供应商余额及发生额；能按指定条件进行汇总、小计与排序；能临时增减查询与显示的字段
	支持临时性查询功能，操作人员能自定义组合查询条件，简单地创建临时性报表
	能够产生账龄分析报告
	能方便地对报表格式进行修改，以满足不断改变的报表需求

3. 实训要求

1. 认真阅读这些需求，并理解这些需求对于选择会计软件的价值。

2. 在购买商品化会计软件时，从总体上应主要考虑哪些因素？

三、案例题

1. 资料

天河公司是我国纺织产业的一个全国性的集团公司,经营范围涉及纺织产品的科研开发、生产经营、进出口贸易、国内贸易、劳务输出、投资、房地产等多个领域;拥有100余家分、子公司、8家纺织产品科研院所、4个开发中心和实验室。职工5万余人,总资产100多亿元。

天河集团公司具有完整的研究、设计、试制、生产、试验体系和技工贸一体化的经营机制,随着现代信息技术的发展,各个行业都在利用现代信息技术促进企业的发展与壮大,这已经成为时代的潮流和趋势。天河集团也正在利用信息技术平台,不断提高获取信息的能力和企业的竞争力,以支持企业战略目标的实现。

作为一家跨地区、跨行业经营的集团公司,天河集团在财务管理工作中有如下几个主要特点和需求:

跨地区经营。下属分、子公司遍布北京、上海、广东、江苏、湖南、四川等21个省的主要城市,是一个典型的跨地区经营的集团公司。由于地理范围大且分散,在非集中管理情况下,带来了财务核算与财务管理工作不及时、不真实、不完整等问题。

跨行业经营。下属100余家分、子公司和科研院所。业务从纺织产品生产、进出口到建筑工程、房地产投资、电子产品等,涉及纺织、通信、金融、房地产、材料等国民经济各行业,是一个典型的跨行业集团公司,因此财务核算及财务管理需要体现不同行业特征,由此带来财务核算及财务管理工作的复杂性。

预算管理需求。天河集团预算的编制、考核需要先进的技术手段支持,预算的编制、分析、考核工作量大。如何通过全面预算管理对100余家分、子公司和科研院所进行监督和控制,尤其是通过项目预算对各科研院所的课题进行预算控制是财务管理工作的重点之一。

项目成本核算比较复杂。在8家科研院所的日常财务管理工作中,课题项目的核算管理比较复杂,要求对每一个课题的收入和成本进行准确的归集和分摊。及时了解科研课题的进展情况,最终分析每个课题的盈亏状况,这是各个科研院所财务核算人员面临的一大挑战。

信用管理需求。集团需要对客户的信用进行管理,分析客户的信用记录并形成报告,以此作为收款政策制定的依据和对外担保考核的依据。

绩效评估。集团要求能够按照利润中心、成本中心、责任中心的方式进行分部门、分项目统计汇总,集团需要对下属各单位进行客观、准确的评估。形成评估报告,作为绩效考评的依据。

财务分析和决策支持需求。集团各级领导要求实时查询和分析企业内部现金存量、集团盈利状况、费用状况、各个项目的投资执行情况等。

要求:

(1) 根据天河集团公司管理和控制需求的实际情况,你认为应该采用哪种IT平台?

(2) 给出具体的IT平台示意图(包括其组织结构、应用体系结构、会计软件套数以及账套设置)。

(3) 会计软件应该包括哪些子系统和功能模块?

2. 解读提示

根据该企业管理和控制需求,结合教材中实时集中IT平台的特点,进行讨论,并阐述理由。根据管理和控制要求,确定子系统和功能模块。

综合实训案例

一、企业概述

黑龙江省同福有限公司是一家休闲食品加工企业。公司于 2009 年 9 月 1 日注册成立，实收资本 5 000 万元，占地面积 70 300 平方米，建筑面积达 37 892.23 平方米，公司购入土地使用权 50 年，固定资产原值 5 925 万元。公司主要生产"好味道"牌系列豆腐干，日产量可达 30 吨以上，年设计加工能力 60 000 吨，生产的"好味道"牌豆腐干有 18 种口味，100 多个包装规格。

公司以得天独厚的纯天然优质大豆为原料，并引进德国原装设备投入加工生产，其产品质量、生产技术在全国同行中处于领先地位。

2014 年 9 月，公司引进了 6 条年加工生产 12 000 吨的膨化食品生产线，加工生产膨化系列产品 10 多种口味，30 多种包装规格。产品主要销往东北 3 省。截至 2011 年年底，公司共实现销售收入 3.5 亿元，利润 225 万元，上交税金 457 万元。历经两年来建设与发展，公司现已发展成为规模化的集研发、生产、销售和推广为一体的特色休闲食品企业。

同福食品与湖南福记食品有限公司合作，合作模式属于代加工销售，即湖南福记每月对该企业下达一定数额的生产计划并先预付 30% 的款项，而销售是以订单的形式由湖南福记统一将产品销往全国各地的连锁超市。目前，南方有多家企业有意与同福食品进行长期合作，请该企业为其代理加工，原因是东北土地肥沃，原材料大豆质量好，数量足、价格便宜，特别是进入冬季后，由于气候和运费产本等客观条件影响，同福食品生产的豆制品每顿成本将比南方企业加工生产的豆制品便宜 1 000～1 500 元，这奠定了企业的经营优势。

同福食品具有优质的原料基地，一流的生产设备，先进的生产工艺以及优秀的员工队伍和科学先进的管理模式，其产品覆盖全国各地市场，并计划进一步开发欧美等国外市场。豆腐干产业属于中密度用人型食品加工产业，公司的建成投产不仅为当地提供近千个就业岗位，同时也拉动了当地相关行业的发展，活跃经济、造福一方，为地域经济创造了一定的价值。

二、ERP 系统实施现状与目标

公司的主要生产方式是以面向客户销售订单生产为主，其产品以豆制品为主。公司在长期的生产实践中，总结、提炼出一套行之有效的管理办法，使企业经济效益和各项财务、运营指标年年递增，在激烈的市场竞争中保持行业领先的地位。但是，随着企业生产规模的逐年扩大，在现有小版本 ERP 软件及部分手工传递信息的管理模式下，出现了不少问题，由于管理信息滞后，各级管理者难以及时掌握来自企业各方面的信息，造成大量"事后管"现象的发生，工作效率较低，同时增加了管理成本，2014 年，通过 A8 办公系统的上线投入使用，逐

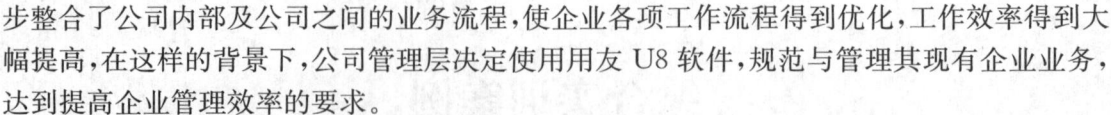

步整合了公司内部及公司之间的业务流程,使企业各项工作流程得到优化,工作效率得到大幅提高,在这样的背景下,公司管理层决定使用用友 U8 软件,规范与管理其现有企业业务,达到提高企业管理效率的要求。

公司信息系统以业务管理为核心,通过财务管理,供应链等模块,将"人、财、物"3 项企业核心管理纳入信息化平台,解决企业中"人、财、物"流通不畅的问题。通过这次信息系统的使用实现以下目标。

1. 建立标准基础信息管理体系

在协同办公系统的基础上,实现从面向"职能"管理到面向"流程"管理的转变;对企业基础信息及流程进行规范,运用标准化的基础信息确保信息系统的顺畅运行。

2. 优化物流业务处理流程

优化物流业务处理流程,从"流程"出发,调整岗位设置、岗位职责。部门职责及绩效考核指标体系等可提高公司物流管理的效率。

3. 财务业务关系更加紧密,提高财务监控效率

明晰企业控制的 3 个层次:通过软件系统的实施,落实事先计划、事中监控和事后分析的管控理念。强化物流业务管理的同时,提高存货核算的准确性,使财务业务的联系更加紧密,提高财务监控的效率。

三、企业基础资料

(注:为保证企业数据安全,资料数据经过处理)

公司在 ERP 实施前期,通过实施顾问调研,获得了公司信息化的第一手资料,并根据 ERP 的实际应用情况进行了规划和整理。公司基础资料如下。

(一)单位信息

单位名称:黑龙江省同福食品有限公司

单位简称:同福食品

单位地址:黑龙江省哈尔滨市克山路 168 号

法人代表:李进

邮政编码:161000

联系电话:0451-66668888

机构代码:173152588

税号:240203186152683

(二)部门档案

公司部门设置采用扁平化的二级管理模式,部门档案如图(1)所示。

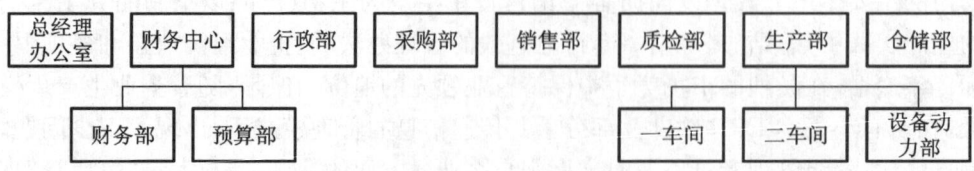

图(1) 部门档案

（三）人员档案

公司现有员工 700 余人，分属不同的部门，部分人员信息如表（1）所示。

表（1）　部分人员信息

人员姓名	性别	雇佣状态	行政部门	人员类别	是否业务员	是否操作员
王伟林	男	在职	总经理办公室	正式工	是	是
赵　龙	男	在职	财务部	正式工	是	是
李　影	男	在职	预算部	正式工	是	是
魏义钢	男	在职	行政部	正式工	是	是
梁　磊	男	在职	采购部	正式工	是	是
刘秀英	女	在职	销售部	正式工	是	是
王　博	女	在职	质检部	正式工	是	是
吴　昊	女	在职	企管部	正式工	是	是
郑　斌	女	在职	仓储部	正式工	是	是
张　影	女	在职	一车间	正式工	是	是
张　衡	男	在职	二车间	正式工	是	是
张　杰	男	在职	设备动力部	正式工	是	是

（四）地区分类

为便于对各类数据按地区统计，公司根据市场环境，按照省（直辖市）、市两个级次来划分地区。

（五）供应商档案

公司供应商主要分布在东北黑龙江、吉林和辽宁 3 省，按照供应商的性质可划分为原料供应商和设备供应商两大类。公司现有供应商数目约为 110 家，将来还会不断扩充供应商的数目，部分供应商数据如表（2）所示。

表（2）　供应商信息

序号	供应商名称	供应商分类	所属地区	纳税人登记号	开户银行	银行账号
1	白云农产品贸易公司	原材料供应商	黑龙江省齐齐哈尔市	045233221188	中国农业银行	451055661324
2	红亮食品有限公司	原材料供应商	黑龙江省哈尔滨市	045155889966	中国农业银行	213388992435
3	明光食品有限公司	原材料供应商		045255998877	中国农业银行	445521253966
4	天山机械制造有限公司	设备供应商	吉林省长春市	043122664477	中国建设银行	231645783578
5	沈阳汉林有限公司	设备供应商	辽宁省沈阳市	02487654321	中国工商银行	226644882314
6	盛大微生物有限公司	原材料供应商		02412345678	中国工商银行	45612389988

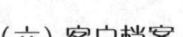

（六）客户档案

公司客户主要分布在国内各省、市、自治区和直辖区，根据客户销售性质进行划分，客户主要分为合作伙伴、销售代理、批发和零售等，公司现有客户 1 000 余家，其中部分客户信息如表（3）所示。

表（3）　客户档案

序号	客户名称	客户分类	所属地区	纳税人登记号	开户银行	银行账号
1	北京京达食品公司	合作伙伴	北京	01061253478	中国工商银行	012548764411
2	山东珍选食品有限公司	销售代理	山东省青岛市	053211559944	中国工商银行	226655443857
3	好又多食品有限公司	批发	吉林省长春市	043155994411	中国工商银行	887766559669
4	哈尔滨顶大豆制品公司	批发	黑龙江省哈尔滨市	045133557799	中国建设银行	376125142413

（七）存货分类

公司对存户进行一级分类管理，存货分类档案如表（4）所示。

表（4）　存货分类

序号	一级分类名称	序号	一级分类名称
1	原材料	6	劳动保护
2	原辅料	7	备品备件
3	燃料	8	水暖配件
4	包装物	9	电工电料
5	低值易耗品	10	产成品

（八）计量单位

由于公司存货类别较多，采用多种计量单位，并对计量单位进行分组处理。计量单位分组信息如表（5）所示。

表（5）　计量单位组

序号	计量单位组名称	计量单位组类别	是否默认组
1	无换算	无换算率	默认组
2	固定换算一组	固定换算率	否
3	固定换算二组	固定换算率	否
4	固定换算三组	固定换算率	否

无换算计量单位如表（6）所示。

表(6)　无换算计量单位

序号	单位名称	序号	单位名称
1	台	15	管
2	米	16	根
3	张	17	条
4	千克	18	袋
5	个	19	串
6	块	20	包
7	卷	21	捆
8	把	22	箱
9	盒	23	瓶
10	本	24	只
11	副	25	套
12	方	26	对
13	支	27	片
14	节	28	组

固定换算率计量单位设置如下：

（1）固定换算一组公式：1 箱＝10 袋；主计量单位：袋。

（2）固定换算二组公式：1 大箱＝6 袋；主计量单位：袋。

（3）固定换算三组公式：1 小箱＝24 袋；主计量单位：袋。

（九）存货档案

公司存货约 1 500 种左右，部分存货信息如表(7)所示。

表(7)　存货信息

序号	存货名称	存货分类	计量单位组	主计量单位	存货属性	计划价/售价	参考成本	参考售价
1	大豆	原材料	无换算	千克	外购、生产耗用		2	2.8
2	芝麻	原材料	无换算	千克	外购、生产耗用		20	25
3	绿豆	原材料	无换算	千克	外购、生产耗用		1.5	2
4	稀料	燃料	无换算	瓶	外购、生产耗用		10	12
5	大推水器	劳动保护	无换算	台	外购、生产耗用		60	100
6	黑胶管	备品备件	无换算	米	外购、生产耗用		3	4
7	电流表	电工电料	无换算	个	外购、生产耗用		120	150
8	五香豆干	产成品	固定换算一组	袋	自制、内销	5	3	5
9	泡椒	产成品	固定换算三组	袋	自制、内销	8	6	8
10	精品五香豆干	产成品	固定换算二组	袋	自制、内销	10	6	10
11	乐香豆干	产成品	固定换算一组	袋	自制、内销	8	5	8
12	思乡豆	产成品	固定换算一组	袋	自制、内销	4	3	4

（十）会计科目及余额

公司属于工业企业，参照 2007 新会计制度科目体系，2021 年 9 月 1 日会计科目及期初余额如表（8）所示。

表（8）　会计科目及期初余额

科目名称	方向	辅助账类型	受控系统	期初余额
库存现金（1001）	借			10 000
银行存款（1002）	借	日记账、银行账		3 100 000
农行兴农储蓄所（100201）	借	日记账、银行账		1 000 000
建行新发储蓄所（100202）	借	日记账、银行账		2 000 000
中行新华储蓄所（100203）	借	日记账、银行账		100 000
存放中央银行款项（1003）	借			0
存放同业（1011）	借			0
其他货币资金（1012）	借			0
结算备付金（1021）	借			0
存出保证金（1031）	借			0
交易性金融资产（1101）	借			23 510
买入返售金融资产（1111）				0
应收票据（1121）	借	客户往来	应收系统	0
应收账款（1122）	借	客户往来	应收系统	100 000
预付账款（1123）	借	供应商往来	应收系统	0
应收股利（1131）	借			0
应收利息（1132）	借			0
应收代位追偿款（1201）	借			0
应收分保账款（1211）	借			0
应收分保合同准备金（1212）	借			0
其他应收款（1221）	借			46 350
租赁押金（122101）	借			45 000
个人往来（122102）	借	个人往来		1 350
坏账准备（1231）	贷			500
贴现资产（1301）	借			0
拆出资产（1302）	借			0
贷款（1303）	借			0
贷款损失准备（1304）	贷			0
代理兑付证券（1311）	借			0
代理业务资产（1321）	借			0
材料采购（1401）	借			0
在途物资（1402）	借			0
进货在途（140201）	借			0
调拨在途（140202）	借			0

科目名称	方向	辅助账类型	受控系统	期初余额
原材料(1403)	借			2 332 100
材料成本差异(1404)	借			0
库存商品(1405)	借			2 300 000
发出商品(1406)	借			0
商品进销差价(1407)	贷			0
委托加工物资(1408)	借			0
周转材料(1411)	借			0
消耗性生产物资(1421)	借			0
贵金属(1431)	借			0
抵债资产(1441)	借			0
损余物资(1451)	借			0
融资租赁资产(1461)	借			0
存货跌价准备(1471)	贷			0
持有至到期投资(1501)	借			0
持有至到期投资减值准备(1502)	贷			0
可供出售金融资产(1503)	借			0
长期股权投资(1511)	借			0
长期股权投资减值准备(1512)	贷			0
投资性房地产(1521)	借			0
长期应收款(1531)	借			0
未实现融资收益(1532)	贷			0
存出资本保证金(1541)	借			0
固定资产(1601)	借			59 251 610
累计折旧(1602)	贷			5 650 000
固定资产减值准备(1603)	借			0
在建工程(1604)	借	项目核算		350 000
工程物资(1605)	借			0
固定资产清理(1606)	借			0
未担保余值(1611)	借			0
生产性生物资产(1621)	借			0
生产性生物资产累计折旧(1622)	贷			0
公益性生物资产(1623)	借			0
油气资产(1631)	借			0
累计折耗(1632)	借			0
无形资产(1701)	借			355 000
专利(170101)	借			155 000
商标权(170102)	借			200 000
累计摊销(1702)	贷			5 000

科目名称	方向	辅助账类型	受控系统	期初余额
无形资产减值准备(1703)	贷			0
商誉(1711)	借			0
长期待摊费用(1801)	借			0
递延所得税资产(1811)	借			0
独立账户资产(1821)	借			0
待处理财产损溢(1901)	借			0
短期借款(2001)	贷			350 000
中国农业银行克山支行(200101)	贷			350 000
存入保证金(2002)	贷			0
拆入资金(2003)	贷			0
向中央银行借款(2004)	贷			0
吸收存款(2011)	贷			0
同业存放(2012)	贷			0
贴现负债(2021)	贷			0
交易性金融负债(2101)	贷			0
卖出回购金融资产(2111)	借			0
应付票据(2201)	贷	供应商往来	应付系统	0
应付账款(2202)	贷	供应商往来	应付系统	150 000
应付账款(220201)	贷	供应商往来	应付系统	150 000
暂估应付款(220202)	贷	供应商往来	应付系统	0
预收账款(2203)	贷	供应商往来	应付系统	0
应付职工薪酬(2211)	贷	客户往来	应付系统	350 000
应付工资(221101)	贷			300 000
应付福利费(221102)	贷			50 000
应交税费(2221)	贷			0
应付增值税(222101)	贷			0
进项税额(22210101)	贷			0
销项税额(22210102)	贷			0
应付利息(2231)	贷			0
应付股利(2232)	贷			0
其他应付款(2241)	贷			2 000
代付费用(224101)	贷			2 000
集资款(224102)	贷			0
员工押金(224103)	贷			0
进货运费(224104)	贷			0
应付保单红利(2251)	贷			0
应付分保账款(2261)	贷			0
代理买卖证券款(2311)	贷			0

（续表）

科目名称	方向	辅助账类型	受控系统	期初余额
代理承销证券款(2312)	贷			0
代理兑付证券款(2313)	贷			0
代理业务负债(2314)	贷			0
递延收益(2401)	贷			0
长期借款(2501)	贷			10 000 000
中国建设银行克山支行(250101)	贷			10 000 000
应付债券(2502)	贷			0
未到期责任准备金(2601)	贷			0
保险责任准备金(2602)	贷			0
保户储金(2611)	贷			0
独立账户负债(2621)	贷			0
长期应付款(2701)	贷			0
未确认融资费用(2702)	贷			0
专项应付款(2711)	贷			0
预计负债(2801)	贷			0
递延所得税负债(2901)	贷			0
清算资金往来(3001)	借			0
货币兑换(3002)	借			0
衍生工具(3101)	借			0
套期工具(3201)	借			0
被套期项目(3202)	借			0
实收资本(4001)	贷			50 000 000
资本公积(4002)	贷			0
盈余公积(4101)	贷			0
一般风险准备(4102)	贷			0
本年利润(4103)	贷			0
利润分配(4104)	贷			1 361 070
未分配利润(410401)	贷			1 361 070
库存股(4201)	借			0
生产成本(5001)	借			0
制造费用(5101)	借			0
劳务成本(5201)	借			0
研发支出(5301)	借			0
工程施工(5401)	借			0
工程结算(5402)	贷			0
机械作业(5403)	借			0
主营业务收入(6001)	贷			0
利息收入(6011)	贷			0

（续表）

科目名称	方向	辅助账类型	受控系统	期初余额
手续费及佣金收入（6021）	贷			0
保费收入（6031）	贷			0
租赁收入（6041）	贷			0
其他业务收入（6051）	贷			0
汇兑损益（6061）	贷			0
公允价值变动损益（6101）	贷			0
投资收益（6111）	贷			0
摊回保险责任准备金（6201）	贷			0
摊回赔付支出（6202）	贷			0
摊回分保费用（6203）	贷			0
营业外收入（6301）	贷			0
主营业务成本（6401）	借			0
其他业务成本（6402）	借			0
营业税金及附加（6403）	借			0
利息支出（6411）	借			0
手续费及佣金支出（6421）	借			0
提取未到期责任准备金（6501）	借			0
提取保险责任准备金（6502）	借			0
赔付支出（6511）	借			0
保单红利支出（6521）	借			0
退保金（6531）	借			0
分出保费（6541）	借			0
分保费用（6542）	借			0
销售费用（6601）	借	部门核算		0
管理费用（6602）	借	部门核算		0
财务费用（6603）	借	部门核算		0
勘探费用（6604）	借			0
资产减值损失（6701）	借			0
营业外支出（6711）	借			0
所得税费用（6801）	借			0
以前年度损益调整（6901）	借			0

（十一）期初应收款、应付款明细

销售专用发票，开票日期：2021 年 8 月 12 日，客户为北京京达食品有限公司，销售精品五香豆干 10 000 袋，含税单价 10 元/袋，价税合计 100 000 元，业务员为销售部刘秀英。

采购专用发票，开票日期：2021 年 8 月 25 日，供应商为白云农产品贸易公司，采购绿豆100 000 千克，每千克含税单价 1.5 元，价税合计 150 000 元，业务员为采购部梁磊。

(十二) 期初个人往来明细

2021 年 8 月 19 日,总经理办公室王伟林预借差旅费 1 000 元。

2021 年 8 月 26 日,行政部魏义钢借办公用品费 350 元。

(十三) 凭证类别设置

公司凭证包括收、付、转 3 种类别,详细信息如表(9)所示。

表(9)　凭证类别

序　号	类　别　字	类　别　名　称
1	收	收款凭证
2	付	付款凭证
3	转	转账凭证

(十四) 在建工程项目明细

公司在建工程项目主要有生产车间扩建、生产线扩建和办公墙体维修项目,项目信息如表(10)所示。

表(10)　在建工程项目信息

序号	项目名称	是否结算	所属分类名称	项目大类	项目金额
1	生产车间扩建	否	基建项目	项目管理	100 000
2	生产线扩建	否	基建项目	项目管理	200 000
3	办公楼墙体维修	否	维修项目	项目管理	50 000

(十五) 结算方式

公司主要结算方式如表(11)所示。

表(11)　结算方式

序　　号	结算方式名称	所　属　分　类
1	现金	
2	支票	
3	现金支票	支票
4	转账支票	
5	银行汇票	
6	商业汇票	
7	银行承兑汇票	商业汇票
8	商业承兑汇票	
9	其他	

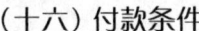

(十六) 付款条件

公司在产品销售过程中,为了鼓励客户早日付款,尽量缩短付款周期,公司采用3种付款优惠条件:

付款条件1:30 信用天数。10 天内付款,优惠 5%,20 天付款,优惠 3%。

付款条件2:60 信用天数。20 天内付款,优惠 4%,40 天内付款,优惠 2%。

付款条件3:90 信用天数。30 天内付款,优惠 3%,60 天内付款,优惠 1%。

(十七) 开户银行

公司在 3 个银行开户,具体开户银行信息如表(12)所示。

表(12) 开户银行档案

银行账号	开户银行	所属银行
622848082092	中国农业银行克山支行	中国农业银行
622700099031	中国建设银行克山支行	中国建设银行
628353546853	中国银行克山支行	中国银行

(十八) 仓库档案

公司现有仓库 5 个,仓库名称及计价方式如表(13)所示。

表(13) 仓库档案

序号	仓库名称	计价方式	仓库属性
1	原料库房	移动平均法	普通仓
2	原辅料库房	移动平均法	普通仓
3	成品库房	移动平均法	普通仓
4	备品备件库房	移动平均法	普通仓
5	废品仓	全月平均法	普通仓

(十九) 收发类别

为了便于对库存收发进行统计分析,公司对收发类别进行详细分类,具体分类情况如图(2)所示。

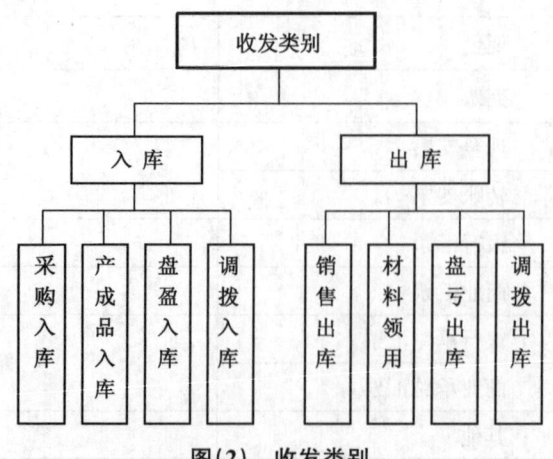

图(2) 收发类别

（二十）采购类型

公司采购类型划分如表（14）所示。

表（14） 采购类型

序号	采购类型名称	入库类别
1	期初采购	采购入库
2	普通采购	采购入库
3	直运采购	采购入库
4	固定资产采购	采购入库

（二十一）销售类型

公司销售类型划分如表（15）所示。

表（15） 销售类型

序号	销售类型名称	出库类别
1	普通销售	销售出库
2	直运销售	销售出库
3	调拨销售	销售出库

（二十二）发运方式

公司发运方式划分如表（16）所示。

表（16） 发运方式

序号	发运方式编码	发运方式名称
1	01	公路运输
2	02	铁路运输
3	03	水运
4	04	邮寄

（二十三）费用项目

公司费用项目划分如表（17）所示。

表（17） 费用项目

序号	费用项目名称	费用项目分类名称
1	运输费	无分类
2	装卸费	无分类
3	包装费	无分类
4	业务招待费	无分类

（二十四）期初采购入库单

2021 年 8 月 21 日,购大豆数量 2 000 千克,单价 2 元/千克,金额合计 4 000 元,入原料库房,购自红亮食品有限公司。

（二十五）库存期初数据

公司库存期初数据如表(18)所示。

表(18)　存货期初库存

序号	仓库	存货名称	计量单位	数量	单价	金额
1	原料库房	大豆	千克	75 000	2	150 000
2	原料库房	芝麻	千克	5 000	20	100 000
3	原料库房	绿豆	千克	60 000	1.5	90 000
4	原辅料库房	稀料	瓶	8	10	80
5	原辅料库房	丙酮	瓶	80	50	4 000
6	原辅料库房	酒精	瓶	45	20	900
7	备品备件库房	大推水器	台	10	60	600
8	备品备件库房	塑料刷子	把	100	1	100
9	备品备件库房	长拖布	把	20	6	120
10	备品备件库房	黑胶管	米	100	3	300
11	备品备件库房	电流表	个	50	120	6 000
12	备品备件库房	弓夹子	个	1 000	10	10 000
13	成品库房	五香豆干	袋	100 000	3	300 000
14	成品库房	泡椒	袋	20 000	6	120 000
15	成品库房	精品五香豆干	袋	250 000	6	1 500 000
16	成品库房	乐香豆干	袋	90 000	5	450 000
17	成品库房	思乡豆	袋	80 000	3	240 000

（二十六）固定资产

公司固定资产大类分为:房屋建筑物、专用设备、交通设备和办公设备 4 类。公司固定资产增加方式均为直接购入的方式,使用状况均为"在用",折旧方法均为"平均年限法(二)"。固定资产信息如表(19)所示。

表(19)　固定资产

名称	类别	部门	使用年限	开始使用日期	原值	累计折旧	残值率
厂房	房屋建筑物	总经理办公室	10 年	2017/9/1	29 251 610	3 650 000	3%
全自动生产线 1	专用设备	一车间	5 年	2018/12/1	15 000 000	1 000 000	3%
全自动生产线 2	专用设备	二车间	5 年	2017/10/25	14 000 000	1 000 000	3%
奥迪车	交通设备	行政部	10 年	2018/9/1	600 000	0	5%
电脑	办公设备	财务部	3 年	2018/9/1	10 000	0	3%
检测设备	专用设备	财务部	10 年	2018/9/1	390 000	0	3%

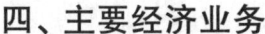

四、主要经济业务

9月1日，销售部刘秀英与北京京达食品公司签订订单，销售产品"乐香豆干"，数量1 000袋，单价5元/袋，价税合计5 000元，预发货日期为9月5日，已通过主管审核。

9月2日，收到北京京达食品公司转账支票预付款5 000元，财务部赵龙对此张收款单进行审核。

9月3日，一车间、二车间向采购部分别提出请购绿豆，数量均为2 000千克，要求到货时间均为9月10日，采购部门采购专员梁磊进行审批。同时，为了节省采购及运输成本，采购部对各部门需求进行汇总采购，采购部统一填制采购订单，最终选择供应商明光食品有限公司，单价3元/千克(含税)。

9月4日，财务部赵龙从银行提取现金2 000元。

9月5日，一车间领用绿豆100千克进行产品加工，仓储部郑斌按照领用数量发料。

9月6日，按销售订单要求从成品库房向"北京京达食品公司"发货"乐香豆干"1 000袋，同时开具销售专用发票。

9月7日，销售部刘秀英报销差旅费850元，财务部支付现金。

9月10日，收到明光食品有限公司寄来的采购发票，价税合计12 000元。

9月11日，收到明光食品有限公司发来的绿豆4 000千克，验收入原料库房，进行采购结算。

9月12日，由于产品运输过程中外包装损坏，"北京京达食品公司"退货"乐香豆干"500袋，入成品库房。

9月14日，向"白云农产品贸易公司"通过银行转账支付预付款80 000元。

9月15日，对"北京京达食品公司"的应收款进行核销。

9月16日，收到红亮食品有限公司寄来的8月份采购业务的发票，大豆数量2 000千克，含税单价2元/千克，价税合计4 000元，进行采购合算。

9月17日，企管部吴昊借取备用金500元，现金支付。

9月18日，向明光食品有限公司通过银行转账方式支付款项12 000元。

9月20日，完工50袋产品"乐香豆干"，产品批号20129002，入成品库房。

9月24日，一车间提请一台粉碎机到货验收并投入使用，原值250 000元，预计使用10年，预计净残值10 000元。

9月26日，盘点成品库房，发现"精品五香豆干"实际数量比账面数量少100袋，经审查盘亏由仓库保管员失职造成。

9月28日，计提本月固定资产折旧。

五、实训要求

(1)创建账套，录入企业基本信息，完成总账、应收款管理、应付款管理、固定资产、采购管理、销售管理、库存管理、存货核算等模块的启用。

(2)根据给定的企业基本资料完成ERP基础数据设置工作。

(3)完成各模块初始数据设置。

（4）根据业务需要自行定义相关操作人员并进行授权。

（5）完成 9 月份发生的各项经济业务。

（6）完成各模块的期末处理及结账工作。

（7）完成 9 月份的资产负债表和损益表。